JN236949

ブレア回顧録

トニー・ブレア　石塚雅彦［訳］

上

TONY BLAIR
A JOURNEY

日本経済新聞出版社

ブレア回顧録〔上〕

A JOURNEY
by
Tony Blair

Copyright © Tony Blair 2010
First published in 2010 by Hutchinson,
an imprint of The Random House Group Limited.
Japanese translation rights arranged with Hutchinson,
an imprint of The Random House Group Limited., London
through Tuttle-Mori Agency, Inc., Tokyo.

装幀　山口鷹雄
口絵デザイン　アーティザンカンパニー

ともに旅路を分かち合った、妻のシェリー、
ユーアン、ニコラス、キャスリン、リオの
四人の子供たち、そして親族に捧げる

ブレア回顧録〔上〕目次

下巻目次

ペーパーバック版への序文

本書のハードカバー版が刊行されてからほぼ一年経った（原著のハードカバー版は二〇一〇年九月刊行）。その間に非常に多くのことが、とくに私が多くの時間を費やしている地域――中東――で起こった。金融危機のあと、ヨーロッパとアメリカにもコメントに値する動向があった。

この序文は本書の終章の続きであり、ここでは終章で軽く触れただけのことについて議論を展開したいと思う。西側の政治における伝統的な左派・右派の分裂は、いまだに政治論議の多くを支配している。しかしこれは本質的に二十世紀の構図であり、ますます無用になっているばかりでなく、新しい思想と健全な政策の障害物になっている。

思想や価値観がもはや重要ではないと言っているわけではない。それらは非常に重要だ。進歩派・保守派の分裂（左派・右派の分裂の現代版）は今も意味を失ったわけではない。それだけではなく、この分裂は進歩派政治に大きな機会を提供している。なぜなら、今日の時代精神は実力主義であり近代化だからである。しかし、進歩派・保守派のレッテルは注意深く取り扱われなければならない。私が依然として政治の進歩派側にいるのは疑いないが、財政についてはより保守的であり、市場についてはリベラルである。

今日、多くの保守主義者は社会的にはリベラルであり、同性愛の権利を支持し、女性の権利の平等の熱烈な提唱者である。リベラルな介入主義的外交政策については、進歩派・保守派の両陣営に反対者もいれば支持者もいる。

政策はどうかと言えば、今日の課題は、イデオロギーではなく有効性である。人々は機能する政府、とりわけ変革をもたらす能力をもつ政府を欲している。これを実現するために政府は、左派・右派に基づくイデオロギーから自らを解放し、伝統的な党派の枠組みを超える新しい考え方を受け入れなければならない。この目的を追求するうえで、二十一世紀にとってより意味のある分界線として私が主張するのは〝開放・閉鎖〟である。これが、グローバリゼーション、文化とアイデンティティ、変革に対する態度を形作る。開放的な精神の人はグローバリゼーションを機会と見る。一方、閉鎖的な人はそれを脅威、強欲とビッグビジネスに駆り立てられた動きと見て、そのなかでは自分は無力な使い捨ての駒《こま》だと思う。開放的な精神の人は異なる宗教と文化を受容するが、閉鎖的な人はそれらを無縁なもの、堕落させるものとみなす。開放的ななによりも、開放的な心の持ち主は新しい考え方と変化を受け入れ、進歩のための可能性とみなす。閉鎖的な心の持ち主は現状を維持しようとする。この分断は伝統的な政治を通じてジグザグな動きをする。それぞれ進歩派・保守派と自称する人たちが、たとえば移民、自由貿易、エネルギーに関する議論のどちら側にも存在するのがわかるのである。

二十一世紀は、天性のものにせよ教育によるにせよ、変化する世界に対して開放的であり、近代化し、新しい考え方をする用意がある人のものだ。この開かれた心の態度は、われわれが世界をどう見るかということだけでなく、西側が自信と矜持を取り戻すかどうかにかかわってくる。現在、西側には、しごくもっともな理由で深刻な悲観主義が存在している。若い学卒者なら誰でも、就職活動の厳しさを語ることができる。適性のない学生には、低賃金か非常に不安定な職しかないことが多い。加えて、過激主義に対する不安があり、管理不在のごとき移民に対する怒りがあり、新興大国、とくに中国がわれわれの位置を奪ってしまうのではないかという気分が高まりつつある。こうした悲観主義がなぜこれほどはびこっているかは考えるまでもない。

だが、悲観主義は見当違いであり不必要である。われわれは過去にも厳しい時代――実際には今よりももっと厳しかった――を経験し、生き抜き、繁栄した。新たな大国が出現しているのは事実である。しかし移民してくる人々に、なぜわれわれの生き方のほうがよいのか聞いてみるといい。これら新興大国が成功するとすれば、その要因にはわれわれとの相違以上に、われわれからの模倣があるはずである。

たとえば今世紀、アフリカが自らの運命を手中におさめ、逆境を乗り越えるだろうと私は信じている。世界はアフリカが産出する原料、商品、農産物を必要としている。賢く、有能な新世代の指導者が出現しているが、アフリカが成功するかどうか、どれほど速く成功するかは、アフリカの人たちがどの程度われわれから統治の最良の教訓を学び、応用するかどうかに大きく左右されるだろう。彼らはまだわれわれに頼っており、それは正しい判断なのである。では中東はどうか？　今回判明したのは、彼らが民主主義を望んでいるということだ。

なによりも、開放的な精神の持ち主が生まれたのはわれわれのなかからである。われわれは思想のリーダーだった。それは今もおおむね変わらない。経済、統治、社会進歩に加え、思想、将来を形作るその他の分野において、われわれは創造的な人間だったし、革新者だったし、現状の抜本的改革者だった。問題はわれわれの状況ではなく、われわれ自身なのである。われわれはまだ世界をリードしたいと思っているだろうか？　天性の創造力を活用する有能なリーダーたちに率いられたいと思っているだろうか？

世界がわれわれのリーダーシップを必要としている理由はきわめて単純である。われわれの価値観は西側で育成されたものだとしても、それを全人類が魅力を感じわが物としているのだ。自由、公正、政府の上に国民がいてその逆ではないこと、これらはわれわれが何世紀にもわたって達成してきた価値観であり、人類の一貫した進歩を表すものである。

現在われわれは、次のような逆説と矛盾の奇妙な混乱を経験している。世界はわれわれのリーダーシップを必要としているのに、われわれは率いることを恐れている。われわれの政治は、左派・右派の相違に従って組織されているが、それは最も大ざっぱに言えば、人々がとっくに卒業したものである。さらに、未来は楽観的で開放的な精神の持ち主のものなのに、われわれは敗北主義的で閉鎖的な精神に陥る危険に直面している。

リーダーは何をすべきか？　リーダーシップについて尋ねられるたびに私は、性格、気質、態度、〝正しいことをすること〟〝適性のある資質〟などについて話をする。これらはどれも重要だ。しかし、なにより難しいのは、正しい答えを得ることだと私は思う。これは予測可能性が異様に低い時代にあっては、なおのこと難しい。

元指導者であることで最も奇妙でありながらも興味深いことは、自分が指導者だったときにいかに無知だったか、世界についていかに多くの学ぶべきことがあり、世界で進行している変化のプロセスがいかに魅力のつきないものかということだ。私はこの数カ月で中東を十二回訪れた。首相辞任以来だと六十回以上になる。中国にも定期的に行くし、もちろんアメリカにも行く。アメリカがニューヨークとワシントンだけでないということが、中国は北京と上海だけでないことと同じようにわかった。インドネシアやマレーシアについて学んだし、メキシコ、ブラジル、コロンビアなどほとんど訪れたことのなかった国についても知り始めている。さらに、アフリカにも行っている。

首相在任中の日々のプレッシャーから解放されたおかげで、分析にあてる余裕ができた。率いることのなんたるか、その記憶がある限り私はリーダーシップの責務を引き継いだ人々に対する心からの敬意を表し続ける。自分で決断を下すよりアドバイスをするほうが、ずっとたやすいことを実感する。

ときどき、自分があまりに若くして指導者になってしまったのではないかと思う。もちろん今日、われわれは若いリーダーを好む傾向がある。見栄えがいいし、よりダイナミックに見えるし、有権者を刺激して陽光を招き入れる建設的なエネルギーに満ちている。だが私の場合、判断と経験は年齢とともに深まった。私は若い指導者として、一風変わった方法で輝かしい新地平をもっとうまく明確に示すことができた。しかし、指導者として成熟して（これを書いている時点で、六十歳まであと二年だが、そう言ってもよいだろう）からのほうが、その地平にもっとうまく到達できた。

私は今、われわれの状況に対する切迫感の巨大な脈動を感じている。これはたんに時代の始まりでもなければ、世界を駆けめぐっている者としての深い思い――たしかにこれほどのアドレナリンとエネルギーを感じたことはなかった――でもない。今日われわれの成功のカギを握るのは、世界の変わり方を分析し、理解し、世界の変化に乗ることである。状況が厳しくなると、内向きになりがちだ。しかし、こうした状況だからこそ、前進するにあたってわれわれはグローバルでなければならない。

今日の世界の主要な特徴は、テクノロジーによる変化の速さである。私の青春時代には、技術的進歩はモノの作り方に関することが多かった。つまり、どのような手段で旅行をするか――自動車か飛行機か――ということであり、さらにニュースをどうやって知るかに関することだった。一九六〇年代と一九七〇年代、情報は非常に標準的な方法で得ていた。誰もが見るニュース番組があった。われわれの選択はテクノロジーの制約を受け、一連の決定については政府だけにできる決定に頼っていた。

インターネットがその世界を変えた。われわれは意思疎通し、相互交流し、情報を獲得する力をおのおのの手に入れた。その結果は物事を大きく変えるものだ。われわれは働き方だけでなく、暮らし方も考え方も変わった。ニュースに加え、思想、雰囲気、意見、感情が瞬時に伝わるようになった。

世界はますます相互依存的になった。そのとおり、これは今では決まり文句である。しかし把握されていないのは、その影響である。金融危機を例にとろう。これは多くの理由で重大なことだが、おそらく最も重要なのは、真に相互依存的なグローバル金融市場で生きることの意味を最も劇的に実証したことだ。インターネットを使ってグローバル市場に最も深く接続している国々がこの危機に苦しめられた。金融危機を回避した非常に少数の国々には、二つの共通点があった。その国の銀行が他国の銀行よりもはるかに厳しく管理されていたことと、金融イノベーション（それ自体が関連するその他多くの問題をもたらす）において世界に後れをとっていたことである。そして危機の拡大は、理性的な分析の結果によるでも、市場参加者によるものでも、金融商品の失敗だけによるものでもない。市場の感情が動きを速め、パニックに呑み込まれ、金融制度のみならず個々の国の経済的安定に関する認識までも変えてしまったからにほかならない。

インターネットによる結びつきは金融の世界にとどまらない。政治的、文化的、社会的な考え方もリアルタイムで伝達され、グローバルな広がりと影響力をもつ。中東での民衆蜂起は、部分的にはソーシャルメディアという新しい国内の情報伝達手段の産物だ。しかしそれだけでなく、出来事に対するグローバルな反応が国内の政治論争に跳ね返ってきて、それを刺激し、方向づける。こうしたことのすべてが変化のペースをいっそう速める。指導者は、不確実性と変化を背景に決断を下さなければならない。しかも、その変化と不確実性は絶えず背景を変えるとともに、一国だけでその影響に対処できることを大きく制約するのである。

さらに、中国、インド、その他の国々の台頭がすぐ後ろに控えている。中国に関する議論で最も難しいのは、その巨大さをよく理解することだ。中国が巨大で、十三億という人口を抱え、すでに大国であることは周知の事実だ。しかしそのいずれも、われわれに与えるインパクトの大きさを正確に伝えるものではない。仮に世界第五位の経済大国であるイギリスの全活動を停止させ、いかほどの効果かはともかく温室効果ガスの排出をゼロにしたところで、中国経済からの排出の増加は二年足らずでその分を相殺《そうさい》してしまうだろう。われわれはヒースロー空港の第三滑走路の建設の是非をめぐっても、当然のことながら環境面から論議している。一方、中国は今後十年間で七十もの新空港の建設を予定しており、二〇三〇年までに民間空港の数は三百にのぼるだろう。アメリカには九つか十の人口百万超の都市があり、欧州連合（EU）には約二十都市ある。中国に至っては百六十にものぼる。フィンランドがギリシャとどれほど違うかを考えてみよう。いやドイツとイタリアでさえどれほど違うか。イギリス人とスペイン人はどうか。西ヨーロッパには文化、民族性、習慣の大きな違いが存在する。それが三倍になったことを想像してもらいたい。中国の六十の異なる民族集団を考えてもらいたい。中国を経済的にも政治的にも変貌させた、過去二十年間の工業化された何億人もの中国人の存在について考えてもらいたい。そして同じことを今後二十年間にあてはめて考えてもらいたい。このように考えて、やっと、中国の発展がもたらす変化の大きさ、複雑さ、深さについて少しわかりかけるだろう。われわれの生活で中国の影響を受けない側面など一つもないだろう。環境に始まり、われわれが当然視している安価な消費財の生産、世界の商品が採掘され利用される方法に至るまで、中国の台頭はわれわれの生活を大きく変えるだろう。

インドの人口は十二億人で、今も増え続けている。インドネシアの人口はドイツの三倍だ。ブラジルとロシアは世界経済の巨人になろうとしている。もちろん、これらの国々の台頭はわれわれに対する大きな挑戦だが、これは見まがうことのできない、もとに戻せない時代の流れだ。二十一世紀の地政学は、近代世界がこれまで目にしたどんなものとも違うだろう。西側世界の子供たちは、私や私の親の世代が知っているほとんどすべての固定した評価基準が変わってしまったか、変わりつつある状況のなかで育つことになるだろう。この固定した評価基準に含まれているのが伝統的な政治である。だからこそ、リーダーシップを発揮するのが非常に大変なのだ。

もちろん、旧来の左派・右派の政治に依然として完全に浸っている有権者——彼らはおおうにして一番声が大きい——がいる一方で、そのような政治には従わず、しかも選挙結果を決めることのできる人々の群れが膨れあがっている。一つのグループは、普通の左派・右派政治と同じくらいに〝文化〟の問題に関心を集中させる人たちだ。アメリカにおける茶会党《ティーパーティ》は、リベラルなエリートによる支配への反動である。ヨーロッパでは、フランスのルペンのような極右政治があり、予測のたやすい政治が続いていると思われてきたスウェーデン、オランダ、フィンランドのような諸国でも新政党が急に出現している。しかし、もう一つのグループはいわば疎外された、左派・右派のレッテルの単純さを信用しない中道的有権者たちの大規模集団である。

ここでちょっと状況を整理してみよう。アメリカのウィスコンシン州における歳出削減計画をめぐる論争や、イギリスにおける大学の授業料をめぐる論争を目にすれば、左派・右派の戦いを過去のものとして片づけるのはとっぴではないかと思われるかもしれない。たしかに、こうした論争はまさに左派・右派の戦いであり、左派・右派の対立はまだ大いに残っている。しかしこれは幻想である。それはレコードの針の音を気にするようなものだ。もっと深く見れば、この半世紀のあいだに実際に起こったのは、左派・右派の違いはすっかり曖昧になったということだ。左派が価値観をめぐる戦いに勝ち、右派が政策の方向をめぐる戦いに勝ったと言うのは単純化しすぎているかもしれないが、多かれ少なかれ、そのようなものである。

私の青春時代、社会正義は左派にとっての価値観だった。今日、進歩派も保守派も公平性を要求する。議論の的は、誰がそれを実現する最善の政策をもっているかだ。両陣営とも、自分こそ〝当たり前の〟人々や〝勤勉な〟家庭を代表していると言うし、機会均等と社会的流動性の向上に共鳴しているし、反

〝エリート〟である。上流階級の共和党員や保守党員は減少しているだけでなく、待望もされていない。妊娠中絶や同性愛の権利など、右派が伝統的にもっと〝右〟寄りの価値観を提供する分野があるが、これは支持基盤向きのものであって一般の有権者向きではない。

しかし政策に関してわれわれは、個人の責任と選択と、国家の力――税、福祉、公的サービスなど――とのバランスをとるための長い着実な前進のただなかにある。最初、この再調整を促したのは、国家のコスト、課税基盤の拡大、国家があまりにも権限をもちすぎているという感情だった。だがいまや新たな原動力がある。民間部門の取引基準を採用して、公的部門でもっと多くの選択と個人的な選好をできるようにしたいという欲求である。そしてもちろん、これらはすべてテクノロジーの可能性によって高められている。

興味深いのは、このような動きが金融危機によってほとんどまったく押しとどめられなかったということである。二〇〇八年時点では、市場だけが混乱の原因ではなく節度のない市場慣行の結果生じた混乱なのだから、左派が有利になるとみられていた。国家の人気がふたたび戻ってきたと言われた。仮にそうだったとしても、人気はすぐに終わった。一例をあげれば、ヨーロッパ各国での選挙やアメリカの中間選挙（二〇一〇年）は右寄りの動きを示す結果になった。ヨーロッパの保守的指導者ですら従来の左派ではなく、もっと右寄りや非伝統的な綱領の政党からの脅威にさらされがちな状態にある。

ここが非常に面白い点だ。このような投票行動に走る大多数は、これらの問題について自分たちが〝右〟に向かっているとはみなさない。党派的な見方をせず、現実に根差した見方をするのである。イデオロギーが捨てられたからといって、政治が現実政策のゲームになり、すべてのことが街頭での果てしない値段交渉のごとく取引され、交換され、交渉されるわけではない。思想や理想についての強い欲求がある。人々が大変革を望まないわけではなく、むしろ改革を望んでいるのである。大変革の必要性を認識しており、そのために票を投じる。イデオロギー的な動機の人から売り込まれるのがいやなだけなのだ。人々は政策の選択肢をとりあげて選ぶ。二十世紀型のすっきりした相違には従わない。それには用心したほうがいいことを経験から知っているからだ。これは、人々の考え方が小さくなったという意味ではない。本当のところ、政治キャンペーンと称されることの多くに人々が感じる苛立ちは、その思想が暮らしを一変させるほど大きくもなければ広くもないと思うからにほかならない。人々はイデオロギー的ではなく急進的なのである。適切な表現ではないが、これを急進的中道と呼んでもよい。このような急進主義は、伝統的な左派・右派のなかに位置するのではなく、それを超越しているのである。

そしてここに不思議なパラドックスがある。指導者にとっての真の難題はどのように国を変えるかだが、それにはまず自党の支持基盤を説得しなければならない。というのも、党組織が指導者になる候補者を決める力をもっているからだ。そのうえ、人々はイデオロギー志向の政治を信用しないが、党活動家は国民以上にイデオロギー政治に執着する。したがって党内闘争は一連の劇的な効果をねらった大立ち回りになり、イングランドの内戦（一六四二－五一年、議会派と国王派の戦闘）やアメリカの南北戦争の再演のようにやや大時代なものになる。そこから生じるのは取引政治の一形態で、そこでは当初は正しい答えをもって始めても、次第に剥げ落ちてぼやけてしまう。一方、現実の世界では、変革に向けて押しとどめることのできない力がわれわれの上に降り注ぎ、それに対処するためになんらかの変化を要求するのである。

民主主義は二つの理由で支持される（ちなみに民主主義は世界中で支持され、どんな民主国家もそれを進んで放棄する選択をしたこともなければ、民主国家同士が戦争をしたことも一度もない）。第一の理由は公正である。民主主義は、政府を選ぶにあたって最も公明正大な手段だ。第二の理由は、効率である。独裁主義は少なくとも時がたつにつれて非効率、腐敗、抑圧に傾く。

現代民主主義にとっての課題は有効性である。説明責任でも、透明性でも、正直かどうかでもない。この激変を求める現代で有効な変革を実現するように機能するか否かなのだ。われわれの伝統が重圧となるのはこの点である。極端に二分化かつ二極化した二大政党政治、もしくは政党が二つ以上ある場合でも左派・右派の非常にはっきりした縞目の層をわれわれは引き継いだ。しかも、われわれの制度は政治が〝人生の後半〟での使命だったころに設計された。ところがいまや、政治家としての経歴はしばしば大学卒業とともに始まり、トップにのぼりつめるまでにいくつもの政治ポストを務めなくてはならない。ほとんどの立憲民主主義において、権力の抑制と均衡が存在するのには正当な理由がある。しかし現代世界でこれらは、変革を合意に導くことはあまりなく、硬化状態になるか最小限の変化しかもたらさない。なによりも、第二次世界大戦後の年月にわたり国家が成長し、公的サービスと福祉制度が発展すると、現状を懸命に守ろうとするあらゆるインセンティブをもつ特殊権益の巨大なネットワークが生まれた。それを変えようとする者、調整しようとする者さえ、事実上いなかった。

こうした国家システムのなかには驚くほど複雑なものがある。それを刷新することは、知的にも政治的にもかなり難題である。これを正すには、多大な労力と空間――物事が徹底的に調査され、それを二度も三度も繰り返す政治的空間――が要求される。重要なのは答えである。それは何十億ポンド、何十億ドル、あるいは何十億ユーロにのぼる効果をもつだけでなく、生活に影響を与える。しかし用心深くやらないと、知的な調査行動ですら悪者扱いされる。

とくに数千単位の雇用を生み出し、数百万人に影響を与え、数十年にわたって築きあげられてきた複雑な制度を改革しようと試みるときは、政治家は最高の才能を備えた人材を必要とする。それは共有された目的意識に動かされる国家的事業であるべきだ。これを実現するための手段を作り出すことは、今の政治手法では不可能に近い。通常、政府外部の者は強い愛国心から協力する。ところが彼らの動機はこき下ろされ、背景は不名誉なまでに調べあげられるので、彼らはたちまちかかわったことを後悔するようになる。

政治を志す人材の供給源は、いまやぞっとするほど枯渇してきている。公的サービスへの意欲が減少しているからではない。あまりにも多くの頭のよい人が、公的サービスをもはや公的サービスと見ていないのである。彼らは間違っている。にもかかわらず、そのような間違った考えをしなければ公的サービス部門に惹かれるかもしれない多くの人が、そうしたがらないのである。

現代の議会の機能の仕方も変わった。手順その他のことではない。それらはいずれもなじみ深いものだ。そうではなくて、実際の機能の仕方が変わったのである。議会での議論を聞く人はもうほとんどいない。推敲を重ねた演説よりもプレスリリースのほうが大事なのだ。再選活動、資金集め、支持者のネットワークづくりが今日の仕事の大半を占めている。言い換えれば、本当の仕事——すぐに思いあたるのは、選ばれた国政の指導者として国家的議論に参加すること——のための時間は、議員にとどまることに比べて優先順位がひどく低いのである。

二十一世紀初頭の現在、われわれ民主国家は、合理的な意思決定を黙殺することで機能していると言ってもいいくらいだ。物事が順調なときには、政治システムはただすいすいと動いているだけでよく、率直に言ってやることが少なければ少ないほどよい——実際そのようなときもある——のだが、そうした際にはこれら現代民主政治の欠陥はあまり問題にならない。ところが今日、それらが問題になるような状況なのだ。

さて、だからと言って、私が弱気になったわけではない。私は二十五年間政治の世界で過ごした。競争が激しく、ときに残酷な政治のゲームを知っている。政治とはいつもそういうものである。だが今日、違いがある。今は急進的な変化が求められる時代なのだ。この点で、ヨーロッパとアメリカは同じ難題に直面している。ヨーロッパでは、ユーロ圏の危機は、改革の必要性を露呈させたにすぎず、改革の必要性を引き起こしたのではないことが明白である。事実、福祉と公的サービスは時とともに当初の概念とはすっかり違ったものに成熟した。寛大な年金支給と併せて退職年齢を一、二年引き上げるべきかを論争するのはほとんど馬鹿げている。平均寿命が劇的に延びた一方で、出生率は低くなっている。減り続ける生産年齢人口で増え続ける退職者を支えられるはずがない。公的サービス創設当初は、基本的なサービスを提供し、何ももたない世代にとっては大きな前進だった。しかし、今の世代には余生に幅広い選択、選好、個別化されたサービスと慣習がある。納税と引き換えに同様のサービスを国から期待し要求する彼らを満足させることはできない。

私は外国人なりに、アメリカの財政赤字をめぐる論争をいささか困惑しつつ見守っている。一兆ドルの財政赤字を抱えるときに、裁量的支出の削減を三百億ドルにするか六百億ドルにするか一千億ドルにするかで激論を戦わせているのはちょっと奇妙ではないか?と言う人がいる。

この懸念は、格付け機関がトリプルAのアメリカ国債の格下げの危険性を示唆した結果、強まった。欧州金融安定化の枠組み構想が発表され、再発表され、さらにまた再発表されている。発表のたびに、最初の安堵とそれに続く失望の時間差は短くなる一方である。それは人々――この場合、少なくとも市場は非理性的には動いていない――が、ＥＵの社会経済システムは抜本的な改革を必要としており、ユーロには財政金融政策の整合が必要であることに気づいているからにほかならない。

そこで私は、システミックな政治的課題があると信じるに至った。それは民主主義をどのように成熟・近代化させ、民主主義の形式――政府を選ぶための選挙――だけでなく、その下支えとなる内実をもつようにするかである。変貌しつつある世界では、取引政治で自身を統治することはできない。そうでないと、西側の指導的地位は攻撃される――ある意味必然的に――ばかりでなく、二十一世紀が西側以外の条件によって展開するところまで弱体化するだろう。

この点において、党派的な政治を乗り越えなければならないと思うのだが、それは聞こえるほど非現実的ではない。現在の政治的潮流のいくつかを見てみると、真新しい政治が自由を得ようともがいているのがわかる。新生労働党《ニューレーバー》、アメリカのビル・クリントン大統領在任中の新しい民主党時代、バラク・オバマ大統領が権力にもたらした新しい運動はいずれも、伝統的な支持基盤を超えて有権者に手を差し伸べた。また、イギリスでは連立政権が生まれ、もっと興味深いことは、前労働党政権の閣僚が政権の長期的政策づくりに参加していることだ。さらに、フランスのニコラ・サルコジ大統領の政府に社会党党員が加わっている。アメリカの財政赤字についてのシンプソン－ボールズと六人の上院議員からなる超党派の努力の一例もある（元共和党上院議員アラン・シンプソンと元ホワイトハウス補佐官のアースキン・ボールズが共同議長を務める財政責任改革委員会のこと）。政治指導者が意図的に自身の政治基盤の外に出るとき、たいてい一般大衆の承認は得られるものである。公然と超党派的行動に打って出ることが政治的だけでなく経済的な信頼感を作り出すのである。政治が難題に立ちあがっている印象を人々に与えるのだ。

これは数合わせで渋々行われる連立について言っているのではない。これにはもちろん、思想と開放的な精神の人々の真の連合がなければならない。今次のイギリスの連立政権の問題点は、連立の仕方にある。よく分析してみると、それは必要から生まれた人と党組織の連立であって、思想の合体ではない。非保守党系の最も想像力に富む政策案は自由民主党の発案ではなく、前述の前労働党閣僚（通常ニューレーバー）からのものである。

私が話しているのは、あえて違う政治手法をとることを公然と認めることである。政府の役割をめぐる議論をとりあげてみよう。それをもっと効果的にするため、政府を作り変え、再構築するというまったく良識的な主張がある。政府以外の者のほうがうまく実行し執行できる分野から政府が退くこと、政府のコストを削減すること、過去の〝なんでも対応可能な〟巨大な階層構造ではなく、戦略的な変化をもたらす機関にすることである。民間部門の組織との取引に慣れている人なら誰でも、政府のどんな省やサービスにでも千項目もの効率改善を実現できるはずである。

以上の議論を、政府というものはせいぜい必要悪だという極論にしてしまうと、すなわち政府を国民にとってよりよく機能させるという改革のための中核的な理由から逸脱することになる。それは転じて、対極のイデオロギーをもった人たちに、いかなる変革も阻止しようとする〝聖戦《クルセード》〟を始めさせてしまうことになる。すると右派の一部は、概念としての国家は間違いだという主張を展開する。そして左派の一部は、たとえ国家が効率的に機能していなくても、それは擁護されなければならないと主張する。犠牲になるのは常識である。

さて私の個人的見解は、政治の変革は、進歩派政治の最良の伝統と大いに首尾一貫しているというものだ。本書が示すように、私はまだ第三の道の政治の熱烈な提唱者である。共同体社会に信を置き、目的と価値観を共有する、自らの力で生存をかけて奮闘する個人や家庭の、ばらばらの集まりではない団結心のある社会に信を置く。社会正義に対する信念が私を政治の世界に引き入れた。そして、それはいまだ私にやる気を起こさせる。目的、目標、価値観という点では、進歩派政治は近代的民主主義に通じるこの新しい道を率いるのに有利な立場にある。なぜなら、そのルーツは変革と進歩の大衆運動にあるからにほかならないからだ。

しかし、私が第三の道をとる進歩派である理由は、原則としての価値観と実際の世界で適用される価値観との区別を拒否したために、こうした理想が傷つけられてきたからである。原則としての価値観には時間というものがない。価値観の実際の適用は時間に大きく束縛される。だから、時が移るにつれて政策も変わらなければならない。ところが進歩派は、変わりゆく時代が長いこと抜本的な改革を要求してきたにもかかわらず、国家、政府、労働組合などの集合的な組織について特定の認識にしがみついてきたことが多かった。ヨーロッパの有権者はこのことを理解できなかったために、保守政権の価値観に不信をもつことが多いにもかかわらず、変化を実現するために保守政権を支持するのである。人々に伝統的な左派と右派のどちらかを選ばせてみるとどうなるだろうか。結果はいつも、左派の敗北である。

私は、価値観は動的なものだということが理解できない進歩主義政治の多くに我慢がならない。なぜなのか、どこに向かうのかについては指針を示すのに、どうやってそこに到達するのかは示さない。どう実行するかが今日の挑戦である。そしてそれは、過去の世界のあり方とは多くの面で異なる現代世界のあり方にかかっている。われわれが今直面している主要な問題にこの取り組み方を適用すると、何が正しい政策となるだろうか？　私は次の五つをあげる。

政府の改革
経済の改革
外交政策と大西洋両岸同盟
中東と北アフリカ
エネルギー

政府の改革

これは二つの部分からなる。一つは政府の内的な機能の仕方を変えること。もう一つは政府のサービスを変えることで、もちろんその一部は国が、別の一部は地方政府が提供する。政府自体については、より小さく、より戦略的で、政策により焦点が絞り込まれていることが望ましい。私は首相在任中、従来の政策アドバイスが本当に足りないとは思わなかった――従来の政策アドバイスは抜きん出ていた――が、新しい思考、急進的な政策案の不足を感じた。今日の大企業の運営方法と政府の省のそれとを比べてみるとよい。企業では、会社が何をやろうとしているのか、どのようにやろうとしているのかについて一番の基本から絶え間なく再評価される。とりわけ、テクノロジーの活用によるシステムの改善には徹底的に焦点があてられ、顧客基盤と、その習慣および願望がどう変化しているかについて不断の分析がなされ、何が競争の的なのかについての比較研究も行われる。

政府がそのように機能することはあまりない。たとえば政府にはシンクタンクと比べて、他国の政府がどのように変化を実現したか、特定の政策についてどのような実証的な根拠があるかに関する分析がきわめて少ない。私は首相官邸に実行室、政策室、戦略室を作り、主として外部の者を登用して、とくに変革の教訓を学ぶよう指示した。すなわち、他国の政府が変革をどのように実現しようとしたか、制度変革に関する新思考にどのように知恵を絞ったか、日常の政策運営と急進的な長期的政策の区別をどのようにしたかなどだ。どの省にもそのような基礎的体制はおおむね存在していなかった。しかし、モニターをし、管理をし、指針を出すことに専心している一群の人たちはいた。これらの人々は、調査能力はあっても非常に慣例的な方法で作業をし、効果的な結果を実現する実際的な手段を提言することはまれで、限られた価値しかない社会学的論文ばかり書いていた。

したがって、必要だったのは、政府の機能の仕方の長期的な改革についての真の一致を作り出す努力だった。

公的サービスと福祉の分野における変革の実現はさらに困難を伴った。深く根づいた権益だけでなく、人々の暮らしに触れることだったからだ。だから必然的に、変革は時間のかかるものだった。だがここでも、世界を見渡せばある種の教訓は明白だった。人々に福祉の受給者になることを助長する福祉制度は、目的に反して構築されている。人々が福祉手当に依存する代わりに、再訓練を受け職を得ることに備えさせるため資金を使うほうが好ましい。退職年齢は、人々の寿命に従って引き上げられるべきだ。そのうち、一般納税者が国を通じて年金基金に寄与する額と、人々が自分自身のために備える額とのバランスをとり直さなければならないだろう。そして後者に関する規制は良識のあるもので、負担が重すぎて中流階級の人々にとって法外なコストにならないようにしなければならない。

社会的排除と社会の最底辺にいる人々を対象にした支援については、抜本的かつ早急に介入する覚悟を決めなければならない。社会政策の最大の間違いの一つは、〝貧しい人〟と〝恵まれない人〟を一つの同質集団として取り扱うことだ。彼らをそのように扱ってはならない。世間において、貧しいが機能している家庭と、機能不全の家庭には大きな相違がある。前者では、正しい教育を受け、機会（これについてはあとで触れる）をもつ両親と、その子供は成功することができる。後者では、親（あるいは両親）が麻薬、アルコール、あるいは行動上の問題を抱えている。機能不全に正面から取り組まない限り、どんな機会を与えたところで彼らがこの境遇から抜け出すことはできないだろう。近隣が最悪の場合でも、私の経験によれば、大多数は法を守るまともな人たちである。ところが彼らはいつも、社会の主流からはずれた、少数の完全に機能不全の家庭の振る舞いに苦しめられていた。彼らは特異なケースであり、ひとまとめとして扱わなければならない。通例の社会福祉事業や社会政策では、これらの家庭に対応できる見込みはまったくなく、なんの進展もないまま何十億ポンドも費やすことになる。

したがって、首相退任の間近、ひどい機能不全状態にある家庭に対処しようと手段を講じた。早い段階から、かなり踏み込んだ接触と介入を行うものだった。こうした手段でさえも、犯罪が犯されたり虐待が発見されるまでは、伝統的な社会福祉事業以外の通常の政策によってはほとんどなんの対処もできないことがわかっている。それでも、かなり早い段階でどの家庭が危険な状態にあるか見抜ける。介入が必要なのは非常に早い段階なのだ。養子縁組法の非効率性にも目を向けてもらいたい。長くだらだらした手続き、すべてに意味があるとは言えない規則や規制がたくさんあり、その間、子供は面倒をみない親元に置いておかれる。要するに大事なのは、それ自体に欠陥がある制度内ではなく、第一原則から政策調査をしなければならないということだ。

ここでとりあげたいのは、私が政権につく前から、そして首相在任中も執着していたこと、すなわち法と秩序である。このテーマについて、私は依然としてタカ派である。これは、刑務所が〝機能しているか〟の通常の議論をはるかに上回る。もちろん刑務所は街頭から犯罪者をなくすという次元では機能している。しかし他次元では、更生件数が示すように答えになっていない。首相在任時に、組織犯罪対策、犯罪資産の差し押さえ、反社会的行為対策などを実施に移した。これらについては刑事司法制度に関する通常のルールを変更したが、もっと多くの変更を加える必要があった。私は今もって、われわれは犯罪、とくに組織犯罪、社会的剥奪、そして機会の三者のつながりを完全に理解できないでいると思う。人々に法令遵守の環境とよい教育を与えられれば、各種手当制度の大部分は無意味なものになるだろう。

ここでも要は、刑事司法制度と福祉制度は、当初考案された社会的背景から何光年も隔たった世界で変わらぬまま大きくなっていたということなのだ。したがって問題は、左派・右派というよりも、むしろ法を守るコミュニティを作り出し、機会のない人たちに機会を与えるというもともとの目標を達成するために、社会の変化を受けて制度をどう再編するかである。

医療については一冊の本が書ける。さまざまな制度とそれを改革するためのさまざまな試みを研究した結果、まず一つ言っておくべきことがある。どんな制度にも答えはなく、すべての制度は重圧にあえいでいるということだ。しかし、二つのことが際立っていると言いたい。

まず、全国民を対象にした、納税者負担による制度の利点は、医療サービスの入手可能性である。一方で、民間医療保険制度の利点は、サービスの質と患者の希望に適応できることである。問題は、この二つの利点を兼ね備える制度を考案できるかだ。どんな国民皆医療制度でも、競争を軸に据えること、患者に選択肢を与えること、情報が自由に入手できる透明な説明責任の手段を確保することが改善のカギとなる。医療サービスを提供するにあたってどのような手順がとられるにせよ、それは患者に力があり、サービスの提供者が多様でなければ効果的に機能しない。制度に自己改革を促すうえでも唯一の方法だ。自己改革は、医療技術が治療とケアの性格と程度を日常的に変えている状況下では、そしてケアを受ける最善の場所がますますプライマリーヘルスケア（通常最初にアクセス可能な医療サービス施設）であるように変化している状況下ではきわめて重要である。実際のところ、主として民間資金で運営されている制度についても同じことが言える。競争が多ければ多いほどよいということだ。高騰する訴訟費用にも対処しなくてはならない。そして、医療サービスへのアクセスと平等の理由から国が困窮者の医療に補助金を給付する場合も、この人たちの医療をできる限り誰もが利用する民間制度にとどまらせ、他の制度に追いやらないように支援しなければならない。

次に、どんな国も国民の積極的な参加なしには医療制度を維持できないということである。今日、人々はより多くの知識を得ており、自分の状況を勉強し、自己診断し、自分自身の状況を管理できるし、そうしたがる。きちんと食事をすること、運動をすること、飲みすぎないこと、たばこを吸わないことなど、われわれは自分の健康にもっと気をつける必要がある。病気の予防に向けた一大キャンペーンを打ち出し、それを暮らしの一部にしなければならない。本書のなかで、首相としての私自身の苦労を振り返りながらこれらの政策問題について詳しく書いたので、ここでは一般的な保健政策のポイントを述べるにとどめるが、最大のポイントが一つある。正しい答えは、医療にせよほかの何にせよ、旧来の左派・右派の政策からは始まらないということだ。

実際のところ、出発点はしばしば学校からが正しい答えなのである。

経済の改革

学校も賢明な長期的経済政策が始まるところである。しかしその前に、もっと足もとの経済論議に目を向けたい。これについては終章で詳しく論じたが、私の見るところ、危険性は以下のとおりである。

経済危機は、確実に経済政策を変える。危険なのは危機が政策を退行させることだ。現在、西側世界の政策決定者たちは大いに困っている。財政赤字は経済に対する信頼感を弱めるので好ましくない。しかし、赤字を急速に削減しすぎると経済成長を低下させる危険性があり、その結果、赤字がふくらむ（政府が猛烈に啓発しているように、政府支出における黒字や赤字の振れの最大要因は経済成長の水準だからだ）。高い金利水準も、借り入れコストを高くするため、成長を制約する。だが、金利が低すぎれば、インフレを招く可能性もある。このため、マクロの構図は混乱している。しかしここで重要な出発点は、左派か右派かの基準で判断するのではなく、正しいか誤りかで判断することだ。ケインズ経済学を復活させるべきかどうかの議論は、肝心なことから注意をそらさせるだけにすぎない。赤字削減のための信頼できる計画が必要なのは明らかだ。こうした計画は時間をかけてしか実施できないのも明白である。政府の支出したがる性向のもとでは、金利の管理がそうであるように、判断は計画の経路に従って下し、調整をすることができる。

しかし、マクロ戦略の成功に大きく貢献する決定はミクロの側にあるだろう。すなわち税、支出、規制、一般的なビジネス環境、そしてなによりも雇用である。ここでも政策決定者はさまざまな困難のなかにある。少なくとも今日の政治の通念は、人々は反銀行家や反大企業、要するに誰であれ〝われわれをこんな窮地に陥れた〟者に反感をもっているということだ。さらに、〝多すぎる〟収入を得ている者、エリートに対する心からの反感が増大している。もっと公正に理性的に言うならば、不平等、社会的流動性の欠如、自分たちよりも生活レベルが下がる可能性がある子供をもつ近代では初めての世代かもしれないという不安などに対する反応である。

感情的な次元では、私はこうした主張に大いに共感する。だが例によって、評論家と違って政策決定者にとっての問題は、何が違いをもたらすのか、つまり状況を変化させるためには何をすべきなのかということに尽きる。不幸にも、ここに正しい短期的政策と正しい長期的政策の衝突がある。良識的な政策は次のようなものだろう。金融部門を含むビジネス界を活気と自信に満ちた状態に維持する必要があるから、規制については慎重であること（もっとも、あとで論じるように、グローバルな監視と協調については大きな改革が必要である）。働くことに報い雇用を創出する税制改革。将来の成長基盤を形成するために公的サービスと福祉支出に対して必要な変革を行うこと。なによりも教育――それへの投資と改革――が主役となるだろう。初等学校や中等学校、大学だけでなく、就学前と成人後の教育も同様である。

別の言い方をすれば、危機とその結果として強まった変化への緊急性を、改革の実現のために利用するということである。それは経済を第一原則から分析すれば、いずれにしても実行しなければならないことなのだ。ところがそうせずに、政治家が圧倒的に駆られているのは、理由としてよく理解できるが、〝これは決して再発させてはならない〟という常套句（一番よく使われる、そして多くの場合、不毛で、ときとして逆効果を招くスローガン）のもとにビジネス界に訴えることであり、規制を強化することであり、富裕層への増税を行なうことであり、窮乏時代であるのに、現存の支援制度をできる限り存続させることによって弱者を保護しようとすることであり、将来への投資を削減することなのである。

これらに関して二つのケースを指摘したい。両ケースとも、そのような変革を実現することがいかに困難か、だが変革がなぜそれほど必要かを示している。〝税制改革〟は口にしやすい言葉だ。そのように言われると、本質的に鎮痛剤となるからだ。そして私が在任中に学んだように、誰もが改革には総論として賛成だが、具体論になるとそうではない。しかし、税制——あらゆる種類の優遇措置、抜け穴、雑多な特別控除も含めて——の発展過程を見てみると、それをゼロから生み出すことができていたとしたら決して現在の税制のようには設計しなかっただろう姿になっているのである。これはたんに論理の問題ではなく、経験の問題である。われわれは、何が効果的で何が効果的でないかを学んだ。雇用に対する課税は雇用を減らす。所得に対する高い課税は働く意欲を減じさせる。消費に対する間接税は合理的な基盤に基づかなければならない。税制が複雑になれば税理士が必要となり、それは能率も成長ももたらさない。

大多数の人はこれに同意するだろう。問題はそれぞれの優遇措置と特別控除には利益集団が控えている点だ。いずれかを廃止しようものなら、ちょっとした政治的嵐が起こり、それは大嵐に発展しかねない。だが改革をしないことの影響は、結局、企業——雇用の創出者——と直接所得に対する課税に及ぶ。直接所得に対する課税強化は、働く意欲を削ぎ、さらに言えば、大金持ちはあの手この手で税を逃れるのが常である一方、まずまずの暮らしをしている人たちが割を食う。この問題をうまく片づけるには、これを右派と左派の党派的闘争の埒外に置き、皆が共有する国家的目標の基盤を築き、われわれの制度を新しいグローバルな世界で競争力のあるものにするしかない。

もう一つの問題は教育である。私は〝一にも教育、二にも教育、三にも教育〟という綱領を掲げて政権についたから、その実行がいかに難しいかをじかに知っている。人々がいずれわれわれの教育制度の状況を振り返ってみて、教育が人生のチャンスを決定する世界にあって、四〇－五〇パーセント、おそらくそれ以上の子供たちが人生の不適切なスタートを切るという状況が許されていたことに愕然とするだろうと思う。十年間の政権が終わるまでにわれわれは、中等教育機関についてはアカデミー校および自主管理のファウンデーションスクールという形で、大学については授業料の導入を通じて、幼年時学習についてはシュアスタートと「落ちこぼれゼロ」計画によって、それぞれ真に重要な改革を実行した。だが各政策は反対や妨害にあったし、やらなければならないことはまだ山積している。しかし、イギリスのみならずアメリカ、スカンジナビア諸国、その他の国の経験から、はっきりしていることが一つある。改革は大きければ大きいほど結果も大きいということだ。

もちろん投資は必要である。諸福祉手当と教育支出を比べてみて、その差があまりにも大きいのに驚かされる。しかしいまや、どの改革が有効かは歴然としている。官僚が運営している学校ではうまくいかない。ところが、教員が親や生徒の利益のために運営している学校では改革はうまくいく。教員組合は政策に対する拒否権がない。親に選択肢があることがわかっている学校では、改善する。規律、敬意、努力と勤勉を奨励する環境――これらは親が子供のために望む当然のことだ。私は首相官邸で教育政策の議論を始めるときにはいつもこう言ったものだ。政策決定者ではなく、親として議論を始めよう。

世界各国の改革からの教訓は、いまや明確である（その多くについては本書の後半で説明した）。だから、われわれは改革を実行しなければならない。

以上すべてのことが緊急性を帯びている理由は、世界各国の発展ぶりにある。これは首相辞任後のほうがずっとよく見えるようになった。発展の初期段階にある国々を見るのは素晴らしいことである。これらの諸国は教育、医療、福祉の基本的な制度づくりに着手する。私が彼らにいつも言うのは、われわれの間違いから学びなさい、もしわれわれが初めからやり直す時間があるとしたら、現状のようにしただろうとは思わないでほしいということだ。総じてこれらの国々は、アドバイスどおりの取り組み方をしている。これらの国々が成長すれば、われわれのマーケットになると同時に、競争相手にもなるだろう。しかし、一つだけ確かなことがある。われわれは競争相手の先に立つことはおろか、沈まないでいられるように、よりよく、より賢明に、価値連鎖《バリューチェーン》の上位に立たなくてはならない。このことから、教育が非常に重要なのである。われわれは近代的な製造業を必要としている、モノを作るだけでなくサービス企業も必要である、と言う人がいるが、それは正しい。そして、それを実行する道は教育、テクノロジー、工学、化学、科学に焦点をあてることである。若者たちが、たんなる組み立てラインとブルーの作業着ではない、創造力、創意、イノベーションを備えた製造業の将来を見ることができるように力づけなければならない。もし私にやり直しがきくなら、弁護士にはならず産業界に入るだろう。

つまり、われわれをとりまく世界の変化の仕方は、じっとしている余裕はないことを意味しているのである。われわれは大きく踏み出さなければならない。だが、政治のあり方がわれわれを引きとめているのだ。

外交政策と大西洋両岸同盟

国内で将来に対する自信がなければ、われわれの未来に関する自信を海外に投影することなどできない。現在、アメリカとヨーロッパに対する端的なメッセージがあるとすれば、それはこうである。強さを示せ。このようななにかしら素朴で、ある意味で傲慢だという批判を招きかねない物言いをすることが、なぜ神経に障るのかは承知している。われわれは言い訳がましい姿勢から解放されなければならない。強いことと傲慢とは同じではない。謙虚であることと消極的であることとは同じではない。

アメリカもヨーロッパも、現在ある種の心理的難題を抱えている。アメリカにとっては、そのことで頭がいっぱいになっているかに見える重要な内政問題を思案し、それに対処するために後に退きたいという願望が、その一部であろう。リビアに急いで介入しなかったのは、それが理由だ。さらに、9・11米同時多発テロ後の年月が、勇敢で献身的な男女の兵士の命や、感情的な消耗、財政面の負担を強いた。きつい歳月だった。アメリカが最善の動機だと思って行動したにもかかわらず、アメリカの行動は異議を唱えられ、軽蔑さえされ、アメリカの評判は損なわれたと言われたことで、いっそうきつい歳月になった。あの善き戦いが酷評されるのは意気を阻喪させる。このことからも、ウサマ・ビンラディンの死という結果になった、オバマ大統領が許可した行動が非常に重要だった。この一件は、時間がどれほどかかろうとも、意図的なテロ行為で何千もの無辜《むこ》の人々を殺した者は、最終的には正義に直面するのだという証だ。これは強さを示した。持久力を示した。それは自信に満ちた、しかし傲慢ではないやり方で実行された。これは転換点になるかもしれない。

私は本書で、アメリカのさまざまな政策の詳細と、その位置づけの謎に入り込んだ。ここでは心理について論じたい。私が政治で学んだことの一つは、もし危機が順番に来てくれれば楽なのだが、残念ながら、そううまくはいかないことだ。金融危機に、その他の面では平穏な世界で対応できたらよかっただろう。金融危機の次に、波風が立つ外交問題に注意を転じるという具合に。だが、そうはならない。それぞれはそれなりの時間表に従って、それなりの課題をもってやってくる。そして現在、世界は非常に危険な場所である。

第二に、特定の知的エリートのあいだで認識されている通念が政策になる場合には、真のリスクがあるということだ。ここに驚くべきことがある。世界の多くはアメリカが強いことを望む。一方で、アメリカが弱いことを望む人たちは、悪い理由でそう望む。自信に満ちたアメリカは、人々にあらゆる種類のトラブルをもたらす、人々を不安にする、本当はしたくないことを強いてやらせる、そして人々を怖気づかせることもできる。しかし、自信のないアメリカもそうさせるのである。舵からあの強い腕をはずさせてしまえば、船が水を切って進むときに船酔いになるリスクは減るかもしれない。しかし漂流の危険がすぐに現実のものとなり、そのほうがはるかに限りない不安を引き起こす。ビンラディンに対する行動が中東の多くの地域でさえ賞賛されたのは、このためなのだ。

気づいておくべき大事なことは、これは力ではなく価値観の主張だという点だ。最善のときのアメリカは、自由だけでなく、正義のためにも立ちあがる。人々が自由であるばかりでなく平等である世界のためにである。新しいグローバルな大国が台頭し、政治的・文化的なイデオロギーの挑戦がわれわれの前に立ちはだかるとき、世界がどのように発展していくかは、アメリカがこれらの価値観のためにどれほど立ちあがる意思があるかに、劇的にかつ根本的にかかっているのである。

ヨーロッパにとっての課題は強さである。その課題は単純で、隠すもののない、明白で、非常に際立ったものだ。経済的な苦悩の結果、ヨーロッパは現在のところ団結と強さをもって行動することが難しい状態にある。しかし最も苛立つのは、その課題の大きさではなく、機会の大きさなのである。アメリカはヨーロッパを協力者として必要としている。大西洋両岸同盟は今日意味が増す一方であり、小さくなることはない。違った伝統、そしてもっと重要なことに異なる統治制度をもつ新しい大国の台頭は、世界の発展を形作るにあたってヨーロッパとアメリカがともに力強く立ちあがらなければならないことを意味する。その実現のためには、ヨーロッパが一致団結して行動しなければならない。

厄介なことは――当面の経済危機とはまったくかけ離れているが――、ヨーロッパは誇り高い、独立した国々の独自の見解と文化と伝統をもつ集まりだということだ。だから、たとえばドイツとフランスの関係がいかに緊密であろうとも、特定の問題に対して両国はまったく違う取り組み方をする。必要なのは、ヨーロッパを第二次世界大戦直後のヨーロッパとは違った、二十一世紀の視点から見ることである。当時、問題といえば、平和だった。どのようにして、ヨーロッパの歴史を定期的に形作ってきた戦争に戻らないようにするかということだった。その根本的理由から、ヨーロッパ統合の大義が生まれたのであり、それは非常に明快なものだった。ヨーロッパは時とともに力を増すことになる一連の組織によって結束するだろう。欧州理事会は加盟国の首脳が一堂に会する場だが、いずれその力も弱まり、欧州委員会が統合の原動力になるだろう。欧州議会はヨーロッパ民主主義の初期段階の討論の場となるだろう。統合が深まれば、個々の国が脱落して昔の敵意を復活させることがなくなるから、平和も深まるだろう。人の生涯よりも短い期間で、ヨーロッパ諸国間の敵対思想が愚かしいものになるということは、世界の変化がいかに速いかの一つの証拠である。

今日のヨーロッパにとっての危険は戦争ではない。その弱さである。ヨーロッパにとっての根本原理は、ヨーロッパ諸国間の戦争をどう防止するかではない。東の新興大国に比べれば、ヨーロッパ最大の国といえども小国となるような世界で、その力、影響力、強さをいかに示すかである。この目的は、もちろん力や影響力そのものではない。ヨーロッパに力と影響力があることを通して世界がよりよくなり得るからである。ヨーロッパには多くの欠陥があるが、進歩的な価値観がある。激動し、すさまじいことも多かったまさにその歴史のゆえに、相当程度の思いやりのある文明を達成したユダヤ教とキリスト教の遺産を基本的にしっかりと守っている。世界は強いヨーロッパを、そしてヨーロッパとアメリカが力を合わせることを必要としている。

ヨーロッパ結束のこの新しい根本原理が理解されるならば、ヨーロッパが自身をどう見るかだけでなく、必要とされる行動も変える。現在、ヨーロッパ内部の議論は、連邦主義者と連邦主義を嫌う勢力のあいだに危なっかしく立っている。〝どこまでも緊密な統合〟を信じる人たちと、そのような計画は国民国家への攻撃だと見る人たちだ。ヨーロッパの人々の大半はいずれの考え方にも属していない。人々はヨーロッパが団結して行動することを望んでいるが、彼らが身近に感じる議会から力をとりあげ、あまり思い入れも忠誠心も感じない組織に移すことについては不安を抱いている。

この分極化した論争はヨーロッパについての古い根本原理の産物である。国民国家はヨーロッパの理想とは反対の、独立の象徴と見られているから、このような意味での統合は制度的な統合とみなされる。そうなると、それ自身が目的になる。リスボン条約に究極的に織り込まれた憲法的変更は、ヨーロッパが具体的な政策面で何をしたいのかということよりも、ヨーロッパが統治されるメカニズムと、そして〝ヨーロッパ統合〟という意味でそれが象徴することにかかわるものだった。その結果、われわれがヨーロッパ――政策が制度に奉仕するのではなく、制度が政策に奉仕するようなヨーロッパ――として何をしたいのかについての議論よりも、制度的な統合そのものについて執着することになる。

もし議論がヨーロッパの力をどう明確にするのかということになれば、まったく違った議題が生まれる。これはある分野ではより強い統合を意味するが、それは明らかな目的のためである。ヨーロッパは共通防衛政策を必要とする。それはなぜか？　アメリカが行動しないと決めた場合にヨーロッパが行動できるように、あるいはアメリカがヨーロッパと協調して行動するときには協力関係がより同等なものになるように、ヨーロッパの影響力と力を強化するためだ。共通エネルギー政策はエネルギーコストを低下させ、効率を改善し、消費を縮減させる意味がある。単一市場はより大きな統合を必要とするが、それが正当なのは経済成長のためであり、雇用を創出するためである。強化された協力のメカニズムによって最近認められたEUの単一特許制度の重要性はここにある。この制度では、ある国々は協働できるし、脱退することも許される。国境を越えて組織犯罪や不法移民と戦うことは意味がある。だから統合が必要な分野では統合すればよい。しかし、移民法のあらゆる側面がすべての国で同一でなければならないと執着してはいけない。それは必要ではない。当面の問題である単一通貨の健全性の面では、財政政策のより大きな統合と協調が必要とされるだろう。それが安定性、したがって成長を改善するためになされるのであれば、受け入れられるだろうが、個々の国を超えた力をヨーロッパに与えるための目的になるのなら、受け入れられないだろう。

ゆえに、ヨーロッパの力に焦点をあてることは、ヨーロッパの諸制度に関する討議に違った様相をもたらす。欧州理事会は強いリーダーシップのもとに、もっと効率的に機能する必要がある。欧州委員会は有効な意思決定の原動力としての職務を果たすことが許される。欧州議会は、修正、討議、構想のための公開討論の場になれる。しかし、十分に明瞭なことが一つある。イギリスの有権者に欧州議会の議員の名前をあげさせてみた場合、一〇パーセント以上の人が答えられたら私は驚くだろう。ほかのヨーロッパ諸国でも、議員がたまたま国民によく知られた人物であれば別だが、結果は大差ないはずだ。したがって、理事会の存在が小さくなり、議会が高められる方向に着実に進化していくという考えは、民主的に説明できることから根本的に逸脱する。それは機能しないだろう。無理に進めれば、ヨーロッパに対するあからさまな反対ではないにしても、懐疑的な態度を募らせるだろう。これは、二十世紀の行動指針《アジェンダ》なのである。

その代わり、ヨーロッパが自分の力を明確にすることに集中するならば、ヨーロッパの市民や諸国が緊急に必要とすること、すなわちヨーロッパの発言権、利益、価値観が新しい地政学的時代を形成するうえで適切な役割を果たすことができるだろう。その場合、まだ国民国家の連合体をとりしきることだけだが、最終的にはヨーロッパ市民から直接選ばれた大統領をいただくことにさえなるかもしれない。

アメリカとヨーロッパの強さをはかる決定的なテストは、中東での出来事をどう扱うかをめぐるものにだろう。

中東と北アフリカ

ときとして政治で一番難しいことは正しい答えを得ることだ、と前に述べた。政治におけるリーダーシップとは答えにかかわることである。すなわち、どちらかの側に決めなければならないことだ。もう一つある。無為も一つの決断であり、それなりの帰結を伴うということだ。不決断は、違った、もっと受動的な意思決定の形態になるだけのことだ。

人々は、聞いてくれ！　アドバイスを受け入れろ！　見解を求めろ！と、しばしば政治指導者に言う。指導者は総じて従う。しかし問題がある。耳を傾けると、いろいろな声が聞こえてくるのだ。助言者たちの意見はばらばらだ。ある見解には広範囲の異なる選択肢が含まれる。すると、決断をしなければならない。

今起こっている民衆蜂起が中東と北アフリカの様相を変えているとき――しかも、これを書いている時点で、この革命はまだまだ終わりそうにない――、助言を求める指導者は二つの対立する見解を国内と国外から与えられる。第一の意見は事実上、介入するな、これは彼らの闘争であり、彼らがやらなければならない。イラクとアフガニスタンから学び、干渉することは事態を悪化させるだけであることを悟れ。しかも、考えなければならない問題が国内にたくさんあるではないか。目先を変えて、まず自分たちのことに注意を払おう、と。

これは人を引きつける主張である。それだけでなく、人々の気持ちはここにあるのかもしれない。私には、アメリカやヨーロッパで行動主義への意欲が強いとは見受けられない。

別の意見は、われわれはこの地域に大きな利害関係をもっており、行動的になる以外に本当の選択肢はないというものだ。問題は、何が正しい行動なのか、である。

私が二番目の主張を支持することを知っても、誰も驚かないだろう。リビアは興味深いテストケースである。われわれが何もしなかったとしよう。ムアンマル・カダフィ大佐は国を再奪取し、反乱者を驚くべき激しさで弾圧していただろう。多くの死者が出ただろう。しかしもっと広範な影響は、数カ月のうちにわれわれは、重要な同盟者であるエジプトのホスニ・ムバラク大統領（歴史を書き換えることはできない。彼はわれわれの同盟者だったのだ）の追放を支持し、一方でカダフィ（大量破壊兵器とテロリズムに関する彼の方針転換にもかかわらず、彼をムバラクと同じように考えることはできなかった）が権力を維持するのを黙って見ていたということだったであろう。西側の評判、信頼性、態度に対する打撃はただ大きかっただけでなく、潜在的に取り返しのつかないものだっただろう。私が無為は決断でもあると言うのはこうした意味を指している。

しかし、問題はこれにとどまらない。バーレーンがシーア派対スンニ派の権力闘争に陥ってしまったとき、われわれはどうするのか？　サウジアラビアがその中核的な利益が脅威を受けたと信じ、介入すると言ったら、われわれは何と言うのか？　シリアのアサド体制の排除に関するわれわれの考えはどうなのか？　イランが国内の不満分子を弾圧し、核兵器開発の野望を追求し続ける決定をしたら、われわれはどうするのか？　われわれはヨルダンの安定を決定的な利益とみなすのか？　そして、もしイスラエルとパレスチナの和平プロセスが混乱状態になったら、そうした真空状態の解決がわれわれの戦略的利益であるとほんの少し前には考えていたのに、その状態を重要で堅持すべきことと見るのか？　これらの一連の項目のリストには、革命後のエジプトだけでなく、チュニジアで何が起こっているかをはじめ、さらに十もの問題をつけ加えることができる。

要は、「計略《プラン》」が必要だということだ。容易に答えることのできる問いは一つとしてない。すべては、利害、価値観、実際的行動、政治的判断のあいだの恐ろしいほど厄介な相互作用を伴う。われわれの振舞いで批判や異議を免れるものは皆無だろうし、どんな行動におけるわれわれの動機も疑われるだろうし、決定されるどんな行動の結果も正確に予測することは不可能だろう。しかし、ヨーロッパとアメリカはリビアをめぐり協力した。この協力には困難が伴い、事態の推移は不確定だったにもかかわらず、リーダーシップが存在することを示した。そして批判のただなかに、この域内でリーダーシップが示されたことに安堵の気持ちもあった。では、この事態を切り抜けるにあたって指針となるプランとはどのようなものなのか？　それは以下のようなものから構成されると考える。

　革命よりも進化が好ましい。現状維持は選択肢ではない。事実は、エジプトで体制側が変化と適切な民主主義に向けての着実な進化のための計画を何年か前に打ち出していればよかったということである。だが、そうしなかった。世界中の独裁政権にとっての教訓は、自分で変わるか、変えられるかのどちらかだということだ。とはいえ、漸進的変化の見込みがあるところでは、われわれはそれを支持し、励ますべきである。湾岸諸国の例がある。この地域の不安定性は、われわれだけでなく、これらの国と国民自身の利益にとって大いに有害だろう。多くの国がすでに着実な変化に向けての道を歩み始めている。その道を踏みはずさないように助け、支援しなければならない。だからと言って、武器を持たない市民に対する暴力の行使を強く非難しないわけではない。あるいは、そのような暴力が続くなら、リビアで起こったように、現状に対し正面きって対抗する権利を留保したままにするわけでもない。しかしそうした手段には、体制側が漸進的な変革に向かう道を排除しているような状況で訴えるのが理にかなっている。そのような場合、人々には選択の余地がないことがはっきりしているからだ。しかし、安定を維持しながら変化につながる路程がある場合には、その路程を支持すべきである。私の論点は単純である。われわれは積極的な政策をもつ必要があるということだ。スタンドに座って見ながら賞賛したり非難したりする観客ではなく、プレーヤーであるべきだ。好むと好まざるとに関係なく、われわれは参加しなければならないのである。

　エジプトとチュニジアでは、新政権が真の民主主義への道へと誘導するために、新政権と密接に連携しなければならない。彼らの将来を決めることができるのは彼らだけである。われわれはそれを押しつけるわけにはいかない――そうしたところで結局うまくいかない――が、押しつけることと、出来事が展開していくのをだまって見ていることのあいだには隔たりがある。とくにエジプトに関しては、民主主義は投票によって政府を成立させたり放逐したりする権利だけではないということを明確にしなければならない。

民主主義は投票の自由とともに、一連の他の自由を伴ってこそ機能する。適切に公平に運用される法の支配、表現の自由、自由な市場、宗教の自由などだ。われわれは、援助、債務免除、国際金融機関の力などについても支援の態勢を整えておかなくてはならない。と同時に、このような支援も適切なルールと秩序が存在しなければ成功しないことをそっと主張しておくべきである。

イランは、核兵器開発の野望と、中東域内を不安定にさせテロリズムを煽る意図的な試みの双方を放棄するよう、あらためて強いプレッシャーのもとに置かれるべきである。私は声高にイランの政体転換を求めていく。イランは少なくとも、われわれが強力に断固たる決意で彼らの権力に反対すること、そしてイランの核爆弾はわれわれが無視できないぎりぎりの一線であることを知らなくてはならない。われわれがこれらをすべて白日のもとにさらし、彼らがしていること、しようとしていることを事あるごとに暴露するのは早ければ早いほどよい。

パレスチナ国家成立とイスラエル－パレスチナ紛争の終結につながる戦略を展開する必要がある。もちろん、ある次元でこれはイスラエルにとっていっそう難しいことですらある。近隣地域にあったイスラエルにとっての安定性と予測可能性は、不安定性と予測不可能性に取って代わられてしまった。同じような理由で、しかし正反対の結論をもって、パレスチナの指導層も、信用できないイスラエルを相手に交渉を始め、納得が難しい大変な妥協をすることは、そのような妥協が利用される域内事情が不透明な状況下では困難であることがわかった。

こうしてイスラエルの安全保障の懸念は以前にもまして強まり、パレスチナ指導層の課題――人々を統一された政治へと率いること――はさらに困難な仕事になった。それでも、状況を違った角度から見てみよう。まさに安全上の理由から、もしこうした懸念に対応が可能なら、イスラエルにとって今こそが和平に応じる賢明なときであり、パレスチナ人にとっても、少なくとも穏健派指導者にとっては、今はかつてないほど真の国家成立の見通しを必要としているときなのである。

そこで必要となる戦略は、（1）領土に関してパレスチナ人にとって公正であり、安全に関してイスラエル人にとって現実的な取り決めにつながる交渉を導く、和平の枠組みをはっきりさせ、（2）ヨルダン川西岸地区とガザ地区におけるパレスチナ人の生活に真の変化をもたらす、そのような戦略を支持する現地での機運を作り出すことである。

過去三年間になにか明るい部分があったとしたら、それはパレスチナ暫定自治政府のマフムード・アッバス議長の指導力のもとでの、同政府のサラム・ファヤド首相による国家建設計画だった。民兵組織はおもな警察と治安維持軍に置き換えられ、法廷と刑務所が機能し始め、社会政策が導入され、ビジネスのための環境は一変し、経済は成長し、二〇一一年以来初めて外部からの支援の必要が大幅に削減された。攻撃が続いているガザでさえ、かなり開放された。ファタハとハマスの関係でどのようなことが起ころうとも、この国家建設計画は継続されなくてはならない。

したがって、何が効果があるかは明らかである。われわれは、こうしたことをもっと実行しなければならないということだ。

私はこの節をプランの必要性を述べることから始めた。私は通常、このようなプランに対して懐疑的である。それは大仰な標題と目的を掲げるが、非常にささやかな結果に終わりかねない。しかしこの場合は、はっきり示すべきことがあると考える。すなわち、われわれが〝地域全体〟の観点をとっていること、積極的に漸進的変化に取り組んで支持しようとしていること、安定とともにより大きな自由を実現する基盤づくりのために立ちあがろうとしていること、真の民主主義に向かって動いているならば革命が起こっている場所でも、新しい政権を支援する用意があること、異なるアジェンダをもつ勢力が優勢に立つことを許さないことである。

この面において私は、われわれの不安と懸念についてきわめて具体的であることに賛成である。こうした不安と懸念は簡潔に平明に説明できるし、すべきである。つまり、民主化への動きが、われわれの信じることとは無縁の民主主義の概念をもつイスラム教徒グループによって破壊されつつあるということだ。西側の一部には、このような考え方をするのは無神経ではないかという恐れがあるが、それは間違いだ。実際、中東地域の多くの人々は、われわれがこの不安についてもっと忌憚ないことを望んでいる。なぜなら、彼らも同じ不安を感じているからだ。

そのうえ、この不安は完全に正当化できるものだ。民主主義と自由のための戦いと並んで、もう一つの戦いが進行している事実がある。二十一世紀のイスラム教の性格と将来に関する戦いだ。この問題に公然と取り組むのは早ければ早いほどいい。それが、われわれの将来の安全性と安定性の核心であることは間違いない。それは、われわれが慣れているものとはまったく異なる種類の戦略、政策、取り組み方を要求する。私はトニー・ブレア・フェース財団を設立した。なぜ元政治指導者が宗教にかかわるのかといぶかる人からは、風変わりなことと思われているのは疑いない。だが、異なる信仰、したがって異なる文化と価値観が互いにどう関係を結び、互いに仕事をし生きるかは、二十一世紀のおそらく決定的な問題である。すでに指摘したような理由で、今世紀は、二十世紀をあのように特徴づけ、傷を残した根本的な政治的イデオロギーの衝突を見なくてすみそうだ。しかし二十一世紀はまた、文化的あるいは宗教的なイデオロギーの衝突によって形作られる世紀へと容易に転じるかもしれない。

今日の世界では、四十億以上の人がなんらかの宗教に所属していることを明らかにしている。たとえば中国において一番増えている宗教はキリスト教だが、イスラム教は世界で最も急速に成長している宗教である。宗教がどれほど重要か人々に尋ねた調査がある。その調査によれば、重要もしくは非常に重要と答えたのは、イギリスでは三〇パーセントで、ヨーロッパの他の地域とほぼ同率なのに対して、アメリカでは六〇パーセント、中東では実質的にほぼすべての国で九〇パーセント以上にのぼる。

宗教に対する態度に関して全世界の正確なデータを得るにはもっと作業がいるし、それは膨大で複雑な課題だが、西側と中東の差について一瞬でもいいから考えてみてほしい。たとえば、前述の比率がイギリスでも九〇パーセントだと想像してみよう。それがよいか悪いかは別にして、われわれはどんなに違った国——違った社会、違った文化、世界についての違った考え方と見方——になっているか考えてほしい。

ここで議論のために、宗教には二つの基本的なタイプがあると想定しよう（これは馬鹿げた想定ではない）。第一のタイプは、自分たちの宗教が唯一の、真実で正しい宗教だと信じる。救済への道はほかにない、この信仰を共有しない者を不信心者として非難する。これは信仰についての排他的見方である。われわれはこのタイプを知っている。そして第二のタイプは、自分の宗教を強く信じ、ほかに真理はないという主張を信じる。しかし他の信仰をもつ人たちに対しても開かれた心をもっており、それを詳しく分析するわけではなくとも、異なる歴史をもつ異なる人々は異なる宗教的経験と信仰をもっていることを認める。それぞれの信仰が差し出す最善のもののなかに、善き生き方に導く価値観と原則の共通性を見るのである。われわれはこのタイプも知っている。もちろん、他の多くの宗教がこの両端のあいだのどこかに位置づけられるが、各宗教には、これら二つのタイプと共通することが明らかな要素がある。

われわれにとって重要なのは、成員の九〇パーセント以上が宗教が自分の生活にとって重要あるいは非常に重要とみなしている社会において二つのタイプのどちらが興隆しているのか、そして共存を受け入れるグループを促進するためにわれわれに何ができるのかを知ることではないだろうか？　われわれの社会でも、彼らの社会でも、子供たちが小さいときから〝他者〟の信仰を少なくとも知るように、異なる宗教について教育されることはきわめて大切ではないだろうか？　宗教間の交流をたんに見栄えのよいポーズとしてではなく、政治的、社会的、文化的に重要なことと見るべきではないだろうか？　自分自身がどんな意味でも宗教的でないとしてさえも、宗教は重要である。中東や北アフリカの、イスラム教が支配的な国々がどのように発展するかという点で大いに重要であろう。パキスタン、ソマリア、インドネシア、そしてインドの巨大なイスラム人口の状況については言うに及ばない。

以上のような経済から文化まですべての問題を包含するプランをもつことがわれわれには必要である。しかも早急に必要としているのである。

エネルギー

エネルギー安全保障と気候変動の双方の理由で、私はエネルギー問題をグローバル経済やテロリズムと同等の重要性をもつ問題としてあげる。気候変動については懐疑主義者がまだたくさんいる。あるいは、彼らが最終的に正しいことになるかもしれない。だが、もし彼らが間違っており、われわれが行動の機会を逃した、または（少なくとも）行動が遅れたために気候変動に対応するコストが高くなったとしたら、将来の世代はわれわれを許せないだろう。自分で認めるが、私は科学者ではないし、気候変動が気象のパターンの変化なのか、温暖化ガスの排出を軽減させる行動をとることなく増加に任せれば破滅するという予測が正確なのか否かを論じる資格はないと感じている。しかし、資格のある多くの人がこの予測は正しいと言っている。資格のないたんなる観察者としてさえも、正解の率が最も高いのは彼らが正しいだろうということだと思う。そしてこれは、過ちの許されない判断なのである。

しかし今日、行動すべきはるかに差し迫った理由がある。エネルギー安全保障である。石油価格の高騰が再発し、石炭その他の化石燃料がそれに引きずられ、エネルギーの供給源が世界のしばしば不安定で不確定な地域であることを考えると、多くの国にとってエネルギー安全保障は国防と並ぶ重要性をもつものとなるだろう。加えて、世界の大部分、とくに中国やインドの何億の人々、そしてアフリカのほぼ十億の人々は、まだ工業化されていない段階にいる。

現在、中国は全世界の石油需要のおよそ一〇パーセントを占める。もし中国の一人あたりＧＤＰ（国内総生産）が上がり続けるならば――そしてたとえば、韓国や台湾における生活水準の向上と同じような道をたどるならば――、世界の石油生産は倍増しなければならず、世界需要に占める中国の割合は一〇パーセントから五〇パーセントに上がると見込まれる。しかもこれは中国に限った話だ。世界のもっと貧しい地域の人々が望み、要求しているように、大半の人がまだ貧しい今の世界から、たとえばわれわれが当然のこととしているエネルギーの豊富な暮らしを五十億の人々がする世界に移行すれば、エネルギー生産性を五倍ないし十倍向上させなければならない一方で、エネルギー一単位あたりのCO_2排出を同じ率で低下させなければならないだろう。

もちろん、世界にはまだ大量の石油、オイルサンド、シェールオイル、石炭、その他の化石燃料が埋蔵されている。しかし採掘コストは高くなる可能性があり、環境に及ぼす影響にも課題がある。これらの化石燃料がエネルギー需要を満たすだろうという想定の上に、われわれの将来の基礎を置くのは、（環境問題をしばらく脇に置くとしても）非常にリスクがある。

ここで課題がいっそう深まる。人々に消費をするなと言い渡すこと、あるいはエネルギーに対する税を大幅に引き上げることでは、この難題に対処することはできない。こうした提案はアメリカでも、イギリスでさえも通用しないだろう。新興市場ではまったく望むべくもないだろう。中国とインドは工業化するだろう。それだけの話だ。新興国は、まさに化石燃料を燃やし消費することで工業化し生活水準を向上させてきた豊かな国から、世界の環境のために消費を抑制しろと言われても耳を貸そうとはしないだろう。

この難問を解決するには、道は一つしかない。科学とテクノロジーである。エネルギー生産性と炭素エネルギーの効率を、わずかにではなく大幅に改善しなければならない。したがって、こうしたテクノロジーは、今ある流れを断ちきるようなものでなければならない。すなわち、ゲームのルールをまったく変えるのである。政府は成功するテクノロジーを選ぶのではなく、このようなテクノロジーの開発に刺激を与えるグローバルな、そして国内的な枠組みを設定する方向から支援ができる。

これは、化石燃料に偏重している現在の補助金制度の再編に一部かかわることである。化石燃料業界に対する補助金は全世界で三千百二十億ドルに達するのに対して、再生可能エネルギーに対しては五百七十億ドルにすぎない。これはまた、各国政府はCO_2排出を減らし、時間をかけて低炭素社会への移行に向かう意欲でまとまっているということを民間部門にはっきりと伝えるグローバルな枠組みを形成することでもある。これに関しては、京都議定書の後継協定の交渉で、高望みしすぎて台無しにしてしまう大きな危険性がある。京都議定書は、問題点をはっきりさせるのが目的だった。それに続く協定は、状況がもっと深刻になっているなかでまとめられる。各国政府は問題点を主張することよりも、政策を形成することを強く望んでいる。しかし政策は現実的で実際的でなければならない。さもなければ、各国の指導者に負担不可能な政治的対価の支払いを求めることになる。そこで私は、政策に累積的に大きなシフトが起こることを意味する、各国政府がすでにしている約束をとりつけたい。特定日時までの特定比率のCO_2削減（これらは多くの人が装っているよりも実際には正確でないデータに基づいている）を固定化させないこと、すでに前進が始まっている森林破壊とテクノロジーの共有に関心をもっと集中させること、そして協定に合意して実行することである。

これらが発する合図自身が、流れを変える将来のテクノロジーの民間部門における開発努力を増大させるであろう。そのようなテクノロジーは決して実現しないかもしれないと言う人にとっては、過去何十年間かの流れを断絶させるようなテクノロジーのインパクトの分析が価値があるだろう。ほとんどすべてのケースで、人々はテクノロジーがまったく間違った方法で使われる想定で市場の予測をした。たとえば一九八〇年代、マッキンゼーはAT&Tから二〇〇〇年の携帯電話の市場規模の予測を依頼された。予測はアメリカで百万台の市場というものだった。実際には、二〇〇〇年にアメリカには一億台の携帯電話が普及したのであり、もちろん今はずっと多い。リチウムイオン電池から始まって超低消費電力プロセッサーに至るまでの一連のイノベーションが、巨大なカタカタ音がする重い箱を、今日われわれが使っているポケットサイズの携帯電話に変えたのである。

エネルギーについても同じことができる。刺激を与えるような構造を作る必要があるだけなのだ。真新しいテクノロジーを開発するだけでなく、現存のものの改善でもよい。たとえば、福島第一原発の結果、多くの国が原子力発電をためらうようになるだろう。しかし、あそこでの出来事を理由に原子力発電の可能性をすべて閉ざすことになるのだとしたら、それは悲劇的な誤りだというのが私の見解である。もちろん、われわれは教訓を注意深く学ばなければならないだろう。しかし同時に、テクノロジーがさらに開発され改善され、リスクを最小化し、発生した核廃棄物を激減させることができるかにも目を向けるべきである。そして起こったことに過剰反応せずに、巨大な、制約を取り払うテクノロジーの可能性をつぶさないようにしてもらいたいというのが私の願いである。われわれはそれを必要とするのだ。

以上の問題や課題の分析から、いくつものことが浮上してくる。もしそれを二十世紀の分析と比較すれば、それがどんなに異質であるかがわかる。ある問題は新しい――たとえば、宗教的かつ文化的イデオロギーとその安全保障との結びつきである。ある問題はますます重要性が増している――エネルギーとその環境との連関である。だがある意味で、これはどの世代にとってもいつも問題なのかもしれない。

アジェンダも答えも典型的な左派・右派の分析に合致することが非常に少ないことに注目していただき

たい。解決を下支えする価値観は、少数の者だけでなくすべての市民の生活を改善することに関心があるという意味で、進歩派とみなせることが多い。しかし、解決策そのものは個人を個人として扱い、今日の自由はただ政府を選ぶだけではなく、どのように生きるかの選択でもあるというのがすべての人々が共有する目標であることを認めるのである。

しかし最も大変な問題は、これらの解決策はどれもわれわれが変わることを要求するという事実である。そして変化への準備を理解することは、私の世代が育った世界と根本的に違う今の世界で、これらの価値観を維持し、向上させるための欠くべからざる一部である。

この序文で最後に伝えたいメッセージは、この変化がわれわれにもたらす可能性と機会である。私は人生のいろいろな局面で多くのことを学んだ。政策や意思決定の類《たぐい》の話をしているのではない。それは本書のなかで詳しく書いた。言いたいのは、人間としてどう人生に取り組むか、ということである。私の息子のリオ（十一歳）ほどの年齢の生徒たちに話をするチャンスと栄誉を与えられたときに、彼らにぜひ理解してほしいと思っていることがある。自分のような人間——首相を十年務めた——は、出来合いでもなければ運命づけられてそうなったわけでもないということだ。信じられないかもしれないが、私もかつては彼らと同じような子供だったと説明する。成功とともに、実現しなかった夢、挫折した希望、失望に終わった期待などが皆と同じように入り交じっていたということだ。私は成功した人を見てこう考えたものだった。自分にはあの人のようになれる確信はない、と。自信を失うこと、失敗すること、二番目になること、人を失望させ、自分を失望させることがどんなことかを知っている。成功は、生まれつきの才能、勤勉、判断、そしてそう、途中で多少の幸運に恵まれることの混合である。すべての人がトップにまでのぼれるわけではない。のぼりつめた人ですら、そこでつねに満足を見出すわけではない。

とはいえ、一つ学んだことがある。消極的な心の持ち主には何一つやってこないということだ。エネルギーは基本的に積極的なものだが、エネルギーがなければ誰も目標を達成しない。毎日を自分の祝福を数えることによって始めてほしい。悲惨なこと、憂鬱なこと、悲劇的なことを考えたり経験したりする時間はたくさんあるだろう。どんな人生にも、そうした感情は存分にある。しかし、人生は贈り物だということを理解しなければならない。人生にこのような心構えで取り組めば、どれほど暗い日々に見えようとも、一条の光をつねに見つけることができる。そしてその光に向かって動くことだ。

国についても同じことが言える。国を前進させ、目標を達成させ、変化のあらゆる難題のなかに素晴らしいチャンスがあり、変化は苦しいが刺激的で解放的でもあり得ることを示すのは、楽観的精神なのだ。

私は西側が自らに見切りをつけたり、二十一世紀は誰かほかの者のものだと考えてはいけないと思う。二十一世紀は誰かと分かち合わなければならないかもしれないが、それもまた刺激的であり得る。われわれに必要なのは、自信を回復すること、困難な問題に直面しても、それを克服する能力と勤勉さが備わっているという自己への信頼を取り戻すこと、それに尽きるのである。

トニー・ブレア

二〇一一年五月

序文

私は、この本を昔ながらの政治回顧録とは違ったものにしたいと考えた。そうした回顧録は、自分でもわかったのだが、比較的書きやすいものだ。したがって、読者の方々が本書で目にすることは、私が誰に会ったか、何をしたかといったありきたりの記述ではない。たくさんの出来事、日付、他の政治家がここには出てこない。それが重要でないわけではない。私の目的が、歴史家としてではなく、むしろ一人のリーダーとして本書を書くことだからである。私の首相としての十年間の歴史についてはすでに大量の解説が出ているが、これからも出ることは疑いないし、多くの人が書くことができるだろう。だが、歴史の中心にいる人間であることがどんなことだったかについて書ける人間はただ一人しかいない。それは私である。

そのようなわけで、本書は個人的な物語である。私の政治的な、そしておそらくある程度まで個人的な人格が展開し変化していった、歴史のある時期の旅路の記述である。私は一つの型のリーダーとして出発し、別のタイプのリーダーとして終わる。本書を一つの「旅路《ジャーニー》」と呼ぶのはそのためだ。もちろん、私の政権の重要な出来事については、決定を下した者の目を通して説明する。それは客観的な記述ではない。

客観的であるふりもしない。ただこれが公正であることを望むのみだ。

また、本書はテーマごとに書いたもので、正確な年代記にはなっていない。私のテーマが一九九七年に始まり二〇〇七年に終わったことは間違いない。その期間のなかで、個人的な思い入れの強いテーマをとりあげる。たとえば、首相就任、北アイルランド、ダイアナ妃、9・11米同時多発テロ、イラク、公的サービス改革、オリンピック、二〇〇五年七月（ロンドン同時爆破テロ事件）である。もちろん、たくさんの相互参照があるが、お望みなら読者の方々には一つのテーマに絞って読んでいただいてもかまわない。ゴードン・ブラウンやアメリカの大統領たちと私との関係のように全体を通じて出てくる事柄もある。

熱意をこめて書き始めたのに、締め切りが迫るにつれて大急ぎになり、当初の熱意が薄れて終わってしまう自伝や回顧録をいくつも読んだ。そこで私は、順序にとらわれず書きたい章から書くという異例のやり方をした。難しい章を最初に、やさしい章を後回しにした。執筆のペースとエネルギーをつねに一定に保つよう心がけ、完成まで三年をかけた。

しかしなによりも、本書はたんに過去を振り返るものではない。過去の出来事を扱うのだから、それらが当時どうだったかを考察するのは当然である。だが、私は本質的に回顧的な人間ではない。私は前を見ている。これからの人生でやりたいこと、そしてたくさんの目標がまだ残っている。これまでと同じように全力で仕事をしている。学び続けているのだ。

したがって、現在もなお存在する問題に光をあてるために過去を用いると同時に、本書はしばしば未来に目を向ける。とりわけ9・11後の外交情勢、イラクとアフガニスタンでの紛争とともに、現在の政府にとっても重大関心事である医療、教育、福祉、法と秩序などの分野での主要な改革に関してだ。自分が首相を務めた当時のこれらの問題の状況だけでなく、今どうなのか、今後どうなるのかについて私なりの世界観を提示したいと思う。終章はとりわけ二〇〇七－一〇年について論じる。私の見解は、金融危機や、依然として続く安全保障上の課題についての月並みな知恵とは一致しないから、終章は今日の問題の今日の議論に深くかかわるものである。

最後に、本書は私が愛するこの国に向けての手紙（長い手紙だが！）のようなものである。私は三回の総選挙で勝利をおさめた。それまで労働党は二期（イギリス下院の一任期は解散がない限り五年）連続して政権を全うしたことは一度もなかった。最長の労働党政権は六年だった。今回は十三年続いた。終章で述べるように、新生労働党《ニューレーバー》を放棄しなかったら、政権はもっと長く続いたかもしれない。

これらの勝利が得られたのは、イギリスについて私と同じ考えをもつ一団がいたからだ。イギリスは偉大な国だということ、イギリス国民は最高潮のとき、勇敢で、決意に満ち、冒険をいとわないということである。しかし、われわれはビジョン、新発想、現在と未来の世界でどんな位置を占めるかについての理念、われわれの過去に対する強い敬意を必要としているということでもある。私が伝統的な意味での左派あるいは右派の政治家ではなく、何にもまして近代化推進者であったこと、そして今もそうであるのはそのためである。私が労働党を近代化したいと欲したのは、労働党が断続的にではなく継続的に、保守党支配に対する進歩的な代替となり得るように願ってのことだった。私がイギリスを近代化したいと欲したのは、二十世紀の幕開けとともに、世界列強国として重責を引き受けるというプライドを保持しながらも、その重責をもはや担えなくなり、二十一世紀の到来時に喪失と衰退の感情にとらわれないようにしたかったからだ。私は、今日のイギリスには多様な文化と信条のある国、いかなる種類の偏見をも打ち破って新境地を切り拓き、階級よりも実力に関心を向け、開かれた社会とグローバルな経済を安心して受け入れる国になってもらいたかった。国内外で新しい野心の組み合わせを実現できる国にしたかった。公的サービスと福祉国家を、一九四五年ではなく二〇〇五年の世界にふさわしいものに改革しようとした。たとえイギリスの力が新興国との対比で減退しても、ヨーロッパの一員であることとアメリカとの同盟を活用して、世界の諸決定に影響力をもとうとした。イギリスは開発のパートナーとしてアフリカ大陸で新しい役割を果たそうとした。新しい政治を作り出し、成功する企業とその野心が、平等な機会と同情の社会と心地よく共存できるようにしようとした。

本書はそのようなビジョンを実現するための試みを提示する。その試みの一部は成功し、一部は不成功に終わっている。したがって、本書が描くのは現在進行中の作業である。左派・右派を問わず強い勢力がなぜそのようなビジョンに同意せず懸命に妨害しようとしたのか、それでもなおそのビジョンがイギリスの将来にとっての唯一の希望であるのか、私の意見を述べる。

私の政治は意識的かつ意図的に伝統的な左派や右派を超えたものだったが、そのことから私が政党政治を嫌っていたとか、今も嫌っているなどと思われるのは不本意である。とりわけ、いつも言っていたように、私は労働党、その党員や支持者と活動家に多大なる感謝の意を表さなければならない。彼らには多くの貢献をしてもらった。彼らはほとんどの場合、まれにみる尊厳と忠誠心をもってそれを引き受けてくれた。私の頭脳がとくに経済と安全保障に関して保守に傾くことがあるのは真実である。だが、私の心はいつも進歩的な鼓動を打っている。私の魂は今も、そして今後もずっと、反逆児の魂であろう。

第1章　大いなる期待

一九九七年五月二日、私は首相として初めてダウニング街（ウェストミンスター地区にある通りで首相官邸と財務相官邸がある）に足を踏み入れた。それまで政府の職についた経験は一度もなかった。一番格下の政務次官にさえなったことがなかった。首相は私にとって初めての、そして唯一の、政府での職務だったのである。

五月一日の投票日の夜は、祝福と高揚と期待の嵐のなかに過ぎた。だが、歴史は跳びはねたり、踊り回ったりして作るものではない。十八年間にわたる保守党政権は終わりを告げた。労働党――ニューレーバー――は地滑り的勝利をおさめた。新しい時代の幕開けを感じた。鉄柵を通ってダウニング街に入ったとき、そしてきちんと整理されまとめられた群衆が熱狂的に押し寄せてきたとき、その場がしつらえられ、しっかり管理されているにもかかわらず、そして一睡もしていなかった疲労にもかかわらず、私は電撃のような感情を感じとることができた。その感情はその場の群衆だけでなく、国中を走った。すべての人をとらえ、高揚させ、希望を与えた。また、あらゆることが可能であり、選挙の実施とそれを包む意気によって、世界は変わり得るのだと信じさせたのである。

誰もがそうだった。ただ一人私を除いては。私を圧した感情は恐れだった。その恐れは私がかつて味わったことのない類のものであり、労働党の党首に選ばれることになると知った日に襲われた恐怖感よりももっと底深いものだった。投票日の夜までは、この恐れの感情は、選挙運動にまつわる定番の活動と熾烈さ、身体的かつ精神的な疲労によって抑えられていた。さらに、選挙運動は政治的にはもちろんのこと、感情的な部分でのことだった。私は労働党を野党から政権党へ移行させる戦略をもっていた。私はその戦略に固執した。その戦略を実行すれば、失敗しないことを知っていた。私は労働党をニューレーバーに作り変えた。イギリス政治において、進歩勢力となったのである。私は政策綱領を提示し、その中身は信頼感を得るのに十分でありながら、詳細は伏せて反対者からの攻撃を防ぐものにした。その一方で、現政権への力強くて信頼性のある攻撃を練りあげ、恐ろしく効果的な選挙組織を構築した。

党だけでなく、側近チームにさえも規律を植えつけるために、私は慢心を戒めてやまなかった。ことあるごとに、世論調査での大きなリードがいかに消え去るか、なぜ保守党を決して過小評価してはならないか、われわれはどれほど多様な問題と課題を抱えているかを語った。われわれは過去四回の選挙で連敗を喫しており、政権が連続して任期を全うしたことは一度もなかったのだから、私はかなり肥えた土地を耕しているようなものだった。労働党は勝つことができない、神のせいか悪魔のせいかわからないが、何をしても決して勝つことを許されない党になってしまったと皆が信じ込むようになっていた。昔のフットボールの試合にまつわる名言にたとえる者もいた。フットボールは単純だ。二十二人が九十分間ボールを奪い合い、最後にドイツが勝つスポーツだ、という具合に。

まったく馬鹿げた考えだと思った。われわれが負けたのは、今の世界の今の有権者から遊離していたからなのだ。政治における第一の原則は、原則がないということである。少なくとも、不可避的な敗北もなければ、必然的な勝利もないという意味においては。政策が正しく、戦略が正しければ、つねに勝つチャンスはある。しかし、正しい政策も正しい戦略もなければ、勝利がどんなに確実そうに見えていても負けることがある。

本当は非常に際どい状態にあるのだというふりをすることが、やる気を高め、自らを活気づけ、団結する助けになった。私は実はとても自信があった。けれど何が起こるかわからない。それに、当時の首相ジョン・メージャーは、大半の人が思っているよりもはるかに優れていると私は信じていた。彼には人間として真の魅力があった。幸運にも、保守党は、極端に右寄りに脱線してしまっていた。そして私が労働党の党首として過ごした一見とめどもない時間——ほぼ三年間——のあいだに、私はメージャーと保守党をどう喧嘩させればよいかを学んでいた。

メージャーは選挙期間を三カ月と長めに設定した。もちろんこれは厳しいものだったが、政治の世界では見慣れぬことではなく、一つの型にはまったものだった。彼が望んだのは、その間に運命のいたずらか、もしくは世間の風向きが変わるような幸運に恵まれ、労働党がつまずき、私が冷静さを失うことだった。しかし、そんなことは決して起こらなかった。

反対に、かなり予測できたことだったが、保守党はばらばらになってしまったのである。メージャーが保守党員を踏ん張らそうとするたびに、誰かが戦列から離脱したり、愚かな発言をしたり、スキャンダルに巻き込まれたりした。しかも、こうしたことがしばしば同時に、ときには同一人物の身に起こったのである。それは、スローモーションで自滅していく様を目にするようなものだった。あるいは、コンクリートのかたまりを足に縛りつけて手錠をかけ、鉛の箱に入って封をし、深い水に沈める脱出マジックを見るようだった。どうやって脱出するのだろう、と見ている人は思う。結局、彼は出てこないことがわかるのだ。一つの政党がそのように行動できるとは驚きの限りだが、敵対者が十分に賢ければ、彼らをそうした行動へと仕向けるのは可能である。そして、こちらが舞台の中央を占め、彼らを愚かにも脇に歩み去らせるのだ。

したがって選挙運動は長く過酷で——選挙はいつもそうだが——、ニセ情報に一喜一憂したり、ショッキングな世論調査やぎょっとするような出来事に満ちていた。だが最終的には、結果は明らかだった。ただし勝利の規模ははっきりしなかった。私には予感があった。もし賭けをしなければならないとしたら、大きいほうに賭けただろう。五月一日の夜、勝利がどれほど大きいかが判明した。そしてまさにそのとき、恐怖が私を襲い始めたのである。

投票日はいつものとおり何事もなく過ぎていった。運動は終わる。投票に行く。私は選挙区のトリムドン・コリアリーにある自宅から歩いて出た。トリムドン・コリアリーはダラム州（イングランド北部の東海岸寄りの地域）のセッジフィールドに近い古い炭鉱のある村で、私は十四年間、そこから下院議員として選出されていた。炭鉱は一九六〇年代の閉山政策の犠牲になっていた。私は、妻のシェリーと子供たちと一緒に投票所に徒歩で向かった。写真におあつらえ向きの一家の光景で、大勢の人がカメラを構えて私たちを写真におさめた。にこやかに笑いはしても、はしゃいではいけない。しゃべってもいいが、あまり元気にあふれていてはいけない。自然に見えなければならない。妻と手をつなぎ、スラックスとワイシャツとネクタイを身につけ、子供たちを従えて、にわかづくりの木製の投票ブースで一票を投じ、歴史に自分の場所を刻みにいくのだ。

そして家に戻った。私はそれまで三度、敗戦確実の選挙結果を待った経験があった。一九八三年、一九八七年、一九九二年の総選挙である。その結果が私にとって何を意味するのか、野党として戦う次の選挙で自分はどんな位置に立てばよいのか、労働党を敗北の道から救い出すチャンスはどうしたら自分にめぐってくるのか、いやそのようなチャンスがそもそもあるのか、思いをめぐらしながら。今回は、勝利への道の最後の歩みをたどる私に全関心が集まっていた。不安がほかのすべての感情を追いやり、落ち着くことができない。私は組閣人事に集中しようとし、ゴードン・ブラウン、選挙参謀のピーター・マンデルソンに電話した。組閣について話し合うためにジョン・プレスコットがハルからやってきた。私は、世論調査主任のフィリップ・グールドと党のスタッフと、議会で過半数を占める可能性について絶え間なく話し合ったが、しょせん時間をやり過ごすためだった。そのときでさえ、これから起ころうとしていることの巨大さは本当にはわからなかった。

しかし、広い洞窟のようなニュートン・エイクリフの室内スポーツセンターでの開票が始まると、それがわかってきた。出口調査はわれわれが大きくリードしていることを示していた。出口調査は氷山の一角にすぎないが、大きく間違うこともなさそうだった。われわれは勝とうとしていた。私は首相になるのだ。その日の夕刻から夜、開票結果が入ってくるたびに私の心は揺れた。もちろんこれまでも、旅路の終わりはつねに国を変えてきた。目的に到達するための熾烈な闘争のなかでは、目が覚めているときはつねにその達成を妨げる難題を取り除くことに専心した。車が確実に旅に耐えられるようにし、エンジンをかけ、車に乗っている人も、いらいらしながら後ろから声を張りあげている人も、前途の妨害にならないようにするためだ。目標点を越えたら、政権の新しい地形にどう道筋をつけていくか、その地図を描くために真剣そのものの深い議論に没頭したのは確かである。しかし、われわれの考え方を支配していたのは野党としての振る舞いだった。なにしろ長年にわたり政権外にいたため、それに適合し、なじんでいた。われわれの知的で理性的な関心は、政権が近づくにつれてその段取りに向けられつつあったものの、思いの中心はまだ政権に到達することに向けられていたのである。

われわれが知っていることはそれだけだった。ジャック・カニンガムやマーガレット・ベケットのような古手の一、二人は一九七六―七九年のジム・キャラハン政権時代に非常に格下の政務次官だったが、それ以外の党員はまったくの新人として政権についたのである。さらに、こうした古手の者といえども、労働党政権が死の苦しみにあったときの記憶しかなかった。加えて、一九九七年という時代、気分、精神は、一九七〇年代のそれとは火星と地球ほどかけ離れていたのである。

われわれには気迫があり、それを持続させる勢いがあった。われわれには新しい冒険の始まりがおうおうにして無知な者に与える自己への確信があった。この段階に及んで、前にあるものをすべて取り払い、やすやすと征服し、思いのままに大きく歩を進めたのである。われわれは偉大な運動を戦ったのではなかったか。われわれは銃剣で敵を熟れた果物のようにやすやすと突き刺したのではなかったか。われわれの戦略は、自分たちの勝手な想像のなかでは、あたかもそれが運命であったかのように、誇り高き連中を粉砕したのではなかったか。政権奪取は同じ旅路のもう一つの到達点にすぎず、おそらく新しい地点なのだろうが、もっと先に行けば、われわれにとってただちに不確定で予測できないものにならないだろうか。だが、それは本当にそれほど違ったものになり得るのだろうか。たしかにわがチームは大胆に、自信をもって行動し、可能性を信じる変わらぬ精神を維持することによって、見事にこの地点までたどり着いた。だが、これからの前進でこれらの特質を失ってしまわないのだろうか。

周囲の者がこんな思いにとらわれていることが見てとれた。ときとして私自身も同じことを思った。選挙の晩、首相就任が確実になったとき、私はもはやガラス越しにぼんやりと見ることをやめ、しっかりと光に目を向けた。だが、私は怖かった。

私が怖かったのは、これが同じ旅路のたんなるもう一つの段階ではないことを知っていたからだ。新しい見知らぬ土地に踏み込もうとしていた。眼前の障害と難題は、複雑さと困難さにおいて、これまでとまったく違うということがわかっていたから怖かったのだ。私は現政権を崩壊させることに夢中になっていた。しかし時が経つにつれて、次のようなことがわかってきた。たとえ政府が正しかったとしても、いったん世論が機嫌を損ねると、政府がやっていることが正しいか否かはどうでもよくなってしまうようなのである。そして世論が現政権から離れ、われわれを支持するようになると、その心理状態は自らの欲求に走るあまり、自らを満足させること以外には無関心になってしまう。あのとき恐れにとらわれたのは、私は突然、新進気鋭の者でも挑戦者でも預言者でもなく、責任を担う者であり、物事が間違っている理由を説明する者ではなく、間違っていることを正す決定を下す者になることを意識したからにほかならない。それが実際にはどれほど大変なことか、政府が現実にどのように運営されるのか、そしてなによりも世間の風向きが私と敵対するようになったとき——そうなることがわかっていた——、私がどう反応するだろうかということについても、まったくわからないことを自覚した。その自覚は心の奥底から表面へと出てこようとしていた。

祝賀パーティはロンドンの中心部ミルバンク・タワー(それは労働党の選挙運動本部であり、ミルバンクは選挙の呵責なさの合言葉だった)にある党本部で始まった。私の選挙区のダラム州の開票が進んでいるホールは、狂わんばかりの興奮状態だった。労働党員がその熱狂に満たされていたのはもちろんだが、保守党員、自由民主党員、そのほか雑多な人たちさえ、歴史的瞬間だと感じていた。

首相がほかの議員と同じように自分の選挙区で出馬し選出された一下院議員であるという事実は、議会制主義の奇妙な帰結である。それはある面では非常に恐れ多いことだ。なぜなら出馬時点では、ある選挙区の一候補者にすぎず、選挙管理官が開票結果を読みあげるあいだ、他の候補者とともに壇上に立っているのだ。奇妙な光景だが、非常に民主的であり、むしろ好ましい。当然ながら、報道がとくに注目の戦いに集中するため、首相や野党党首の選挙区には主要な党だけでなく自分の主張(あるいはただの売名)のために、他の無数の泡沫政党の候補者もつめかける。それらの党の名前は奇妙で世にも不思議だ。スクリューウィー・ドライバー(ロックンロール党)、ボーニー・マロニー・ステニフォース(モンスター・レイビング・ルーニー党)、ジョナサン・コックバーン(ブレア・マスト・ゴー党)、そしてシェリー・ブレアアウト＝ギラム(年金生活者党)といった具合だ! どの党も開票時には代表者を送り込む権利がある。そして私が二階のテレビで全国の選挙戦を見ているあいだ、彼らは開票ホールでいっしょくたになっているのだ。

勝利の規模はすぐに明確になった。ただの勝利ではない。これは地滑り的勝利だった。二時間ほど経った時点で、私は実は心配になった。テレビ画面の下を流れるテロップは、労働党が百議席獲得と示していた。保守党はわずか六議席。私は自分がなにか憲政に反することをしたのではないかと思い始めた。私は保守党を文句なしに破ろうとした。しかし、われわれが保守党を消滅させたらどうなるか？　幸い、しばらくすると保守党の議席も増え出した。それでもわれわれの多数は明らかに歴史的なものになろうとしていた。皆は緊張を解き、一杯やり始めた。私は一滴も口にしなかった。自分にはしなければならないことがあった。スピーチが待っていたし、メッセージも発表しなければならない。その調子を状況に則したものにしなければならない。勝利の巨大さに見合った態度を維持する必要があった。

私の感情が周りの人々から乖離《かいり》し出したのは、この瞬間だった。人々が勝利の大きさに浮かれるにつれ、私は自分の肩にのしかかろうとしている責任の重さに押しつぶされた。こんな発言はおかしく聞こえることは承知している。だが私はこれらすべてに多少苛立ちさえ感じたのである。彼らには待っている仕事がどれほど巨大なものかが見えないのか？　本質的には世論のムードに従い、具体的なことは意図的かつ必然的に限られたことしか書かれていないマニフェストが国を統治するにあたって十分なものかどうか、彼らはよくよく考えたことがあるのか？

誰かがよろめくように近づいてきて言った。「すごいことじゃないかい？　君は偉大な首相になろうとしているんだよ、トニー。本当だよ」。私は「あっちに行ってくれ！」と無礼なことを言ったかもしれない。彼にどうしてそんなことがわかるのか。私自身にどうしてそんなことがわかるのか。

夜半ごろ、私はデービッド・ヒルに電話した。ミルバンク党本部で広報官を務めていた非常に堅実なしっかりした人物だ。私は彼に向かって、党のスタッフは祝賀ムードで浮かれすぎている、満足しきっているように見える、彼らを落ち着かせろ、とまくし立てた。「われわれは党史上、最高の勝利をおさめようとしている。十八年間の保守党支配を終わらせようとしているんですよ」とデービッドは言った。「彼らにおとなしくしろと言うのはちょっと難しいと思いますね」

私はこれから話すスピーチのことに関心を切り替えた。しなければならない演説が三つあった。下院議員として当選したという得票数の確認のときと、選挙区にある家から道路をちょっと上ったところにあるトリムドンの労働党クラブで行われる地元の党員集会で、そして朝の五時か六時ごろにロンドンのロイヤル・フェスティバル・ホールで計画されている熱心な労働党支持者とメディアのための大きな催しで。

演説の内容は広報担当のアリスター・キャンベルと相談した。彼はそれまでの三年間を通して岩のような存在だった。私の経験によれば、クレージーな人物には二つのタイプがある。ただクレージーな者、したがって危険な人間と、クレージーさが独創力、力強さ、気迫と情熱につながる人間である。アリスターは後者のタイプだった。このタイプの問題は、移り気で気難しいこと、ときに破壊的な結果をもたらすような爆発をすることである。なによりも、こうした人物を飼いならすのは不可能だと気づかなければならない。彼らとは理《ことわり》をもって対応できるのだが、彼らを特異で、才気あるものにしているのは、彼らが正常かつ予測可能な行動方式にあてはまらないからこそなのだ。そして彼らはつねにギリギリのところにいる。二〇〇三年末に辞任する前、アリスターはたぶんキレたのだろう。すべての独創的な人間と同様に、彼はキレることがあった。しかし野党時代の大部分の時間と、政権当初の期間、彼はなくてはならない、かけがえのない、私の分身だった。ゴードン・ブラウンとピーター・マンデルソンとともに、彼はニューレーバーの政治的コンセプトをほぼ天才的に実行し、メディア時代にメディアに則した表現を生み出した。奇妙にも彼は、政策については実際のところ非常に古い労働党だった。しかしあの晩の雰囲気のなかで彼は私と同じだった。彼もまた空気が抜けたようであり、あっけない思いにとらわれていたのである。二人で演説内容をおさらいし、私は周囲の高揚感から身を隔てて、一つひとつの演説で何を強調すべきかに思いをこらした。一番目の演説では家族、二番目では党、そして三番目では国。

私が唯一、心底感情的になったのは、父の話をしたときだ。開票結果を受けてスピーチをする際、父が誇りに涙を浮かべているのが目に入った。私は父の人生を思い返した。父はグラスゴーで里子として育てられた。養父はゴヴァン造船所の艤装整備工だった。父を実母に返すことを拒んだ養母は、不思議な性格が入り交じった狂信的な女性で、攻撃的な社会主義者だった。若いころの父は、グラスゴー青年共産主義者の事務局長を務めた。そして歩兵として戦争に行き、最後は少佐の代行を務めるまでになり、保守党員となった。大半の人が、正反対の政治コースを選んでいる時代だった。

父はその後、学者になり開業弁護士をへて活動的な保守党員になった。イングランド北部で保守党が議席を獲得できそうな安全な選挙区はヘクサムで、父は一九六四年の総選挙で確実に候補者になろうと活動をしていた。地元テレビに広告も出した。聡明で、魅力にあふれ、異常なほど野心的だった。父は、変わりつつある世界に適合する、まさに保守党が求めていた人材だった。誰も父と階級制度について議論できなかった。父は階級制度を生き抜き、そこから抜け出すことを学んだのだった。

そしてその年のある晩、父はいつもどおりいくつかの会合を回り、社交行事と激務をすませたあと、深刻な心臓発作に見舞われ、死にかけた。命は助かったが、その後の苦痛に満ちた三年間をかけて、ふたたび話せるようリハビリに励まなければならなかった。私は、母が毎日毎日、一語一語、必死に文章を繰り返して、いかに懸命に父を支えたかを憶えている。一夜にして一家の収入は落ち込み、父の友人の幾人かは去り、話す能力は決して正常に戻らないという決定的な診断が下され、政治生命が終わったことも憶えている。

私が自分の政治政策を形成するにあたって、父の影響は大きかった。政治活動に関する指導という意味ではない（父は、私とは政治的垣根の反対側にいたため、かなり激しい議論になったこともあったが、それほど頻繁ではなかった)。私は子供として、友人とともに父の議論を聞き、その主張のいくらかを吸収し、父の声にこもる情熱を耳にしたものだった。そして私は政治の機微を少しばかり理解した。

自分が政治家なるものに初めて会ったときのことを憶えている。おかしなことに、彼らの一人はのちに保守党の下院議員になったマイケル・スパイサーで、もう一人は——記憶違いかもしれないが——パトリック・ジェンキンだった。ジェンキンはサッチャー政権で入閣を果たした。二人はダラム州のハイシンクリフにあるわが家に夕食に来た。ぼんやりした記憶だが、彼らが来た理由はこうだった。当時保守党の若手ホープだったスパイサーは手始めに勝ち目のない議席をめざして戦おうとしており、父はダラム州の議席に影響力をもっていたからだ。

しかしそんなことは、私の政治家としての成長に大したインパクトをもたらさなかった。父が私に教えてくれたのは、ほかの何にもまして、なぜ父のような人間が保守党員になったのかということだ。そしてそれはまったく無意識に語られた。父は貧しく、労働者階級だった。そして中産階級になることをめざした。懸命に働き、実力一本で成功し、子供たちには自分を超えてほしいと願っていた。同世代の多くの人と同様に、父は自分の生き方から生じたこうした奮励の当然の帰結は、保守党員になることだと考えていた。たしかに、保守党員になることはそうした人生の一部分だった。成功することと保守党員になること、これは同じコインの裏表だった。こうしたつながりを断ち切り、それを違ったつながりで置き換えることが私の政治的野望になった。同情心をもつ。自分より不遇な人を思いやる。個人のみならず社会を信じる。労働党員になれる。成功し、思いやりをもつことができ、野心に満ち、かつ同情心をもつことができ、実力主義者で進歩的な労働党員だ。さらに、これらは不安定に共存する異質な感情ではなく、確実な進歩を遂げる道筋として完全に両立可能なのである。そして人間の本性が要求するものに対する、ユートピア的でない、完全に現実に根ざした答えなのである。

このようにして、父は私に大きな影響を与えてくれた。母からもまた違った方法で影響を受けた。二人は一緒に暮らしている人間同士でこれほど違っていることはあり得ないというほど違っていた。父のほうが私に似ていた。動機があり、決意があり、明確な野望があったが、それが私と母にとっては簡単にわがままに転じる恐れがあった。対照的に母は、気品のある、美しい、まるで聖女のような人だった。恥ずかしがり屋で、集団のなかでは少しばかり引っ込み思案ですらあった。母は妻として、伴侶として父を政治的に支えたが、ときどき私に打ち明けたように、心の底では保守党ではなかった。なんらかの理由で——おそらくアイルランド系だったからだろう——母はなんとなく疎外感を抱いていた。父が病に倒れると、より保守党的だった友人のなかには父から去っていった者がいると感じていた。

母は、私が二十二歳になったばかりのときに亡くなった。甲状腺がんを患っていたのである。思い返してみると、助からないのははっきりしていた。だから、最初に甲状腺がんと診断されてから五年間も生きたのは奇跡だった。

それでも母の死はショックだった。親を失うことは何物にもたとえがたい。わが子を失うよりつらいという意味ではない。そうではない。私は子供を失うよりつらいことはないと思う。親の死はある特別な方法で影響を与えると言いたいのだ。少なくとも、自分が若いときに親を失うならば。母の死がショッキングだったのは、じっくり考えることができなかったからだ。母の容体が悪化したのは、私がオックスフォードで最後の数カ月を過ごしているときだった。最終試験の準備に懸命だったから、父と兄のビルは母の本当の容体を私に知らせなかったのだ。六月末に帰省すると駅まで迎えにきてくれた父が、「お母さんの具合がとても悪いんだよ」と言った。

「それは知っているけど、まさか死にそうなわけではないんでしょう?」と私は言った。最悪のことを口にしたのは、父がそれほどではないと私を安心させてくれるだろうと愚かにも期待していたからだった。

「いや、どうやら危ないんだ」と父は答えた。私の世界は逆さまになった。母が死にかけているなど想像できなかった。私を育て、面倒をみてくれ、いつもそばにいて私を支え、大事にしてくれた母が。何も見返りを期待せず、私の性格のよし悪しを計算することもせず、何も求めることなく私を愛してくれた母が。ただ私を愛してくれた母が逝こうとしているのだ。

母が亡くなってから人生は決して前と同じではなくなった。それは私のなかに切迫感が定着し、野心が堅固になり、人生には限りがあってそれを知って生きなければならないという気持ちが生まれた瞬間だった。母がいないことを寂しく思わない日はない。

選挙の夜の高揚感と祝賀ムードが私の周りで渦巻くなか、私の野望が達成されたこの重大なときに考えなければならないこと、しなければならないことがあるにもかかわらず、私は母のことを考えた。母は言葉にできないほど誇らしかっただろうが、私に対する愛はほんのわずかでも変わりはしなかっただろうと思った。母の愛はすでに完璧で、それ以上大きくはなりようがなかったのである。そしてもちろん、一九九七年五月一日の移ろいゆく追従よりも、それは真実だった。

そして今、私は父の姿をトリムドン村で見た。父のすべての望みが私によってかなったことを実感しながらこちらを見ている父を。目があったとき、私には互いが同じ思いを抱いていることがわかった。母もここに一緒にいてこれを見てくれていたらな、という思いだ。

私は感傷を振りきって、やらなければならないことに戻った。どこに行っても群衆がいた。トリムドンの労働党クラブは狂喜していた。われわれはティーズサイド空港から飛行機に乗り込んだ。飛行中、アリスターに開票結果を知らせるメールが送られてきた。国防相のマイケル・ポーティロと外相のマルコム・リフキンドら保守党内閣の大物たちが落選していた。政治的大変動だった。私は妻のシェリーと一緒に座り、フェスティバル・ホールでの演説に向けて心の準備をした。シェリーには私が何を思っているのかがわかっていた。そしてこのようなときはいつでも、ほかの誰にも真似できない方法で私に話しかけることができた。彼女は言った。これからが大変で、よいときもあれば悪いときもある、政治はこのように始まるが決して同じように終わることはない、それを実行するのは名誉なことであり、私たちには国民に提示する本当のものがあり、それを一緒にやりましょう、と。

こんなときに起こる馬鹿げた間違いで、私たちはフェスティバル・ホールへ向かう途中、道に迷ってしまった。その間、待ちわびる群衆に向かっては労働党選挙運動のテーマソング〈ものごとはよくなるばかり〉が流されていたが、まるでミュージカル〈サウンド・オブ・ミュージック〉のトラップ一家のように舞台にはなかなか現れない状態になってしまった。やっと到着した。私は気持ちを全面的に引き締めた。これは大勝利であり、それだけに責任もそれ以上に認識しなければならない。一瞬たりとも、すべてが党の首領のものになったように見えてはならない。ロンドンのウェンブリー・スタジアムで決勝ゴールを決めたばかりの男のようではなく、首相らしく見えなければならない。

それは簡単ではなかった。人生で最もいらいらする経験の一つは、パーティで一人だけ素面《しらふ》でいることだ。自分は一滴も口にしていないのに、周りの人は存分に飲んでいるという事実を変えることなどできない。皆は大声をあげ、涙を流し、笑っているのに、自分は「はい、どうもありがとうございます。今は非常に特別なときです」などと言うのだ。常時カメラの列が自分をねらっている。写真を撮る人は写真を撮る。メモをとる人はメモをとる。自分は微笑むが、その場の雰囲気に心底溶け込んではいけない。人と抱き合っても軽く相手の背中をたたきながらだ。感謝の言葉を述べるときも感情の発露は計算尽くでなければならない。選挙運動のときからの見慣れた顔があった。何年も前からの友人もいた。かつて一度も会ったことのない人もいた。この人たちにとっては、私との挨拶は忘れることのできない大事な出来事だったが、私にとっては次に進むために片づける義務のようなものだった。
ニール・キノック（一九八三―九二年の労働党党首）を見かけた。私に多くのことを教えてくれた労働党の指導者だ。彼とは心からの挨拶を交わした。自然で抑えきれない温かみがあった。しかし、彼と挨拶をしているあいださえ、私を早く壇上に向かわせようと神経質に睨むアリスターを意識しないわけにはいかなかった。ほかの人たちはくつろげても、私たちは舞台にとどまり観衆を満足させなくてはならないのだ。

野党の党首としての責任は大きい。最高ポストをねらう運動を展開するのはどの国でも大変なことだ。自分の政治、自分の党、そして双方がよって立つ信条の旗手にならなくてはならない。選挙で勝とうと出馬したことのある者なら誰でも、それがどんなに大きな仕事であるかを知っている。組織、意思疎通、人事、政策について百万もの決定を迅速かつ効率的に行わなければならない。決定が首尾よくいけば、うまく準備ができた証であり、リーダーの資格十分であることを示す。しかしそれは、一人の人間としての自分にのしかかる衝撃と同じものではない。首相としての重責を背負った瞬間から、そのスケール、重大さ、複雑さはまったく異質なものになる。それはこれまで続けてきたリーダーシップの終点ではないのだ。新しい、異次元の世界に身を置くことなのである。それだけではない。首相になろうと活動しているときにはチームもあれば、チームとしての一体感ももつことができる。たしかに自分はリーダーである。皆との協力は非常に緊密で、経験のおかげで親密さも強まり、あうんの呼吸でやりとりできる。だから家族のような、あるいは同じ思いに結ばれた陰謀者の秘密結社のような感情をもつのである。

私は壇上に歩を進めながら、自分がこれから言おうとしている言葉に精神を集中させ、エネルギーを蓄えようと努力した。そして、私のなかで一日中大きくなり続けていた不安の根源をついに突きとめた――私は一人ぼっち、ということである。もうチームはない。仲よし集団もない。腹心の一団が共有する感情もない。他者がいる、そして私がいる。それだけだ。ある深い地点では、彼らは私の人生に触れることはできない。私も彼らの人生に触れることはできない。

私は壇上に立ち、群衆を見回した。観衆はウォータールー橋を埋め尽くし、フェスティバル・ホールの外だけでなくテムズ河畔通りにまであふれ出していた。歓声をあげ、身を乗り出し、感情の波が広まっていた。私は一日中感じていたのと同じ苛立ちをここでも感じた。この途方もない大祝賀を早く終わらせ、仕事にとりかかりたかった。なによりも、統治するということがどんなことかを知りたかった。だが今は、できる限り機嫌のよい顔をした。

ちょうど演説を始めたとき、太陽が姿を現し、幸先のよい美しいオレンジとブルーグレーの光とともに夜明けが始まった。私はその光景に触れないわけにいかなかったのだが、言ったとたん後悔した。「新たな夜明けが始まりました。そうじゃありませんか?」。この言葉は、すでに成層圏まで高まっていた期待をさらに高めてしまったのである。私は期待をすぐに地上に引き戻そうと、われわれがニューレーバーとして選ばれたこと、新生労働党として国を治めるつもりであることを強調した。私が言ったことは大して重要ではなかっただろう。しかし、私はすでにある思いにとらわれていた。全国民は、選挙で労働党に与えた、国を統治する権限にぎょっとするかもしれない、そしてわれわれは、約束した新生労働党ではなく、昔の労働党に逆戻りするかもしれない、そう考えているのではないかと。私は興奮を和らげ、落ち着かせようと努めた。自信過剰や高慢と受けとられかねないものは、ほんのちょっとしたことでも、すぐに跳ね返ってきてわれわれにつきまとうだろうと思ったからだ。

午前七時ごろ、私とシェリーはやっとロンドン北部イズリントンの自宅に戻った。そこも人々に囲まれていたが、政権に就任するためバッキンガム宮殿に赴き、エリザベス女王に謁見する前に一時間でも睡眠をとりたかった。出たときのままの家に戻るのは不思議な感じがした。ここで一晩か二晩を過ごし、もう二度と戻らないことがわかっていたのだから。

一時間眠ったら思った以上に元気になった。開票結果が出揃っていた。わが党は他党すべてを合わせた議席数を百七十九も上回っていた。これはイギリス政治史上最大の、地殻変動的な多数だった。ホープのような、過去一度も勝ったことのない選挙区も労働党に落ちた（この選挙区は二〇〇五年の総選挙でも勝った）。クレメント・アトリー党首のもとでの一九四五年の大勝以来、失い続けていた地区のいくつかも取り戻した。青（保守党）の地盤として変わることがないだろうと思っていたヘイスティングス、クローリー、ウースター、バジルドン、ハーロウの地区もいまや赤（労働党）のものになった。ついでに言うと、その後の二回の選挙でもこれらの地区は引き続き労働党のものとなった。

前夜、投票が締め切られ、出口調査で労働党の勝利が判明したとき、当時の首相ジョン・メージャーから敗北を認める電話があった。彼は鷹揚だったが、それは簡単なことではなかったはずだ。彼には長所がいくつもあったが、彼の弱点は、私が首相としての彼を撃退しようと懸命だったことを、彼個人への攻撃ととらえたことだった。

これは政治における奇妙な点なのだが、党首や政党は自分たちに対する不公正な攻撃だと受け止めたことに絶対的な心底からの怒りを感じることがある（あえて言うが、こうした感情といつも戦っていた私自身、ときには怒りを禁じ得ないことがあった）。にもかかわらず、自分たちが相手に対して仕かける攻撃が公正であるかどうかにはまったく関心を払わない。われわれが野党としてどう振る舞ったかを思い返してみると、政治的職業性は見事だったと思うこと大ではあるが、いくつかの策略はあまりにも日和見的で、あまりにも軽薄だった。加えて、こうした策略の種は予想外の形で芽を吹き、われわれを危険にさらす帰結を招いた。

メージャー首相に対する私の攻撃はつねに政治的な性格のもの――弱いリーダー、分裂した党など――だった。一方、保守党の当時の私に対する攻撃はいつまで経っても非常に個人的な色合いのもの――嘘つき、いんちき、ペテン師等々――だった。だからメージャーにしてみれば私に電話するのはつらいことだったろう。だが、彼は電話をくれたのであり、私は翌日、彼に心からの賛辞を呈したのである（もっとも、それが彼にとっては傷口に塩をぬる行為でなかったかどうか、私にはわからない）。

私が受けたもう一本の電話は、アメリカのビル・クリントン大統領からだった。素晴らしい電話だった。クリントンは真に温かく、第三の道を行く進歩派の同志が生まれたことを明らかに喜んでいた。ただし私には、いつもどおり彼が私の胸中を察してくれていることがわかった。私を待ちかまえる落とし穴を知っており、来るべき変化に対して、私を穏やかに、しかしはっきりと備えさせようとしていた。

イズリントンのリッチモンド・クレセントからバッキンガム宮殿への道中は驚くべきものだった。人々は家から出てきて、沿道に群がり、手を振り、歓声をあげていた。中継放送用のヘリコプターが何機も上空を回っており、人々はヘリコプターを見て私たちの所在を知り、出迎えるために外に出てきた。まるで国中が一日休みになったような光景だった。大きな政治的変革の瞬間には、不思議な統一感が生まれるものだ。人々はさまざまな理由で一票を投じる。何があろうと同じ党に投票する人がいる（私は一九八三年に労働党に票を入れた。だが、国にとって労働党の勝利が最善のことだとは思わなかった。しかも私は労働党の候補者だったのに！）。多くの人は忠誠心から、あるいは古くからの伝統に従って投票する。そして結果が判明し、その結果が変化を必要としている国にとって最善のものであるならば、反対票を投じた人々でさえ祝賀に加わるのである。それはあたかも二つの票を持っているようなものだ。一つは投票所で投じ、もう一つは自分の心に投じる。

バッキンガム宮殿の門を通り抜けるころには、群衆はさらに膨れあがり、新しい首相の姿を一目見ようと熱狂していた。シェリーがとても興奮しているのがわかった。私はすべてをいつものとおり早くすませたかった。このとき私は、物事をさっさと運ばせない因習、伝統、儀式から逃れようと必死にもがいていた。

私は女王の部屋の外にある小さな控えの間に案内された。すると突然、不安に襲われた。基本的な儀礼はわかっていたが、ごく曖昧な知識しかなかったのだ。公式の敬礼として女王の手にキスをして、女王が統治権限を授与する儀式である。女王は元首であり、私は女王の首相なのである。儀仗を持った背の高い係官が私の横に立った。「ミスター・ブレア、一つだけ申しあげておくべきことがあります」と彼は切り出した（私は首相に任じられるまでは〝ミスター・ブレア〟なのだ）。「儀式では、女王陛下の両手に実際に口づけをするのではありません。唇でそっとブラッシュするのです」

正直に言えば、これには唖然とさせられた。彼はいったい何を言わんとしているのだろう？　女王の両手に靴にブラシをかけるようにするのか、それとも軽く触れるのか？（brush には靴や洋服にごしごしブラシをかけるようにすることから、さわるかさわらないくらいに軽く触れるまでいろいろなニュアンスがある）。とまどっているうちに扉が開き、私は部屋に招き入れられた。不運にも私は絨毯の上でちょっとつまずき、実際に女王の手の上によろめいてしまった。女王の手を握るほど強く触れたわけではなかったが。私は十分落ち着きを取り戻すと、女王と相対して座った。もちろん、女王には以前にも会っていたが、今回はそれとは違った。私にとっての初めての拝謁である。女王については述べておくべきことがたくさんある。今回の拝謁で私は二つのことに気づいた。女王ほどの経験をもち、高い地位にある人間としては、不思議なほどシャイであること。と同時に、ずばりと物を言うこと。無礼だとか無神経だという意味ではない。ただ率直なのである。「あなたは私にとって十人目の首相です。一番目はウィンストン・チャーチルでした。あなたが生まれる前のことですよ」。私たちはしばらく話をした。政府の計画についてのごく普通の他愛もないやりとりを別にすれば、まったくの世間話というわけではなく、会話は多少堅苦しくなった。そのときシェリーが女王に敬意を表すために招き入れられ、シェリーと話すうちに女王はくつろいだようだった（世間一般に信じられているのと反対に、シェリーは女王といつもうまくやっていた)。シェリーは、子供には何が必要かとか、子供たちにとって官邸で暮らすことはどんなに不思議なことだろうかとか、非常に現実的な話をしていたが、女王はうなずきながらおおむね共感していた。それを前にして座っていた私は会話をいつ、どのように切りあげさせればよいかわからず、いくぶんそわそわしていたのではないかと心配である。ダウニング街十番地の官邸の戸口で何を口にしようかということに心を集中させていたが、睡眠不足のせいで、少なからずぼうっとしていた。女王はもちろんすべてを承知で、ほどよい時間になるとほんのかすかな身ぶりで会話を切りあげ、私たちの退出を見送ってくれた。

「こちらです、総理」。杖を持った背の高い例の男が、私たちを送迎車まで先導してくれた。

こうしてダウニング街へ向かった。群衆と交歓したあと、私はそれからの年月、数えきれないほど何度も上ることになる壇に立った。私はとにかく祝賀ムードから逃れたい一心だった。すぐに仕事にとりかかりたかった。だから私が口にしたことはそうした気持ちを反映したものだった。興奮はどう国を治めるかには、ほとんど意味をなさないことを私は知っていたから、党の計画と綱領と政策について語った。長い演説ではなかった。私が十番地の扉を開いて一歩足を踏み入れたら、われわれのすべきことにしっかりと焦点をあてた。

しかし実際には、私の演説などもはや問題ではなかった。祝賀ムードはそれ自体の力を帯びてしまい、その力をなんとか削《そ》ごうとするのはあたかも突進してくるトラックを止めようとするくらい無茶なことだった。一世代にわたって積もり積もっていた期待が私に懸けられたのである。物事を変えたい、違って見えるようにしたい、感じたい、新しい時代を飾るものがほしい。そうした期待だった。そして私はそのような思いを率いる者だったのである。われわれは一つの社会的運動、古いものを捨てて新しいものを迎え入れたいという一つの関心で結ばれていた。政策決定上のジレンマや意思決定の残酷な本質でさえ煩わしいと思わなかった。その運動は、現実の生々しい政治が行われる醜い街頭のはるか上に立つ高い竹馬に乗っていた。そしてその高みからだけ、可能性と機会、遠いかなたであっても必ず到達することのできる未来の夢の地平を見渡せたのである。

二〇〇八年、バラク・オバマがアメリカ大統領をめざして驚くべき選挙戦を繰り広げ、勝利をおさめたときの彼の思考を、私は正確に言いあてることができる。周囲から注がれるそのような希望が作り出す興奮とエネルギーは、あるレベルに達すると当人自身を高揚させ、駆り立て、触れるものすべてに魔法をかけるのだ。国中が酔った状態になり、民衆と一緒にその状態に舞いあがるのだ。

しかし、もっと深い別のレベルでは、自分がその希望の拠りどころであり、部分的にはそれを作り出した当事者であるのに、その希望自体が生命を帯び、精神を備え、制御不能な高みへと達してしまうことにすぐに気がつく。その希望を手中におさめ、制御し、引き具をつけたいと思う。なぜならその希望が民衆を実現不可能なほどの期待へと導いていくことがわかるからだ。

このような種類の期待に応えることなどできない。人々に伝えたいのはそのことだ。ときにはあえてそう言ってみる。しかし、その熱意を過度に抑制することはできない。そして、その興奮から覚めたとき、追従してきた人々は現実——あなたが決して否定しなかった現実、民衆に注意を向けさせたいとさえ思った現実——とともに取り残されるのだ。危険なのは幻滅である。そして幻滅は、それに先立った期待ゆえにいっそう苦痛に満ちたものになる。

ともかく、私はそのように感じた。

その期待は非現実的に見えた。なぜなら非現実的だったからだ。人々が非現実的な思いに駆られるべくして駆られたことは理解できる。私がそうした思いを率いたいと願ったのだから。われわれは一緒になって、止めることのできない力になってしまったのだから。しかし非常に奥深いところでは互いを欺いていた。そうと知りながら組織化された、あるいは悪意や邪《よこしま》な動機から起こった欺瞞ではなく、希望から生まれた欺瞞だった。その希望は目標の達成と厳しい選択が、なんとなく分離している状態になりかねないような希望から生まれた欺瞞だった。錯覚と言ったほうがいいかもしれない。しかし警察官が横に立ち、官邸の扉が開いたとき、首相に選ばれたことが、解放、つまり従来よりもよりよいものの誕生のように感じられた。

しかし、気の毒な古い官邸スタッフにとって、これはショックな出来事だった。しきたりどおり、メージャーは私が入る直前に官邸を去った。新首相が入るときには、スタッフ一同が閣議室に通じる廊下に並び拍手で出迎える伝統がある。スタッフの一、二人が、最後の労働党政府をぼんやり記憶していたが、当時彼らはまだ若かった。圧倒的多数が十八年間にわたる一党支配にさよならを告げたばかりだった。

歩きながらスタッフの顔を見たが、全員なじみのない顔だった。今後一緒に過ごす仲間、そしてその多くは友人になるだろう人たちだ。保守派が去ってちょっと動顛《どうてん》している者もいた。何人かの女性は鼻をすすり、涙を流していた。出迎えの列が終わるころには、自分がここに入り込んできたためにこうしたすべての悲痛を引き起こしていることに対して、いやな奴のように思えてきた。言うまでもなく、それを乗り越えた。

それから閣議室に入った。それまで一度も見たことはなかった。一見しただけで印象深い場所だった。部屋そのもの、この部屋で作られてきた歴史のゆえに。私は一瞬足を止め、部屋を見回した。そして突然、その神聖さに打たれた。幾千ものイメージが走馬灯のように私の脳裏を駆けめぐった――グラッドストン、ディズレーリ、アスキス、ロイド・ジョージ、チャーチル、アトリーといった歴代首相、戦争と平和の歴史的な場面、アイルランド人とマイケル・コリンズ（アイルランド独立の指導者）、ドアを通って入ってきては独立の交渉をした、数知れぬ植民地の代表たち。この部屋は歴史を通じて最も巨大な帝国の一つが築かれ、維持され、姿を消すのを目にしてきたのだ。私は危機と大惨事、決断と熟慮、国を統治する平凡で基本的な実務を討議する会議に思いを馳せた。それらすべてが、官邸の庭を見渡す、このこぢんまりした部屋を駆け抜けていったのだ。会議のテーブルの終わりを示す、見せかけの柱が二つある。このテーブルはハロルド・マクミラン首相（在任一九五七年一月〜一九六三年十月）の決定で楕円形に作られた。中央に座る首相が閣僚全員の表情と身ぶり手ぶりを見ることができ、とりわけ忠誠や異議のわずかなシグナルも見落とさないようにするためだ。首相の椅子があった。肘掛けのある唯一の椅子である。ほかの椅子よりも立派であるべきだからか、首相はほかのどの閣僚よりも支えを必要としているからか。

それを除けばがらんとした部屋のなかで、サー・ロビン・バトラー官房長官（日本と違い、議員でも閣僚でもなく、官僚がなる）が首相の椅子の隣に座っていた。彼はその資質で有名であるばかりでなく、実に豊富な経験の持ち主で、マーガレット・サッチャー、ジョン・メージャーと緊密に職務をこなしていた。彼は私に首相の椅子を指し示した。私はそれに深く腰をおろし、前日来二十四時間の喧騒のあと、やっと足から体重を解放してほっとした。

「それで」とロビンは言った。「どうします？」。よい質問だった。「私たちはマニフェストをすっかり読みましたよ」と続けた。それは私をなにか意味もなく動揺させた。「そして、私たちはあなたのためにマニフェストに従って働く準備ができています」

私の政府の意思決定の性格と、いわゆる〝ソファ〟スタイルの意思決定（ブレアは正式な閣議よりも、限られた側近と執務室のソファに座って政策を論じ決定したと批判された）の性格には歴然とした違いがあることがあとではっきりしたのだが、それに照らし合わせてみると、私には最初の瞬間から、ロビンが徹底的に職務の専門家で、丁重で、助けになる人物であることがわかったと言うべきだろう。改革のなかに納得のいかないものがあっても、彼は改革推進のために尽力してくれた。イギリスの官僚制度の最良の伝統という意味合いで、公平かつ知的で、国に対してどこまでも献身的だった。

しかし、彼は伝統を重んじる人物であり、伝統への敬意に潜む強みと弱みを兼ね備えていた。したがって、彼は高級官僚の大部分を完全に代表していた。私には非常に早い段階から、彼はジョナサン・パウエルが官邸スタッフのトップにつくことを本当は認めたくないことが見てとれた。ジョナサンほどではなかったものの、アリスターと私の旧友であり雑役使用人であるアンジ・ハンター（雑多な役割を果たした女性）の地位についても同様だった。ジョナサンは以前から官僚だったが、あとの二人は「特別顧問《スペシャル・アドバイザー》」であり、新政府によって起用された政治任用者だった。イギリスの制度では本質的には、トップレベルまでキャリア官僚が務める。特別顧問の採用は珍しい。アメリカのように何千人もいないのだ。私は政権を運営しているうちに顧問が七十人にも増えたが、それをちょっとした憲政上の憤激の種とする者もいた。

しかし顧問は近代政治にとって不可欠な要素である。彼らには政治的なコミットメントが伴うが、それは必ずしも悪いことではない（私はいつも、そうしたコミットメントは左派から起こるときのほうが眉をひそめられがちだと見ていたが、たぶんそれは被害妄想である！）。彼らは専門的知識をもっている。そして高級官僚と交流することで鍛えられれば、うまく活用できる。高級官僚もまた、顧問と交流することで同じように改善できるのである。私がこれから言うことに照らし合わせてみても、多くの官僚が顧問とうまく仕事をしただけでなく、顧問との仕事を楽しみ、真の友情が数多くはぐくまれたことを強調すべきだろう。

アリスターあるいはジョナサンが官僚に指示を与えることができるかどうかについて、ロビンとジョナサンのあいだで一悶着あったものの、最終的には妥協した（ついでに言うと、アリスターとジョナサンが首相官邸にいたあいだ、どちらに対しても官僚から苦情が出たことは一度もなかった）。私の前任者たちが事実上のスタッフ長をもっていなかったとは、当時も今も信じられない。なにはともあれ、ジョナサンは広く認められ、公式に任命された初めてのスタッフ長だった。ロビンはこれがあまり気に入らなかった。

そしてロビンの胸中では、それは、どのように意思決定をするのかという別の問題と混同されていた。この点では、彼にはもっとしっかりした根拠があった。たしかに最初の一、二年、われわれが本領を発揮し、統治という難しい課題に取り組むようになると、われわれはチームとして立ち回る傾向があったので、高級官僚のなかには疎外感を抱く者もいたのである。

自分たちの観点からすれば、われわれは変革のための巨大な一連の公約を実行するのに一心不乱に働いていた。われわれは、言うことと実行することのあいだにある溝が大きな姿となって現れたことをすぐに認めた。野党だったときは、両者の溝など気にならなかった。なぜなら野党は「言うこと」しかできないからだ。政権につくと、「実行」がすべてであり、この溝は官僚との亀裂、不満、失望となって突然現れる。だから、政権についた最初の数カ月、われわれは政権を求める運動をし、労働党を変えようとしていたときのように動きがちだった。

しかし、ロビンは八カ月いただけだった。やがてわれわれは幅が広がり、学び、適応した。改革に共感する閣僚が前面に出てきた。仕事のやり方が変わった。内閣と内閣委員会の働きが活発になり、顧問と官僚の仕事にもよりよいバランスが生まれた。

したがって、〝ソファ政治〟の批判はいつも馬鹿げたほど大げさだった。はじめは、リーダーはアドバイザー的な側近グループをもっている。それだけでなく、私の前任者たちが内閣に対してうるさかったということをロビンは話したが、これは明らかに外から見たサッチャーと彼女の内閣の関係についての私の記憶とはやや一致しなかった。

もっと深刻だったのは、その根には近代政府の機能の仕方に触れる意見の不一致があったことだ。あとでまた論じるが、近代国家を効率的に機能させるために求められる技量は、二十世紀の半ばに必要とされたものとは違う。それは従来の政策アドバイスをほとんど用いず、実行とプロジェクト管理を扱うことが多い。これらの技量は実際のところ民間部門のそれにかなり似ているのだ。これは官僚についても、政治家についても、同じである。議会で困難を克服してうまくやる能力は、必ずしも何千もの労働力と何十億ポンドもの予算をもつ省を運営する能力を与えるものではないのだ。

そのうえ、近代政治のペースとメディアによる徹底的な調査――よかれ悪しかれ十五年前、二十年前とはまったく違う――は、意思決定、立場の設定、戦略の策定を音速ではなく光速でしなければならないことを意味する。

以上のことはいずれも適切に分析されなければならない。しかし、官僚によって作成された政策文書を、寛大な議長を務める首相と閣議が討議し決定するという従来の方法では、急速に変化する世界、さらに高速に変化する政治環境の要求に対応しきれない。顧問制の導入が、旧来のシステムに不具合を起こしはしない。その制度は助言を増やして視野を拡げ、政府を動かすうえで理にかなった方法なのである。私がはやばやと見抜いたように、伝統的な官僚制度の問題は、妨害ではなく惰性にほかならない。

しかし熟考のあと、私がこの名だたるイギリスの制度に指示を与えたのは、すべて将来に関することだった。最初の指令は財務省に対してで、中央銀行であるイングランド銀行の独立性に関する作業だった。その日は内閣のメンバーを指名し、閣外担当相の選任に追われ、少しばかり放心状態で終わった。この日は、ある人にとっては歓喜の、別の人にとっては苦痛の日だった。主だったポストはすでに割り振られていたが、影の内閣は実際の内閣よりも重要だった。私は影の内閣の三人のメンバーに、閣外担当相にはできるが、閣僚にすることはできないと告げた。二人は同意したが、もう一人は平議員になることを望んだ。そうか、つらい立場とはこのようなものだ、と私は思った。今後、追放され、落胆させられ、拒絶される者の数は増える一方なのだろう。

さして驚くことではないが、この最初の数時間、数日間、数週間、政府にとっては魅せられたような期間だった。首相としての最初の夜は、リッチモンド・クレセントに戻った。そこで過ごす最後の夜だ。数日後、父が私たちとともに過ごすためにやってきて、官邸でテイクアウトの中華料理を食べた。父にとっては素晴らしいことで、私もとても誇らしく感じた。

私にとって最初の赤い箱（閣僚が持ち運ぶ文書の入った赤いブリーフケースのようなもの）が来た。出すべき最初の勧告が来た。署名すべき最初の書簡が来た。わがチームは本格稼働しつつあった。野党攻撃隊であることから離脱し、城砦をよじ登り、われわれが調べあげたことすべてをとりしきる支配者の宮殿に腰を据えつつあった。私の側近は驚くべき人間の一団で、性格も意見も実にさまざまだったが、連隊のように固く結束していた。共通の目的を見据え、鋼《はがね》の精神で貫かれた仲間意識があった。かなり緊密に協働する者について、私はいくつかの独自のルールをもっている。仕事第一であること。他を責めない文化。度が過ぎなければ和気あいあいの楽しい雰囲気もいい。裏切りは許さない。互いをいたわり、支え合い、尊重する。互いを好きになるのも役に立つ。

総じて皆はこのとおりにした。かつてジョナサンは野党党首室のスタッフ長という役目に初めは慣れず、キャリア外交官から政治家への転身の難しさを経験した。しかしいったん仕事に慣れると、彼は優秀だった。彼の北アイルランド和平プロセスへの貢献についてはあとで説明するが、彼の主たる貢献は官僚制度に関する知識の深さ、驚くべき仕事の速さ（情報の理解能力は電光石火の速さだった）、そして自然に、完璧にニューレーバーの政治を実践した。彼とアンジはニューレーバーの政党的な立場にはいなかった。二人ともビジネスを強調し、どこまでも中産階級的な視点を忘れず、あらゆる非政治的な衣《ころも》をまとって苦もなく動くことができた。二人は労働党を強く支持したが、労働党員を支持したわけではなかった。

サリー・モーガンは政治秘書官で、のちに政治・政府広報担当の局長を務めた。彼女も根っからの労働党員で、政界への顔の広さでは他の追随を許さなかった。しかし、情熱と高みをめざす気持ちが人一倍強く、古い労働党の組織政治とは一線を画した。サリーとアリスターは、一九九四年以来、私の政務秘書官を務めていたブルース・グロコットとともに、いつも党の方針を理解することができた。三人は必ずしも党の方針に同意したわけではなかったものの、つねにそれを受け入れ、方針変更の仕方をアドバイスしてくれる貴重な存在だった。

最初から私はアリスターについて一つのことに気がついていた。彼には人に忠誠心を植えつける大変な能力が備わっているということだ。彼の広報チームは官僚と特別顧問の混成だったが、数週間もすると、効率的に仕事をこなすようになっていた。チーム全員がアリスターを尊敬していた。彼はメンバーを支え、ユーモアと率直さと空威張りという奇妙な組み合わせでチームを鼓舞したのである。

ケイト・カービーはゲート・キーパー（首相府で情報の受け手となり、コメントを発信する係）で、日程の管理者である。今日の首相あるいは大統領にとっての日程調整の重要さについては、政治専攻の賢い学生が書いた博士論文があるくらいだ。その仕事を〝日程管理〟と呼ぶのは、ジョン・レノンやポール・マッカートニーを〝歌を作った〟人と表現するようなものである。間違いではないが、その表現ではその人が生み出すものの独創的な重要性を伝えることができない。時間の使い方は枢要なことなので、私の時間管理がどう行われたかについてはあとで詳しく説明する。ケイトはチャーミングで楽しかった。だが、その裏には非常にタフな性向が隠されていた。彼女は鉄の統制で日程を管理し、干渉しようとする者には容赦なく急所を締めあげた。無論にこにこしながらだ。

そしてリズ・ロイドがいた。彼女はリサーチャーとして大学卒業後すぐに私のもとに来たのだが、スタッフの次長にまで昇進した。彼女はイギリスのバラ（色白でキメの細かい肌のイギリス人女性を指す）のようで、知能が高く、状況に応じて教養のある知的な女性にも過激なフェミニストにもなれた。しかしなによりも、彼女はありのままの正直さで誰に対しても公平だったから、無秩序で雑多な状況を鎮める力を発揮した。

また、ジェームズ・パーネルがいた。彼は驚くほど頭がよく、政策問題に関して非常に貴重な存在だった。私が切望していた彼の将来の地位をめざして政治を絶えず勉強していた。

政策問題担当の頭はデービッド・ミリバンドだった。当時はまるで十二歳の若造のように見えた。デービッドは政府の政策をまとめるのに手腕を発揮した。閣僚を彼らが意図しない方向に向けて、ときには力づくで導きながらも彼らに幸福を感じさせることができた。彼は一期目にしては完璧だった。本当に賢明で、率直で、政党政治のなんたるかを心得ていた。サリーやアリスターの陣営に近かったが、ニューレーバーだった。

パット・マクファデンは党組織担当だった。しかし彼には、傑出した政治的才能と第一級の閣僚になるだけの知的能力が備わっていることが最初から明らかだった。

次にピーター・ハイマン。彼の務めはあちこちを回って政策を説明しコミュニケーションを図ることだったが、つねに頭脳明晰で、新しいアイデアにあふれ、歯に衣着せぬ物言いで私をはじめ誰とでも論争をした。だがこの愛すべき人物は、教師になるために去っていった（そしてとても優秀な教師になった）。

ティム・アランは広報担当室の副官としてアリスターの優れた引き立て役だったが、いずれ大物になることが明らかだった（政治にとどまればよかったのだが、起業を決断し成功した）。

デリー・アーバイン大法官（閣僚の一人で議会開期中は上院議長を務める）の友人の娘であるサラ・ハンターと、ジョナサン・パースの二人は私が野党党首だった若いころから、私のもとに来て、事務作業を助けてくれ、幸いなことにサラは子供ができるまで私とともにいてくれた。いずれも働き者で、その存在は素晴らしかった。マイケル・フット以来歴代の労働党党首に仕えたヒラリー・コフマンもチームの一員で、非常に経験豊かで冷静だった。彼女はしばしば人事問題でメディアに対応しなければならなくても、あらゆる方面から罵詈雑言を浴びせられても、物事にうまく対処してくれた。もみ殻から小麦を分けるように、物事のよし悪しを見分けなければならなかったからだ。

カテゴリー分けできない人物と言えば、アンジとデリーの二人だろう。アンジは私の最良の友人だった。私たちは十六歳からの知り合いで、スコットランド北部のパーティで、私が彼女の寝袋に入り込もうとしたときからだ（うまくいかなかったが！）。彼女は大学で私の面倒をみてくれ、私が下院議員になったときにふたたび私の人生に登場し、それ以来ずっと一緒だった。彼女はセクシーで快活で、この二つの資質を効果的に使った。彼女を過小評価するのは危険だった。彼女ほど天性の政治的素質に恵まれている人間には会ったことがない。どこまでも賢く、私や仕事を守る必要があると感じたときには誰よりも冷酷無情だった。

デリーは、ピーター・マンデルソンやフィリップ・グールドと同様、官邸の外にいたが、私の中核チームに属していた。政権発足当時、デリーが持ち込んだなかでなによりも重要なものは厳しい分析能力で、問題を抱えている者は誰でも彼のその能力を頼りにすることができた。私がデリーに対して恭《うやうや》しい敬意に満ちた態度を示すのを見て、人々がときに疑問に思うことがあったので、私は彼にはメロンくらい大きな頭脳があるのだと言ったものだ（デリー・アーバインは弁護士修業時代のブレアの師で、頭のよさからメロンくらい大きな脳があると言われていた）。彼が死んだら、その脳は博物館に陳列されるだろう。フランケンシュタイン博士がそれを盗むかもしれない。彼は政治を見る目がないところがあったが、知的にはすべてを見抜くことができた。しかも曖昧でおうおうにして杜撰《ずさん》な政治の世界において、彼の明晰さと集中力は貴重な資質であり、高く評価された。この初期の日々、官僚制度の内側からであれ外側からであれ、誰かが知的に横柄になりわれわれを見下した態度をとったときには、私はデリーを担ぎ込み、彼らがおびえるのを眺めたものだ。デリーはあたかも高性能のプレス機のごとく彼らを押しつぶし、打ち倒した。最終的には彼らは一定の形に成形され、製造ラインのもう一方の側から吐き出されたのである。

ピーター・マンデルソンは私の親友であり、盟友だった。彼は賢明で、魅力にあふれ、楽しかった。誰とでも素晴らしい関係を築ける素質がすべて備わっていた。彼には傑出した政界のコンシリエーレ（イタリア語で顧問の意味だが、通常、マフィアのボスの相談役として使われる）になれる二つの特質があった。彼は物事が今どうであるかだけでなく、どこに向かっているかを見抜くことができた。ゴードン・ブラウンがいつも言っていたように、ピーターは国民が今何を考えているかだけでなく、この先、何を考えるかがわかっていたのである。政治戦略では、彼のこの能力はこのうえなく重要だった。

ピーターのもう一つの特質は、攻撃を受けてもひるまないことである。彼自身の心情がかかわるときは、私たちと同じように非常に感情的になることもある。しかし彼を前線に立たせてみると、政治的戦闘の熱気のなか、彼はローマの軍団のようだった。冷静で、規律があり、驚くべき効果をあげた。敵が正気を失って混乱状態になると、彼は落ち着き払って兵士たち、ときには将軍たちをも奮い立たせ、反攻の地点を探した。その間、彼自身はそれを楽しんでいるかのようだった。このような特質は稀有である。彼の特質を見出した人は、宝物のように大事にするだろう。

フィリップ・グールドは、側近チームのなかでも最後に控える存在だった。彼は物事を見分け、仕分ける人間だった。彼の仕事はそれが何であるかを瞬時にして正確にわれわれに伝えることだった。その意味で非常に優れた世論調査員の典型だった。しかし時が経つにつれて、私は別の才能にも気がついた。実のところ彼は大衆の意向をまとめあげる大家だったのである。彼は世論を分析し、説明し、その行く末を予測した。「大衆はこれが好き」とか「大衆はこれが大嫌い」といった平凡な表現を超える洞察力で推測したのである。大衆をどこに導けばよいか、大衆は今どこで一番居心地がよいと感じるかまで読んだ。この意味で、彼は世論調査員ではなく、戦略家だった。

フィリップは、年次党大会における私の長く念入りな演説を練りあげるのにも欠くべからざる存在だった。十三年間にわたって毎年、この演説作成では、苦悩と驚き、そして狂気と創造が等しく私とスタッフに降りかかってきた。私は丸一週間前から草稿にかかりきりになり、十五回から二十回も書きかえることも珍しくなかった。毎年、もっと楽になればよいのにと思った。そして、毎年、それは変わらぬ難行だった。二〇〇六年の演説（首相として最後の演説）はわれながら最高だったと思うが、それも以前と同じ苦しい作業だった。

一九九五年、まだ野党のときだった。火曜日の演説の前日である月曜日、すべてがうまくいかず、演説草稿は役に立たず、頭はついに混乱し、自分は無能を理由に辞任するほかないと決心した。その朝、私はニューカッスル・ユナイテッド（私のひいきのフットボールチーム）の当時の監督ケビン・キーガンとある学校で写真撮影に応じることになっていた。私はどうにでもなれという気分だった。だから、キーガンが子供たちの前で（ということはメディアの前で）ヘディングをやってみせようと言ったとき、「ああいいよ。なんでもやるよ」と答えたのだった。これはアリスターと私のスタッフを震えあがらせた。私は絶望的な気持ちになっていたのである。もちろん、政治指導者が大衆の面前でスポーツに興じるのはとてつもなくリスクがある。誰も素晴らしいプレーを期待しているわけではないが、へたくそなプレーは許されない。へたなプレーでもすれば、国を率いるのに適さない人物ということを証明してみせてしまうからだ。これはボール蹴りではなかった。ボールを蹴るだけなら失敗などしない。しかし頭と頭なのだ。いとも簡単に自分を大馬鹿者にしてしまうことができる。

私は自分を見失っていたが、キーガンはプロらしく私が受けやすいところにボールをヘディングしてくれた。おかげで二十九回も続けることができた。それはすごいことだった（そして私は演説をするよりも名を馳せることができたのである！）。

数年後、そのスポーツで最悪の事態が起きた。プロテニスプレーヤーのイリ・ナスターゼ、パット・キャッシュ、作家でコメディアンのアリスター・マッガワンとクイーンズクラブでチャリティーゲームを開催することになった。テニスはうまくプレーできるかと思えば、緊張しすぎると頭で考えるように腕が動かず、だめになる。私は三つのスタイルすべてでプレーしてきた。首相であり忙しい私は、クイーンズクラブには一度も行ったことがなかったし、大学以来、芝生の上でプレーしたこともなかった。ゲーム当日、私は気軽な気持ちでクラブに行き、そこで私の試合は毎年恒例のクイーンズ決勝戦の直後に行われることを知った。決勝戦では、ティム・ヘンマンが六千人の観衆を前にプレーをしていた。気楽な気持ちはパニックに変わった。テニスをするにあたってパニックは最悪の心理状態であり、大失敗をするのは確実だった。ところが、決勝戦が予想以上に長引いたおかげで、からくも屈辱から救われた。イリ・ナスターゼは親切にも、私とウォーミングアップの乱打をしてくれた。結局、コートに出るまでに二時間プレーした。それまでに私は十二分にウォームアップして、パニックもおさまり、うまくプレーできた。しかし、二度とこのようなリスクは冒すまいと誓ったものだ！

それはともかく、話をもとに戻そう。党大会における私の演説でのフィリップの役割は、私のメッセージを明確にすることだった。騒音と調子を整えているオーケストラの混乱のなかにハーモニーの強く明確な音色が響くように。彼が何度私の演説を救い、それに高揚と力を与えてくれたかわからない。

以上のことから、私が自分のチームを幾分なりとも誇りに思っていたことがおわかりいただけるだろう。並はずれた才能に恵まれた人々の一団だった。彼らについて私が一番気に入っていたことは何か。それは一つの分野にくくれない人ばかりだったことだ。全員ユニークだった。きわめて正常だったが、ありきたりではなかった。きわめて人間的だったが、普通の人間ではなかった。ただあくせく働く人間ではなく奮起する人間、人生を漫然と過ごすのではなく冒険心をもって生きる人間。そのような違いをもたらす魔術の一技に熟達した人たちだったのだ。彼らが一緒にいてくれて本当にラッキーだった。

政権発足後の最初の百日は、ある意味で驚くほど生産的だった。われわれは声明に次ぐ声明を発表し、怒濤の突進だった。それらはつまるところ、たんなる政権交代ではなく、統治文化の変革だったのである。

五月二日、私立校に対する国の補助金の廃止を発表した。その資金を嬰児のための国庫補助の改善に振り向けるためである。

五月三日、国際開発省を新設した。国際支援の分野を外務省から分離したのである。外務省には不評だった。予算の最大部分に対する支配を失ったからだ。時が経つにつれて、外務省の不満ももっともだと感じるようになった。本省の国務大臣になったのはクレア・ショートだった。彼女のリーダーシップのもと、国際開発省は開発政策でグローバルな道を切り拓き、ここで働きたいという人が列をなした。これは政府内の非政府組織（ＮＧＯ）のようなもので、そのことがしばしば大きな問題を引き起こした。だが、すべてを考えてみると、この組織にはそれなりの価値があり、発展途上国に対するイギリスの影響力を拡大させたように私は思う。アリスターはクレアを相当嫌っていたので、このようなことを書いていると、彼のむかついている顔が目に浮かぶようだ。しかしクレアには、真のリーダーシップがあったと思う。彼女の問題点は、彼女が自分の意見に反対する人を、間違っているというより邪《よこしま》だとみなしたことだった。これは政治家に共通する失策である。そして機嫌を損ねると、彼女は本当に無情だった。それでもわれわれはイギリスの支援の実績と彼女の果たした役割を誇りに思うべきである。

五月六日、ゴードン・ブラウン財務相がイングランド銀行の独立を発表した。

五月九日、下院での首相質問（ＰＭＱ）を改革し、週二回十五分ずつだったのを三十分一回にした。

五月十一日、湾岸戦争に従軍した退役軍人に対する補償を発表した。

五月十二日、全国宝くじを改革し、収益金を医療や教育にあてられるようにした。ゴードンは暖房費を軽減するため、燃料の付加価値税を五パーセントに引き下げることを発表した。

五月十四日、タバコ広告禁止の公約を確認した。

五月十五日、諜報職員――最下位のランクの者まで――の組合加入を禁じた保守党の決定を覆し、政府通信本部（ＧＣＨＱ）のスタッフの組合権を復活させた。

五月十六日、スコットランドとウェールズへの権限移譲に関する国民投票法案が提出された。イギリスの映画産業を再生するための七項目計画を発表した。

第四週目には、地雷の生産もしくは輸出を禁止した。十七名の犠牲者を出したスコットランドのダンブレーンの初等学校での大虐殺事件を受け、拳銃禁止に関する党議拘束のない自由投票に向けて動いた。

五月末には、ジョージ・ロバートソン国防相が防衛戦略の見直しを始めた。翌週、イギリス史上初めての法定最低賃金の設定を担当する低賃金委員会の委員長を任命した。

第六週の終わりまでには、小学生の読み、書き、算数の学力水準を向上させるため、読み書き計算能力向上戦略を発足させた。

六月十六日、欧州社会憲章に参加した。過去十年以上にわたり、これは保守党との対立点だった。保守党は、同憲章がイギリスの競争力を損なうと考えていた。われわれは、これは有給休暇などの雇用の基本的権利にかかわるものであり、公正な社会にとって必要な要点であると考えていた。私は実際に、クローズドショップ（指定された組合に加入することが義務づけられていた職場があった）の支持をやめるために、社会憲章を用いた。同憲章に署名したとき、ロビン・クック外相はそのことを意気揚々と発表した。それは労働党員と組合にとって大きな喜びだった（組合はそのときまでクローズドショップのことを忘れていた）。

七月二日、ゴードンは彼にとって初めてとなる予算を発表した。そこには、民営化された公益事業の予定外利益に対する課税から得られた資金をあてる、「福祉から労働へ」の一括計画が含まれていた。二日後、デリーはのちにわが国の人権法案になるものを発表した。欧州人権条約をイギリスの法律に取り入れるものだった。公衆衛生担当の新大臣テッサ・ジョウェルは、医療における格差問題に取り組むことを提案した。このように数えきれないほどの行動、発表、抱負が相次いだのである。

これはたんなる政策の変更ではなかった。政体においても、心構えにおいても、それまでのイギリスの統治の仕方からの根本的な脱却だったのである。

最初の百日間は、ロンドンに市長を置くという方針の発表で終わりを告げた。ロンドンに市長が生まれるのは数世紀で初めてのことである。そして百日目は休息日とした。少なくとも私はそうした。最初の数カ月の慌ただしたから逃れ、リラックスする機会を求めて、まずイタリアのトスカーナに、それから南フランスに足を伸ばした。

この時点で、私はどのようなタイプのリーダーだったのだろうか。私には明確な、そして伝統的な労働党政治家とは明らかに違う政治哲学があった。私は中産階級であり、私の政治は多くの場合、中産階級の政治だった。私の綱領は落ちこぼれの人々の不安と同じくらい、前途有望な人々の抱負をも対象にしていた。まさしくそれゆえに、そして労働党に向かって私がその根を引き抜いてしまったわけではないことを強調するために、私は初めて下院の外で行った国内演説は、六月二日、南ロンドンのエイルズバリー住宅団地におけるものだった。保守党時代には忘れ去られた貧しい団地だった。私は、階級分裂のない一つの国をめざす政治の基本的な姿勢を強調した。私は、国の統一者として自分を売り込もうとしていた。私は階級闘争を望まなかった。分裂や不満を好まなかった。裕福な人と、貧しい人がどのように共通の利害の一致点で連合を組むことができるかがわかっていた。相違を誇張し、深い恨みと理性を失った偏見にとらわれた部族的な党派政治には我慢がならなかった。

この政治哲学の底流をなしていたテーマについてもはっきりと説明した。バラマキではなく、自立を促すための福祉、機会に伴う責任、政府の作り直しと、各省を超える首尾一貫した政策遂行への欲求、資金の有無ではなくニーズを基準に提供することのできる質のよい公的サービス、軽微な犯罪や反社会的行動に対する不安が広がることのないコミュニティ。たぶんなによりも強調したことは、物事を動かすこととして重要なものに関する修道士のような真剣さだった。すなわち、自分たち自身を自由にすること、左派・右派を問わず独断的主張《ドグマ》から解放されていること、そして国を福利に向かって動かしていくことである。

今読み返しても、どれもなかなかいいことが書いてある。それはビル・クリントンの気持ちを多分に反映している。妙なことには、彼は北大西洋条約機構（ＮＡＴＯ）首脳会議への出席にあわせて、一九九七年五月下旬にイギリスを訪れた。私は彼を閣議に連れてきた。皆が彼に畏敬の念を抱いていた。ビルは彼一流の演説でハッパをかけ、われわれの選挙スローガンを使い（彼はさすがにプロだけあって、それをしっかり勉強していた）、それに彼自身の大統領時代の経験を織り込んで話した。私がいつも思い出すのは、彼が次のように言ったことだ。「忘れてはいけないよ。情報時代ではコミュニケーションが戦いの五〇パーセントを占める。一度語り、二度語り、そして語り続けるんだ。終わったときでも、まだ十分言い尽くしていないことがわかる」

私は労働党を勝利に導いた。党の姿を作り変えた。労働党に真の政権党になるチャンスを与えた。これらの実現には、一定の政治的熟練と勇気を必要とした。そして私は当時から、政権運営がさらに困難に、過酷に、醜くなりはしないと思うほど愚かではなかった。今はハネムーンの時期であることを知っていたし、ハネムーンに続く結婚についても幻想をもってはいなかった。自分のなかの半分はそのような幻想を抱いていたとしてもだ。こうしたことすべてが、私を恐れさせ、不安にさせ、苛立たせた。それでも自分は誤りを犯すことはない、どんな難題も乗り越えられる、と信じていた。

欠けていたのは何か？　私の信念にはナイーブなところがあった。理性に基づくやり方をし、イデオロギー的なドグマに流されさえしなければ、難題も解決できるだろう、複雑な問題もほどけるだろう、かけ離れた意見も融和できるだろう、と思っていた。たしかにそのようなやり方は有利であり、必要ですらある。しかし長い距離を行くにはそれでは不十分なのだ。実際には、そのような態度は開けた精神をもたらすだけだ。それでは、問題の核心に迫り、もつれた問題の解決を試みる、政策の選択肢の分析や深い検討の必要はなくならない。オリンピア（ギリシャの神々が住んだオリンポス山）の高みでは、意見の一致と、価値観の共有と、共通の目標という自由な空気を吸うことができる。だが、ひとたびそこから飛び降りると、待っているのは問題が横たわる苦境である。そこで見出すものは何か？　それは予測しなかった困難、技術的な難関、してなによりも、解決を問題とともに埋もれたままにしておきたがる既得権益である。特殊な職業分野、金融など、さまざまな分野は、既得権益が乱されることを嫌う。われわれを政権から追い出し、政権につきたい野党が、これら既得権益と手を結び、ただちに反撃に出てくるのである。

それはこういうことだ。野党の反撃はきれいなものではない。あなたがよいことをしようと心底から願っているリーダーだとする。もちろん、勝者であり意思決定者であるが、世界を改善したいという願いは心からのものだ。あなたは考える。われわれには意見の不一致がある。解決策を考え出そうではないか。私はあなたの言うことに耳を傾け、あなたは私の言うことを聞く。われわれは互いを説得しようとするする。しかしうまくいかないとしたら、そう、理性的な人間でも一致しないことはある。そして、最終的には私が首相であり、決断を下さなければならないという事実を双方とも受け入れていることが私にはわかっているのだ。

いや、そうではない。実際には、まったく違うのだ。彼らはあなたの背後に回る。そしてあなたの主張を罵る。あなたの動機を曲げて解釈する。あなたの真摯さを、誠意と多数の人のための利益の主張を嘲《あざけ》る。権力の座についた進歩的な政治家にとって、これはつねに最大のショックである。右派はあなたを動揺させる力と悪意と辛辣《しんらつ》さをもって、初めからあなたの背後に回る。あなたはこれに愕然とし、気分を害し、そしてなによりも驚かされる。批判は非難になる。意見の不一致は抗争になる。変革の試みは、あなたの敵の基本的な自由への攻撃になる。議論をする集まりにきたと思ったのに、こぶしをむき出しにした戦士のいる檻のなかにいることが突然わかるのだ。そして檻の外で歓声をあげる群衆は、あなたがどのくらい耐えられるか賭けをしている。

私はずいぶん前に、政治的な勇気とはいかなるものかという最初の教訓を学んだ。もう一度考えよ、ということだ。次に第二の教訓を学んだ。リードし、決断するための心構えをしておくことだ。そして今、第三の教訓を学んでいた。計算されたリスクをどうとるかだ。私は、好むと好まざるとにかかわらず、ある人々を遠ざけようとしていた。決断の瞬間とは分断の瞬間だ。しかし私は、混乱を予測・測定し、規模を理解し、重大さを評価し、その影響を和らげようとした。こうして私は猛攻撃の驚きを乗り越え、嘲りに慣れ、リーダーにとっては非常に危険な、しかし生き残るために必要な、論争に対するほぼ無関心に近い自己防衛を身につけ始めたのである。

このことを通じて、私は政治のもう一つの局面をゆっくりと把握し始めていた。それにはどれほどの政治的な勇気を備えていても十分ではない。政策をきちんと遂行するうえでの技術的な細かいことである。正しいことと分別のあることを分けて選択しなければならないとわかっていても、何が正しいかを決定することと自体、複雑で大きな議論を呼ぶことだった。事実を調べれば調べるほど、国を変えることは党を変えることよりはるかに難しいとわかった。国を変えることが内包するリスクと、そのリスクを引き受けるのに必要な勇気は、まったく異質なものだった。

私は最善を尽くそうとしていたし、同時に注意深くやろうとしていた。しかし、この最初の数カ月間、われわれが政治情勢に精通しているように思えたときでさえも、私には次の教訓がどこにあるかを見抜くことができた。推定不能なリスクに直面したとき、何が起こるか、である。敵が通常の既得権益でないとすれば、何が起こるか。外からの声が、何かを変革させようと試みる人たちによる通常の抗議ではなく、主流派の人々の主流派の意見だったら、何が起こるか。意見の不一致が、党や、大衆の限られた一部の人とではなく、国民全体との場合では何が起こるのか。

私は、自分が非常に人気のあるリーダーであることを意識していた。それは大衆とのちょっとした恋愛のようなものだったが、お互いにそういう気持ちだった。新婚夫婦と同様、私たちはともに成長し、ともに学び、すべての夫婦がそうであるように、ときどき仲たがいし、それでも二人の愛を真実で円満なものにする奥深い何かをもち続け、何かあってもすぐに取り戻すことを予想したのだった。離れてしまったらどうなっただろう。

野党から政権獲得への道は三年を要した。短い時間のように聞こえる。だが、実際にはそうは感じられなかった。苦闘の日々だった。毎週、新たな不安が生じ、権力獲得に向けて慎重に整えた隊列を乱す出来事や発言があった。毎月、競争相手やメディアの誰かがわれわれの成功を苦々しく思い、苛立ち、声価をおとしめ、品位を傷つけ、嘲笑しようとした。毎年、勢いを失わないように、到達すべき新しい目標が決められた。

これらの年月の話や発言を振り返ってみると、当時、自分が抱いた困難に直面しているという感情は、今となってはつまらぬことだったと思える。きついことだったか？　いや、それは散策であり、そよ風であり、ゴールラインに向かっての穏やかな駆け足だった。メモを読み返し、電話を思い出し、会議にもう一度思いめぐらしてみると、その一つひとつが非常に大事だったのであり、それらが私の心のなかで大きな貢献をした。そしてすべてが簡単で容易だったことに驚くのである。

野党時代から政権党になっても決して変わらなかったのは、物事にあたる集中力だった。もちろん当時、私は学習中であり、重大な岐路に立つたびに新境地に到達した。当然のことながら当時は、何事も今よりもはるかに難しく、挑戦的に感じられた。

子供のときには、校庭での喧嘩によって勇気と不安を最初に学ぶ。いじめっ子にいじめられるとき、傷つけられるのが怖い。だが、ついにある時点で振り向いて戦うのだ。自分でもそのときのことを正確に憶えている。十歳くらいのころで、場所はダラム・コリスターズ校の門の外だった。美しくも古いカシードラル・クローズ（聖堂の境内と附近の建物など）のなかにその学校はあった。私たち一家はダラム市に引っ越してきた当初、カシードラル・クローズで暮らしていた。ＳＰＣＫ（一六八九年に設立されたキリスト教信仰の普及をめざす団体）の古い書店があり、十八世紀の家や小屋がノルマン式の壮麗さをたたえる大聖堂の傍らにあった。

そのいじめっ子は大きな体格ではなかった。非常に恐ろしい子でなかったのは確かだ。私は今でも彼の名前を憶えている。彼は数週間にわたって悪口を言ってきた。私はそれがいやで、彼のいる教室に入って行きたくなかった。彼のいる場所はできるだけ避けた。そしてあるとき、どういうわけだったか、校門のところで彼は私を偶然見つけると向かってきた。私は彼に食ってかかり、いじめをやめなければ殴り返すぞ、と告げた。彼はこちらが本気だということがわかったのだろう。私はたしかに本気だったし、目がそう語っていたからである。それで彼はいじめをやめた。自分の人格形成の途中の、こんな小さな一瞬をずっとあとになって思い出すのはつまらぬことではなかろうか。

その後、私はもっと違った状況で勇気を学んだ。まず最初はステージにあがるときだった。こんなことを安請合いしなければよかったと、自分の見栄をのろい、自負を悔やんだ。ステージのそでに戻りたかった。だがなんとか思いとどまり、舞台にあがったのである。次は、十八歳で初めて一人でロンドンに出かけたとき、一九七六年の弁護士試験のあとに何カ月か一人パリで過ごしたとき、あの電話をかけたとき、あの集会を呼びかけたとき、押しの一手、奮起、前進。どの一歩も怖い。だがその一歩を拒むことは、失われた機会を後悔するだけではない。挑戦する勇気を奮い起こそうとしなかった自分自身を軽蔑するようになることだ。

ときには、自分が本当に前に進んだことを誇らしく思うこともあった。だが、選択にあたって絶えざる苦闘を意識しているときのほうが多かった。なぜなら、それは一つの選択だからだ。他の選択肢がつねに手招きし、しかももっともな主張が伴っているのだ。それは好機の瞬間ではなく、リスクのほうがはるかに大きい。この選択に反対の人もいる。将来、別の機会もあるだろう。しかし実際には、このような機会はめぐってこないことが多いのだ。そして心の奥底では、その理由もわかる。その場に身を置き、自分をさらけ出し、失敗を恐れているからなのだ。なぜか？

私が出会う人のなかにはそのような疑念から自由な人がいる。本能的に、先入観に煩わされることなく、前に進み出る勇気を内に秘めている人だ。このような人にとってそれは、呼吸と同じくらい自然なことなのだ。彼らの問題はむしろ別にある。私の場合は、問題は勇気と不安のせめぎ合いなのだが、彼らにとっての問題は恐れがないことの尊大さである。恐れはあなたに計算をさせ、その計算があなたを救うことがある（もっとも計算のしすぎは失敗をもたらすが）。まったく計算することなく頭から突っ込んでいく人は、無謀であり、破滅につながる。私はいつもその自信たっぷりの態度とあれこれ操作しないことをうらやんだ。

オックスフォード大学を卒業したあと、私は労働党に入党した。私の一年前に卒業したジェフ・ギャロップは、オーストラリア労働党に入ることを決めていた。「これは裏切りかもしれない」と彼は元気そうに言った。「だが、改革を実現しようと思えば、これしか道はないんだよ」。彼の自由な精神は、ついに極左のドグマや見て見ぬふりに反発したのだった。彼はオーストラリア人の妻ベヴの大いなる常識にも背中を押されたのだと思う。

一九七五年から一九八三年まで、私は党内のいろいろな場所で苦労をした。おかげで自分の考え方は変わり始めた。最初はともかく働いた。がむしゃらに仕事をした。女友だちを通じて有名なデリー・アーバインに紹介された。彼は当時弱冠三十六歳で、法曹界では最も有能で聡明な若手法廷弁護士の一人と目されていた。自分の人生を変えることになる関係がこうして始まった。

デリーは考え方を私に教えてくれた。デリーに出会う前は、私は知能面で「試験をパスした」段階にすぎず、どう考えればよいかについては手がかりがなかった。真の意味で考えることとは、分析し、問題を第一原則から解剖し、解体してから解決策を構築することである。新人指導担当として彼は暴君だったが、天才だった。私は彼の意見書を書き、抗弁を手伝った。初めて意見書を書いたときのことを憶えている。意見書を提出したとき、デリーが目を通して一言二言コメントしてから、屑かごに投げ入れるだろうと予期していた。どちらにしても、当然彼自身が書くのだろうと高をくくっていたからだ。ところがぎょっとしたことに、彼はそれを一見して署名し、発表するよう係員に言いなさいと告げたのである。「これでいいんですか?」とまさに度肝を抜かれて私は聞き返した。私は駆け出しにすぎなかったのだから!

「そうだな」と彼は私を見上げながら言った。「最高の出来じゃないか?」と彼は怒り声をあげた。私は怖くなって、何かもぞもぞ口にした。「ええ、とても難しかったです。これでよければいいと思いますが。なにしろ初めての仕事ですから……」。すると彼はその紙をつかんで私に投げつけた。「くどくど言うのは聞きたくない。生半可な気持ちはいやなんだよ。君にはベストの仕事をしてもらいたい。君自身が責任をとれる仕事をね。わかったか?」

「はい」。私は恐縮して答えた。

「仕上げたらもう一度来い」。そう言って彼は机に目を落とした。「やれ。もう行け」。私を見ることなく彼は言った。

私は書き換えて、改善した草稿を持ってデリーのところに戻った。彼は今度は私に座るように言い、その草稿に詳しく目を通しながら、欠陥を説明し、論拠について質問し、そしてなによりも結論を掘り下げていった。この結論を掘り下げていく過程は私を魅了した。そのときだけでなく、今でもそうだ。

厄介な問題を抱えた人は、問題を難しいととらえ、考えをめぐらす。問題を調べあげ、ほかの人の意見に耳を傾ける。それらの解決策のなかで最良のものを思案する。どれか一つを選ぶか、「うーん、さて」と迷い、あまりにも難しいと決め込んでしまう。

法律問題を前にしたとき、デリーはたとえて言えば骨をくわえた犬のようにどんなことがあってもあきらめなかった。徹底的に調べ回す。見方を変え、一度離れて、また戻る。一歩下がって、じっと見る。しかし骨に肉が少しでも残っていればそれを食い尽くすまで、そしてエキスを絞り出して吸い尽くすまでやめようとしなかった。なによりも、慣例だからという理由で、その分析を受け入れることはしなかった。原点に立ち返り、慣例の背後に回り、その下にもぐり込み、ときとして――彼の優れた点だった――問題を完全に違った観点から分析した。慣例に従うならまったく絶望的に見えた案件が、異なる方法で分析され観察されると、突然希望が見えてくるのを、私はたびたび目にした。

彼は心構えの問題になると絶対に妥協しなかった。生半可な準備しかせず、軽い関心しかもたず、中途半端に取り組む者には災いあれとばかりに、ただではすまされなかった。文法やスペリングを間違えたり、ミスタイプをしたり、杜撰な文章を書いたりすると雷が落ちた。猛スピードで張りきっているときのデリーは、言葉という砲撃の兵器庫で、それが実に印象深かった。私は彼を畏れると同時に賞賛し、崇拝した。そしてなによりも彼に対して感謝の念でいっぱいだった。

デリーは穏健な労働党員だった。彼は軽率に極左にかかずらうことは決してなかった。彼らの嘘の知的基盤を軽蔑し、その信奉者を道楽半分だとみなしていた。この点で彼はシェリーに似ていた。彼女も私に大きな影響を与えた。ガールフレンドでのちに妻になったからではなく、一緒に長い時間を政治談議で過ごしたからでもない――実際そんなことはしたことがなかった。それは彼女の労働党支持が自然で、良識的な、実際の人生経験から生まれたものだったからだ。彼女も知的なあるいは政治的なポーズをとることには少しも興味がなかった。実際のところ、私と同世代で、彼女ほど終始一貫、政治的に同じ地点にとどまり続けた者はいない。彼女は自分より左寄りの人たちが右に移動するのを目にしていた。しかし、自身は同じ場所にとどまっていたのである。この意味で、彼女は私の選挙区の代理人（候補に代わって選挙区での資金運動などについての責任をもっている）ジョン・バートンのようだった。時が経つにつれて私は、政治に変化をもたらすためには、変革について語るだけでなく現実的で常識的な進歩的政治が不可欠だとみなすようになった。

法廷弁護士として働いた最初の五、六年、私は法律に没頭した。仕事はとにかく時間を食うものだった。毎日少なくとも十二時間は働いた。そのため政治活動にあてる時間などほとんどなかった。それでも地方支部に所属していた。最初はアールズコート、次にメリルボーン、次にハックニーだった。ときおり《ニュー・ステーツマン》誌に記事を書いた。当時は真面目な政治週刊誌だった。そして、デリーを通してジョン・スミスをはじめ他の労働党の人物に会った。

初めて国会に行ったのがいつだったか思い出せない。しかし、そこで見たこととそれが私に及ぼした影響は鮮明に憶えている。シェリーの父トニー・ブースは長年の労働党支持者で、映画やテレビに出演した俳優として有名で、労働党議員をたくさん知っていた。その一人がトム・ペンドリーだった。トムは非常に鋭い有能な男で、もちろん考え方もはっきりしていた。しかし彼はあまりにも多くのことを見ていたので、すっかり世慣れていた。一九七九年の敗北（保守党サッチャー政権が誕生した）に続く労働党政治は、少しばかりテルミドール反動（反革命の反動）のときのフランス革命のように、内輪もめ、陰謀、激しい難詰で満ちていた。議員たちは大多数の党員から「社会主義を裏切った」たたき売り商人のようにみなされていた。議員たちはそれなりの反応を示した。敢然と非難に立ち向かった者、大衆に惨めに屈服した者、死刑囚護送車がどちらに向かうのかを見極めようと苦悶した者とさまざまだった。

シェリーは父トニーを通じて、私がトムと会うようにとりはからってくれた。私は下院に立候補しようかと面白半分に考えていたが、決心がつきかねていた。トムは議事堂のバーで一杯やろうと私たち二人を夜遅く招いてくれた。その晩は採決があって、議会にとどまらなくてはならなかったからである。私は門のドアから入っていったが、そこには首相質問（ＰＭＱ）の傍聴者の列があった。当時は警備も厳重ではなかった。私は階段を上がり、左手にウェストミンスター・ホールを通り過ぎた。チャールズ一世が裁判にかけられ、王や女王たち、そしてときには政治家たちが眠っているところだ。損壊されたもののまだ見分けのつく古い時代からの騎士の像が、高い壁龕《へきがん》のなかに古《いにしえ》の戦いの旗とともに立っていた。

私は大きな洞窟のような中央ロビーに足を踏み入れた。一般人が議員に会うための待合室である。そして足を止めた。私は雷に打たれたようになった。それはわけもなく私を打ったのである。この場所こそ私の居場所だと思った。非常に奇妙な感じだった。とても私らしくないから変だったのである。そして私はあとになって「下院の男」として知られることもなかったから変だったのである。しかしそのときその場で、私は確信めいた予感がした――自分はいずれここに来るのだと。これは私の運命だった。これが私の政治的な家だった。どんなことをしてでも、ここに来るのだ。

シェリーは、私がそのような影響を受けたことにやや驚いたようだった。私は文字どおりその場所を行ったり来たりした。その雰囲気のなかで飲みながら、その建築を調べながら、あたかも建物を眺めることによって、招かれてではなく自分自身の資格でここに来ることができる秘密を見つけようとするかのように。今これを書いていると、まるで、長年かけて蓄積した昔の感情の地層から当時の気持ちを取り戻すかのようだ。そして議事堂が恋しくなる。それからほぼ三十年後、二〇〇七年六月に退くころにはもう十分だという気がしていた。もう去りかった。だがこうして当時の感情を探ってみると、その情熱がいくらか戻ってくる。法廷弁護士という仕事にもそれなりの魅力があった。それはもっと裕福になれる場でもあった。しかし、国会議員になること、国の立法者の一人になること、これら神聖な廊下と部屋部屋を誰にとがめられることもなく歩き回ること。それはなんという興奮だろう、なんという冒険だろう。自分の存在の新しい、より高い水準へのなんという到達感だろうか。

トムはあの晩、私をかなり変わったやつだと思っただろう。紹介も終わらないうちからトムを質問攻めにし始めた。あなたはどうやってここまで来たのか。あなたは私に何をしてくれるのか。私は誰に会えばよいのか。何をすればよいのか。それをどうやればよいのか。「君がそんなに急いでいるとは知らなかったよ」と彼は言った。元気があり余っている子供のように振る舞う私をトムは面白がっていた。

トムはまた私に初めて組合を紹介してくれ、労働党政治の底辺について大いに役立つアドバイスをしてくれた。それ以来、一九八二年のビーコンズフィールドの補欠選挙への出馬まで、私はゴールを執拗に追い求めた。そしてその補欠選挙のあと、一九七九－八三年の会期末に、セッジフィールド選挙区が私に回ってくるまで、決意をますます固くした。私はすべてを失い、一九八三年の総選挙への出馬をあきらめかけたとき、ロンドン弁護士会を退会し、ニューカッスル・イーストの安全な下院選挙区で戦うよう党内で選ばれようと決心したのだった。ニックはニューカッスルに移りニック・ブラウンの市会議員の席をねらおうとしていた。私の計画はさらに、のちにスティーブ・バイヤーズの席となる、隣接するウォールセンド選挙区をとるというものだった。必死だった私は、父の古いコネと連絡をとり、調査をしてもらった。結局その必要はなかったが、私がそうまでしようとした事実は自分の欲求の強さを示すものだった。

労働党に関する私の見方はどうかといえば、私の野望と同じ速度で変化していった。私は当時の党主流派の意見とあまり離れすぎないように注意し、左に行きすぎないようにした。しかし私には、党が間違った位置にいることが初めからわかっていた。私はマイケル・フットに敬服していたが、彼はデニス・ヒーリーよりはましだという理由で党首に選出されたドン・キホーテ的な存在だった。

シェリーはハーンベイとマーゲイトからなるサネット・ノース選挙区の候補として選ばれたが、そこは保守党の地盤で、勝つことができなかった。彼女は立候補を志願するよう頼まれて同意したのだが、国会議員になろうなどとは真剣には考えていなかった。私が政治に熱をあげればあげるほど、彼女は自身を法廷弁護士として見ていた。クラスで一番、その年の弁護士試験で一番という彼女の資質をもってすれば、私より優秀な弁護士になりそうだった。

シェリーが候補者に指名された結果、私に影響を与えたもう一つの経験がある。彼女の父はトニー・ベンをよく知っており、マーゲイトで開かれた彼女のパーティで話をしてくれるよう頼んでくれたのだ。私はトニーをホランドパークの自宅から車で拾い、パーティ会場まで送る仕事を仰せつかった。ついでに言うと、トニーはいまや国宝のような存在である。当時、多くの保守党支持者と中道派にとって、彼は悪魔だった。彼が賛同を得られなかったというだけの話ではない。文字どおり怒りで人々の息を詰まらせたのである。彼は大多数のメディアにとって飛び抜けて嫌悪の対象だった。それが多くの左派にとっては、彼を英雄の地位に押しあげたのである。

私はその晩まで彼のスピーチを一度も聞いたことがなかった。私は熱狂して座っていた。完全に心を奪われ、吸い込まれてしまった。自分もあのように話せればなあ、と思うばかりだった。私が感動したのは演説の内容ではなかった。実際のところ、その多くには同意できなかった。しかしその力強さ、人を動かす言葉づかい、たんに説得するだけでなく駆り立てる能力だった。それから何日も、何週間も、私は彼の演説を心のなかで反芻していた。おそらくトニーにしてみれば、あの演説はあの週に行った五つか六つのうちの一つで、特別のものではなかっただろう。けれど、私にとっては一つの啓示であった。

第一に、トニーには断固たる自信があった。聴衆は初めからリラックスして聞くことができた。彼らは、演説者が自分を自由自在にできることを知っていたからだ。彼が話し始め、聴衆を見渡すとき、金切り声もなければ、曖昧なこともなく、無駄なエネルギーもなかった。度胸がないということではない。自分への信頼があったのである。彼は度胸も自信も、たやすく自然に備わっていた。

第二に、彼はユーモアを駆使した。誰かがあなたを笑わせることができれば、あなたはすでにその人の力にとらえられているのだ。互いを見定めるまで存在していた演説者と聴衆のあいだの緊張感は消えてなくなる。

第三に、演説には一貫した一筋の糸があった。主張もある。ときどき本題からはずれることもあり、話の筋が一瞬ぼやける。しかし彼は必ず本題に戻り、糸がふたたび姿を現す。

第四に、主張は築きあげられるのであって、ぽんと投げ出されるのではない。主張は当初、広い話から入っていくが、それを支える言葉が幾層も重ねられてゆき、最後に主張が前面に出てくるまで全体を見ることはできない。すべての言葉が突然つながりをもち、目的がはっきりとし、主張がそこにある。その力を見ようとせず、また同意しないのは、意図的にかたくなな者だけであることがわかる。

パーティの帰り道、私たちはミリタント（労働党内のマルクス主義左派グループ）について語り合った。私は労働党に潜入しているこのトロツキスト一派について彼がどう思っているかを知りたかった。私はミリタントに対する法的案件で弁護士として労働党を代表しており、彼らやそのやり方を調べた結果、追放する以外に対処方法はないことを理解していた。トニーは私に同意せず、私は彼の立場の基本的な弱さに気づいた。彼は理想主義者、旗手、原則のない出世第一の国会議員に対して、原則に立つ人間としての自分の役割を愛していたのである。理想主義の実現を妨げる者たちと対決しようとしなかったのだ。彼は将軍ではなく、伝道者だった。そして戦いは伝道者では勝てないのである。

それから十一年後、四十一歳になったばかりの私は労働党の党首だった。前任者のジョン・スミスが一九九四年五月十二日に亡くなった。ジョンが党首を務めたのはわずか二年だった。彼は傑出した人物だった。最後の労働党政権で閣外担当相を務め、勅撰弁護士として成功をおさめ、下院では素晴らしい論客だった。デリー・アーバインとドナルド・デュワーの親しい友人であり、これほど真摯で、頭脳明晰で、確実な人物にはそれほど会えるものではなかった。彼は私が一九八三年に国会入りし、それゆえに党首になるのに不思議な縁で役割を果たしてくれた。一九八二年五月、ビーコンズフィールドで補欠選挙が行われることになったとき、私は出馬を考えた。ここは労働党にとって希望のない選挙区だったから、ほとんどの人は出馬しないほうがよいと忠告した。ジョンはそれとは反対に、だからこそ出馬する意義があると言ったのだ。落選しても誰も私を責められないし、全国的な注目を集めることができる、そして次の選挙で議席を試みるチャンスが大きくなるというのだった。彼は正しかった。

労働党党首のニール・キノックが二度目の敗北を喫した一九九二年の総選挙のあと、ジョンが党首に就任するのは当然の選択だった。当時イギリスは、通貨同盟の先駆けとなった欧州為替相場メカニズムからぶざまに追放されていた。ジョンは、欧州為替相場メカニズムをめぐる論戦を戦い抜いたあと、見事に立ち回り、一九九四年五月までには世論調査で圧倒的とまではいかないものの確固としたリードを確保するに至った。

しかしジョンは健康問題を抱えていた。一九八八年に彼は重い心臓発作を起こした。彼は当時、影の財務相だったが、ゴードン・ブラウンが取って代わり、見事に代役を演じた。このおかげでゴードンは前途有望な人物として、その評判を決定的にしたのである。数カ月の静養のあと、ジョンはもとの地位に戻り、すっかり回復したように見えた。ところが、彼が病気に倒れた一つの理由は彼の暮らしぶりにあったのである。ジョンはとてもずんぐりしていて、ハイキングが大好きだったが、大酒飲みでもあった。彼は、私が今も昔も見たことがないような飲み方をする人間だった。素面であるべきときに飲んでいたというわけではない。彼は仕事に関しては根っからのプロだった。だが、もし酒飲み競争のオリンピック大会があったら、彼はきっと挑戦し、何ラウンドかでフィールドにいる全員が頭を振りながら姿を消してしまったことだろう。

一九八〇年代に彼を団長として中国に使節団が派遣された。私もその一員だった。上海で地元の大物中国人と宴会になった。楽しい一夜で、かなりの量のウィスキー、マオタイ、ビールを飲んだ。途中何度も乾杯をしながら夜は更け、飲み比べの様相になり、とうとう中国側の頭《かしら》とジョンの一騎打ちになった。その中国人は杯を堂々とあげた。そのとき初めてジョンが負けそうになるのを見た。しかし最後には私はジョンに判定勝ちをあげた（私は何時間か前から緑茶に切り替えていた）。彼は全員を立たせ、腕を組み、熱烈だが少々意味の通じない〈オールド・ラング・サイン〉（〈蛍の光〉のもとになったスコットランド民謡）を繰り返し歌わせたのである。

ジョンは人といるのが好きだった。彼は投票が終わると下院の喫煙室に行くのを好んだが、当時はそこで保守党員と労働党員が非常に楽しげに交流し、しばらく政治は多少なりとも深刻な話題ではなくなった。そこはF・E・スミス（二十世紀初頭の保守党政治家）とチャーチルが親友のように座って話し込んだところだ。下院の議場でどれほど激論を戦わせたとしてもである（実際、本当に激しい論戦もあった）。残念なことに、そのような友情が最近はまれに、本当にまれになってしまった。ジョンは語り、思い出にふけり、リラックスし、くつろぐのだった。飲むのは気晴らしだった。この点はデリーに似ていた。二人とも大事なことが控えているときは決して酒を口にしなかった。しかし二人が一緒になると、都合さえつけば、ランチから始まって夜遅くまで続く大酒盛りになる前兆だった。

不幸だったのは、ジョンはいくらでも飲めたことだ。不幸というのは、打ち切ることがなく、ヒューズが飛ぶように意識を失うことがなかったからだ。体が危険信号を発することも、翌日二日酔いで苦しむこともなかった。私の場合、飲みすぎるとすぐに限界がきて、気分が悪くなるか眠くなり、翌日は必ず苦しい思いをした。だが、デリーもジョンも翌朝起きることができ、その日の天気次第の気分についてジョークを言ったりした。難題の待つ一日に立ち向かえる力が完全にあったのだ。

もちろん、心臓発作のあとは酒を減らさなければならず、それを実行した。体重が減り、百回もマンロウ（スコットランドの三千フィート以上の高さの山々）を〝征服〟した。しかし党首としての職務のストレスが悪影響を及ぼし、一九九三年、一九九四年へと時が進むにつれて、それ以上は控えたほうがよい量を超えてふたたび飲み始めた。彼は自分が昔のままのように感じ、昔の自分のように行動できると思っていた。もう一度強調しておきたいのは、酒が仕事に支障をきたすことは決してなかった点だ。一日が終わっての、休日の、親しい友人との楽しみだった。だが、彼の健康は自分で認識しているよりも（もっと正確に言うなら、自分で認めたいと思うよりも）損なわれていた。そして愛する妻エリザベスの絶え間ない忠告にもかかわらず、彼はくつろいで友だちと一緒に過ごさずにはいられなかったのである。

一九九四年五月十一日の夜、来るべき欧州議会選挙のための資金集めパーティがあった。影の内閣全員が、ロンドンにあるまずまずのクラスのホテルに集められた。決して豪華すぎるホテルではなかったが、以前の労働党の基準よりは高級だった。当時はかなり限られていた経済界からの支援を強化する思惑があった。

私は聴衆の一人で、演説はしなかった。テーブルを一つ担当し、ビジネス関係者のなかに一人残されても応対できそうな、数少ない影の閣僚の一人として接客をした。私は、ジョンがエリザベスと一緒に到着し、皆に挨拶したのを憶えている。彼と言葉を交わし、とても疲れている様子だなと思いながら、彼の目に見入ったことも、彼の演説も憶えている。エネルギーが感じられなかったがいい演説だった。結びもよかった。「国のために奉仕する機会。私たちが求めているのはそれだけです」

私はと言えば、早く脱出したかった。翌日が早かったからだ。選挙運動の一環としてスコットランド北部のアバディーンに飛ぶ予定だった。娘のキャスリンはまだ六歳で、よく夜中に目を覚ました。ニッキー（次男ニコラス）とユーアンは年上だったが、すぐに眠るとは限らなかったし、朝早く起きないとも限らなかった。日が早く昇るようになるととくにそうだった。そんなわけで私の睡眠は乱されるのが普通だったから、家に帰るのが早ければ早いほどよかったのである。失礼にならない程度でできる限り早く抜け出して、リッチモンド・クレセントのわが家に戻った。

翌朝九時ごろ、アバディーン空港に降り立った。そして党地区本部に行ってその日の選挙活動について説明を受けるために、車に乗った。車中でロンドンの党本部の誰かから電話が入り、ジョンが深刻な心臓発作で倒れたことを知らせてきた。助かるかどうか、誰にもわからなかった。

しばらくしてゴードンから電話があった。私と同じようにショックを受けていた。彼とは地区本部に戻ってから話すことにした。到着するやいなや、別の電話がかかってきた。ジョンが死んだのだ。私は自分を落ち着かせようとした。ジョンは私の人生のなかで大きな存在だった。彼がとても好きだった。何度も一緒に過ごし、仕事をし、付き合いをした。彼がいなくなった今、何が起こるかわかっていた。たとえ人々が訃報を受け入れ、悼み、ジョン・スミスを一人の人間として、政治指導者として、友人として偲ぶとしても、関心はほかに移る。一人の指導者が倒れたとき、それも突発的に倒れたときにはいつでも、浮かびあがる問いがある――後継者は誰か？

この瞬間に私は備えていた。ときには意識的に、そしてもっと多くの場合は無意識に。何年も――少なくとも一九九二年までは――私はゴードンが党首になるものと想定していた。その見通しに満足だったし、喜んでさえいた。自分が党首になりたいとは思わなかった。党首の責任と苦労を思い知ることができるだけの地位にいたからだ。誰かほかの人がやるのなら、自分はその人を支援する忠実な副官になろう。それで結構だった。いやそれがよかった。

一九九二年、労働党はすでに総選挙で四連敗を喫していた。それだけではない。労働党の得票率は三二パーセント程度に低迷していた。保守党政権が十三年続き、部分的には保守党が〝引き起こした〟と言える不況のさなかだというのに三二パーセントの天井を打ち破ることができなかった。なぜか？　選挙改革を訴える者もいた。選挙と選挙の間にどんなにうまくやっても、いざ投票日になると国中が逆戻りしてしまうのだ。それが労働党の思考の流れだったし、論評の多くもそうだった。

私にとっては、この敗北主義は間違っているというより馬鹿げていた。いったいなぜこうでなければならないのか？　私はずっと以前から、一九八三年に初めて議員に選出される前から、労働党の問題は自業自得だと気づいていた。われわれは現代世界の現実から遊離していたのだ。労働党は、基本的には二種類の人たちを引きつけることができていた。昔から労働党びいきである人たちと、知的な過程をへて社会主義あるいは社会民主主義を支持するようになった人たちである。多くの労働組合活動家は第一のグループに属していた。私は後者の一員だった。どちらも〝主流〟とは呼ぶ気がしないものだった。そして両方を合わせても、勝利をおさめ政権をとるのに十分な支持者を獲得するにはほど遠いところにいた。

それだけではない。第一のグループに属する人の数は減っていた。昔の組合主義者の時代は過ぎ去りつつあり、組合の支配力が強かった石炭、鉄鋼、造船、繊維といった産業自体もそうだった。新しい産業、とくに新しいテクノロジーを駆使する産業や近代的なサービス業界は、組合的煽動と政治が入り交じった労働組合には引きつけられなかった。もっと重要なことは、これらの業界で働く人も労働組合に関心をもたなかったことだ。組合の集会、規則、文化はどうしようもなく時代遅れだった。これを自覚し、変えようと試みていた組合主義者もいた。しかし、安楽地帯はあまりにも大きくておいしく、組合執行部はあまりにもそれに抱き込まれていたから、変革の必要性を多少なりとも認識することさえなかった。彼らは変革の重要性を理解し、ときには改革への歩を進めた。新しい組合サービスがその例である。しかし、その動きは存在感が乏しかった。彼らは、変化か死か、とは考えなかったのである。改めることも逃げることもできない判定を下した総選挙はなかった。党員も、支持者も、党のもつ意味も、消失するばかりだったのである。不幸にも、そうした古いものが労働党内ではいまだに力があり、十分に意味があった。そしてそれが慕われ、賞賛されていたことが、執行部をいっそう気持ちよくさせていたのが実情だった。

さらに、組合執行部の性格そのものも変わりつつあった。アーニー・ベビン、さらに後にはジャック・ジョーンズのような二十世紀初頭から半ばにかけての指導者は巨人だった。彼らは労働者階級出身で、社会が彼らに拒んだ教育を組合の集会や学校の大会を通じて修得した。彼らは自助努力の輝かしい模範だった。そのころは、集会には大勢の人が参加した。何百人もが出席する支部大会も珍しくなかった。そうした集会は、しばしば激しい論争、議論、決定の場だった。当時としては理にかない、本質的に重要な目標に向けての本物の指導力、戦略、戦術が要求された。

北東部の炭鉱地帯で生涯を過ごした年老いた炭鉱作業員たちは、集会の厳かな儀式について地元のコミュニティに与える意義、さらには華麗さを私に語ってくれたものだ。支部役員になることは大きな役割を果たすことだった。役員に選ばれることは、成功の梯子に足をかけることだった。ダラム州の炭鉱地帯を率いることは、真に権威ある地位を占めることだった。一九五〇年代に名高い炭鉱指導者だったサム・ワトソンが一例である。クレメント・アトリーが労働党の党首だったとき、疑わしい提案が出されると、アトリーはこう言ったものだ。「それはだめだ。サム・ワトソンだったら受けつけないだろう」

しかし、すべての進歩的な運動は、自らの成功に用心しなければならない。このような運動が達成する進歩は、自身が活動する社会を作り変える。その変化についていくためには、運動そのものも変わっていかなければならない。さもなければ、かつては大きく力強かった声は空しいこだまと化す。残響はあっても影響力はほとんどない。成果が得られなくなるにつれ、減少する支持者たちは一段と声高で執拗になり、狭まる陣地を守ることに気を遣うようになる。自分たちが口を開く前に、時代の声が前進したこと、それに耳を傾けなければならないことを理解しないのである。これはすべての組織に起こる。現実に向かい合い、賢明にさせる審判のときに直面したことのない者にとって、これは致命的である。組合の新しい指導者たちは、古いことを猿真似しがちだった。しかし、すっかり変貌した環境のなかでは、現状維持を望む者たちの士気を保つことを別にすれば、それは意味を失うばかりだった。

マーガレット・サッチャーが労働組合と対決したとき、彼女は新しい考えをもって密室から登場したわけではない。新しい考えはすでに存在していたのである。ハロルド・ウィルソンとバーバラ・キャッスル（労働党左派議員）はそれを『*In Place of Strife*（抗争に代えて）』のなかで明らかにしているし、エドワード・ヒースは一九七一年労使関係法のなかにそれを盛り込んでいる。いずれも労働組合の力を通常の法の管轄下に置こうとする企てだった。サッチャーが政権を担当するときまでに、このように変化は起きていた。労働組合の特権に対する漸進的な攻撃は失敗し、革命的な攻撃しか成功しないだろうことは明白だった。そして、彼女にはそれを起こせるだけの気質、指導力、知性が備わっていた。

サッチャーは敵によっても大いに助けられた。アーサー・スカーギルが炭鉱労働者の指導者になり、一九八四－八五年のストライキが始まったとき、選択は明らかに次の二つに一つだった。一方に、大いに右派ではあるが、国の指導者として民主的に選ばれ、組合の力の行きすぎに関しても正しかった首相。もう一方に、明らかに非民主的で、現代世界から完全に乖離していた左派組合執行部。

一九八三年の総選挙での敗北後、労働党の残骸を調べてみると、改変が必須であることがわかった。労働組合が支持母体では、与党になりたいと思う近代政党を支えることはできなかったのだ。

やがて、私はもう一つの結論に達し、労働党に魅力を感じている第二のグループに関心を向けた。労働党の知的なフェビアン主義（議会制民主主義に基づいて漸進的に社会主義をめざす思想）は、深いルーツと由緒ある歴史をもっていた。それを導く識者たちは、比較的裕福な生まれが多かったが、不平等に憤りを感じていた。まことにそうそうたる顔ぶれがそろっていた。ジョージ・オーウェル、ヒュー・ドールトン、スタッフォード・クリップス、ニューレフト・ブッククラブやホールデイン協会（社会主義者の法律家、学者などの集まり）のメンバーたちのように、取り組み方において学問的かつ献身的で情熱にあふれ、あくまでも知的だった。トニー・ベンが一例である。もう一つの例はトニー・クロスランドだった（彼はオックスフォードでベンを教えたことがあった）。私と同じく彼らは左翼政治のなんたるかに最初は大学生活を通じて触れたのだった。そんなどちらかと言えば人工的な環境のなかで、彼らは制度の不平等を悟った。社会的条件が機会の有無を生むことを実感し、転向したのである。彼らの人生観を変えた思想との邂逅《かいこう》だった。こうして生まれ変わった彼らは、社会行動、労働組合と労働者階級の党の断固とした提唱者になった。労働者階級は貧しい居住環境、貧弱な教育と医療から解放されなければならなかった。

この第二のグループにある問題は何か。私がそれを理解するようになるには、長い時間がかかった。彼らは民衆のことを気遣った。しかし、民衆と同じように〝感じる〟ことができなかったのである。彼らは「人類は愛するが、人間には我慢できない」と言ったジョルジュ・デュアメル（フランスの作家）の登場人物のようなものだった。言っておくが私は、彼らが超然としているとか不快だと言っているのではない。彼らの多くは、魅力があり愉快だった。しかし熱い上昇志向が備わっていなかった。自分たちが達成する政治的な善についてあまりにも愛他的だった。不正や不平等の一部が彼ら自身の努力で改善されても、それが何を引き起こすかを予測できなかった。貧しい人は初めは誰かの助けを必要とする。そして働く。だが、もはや貧乏でなくなると、もっとよい暮らしが目標になるかもしれない。言い換えれば、そのような人にとって、願望、野望、前進と上昇、金儲け、家族にいい暮らしをさせること、子供が自分を超えることが関心事になるのだ。私の父の最大の願いは私を私立校で教育させることだった。それも歴史ある私立校ではだめだった。父がフェティス（エディンバラにある寄宿学校）を選んだのは、それがスコットランドで一番よい学校だと思い、人にもそう聞いていたからだった。

知識人タイプの問題は、彼らが以上のような変化を十分理解していないことだった。もし理解したとしても、むしろそれに憤慨した。ある意味で、彼らは労働者階級を賞賛したがっていて、彼らを中産階級に押しあげたくなかったのだ。しかし中産階級こそ、平均的な労働者がなりたいと思い、わが子にならせたい目標だった。平等についての知識人の信念は、危ういことに、機会の平等ではなく所得の平等の領域に迷い込んでしまっていた。機会の平等は解放者である。所得の平等はすぐに制約に転じるか、そう見られるようになる。善意の知識人に助けられた多くの人々がもつ衝動は、本質的に実力主義であって、平等主義ではなかった。彼らは梯子のところまで連れていってもらうことは望んだが、そこまで行くと、登るのは自分次第、と考えたのである。

一九八〇年代から一九九〇年代に移り、敗北が続くにつれ、私は労働党には政権をとるために社会のいろいろな階層の人々と手を組む気が決定的に欠けていることを、ますます確信するようになった。財界の支援はどこにあるのだろう。自営業の人たちとのつながりはどこにあるのだろう。なによりも、上昇志向をもつ人たち、まずまずうまくやっているが、もっとよい境遇を追い求めている人たち、今は底辺にいるが這いあがろうという夢をもっている人たち、こうした人たちはどこにいるのだろう。知識人が、人生の成功を決定するのは社会的条件だと言うのは正しい。しかし部分的に正しいだけである。勤勉、人格、決意、根性、やる気――これらも成功を決定する要因なのだ。労働党の一般党員のなかのどこに、このような人たちがいただろう。どこにもいない、というのが私の結論だった。

国有化や国防に関して一九九四年の私があきれて軽蔑しただろう考えをもっていた一九八三年当時の私ですら、労働党が時代遅れの政党だということがわかっていた。しかし、用心して行動しなければならなかった。一九八三年の総選挙で候補者にさえなり損ねそうだったのは、党の近代化についての私の見解が異端的だったからだ。

しかし、ときどき仮面がはずれるのを抑えられなかった。一九八三年の選挙直後、私は新人議員として、スペニームーア・タウンホールで開かれた集会に出席した。われわれは大敗していた。一九七九年の総選挙のときよりも悪かった。その年以降、深刻な不況に見舞われていたにもかかわらずである。労働党は途方もない拒絶をつきつけられたのだ。

集会は「敗北から学ぶこと」というテーマだった。宣伝用パンフレットの謳い文句は、その集会を最も率直な討論と銘打っていた。私は約八年間法廷弁護士をしていた経験があり、事実を受け入れ、それを分解し、分析し、再構築して結論を引き出す作業に慣れていた。思考過程において合理性を重視するように訓練されていた。そうすると、こうなる。われわれは途方もない壊滅状態にあった。これまでで最悪の敗北である。加えて、私自身が人々に聞いて回ったところでは、労働党に票を入れた人たちですら、われわれの政策と指導力を買っていなかったにもかかわらず、労働党に投票した場合が多かったことが判明していた。

一九七九年から一九八三年にかけて、トニー・ベンは政治的手品のような真似をしていた。ベンは、労働党が一九七九年の総選挙でマーガレット・サッチャーに負けた本当の理由は、当時の労働党政権を率いたジム・キャラハンがあまりにも右派だったからだ、と党を言いくるめたのである。私にはこの発言はおかしいとわかっていたが、彼は本当にそう言ったのだ。そのように説得されて労働党は急激に左に動いた。そして一方的な核軍縮、EUからの脱退、大がかりな企業国有化を提唱した。これは目を見張る動きであり、トニー・ベンのカリスマ性と説得力の大きなしるしだった。一時、彼は副党首の選挙に勝ち、党内の支配的な勢力になりそうな気配だった。彼の対立候補は前財務相のデニス・ヒーリーで、彼は一九七六年、イギリスがＩＭＦ（国際通貨基金）支援を仰がなければならなかったときに厳しい経済政策を打ち出すことを余儀なくされた人物だった。もしベンが勝っていたら、指導部全体の敗北となっていただろう。そして、マイケル・フットはベンによってまもなく放逐されていただろう。それはからくも回避された。しかし、左に向かうなかで労働党は分裂した。中道に新しい政党が創立された。社会民主党である（一九八八年に自由党と合併し、今の自由民主党になる）。そして、穏健な労働党有権者から広範な支持を獲得したのである。したがって、一九七九年から一九八三年までは、惨憺たる失敗、重大な過ちを犯した時期だったと結論づけてよいかもしれない。それは明白だと私は思った。

　集会のテーマは、皆が教訓を学びたがっていることを示しているようだった。壇上は地元議員としての私、当時の極左の旗頭デニス・スキナー、そしていろいろな組合の者が入り交じっていた。バランスのとれた率直な議論が交わされるだろうなどと思っていたのは、一人だけ完全なうぶでおバカさん——すなわち私——だけだった。

　さて私は、極左から選ばれたレズ・ハックフィールドという人物を抑えて、当の議席の労働党候補として指名された。ハックフィールドは真に興味深い政治現象だった。そして政治が人々に及ぼし得る奇妙な影響を体現していた。一九六〇年代の彼は労働党の最年少議員で、穏健派にして閣外担当相という、新進気鋭の人物だった。ところが、誰もが野心のせいだと見たが、ひょっとしたら真摯なものだったかもしれない理由で、ハックフィールドはベンのウィルスに感染し、一夜にして献身的な超左派に変身した。選挙区の全国再編成でハックフィールドの選挙区が消滅すると——ついでに言うとそのおかげでダラム州のセッジフィールド選挙区が誕生した——ハックフィールドは再選抜で現職の下院議員をひっくり返そうと全国を行脚《あんぎゃ》した。いろいろなやり方で扉はつねに閉ざされ、彼はドラキュラの出身地とされるルーマニア中央部のトランシルヴァニアから出てきて村々をさまようものの、扉の上にはニンニクと十字架がつりさげられていたようなものだった。彼はセッジフィールドで成功寸前までいったが、選挙区における私の有力な支持者であり、のちに選挙区代理人になったジョン・バートンの天才的組織力のおかげでなんとかハックフィールドの成功を阻止できたのである。その敗北はハックフィールドにショックを与え、怒りに駆り立てた。彼の陣営からは、彼は私を指名候補からはずし次の選抜競争では私に取って代わろうとしているというつぶやきとうわさが流れた。非常にきわどい話だったのである。

それはともかく、私はスペニームーアでは地元議員だから、皮切りに演説した。私は立ちあがった。そして労働党がなぜ負けたのか、引き出すべき教訓は何かについて、論理的で、理性的で、自分で言うのもはばかられるが完全に正確な分析を披露した。おそらくパンフレットの宣伝文句のとおりに、できる限り歯に衣を着せなかった。

私は自分のテーマにすっかり興奮していた。労働党は現実離れしている。社会がどう変わったかを見抜くことができない。私は自分の演説のなかの二つの台詞《せりふ》が少しばかり自慢だった。一つは、「白黒テレビ時代からの労働党（一九八三年までには大半の家庭にカラーテレビがあった）」、もう一つは「おじいちゃん、おばあちゃんの膝に抱かれて学んだ古いことわざを繰り返しているだけの党」といったことだった。

この演説がまったくうけていないことがわかった。だがこのころは、演説をすべて紙に書いていたので、途中で調子を変える術《すべ》がなかったし、それが私の考えだった。考えをすべて書きつけ、読んだ。演説を終えたとき、ジョン・バートンが連れてきた少数の支持者たちからぱらぱらと拍手があっただけだった。残りの聴衆はじっと座ったまま――そんな光景を目にしたのはこのときだけだったと思うが――腕組みをしていた。皆が一斉に、まるで千個のレモンを無理やり喉に押し込まれたようなしかめ面だった。

次はデニス・スキナーが立ちあがった。聴衆一同はまだ腕組みをしていたが、顔はほころび大きな期待の表情が浮かび始めていた。何を耳にするかを知っていたのである。だが私には知る由もなかった。

後年、スキナーは私の最も熱心な支持者の一人になってくれた（といっても、おおっぴらでない隠れ支持者のようだったが）。彼は私の政治のすべてに合意したわけではなかった。ただ保守党をたたく者が気に入ったのである。こう言ったからといって感謝してくれるかどうかわからないが、彼は円熟してずっと気持ちのよい人間になっていた。とくに、議会での首相質問（ＰＭＱ）に際して素晴らしいアドバイスをしてくれたものだった。野党保守党の弱みについて不思議なほど的確な指摘をしてくれた。短いジョークを教えてくれ、私の背後の軍団を奮い立たせるものを説明してくれた。しかし当時スキナーは誰にも負けない煽動家だった。また、左派集会での演説は独特で天才的だった。水を得た魚のようであり、間抜けな新人である私が彼に演説の口火を切る穴を与えたのである。その穴は露天掘りの炭鉱の穴にもたとえられるほど大きかった（もっとも炭鉱作業員だった彼にとって本当の炭鉱は露天掘りではなく地下坑でなければならなかったが）。

完膚なきまでにやっつけ、しかも公衆の面前で教訓を与えることほど、相手に屈辱を味わわせるものはない。その集会では労働党の敗北からほんのわずかの（それも間違った）教訓しか引き出せなかった。しかしその日、私は一つだけ大きな教訓をデニスから学んだ。

「そうか」とスキナーは始めた。「皆さんの新しい議員、労働党議員とされていますが［ここで彼は〝労働党〟にとくに力をこめた］、彼の労働党政治の経験［ここでまた〝労働党〟を強調］はこれまでのところ、ダラム・クワイアスクール［地元のプロレタリアートから非常に嫌われていた私立校］、エディンバラのフェティス・カレッジ――スコットランドのイートンと聞いていますが［余談］、さてどうですか［ここで大きな笑いと拍手］、オックスフォードのセントジョンズ・カレッジ［この言葉はことさら嘲りの調子で口にされた］、そして弁護士《バー》［ここで拍手］。こんなバーではビール一杯すらおごる気にもならない［大爆笑］。なにしろ弁護士がうようよしているんだから［弁護士の真似をする低い声］。皆さんの新しい議員さんは、われわれのおじいさんやおばあさんはわけのわからないことを話していたとおっしゃる。おじいさんやおばあさんと縁を切れとおっしゃる。おじいさんやおばあさんたちのほとんどは、白黒テレビはおろかラジオさえ持っていなかった。今こそ祖父母に言おうではないか。サッチャーのイギリスはあなたたちのイギリスではないと［聴衆の顔には恐怖の表情が浮かぶ］。そうだ、アンソニー・チャールズ・リントン・ブレア［私のフルネームで、残念なことにビーコンズフィールド補欠選挙の際は何度か間違って印刷された］、君にひとこと言いたい。私の祖父母は貧しかった。そのとおりだ。身分の低い人たちだった。それは認める。あえて言うなら、彼らは忠誠心と団結の原則では少しばかり古臭かった。しかしだ、この人たちはきちんとした人間で、労働者階級であることを誇りにしていたんだ」。終わりの言葉が一段と高く強くなると、拍手と歓声と、共感が一気に爆発して、まるで会場の屋根を吹き飛ばさんばかりであった。

このあと、演説者が一人ひとり順番に立った。祖父母の不屈の精神、勇気、神のような立派さについて、胸が張り裂けそうな話をこれでもかというくらい聞いたことはなかった。幾人かは、今こうして生きていられるのも、もっぱらおばあちゃんの献身のおかげだと意見を述べた。またある者は、祖父母による奇跡的な介入によって救われるまで、炭鉱地帯のコミュニティ全体がどのように崩壊の淵にあったかを語った。誰もはっきりとは口にしなかったが、私の祖父母は地主階級だったのではないかという陰険な当てこすりがあった。ひょっとしたら炭鉱所有者で、その信条は想像しかできないが、疑いもなく貧乏人を虐待するタイプの階級だと。

もうこれ以上ひどくなりようもないと思った瞬間、さらにひどい事態に陥った。最後の演説者は、祖父母に関する自分の身の上話をすませると、私のほうを向いてこう締めくくった。「君にはここら辺の人たちの歴史や伝統が理解できないのが残念だ。だが、同士、仲間の皆さん、わかっている人がいますよ

――」。見ると会場の後方からレズ・ハックフィールドが入ってきた。全員総立ちの拍手。

私がよろけるように退場すると、人々は私の目を避け、私がまるで悪い病気でももっているかのように急いで通り過ぎていった。当時の私の代理人だった（素敵な人物だった）ジョージ・ファーガソンと妻のハンナがそれぞれ私の体に腕を回してくれた。「気にしなくていいよ」とジョージが言った。「まともなことを言ったのは君だけだ。私だって彼らと同じように労働者階級なんだが」「彼の言うとおりだ」とジョンが言った。「でもこれからは、もっとうまい言い方を勉強したほうがいいね」。私はこの忠告を実行した。

ハンナはいろいろな意味で素晴らしい女性だった。自分の子供を育てただけでなく、他人の子の里親になった。これほど労働党的な人はいなかった。だが、自分たちを「労働者階級」と偉そうに称する人たちとは違った一面をもっていたのである。

労働党の問題の一つは、労働者階級という呼び方が、その実態に光をあてるのと同じくらい実態をぼやかす一般的な言葉だったことだ。この表現には、対立する二つの異なる性格の考え方があって、それはイギリス現代社会についてある重要な側面を物語っていた。この二つの流れはおそらくいつも存在していたのだろうが、労働党が社会進歩を実現したことで、緊張が一気に姿を現したのである。

この概念は所得、職種、そしてつねに必ずというわけではないが、投票行動を描写するのにぴったりだった。しかし態度を言い表す表現とは一致しなかったのである。流れの一つは、組合と党の活動家を支配していた。彼らは左派知識人と同じ意見を多く共有していたが、経済政策に関する分野では強硬派になりがちだった。

もう一つの流れはジョージやハンナのような人たちが代表するもので、ほとんどの普通の人の非政治的世界を中心に大きな活動をした。彼らは一般人の願望を理解し、それを腹立たしく思うよりも褒めた。そして法と秩序に関しては厳しすぎるほど厳しかった。社会状況が変わらなければならないと考えていたが、それを犯罪行為の言い訳として決して容認しなかった。

私が国会議員になって日が浅く、まだセッジフィールドの流儀にやや不慣れだったころ、ハンナが支部の一員を務めるタドー村の支部集会で話をしたことがあった。死刑制度の問題が話題になった。誰かが私に、殺人事件の場合、死刑を支持するかと尋ねた。ところで私は、イズリントンの政治には慣れていたが、ダラム州の政治には慣れていなかった。イズリントンでは、そのような問題は簡単だった。お決まりの答えをし、うなずけば、集会は進行した。実際のところ、死刑は、私が一般的に左派的回答をすることのできた数少ない問題の一つだったので、質問は好んで受けた。だから、このときもうまく答えられるだろうと考えた。

「いや、支持しません」と自信をもって応じた。「なぜかを言いましょう。もし私自身がその人間を絞首刑にする備えができていないのなら、私に代わって国にそうしてくれと頼むことはできません」。私は自分にやや満足して席に戻った。

「そうですか。私なら絞首刑にするわ」とハンナが急に高い声をあげた。

「賛成。私も極刑にします」。同じように優しそうな表情の老婦人が言った。そして多くの支持を集めたのである。

今日では、死刑についてこのような感情ははるかにまれになっているだろう。しかし、大事な点は、「労働者階級」とは多くの政治家が思い込んでいたほど、あるいは考え方の基盤にしていたほど、均質のグループではなかったことだ。労働党は、ハンナが代表するような性格を全般的に失いつつあった。したがって一九八三年当時でさえ、多くの場合、不完全な形でしかなかったが、私の方向性は政治的にも知的にも明らかだったのである。労働党は抜本的な改革が必要だった。調整やちょっとした方向転換ではなく、運営方法、思考、綱領、そしてなによりも姿勢そのものを変えるような完全な方法で。それをどうやって実現するか、どれほどのスピードでやるか、どの問題にまず取り組み、どの問題は後回しにするか——これらはどれも戦術的問題だった。社会ではパラダイムシフトが進行していたが、労働党はそれに注意を払わないばかりか、そこから身を隠していたことが明白だった。

一九九二年の総選挙になると、私は党近代化に向けての着実だがゆっくりした運動の前衛にいた。しばしば前線に立つこともあった。金融界《シティー》の代弁者《スポークスマン》として、エネルギーの代弁者として、雇用への信念は変えずに労働組合への基本的姿勢を変えた人間として。しかし、あまり前面に出すぎて、自分の姿が見えなくなるようなことはしなかった。一番前にいたがスクラムのなかにとどまり、孤立して狙い撃ちされないよう注意した。私はデニスの教訓を肝に銘じていた。組織の失敗について正論を吐いても、組織を説得する能力を自分が欠いていたのでは意味がない、ということだ。独自の言葉で交わされる論議の条件を変えさせるには、自分もその言葉を話さなければならない。そうでなければ、正しくても役に立たない人間の典型になるかもしれない。

私は、労働党を変えるには二つの大きな問題があるという結論に達した。方向は正しいが速度があまりにも遅い。だが、もっと深刻だったのは、ニール・キノックを尊敬しているにもかかわらず、私は彼が変化を正当化する仕方に不安を感じていたことだ。

ニールは労働党に力をもたらす影響力があった。彼は左派グループのミリタントを根絶させ、労働組合運動のスカーギル派と対決するうえで強力なリーダーシップを発揮した。このリーダーシップがジョン・スミス、次いで私に、勝利に必要な変革を実現させる源になった。しかし口には出されなかったニールの主張はこうだ。見ろよ、みんな。われわれは選挙に負けた。有権者はわれわれの政策を採用しなかった。それは残念だ。しかしわれわれは政策を変えるのだ。ニールのメッセージ——それは党員にはもっと受け入れやすかった――は、党が政権を必要とするのなら有権者と妥協しなければならない、というものだった。これは極左の有名な金言「有権者とは妥協せず」よりはましだった。しかし、これでは党と有権者は離れた別々の場所にいて、党がその意に反して有権者にすり寄っていかなければならない。これに対して私の思いは、有権者は正しい、われわれは変わらなければならないから変わるのではなく、変わりたいから変わる、というものだった。これは微妙な違いのように見えるが、根本的な違いである。

私の見解では、われわれは綱領と政策の、完全な、上から下までの方向転換を必要としていた。とりわけ、価値観への傾注（時間を超えた）を、それらの適用（時間に縛られた）と概念的に分離する必要があった。だからもちろん、われわれは社会正義のために戦うべきだし、戦うだろう。しかし今日の世界において、このことは国家によるより多くの支配を意味しない。そして、国防および法と秩序のような問題に強い態度で臨むことは、グローバルな規模であれ街角であれ、今日の脅威に対処するためには驚くべき姿勢ではなく、当然の反応だった。

私はまたジョン・スミスに、ニール・キノックに退陣を求めるよう提起した。ニールは労働党を多大な勇気で率い、党を政治的消滅から救い、政権への基礎を築いた。しかし一九八七年の総選挙は有権者に人気のなさそうなマニフェストで戦わなければならなかった。そしてどのような理由であれ私は、イギリス国民はニールを決して首相に選ばないだろうと確信していた。二十世紀末の政治精神は変化していた。政党はまだ重要だったが、党への忠誠の熱意は低下し、ますます党首がどんな人物であるかに左右されるようになっていた。政治分析の専門家や現役の政治家は投票傾向をあれこれ推測するのを好む。それには多くの場合、真実があるのだが、つねに指導者の重要性が過小評価されている。ある程度これは理解できる。たしかに重要なのは政策であり、結果を左右する社会の動きであり、運命を形作る出来事である。しかしある一点を越えると人々は左派か右派かの違いには前ほど重点を置かず、政策は変更可能であると考え、綱領もマニフェストもある人間が出来事にどう対応するかを定めることはできないと知っている。政策が非常に細部まで決定され、極端でない限り、リーダーの人柄、好感度、個性が最も重要になる。これらの要素が選挙結果を決定し得る。今日では、これが唯一最大ではないにしても、つねに大きな要因なのである。それほど単純なことなのだ。だから、もし大衆がニールを好きにならなかったら——実際好かれなかったし、一九八七年に彼は拒絶されている——彼に対する大衆の見方が大きく変わっていない限り——実際、変わらなかったのだが——一九九二年には党首に選ばれなかっただろう（キノックは一九九二年の総選挙敗北の責任をとって党首を辞任し、それを受けて党首選挙が行われた）。

一九九二年の総選挙はジョン・スミスの出番だった。彼が影の財務相ではなく党首だったら、われわれは総選挙で勝っていたかもしれない。しかし一九九一年、私はジョンにこう伝えた。ニールのところに行き、退陣を求めるべきである、そうすれば私、ゴードン・ブラウンらがあなたを支えるから、と。ジョンはその考えを退けた。「僕はあとで党首になるよ」と彼は言い、話は終わった。問題は、収入三万ポンド以上の人に対するジョンの増税案は、党の忠実な支持者には人気があっても、一般大衆にとっては明らかに不人気だったことである。彼は党首選に出馬すれば、この増税案が隘路《あいろ》になるとわかっていたことも一因だったのではないかと私は思った。ジョンは人気があったし、尊敬されていた。しかしこの増税案は、保守党が賢明にも暴露したように、労働党の選挙運動に潜む時限爆弾だった。ここで負ければ、次の選挙の風向きはジョンではないことを私はなんとなく感じていた。

一九九二年の総選挙への準備期間中、私はゴードンとのちに大きな影響をもつことになる話し合いを始めた。私は、労働党は一九八七年選挙での敗北のあと、あまりにも雌伏《しふく》しすぎて臆病だったと思っていた。私たちはいまや新世代の文句なしの指導層だった。ジョンの代役を務めたゴードンはナイジェル・ローソン（サッチャー政権の財務相）とのやり合いで輝きを放った。私たちはメディアからまずまずの関心を引きつつあった。

その関心はだんだんと高まり、通常かなり前向きなものになっていった。私たちは政治に関心のあるエリート階級を確実に引きつけていた。しかし私たちの世代が支配権を得るところまではいっていなかった。私たちはまだ上昇過程で、活動条件を設定する立場にはなかった。一九九二年の総選挙における経済チームの中核メンバー――影の財務相ジョン・スミス、影の産業相マーガレット・ベケット、影の財務主席副大臣ゴードン・ブラウン、そして影の雇用相である私――では、私とゴードンはジュニア・パートナーであり、とくに私は二人のなかのさらに格下だった。そんなわけで、不満もあり不安もあったが、私はふたたび自重した。

加えて、私はまだ学習していた。いろいろな問題について自分の立場を定めようと努力していたし、将来の政治的輪郭をなす基本点を打ち出そうとしていた。ゴードンと私は政治討論と政治談議に尽きることのない時間、いや日々を過ごしていた。最終的になんらかの明確さが姿を現すまで、繰り返し、再確認し、定義し、磨きをかけた。焦点は政策の核心というよりも、党がとろうとしている、あるいはとるべき方針を定めるために羅針盤を置き、位置を測り、議論をまとめることだった。いつも核心論をしていたのではない。少なくとも絶えずそればかりしていたのではない。二人は何カ月もかけて党改革の枠組みを作ろうとした。ゴードンは労働組合費を払っている者を正式な党員にすることで党員数の大幅な拡充を達成しようと考えた。私の関心は党の基盤を広げ、党を真に代表しないような活動家から権力をとりあげ、労働組合の影響力を厳しく制約するには、どうしたらいいかに集中していた。

またゴードンに向かって、私の予想どおりに総選挙で敗北した場合、彼が党首選挙に出馬し、必要ならジョンに戦いを挑んではどうかという考えを切り出した。私はジョンが非常に好きだったが、直観的にそして心の底では、もう一度敗北すれば、それも接戦にもち込むこともできなかったら、それは、われわれが抜本的な改革に取り組まなければならないことを意味すると思っていた。ジョンは偉大な政治家だったし、とことん善良な人物だったが、やり方も内実も過激な改革者ではなかった。

一九九二年には私もほぼ四十歳になっていた。十年間も野党暮らしをしていた。どう見ても党が明白に必要としていた改革に向かって、またもや小刻みな歩みの五年間は、考えるだけでも私を落胆させた。もし歩みがあまりにも漸進的であれば、また負けるかもしれない。そうすると政権を視野に入れる前に自分は五十歳になってしまう。勝利し、権力を獲得し、統治し、自分の信じる政策を実行できなければ、政治の意味とは何だろう？　それに加え、労働党は勝つチャンスについて宿命論的になるばかりだとする意見が、左派・右派を問わず党内に広がっていた。唯一の答えは選挙制度を改革することか、いやもっと悪いことに永久野党を運命として受け入れることだという恐れだった。

次の総選挙で敗北したら、ジョンが党首になるという想定には異議を唱えることができるし、唱えるべきだ。私はそう確信していた。公平を期すためにつけ加えれば、ゴードンはこの件について態度を決めていなかった。それは無理な要求だったし、ジョンはジョンでそれを裏切りと受け取るだろう。しかもゴードンは結婚していなかった。私は彼に、それは問題だと思うと率直に言った。しかし、私はこうも考えた。ゴードンが党首になれば党は興奮し、気分が高揚するだろう。若さとエネルギーの注入は、それだけで大きな利益をもたらすだろう。そうしたシナリオでは、私自身は影の財務大臣になることにしていた。ジョンは外務大臣として完璧だろう。そして彼はそれを受け入れるだけの度量のある人物のはずだ。

このような心づもりをすることが間違っているとも、忠誠心に欠けるとも思わなかった。ほかの人はそう思わなかったかもしれない。私は指導者のポストはなにがしかの気迫をもって獲得されなければならないと感じていた。必ずしも「機が熟した」ときではなく、手に入れたければほとんどつかみ取るのである。年功序列でリーダーを選ぶのは、指導者の選択にとっては最悪であり、リーダーはどうあるべきかという概念とそもそも合わない。もしジョンがニールに取って代わるように動いていたら、血なまぐさいことになっただろうが、私の判断では、彼はそれに成功し、歴史は非常に違ったものになっていただろう。彼がそうしようと考えなかったことで、彼のリーダーシップがどのようなものだったかが、私にはわかった。安定した、真面目で、変わり映えのしないリーダーである。そのようなリーダーは、わが党の極度に悲惨な実態が要求するものではなかった。正しいか間違っているかはともかく、私はそのように感じていた。

一九九二年四月九日の夜、総選挙の結果が明らかになるにつれて、選挙区制度のおかしな癖のせいで、過半数を占める政党がない宙吊り議会《ハング・パーリアメント》が生じるかに見えた。そして、私はちょっとのあいだ、自分の敗北の予想は間違いだったと思った。しかし夜が更けるにつれて、すべてが判明した。私はゴードンとハートリプール選出の新人議員になったばかりのピーター・マンデルソンと話した。私は、計画どおり動かなければならない、と告げた。意外ではなかったが、ピーターはややうわの空だった。ゴードンはまたも態度をはっきりさせなかった。

再度の敗北の夜明けが来ると、党は絶望感につつまれた。私はそうではなかった。エネルギーがみなぎるのを感じた。われわれに何を言うことができるのか、と党本部は嘆きの声をあげた。たくさんある、と私は思った。翌朝、報道機関からインタビューの申し込みが殺到した。しかし、誰も応じたがらなかったので、その役回りは実質的に私に来た。私は、政治的、知的牢獄から解放された人間の明確さで語った。労働党が負けたのは、十分な近代化を怠ったからであり、こうなった今、モノトーンの変化ではなく鮮明な色彩を炸裂させる近代化を実行しなければならない。今度は、抜本的かつ明確に、われわれが役立とうとしている人々との再統合を見まがうことなく標的にしたものでなければならない。インタビューでは党首問題を軽く避けた。ニールがまだ退陣の意向を明らかにしていなかったからだ。そして党組織、綱領、政策における根本的な改革の旗印をしっかりと植えつけたのである。私自身は知らなかったが、だからこそそのようなことをしゃべったのだが、私を党首にという考えがその朝から生じたのだった。何年か経って党員たちが、それがあのとき皆が考えたことだった、と述懐した。ふーむ、自分たちが探し求めているのは彼かもしれない、と。

私は録音スタジオから戻った。ゴードンにはニック・ブラウンと一緒にセッジフィールドに来るよう言ってあった。ニック・ブラウンはその近くのニューカッスル選出の議員だった。彼はわれわれの影の内閣の選挙参謀をずっと務めてくれていた。そして、私とゴードンのいわば非公式の院内総務だった（一九九七年の政権ではその役割を正式に果たした）。

当然のことだが手始めに、ゴードンに党首選に立候補したらどうかと強く迫った。私は前もって準備していた。しかしゴードンは依然として態度をはっきりさせなかった。一方で、ジョンはあちこちに電話をかけまくって支持を確保しようとしていた。私のセッジフィールド選挙区の中心部にあるトリムドン・コリアリーのマイロベラの私の自宅にもかかってきた。彼にはなぜジョンが党首ではだめなのかを説明するため、話をしたいと言ってあったが、私は緊張していた。それはジレンマだった。もし私がジョンを支持しないことを明らかにし、ゴードンが出馬しなかったら、党首であるジョンと私の関係はだめになるだろう。一方で、ジョンに応えるためにマイロベラの事務所で電話をとりながら、私はまだゴードンを説得するチャンスがあると考えていた。

私は最初言葉を濁した。勘のよさでは一流のジョンは、私のためらいを感じとった。「僕はゴードンに話をしたほうがよいと思う」と私は言った。

「彼とはもう話したよ」。ジョンは言った。「彼はすっかりこちら側だ」

この時点で、私はそれ以上どうすることもできず、自分もジョンに乗るほかなかった。数カ月後、ジョンはきわめて無邪気にこう言った。彼とゴードンは選挙前にすっかり取り決めをしていた。ジョンが党首、ゴードンが影の財務相という話がついていたのだ。ゴードンは党首選に出ない。私にはそれが間違いだと直観でわかった。

副党首をどう決めるかという問題がまだ残っていた。これは投票で決まるポストだが、年長の影の閣僚が務めるのが慣例だった。当時の副党首（そして一九八七年まで影の財務相）ロイ・ハターズリーは、ニールが党首を務めた九年間を通してそうだった。二人は非常に親密な間柄では必ずしもなかったが、なんとかやっていた。しかし総選挙敗北後は、ロイも当然辞任せざるを得なかった。ジョンと電話で話しているあいだに、彼は私に副党首の役割はどうかと尋ねた。君かゴードンの若手二人のどちらかが副党首になってくれると、党首としての自分にとってもいいのだが、とジョンは言った。二人で決めてもらいたい、と。そして続けて、明らかに問題なのは、ゴードンだとスコットランド人が二人になってしまうことだ、と言う（ジョン・スミスもゴードン・ブラウンもスコットランド出身）。代替案はマーガレット・ベケットだった。彼女は非常に有能な女性で、ジョンと同世代ではあるが、まずは健全な選択だった。

電話のあと、私はゴードンとニックが待っている居間に戻った。「ジョンは、君が彼を支持していると言ったよ」と私はゴードンに言った。

「そうとしか言いようがないだろう」と彼は答えた。それは当たり前のことだった。しかし私は少し気落ちした。

「ジョンは、僕らのどちらが副党首になるつもりがあるかを知りたがっている」と私は言った。そして、ゴードンのほうが私より年上だが、スコットランド人が二人になるのは問題で、労働党への支持が一番薄いのはイングランド南部であることを考えるととりわけそうだろう、と説明した。ニックは、私でもゴードンでも大いに結構だが、労働党議員団（ＰＬＰ）でどちらの支持が強いかが非常に重要だ、と話した。彼は調査に同意した。

議論はさらに一、二日にわたって続いた。私たちはふたたび会った。「ＰＬＰは、君たち二人のうちゴードンを強く推している」とニックは言った。

誰もがこれが真実でないことを知っていた。そんなことはあり得なかった。一番間抜けなPLPでもそれほどまでに間抜けではなかった。メディアは、労働党は伝統的な大票田であるイングランド北部、ウェールズ、スコットランドでいかに票を奪われているか、それを脱して中産階級と南部を獲得しなければ、いかに命運が尽きるかという報道であふれていた。このような状況下でスコットランド人を党首にいただくことは、イングランド人の副党首がいるのなら冒してもよい危険だったかもしれない。それなのに副党首にもう一人スコットランド人をつけ加えるというのか。スコットランド人だけの正副ラインということなのか。われわれが地方への権限委譲策を約束しているというのにか。これではとてもお話にならなかった。愚策だった。

そんなわけで、この二、三日のあいだに私は二つのことを学んだ。一つは、ゴードンは機をつかもうとしなかったということ。もう一つは、ゴードンとニックは一蓮托生で、忠誠心の対象はまずはお互いだったということ。この瞬間から、ゴードンと少しばかり距離が生じたように思った。とはいっても、ほんのわずかで、傍目にはわからないほどだったし、隔たりを表すものは何もなく、親愛の情が減ったというのでさえもなかった。距離としては小さなものだったが、その帰結は決定的なものだった。その後、党首はゴードンではなく自分であるべきだと私が主張するようになる種がまかれたのである。

ジョンはしかるべく党首になり、ゴードンは影の財務相になった。ジョンは私に何がほしいかと尋ねた。彼は私の選択に驚いたが、それは私が長いあいだ真剣に考えていたことだった。私は影の内相を選んだのである。通常このポストは、保守・労働いずれの党の政治家からも墓場のようなポストと考えられていた。保守党員は適度に強硬であることがどうしてもできなかった。真摯で真面目な（内心はリベラルな）タイプの党員は、党大会に行き、大げさに演じ、血も凍るような思いをさせようとしたが、つねに本性がわかってしまった。労働党の問題は逆だった。労働党党大会の聴衆はもっとリベラルなものを期待していたが、労働党の内相、あるいは影の内相は、大衆がリベラルな言い草を嫌っていることを知っていた。私が政治で学んだことが一つある。左派・右派を問わず極端な意見をもっている者は、誰が本当のシンパかそうでないかをつねに見抜くことができる。ときとして、迎合を強いられる場合には――私は左派的なわずかな肉を投げ与え（あまり重要でないことで！）――できるだけうまくやった。だがどんな事態になるかおわかりだろうか。聴衆は必ず、私の心がそこにないことを声の調子や身ぶりから見抜いた。それは、真の熱中者にはあっても、演技者にはないものなのだ。

それはともかく、影の内相は候補者が少ないポストだった。しかし私は次のような結論に達した。（1）労働党支持者、それも有権者は、確実に法と秩序の問題に心から不安を感じており、これについて甘さよりも厳しさをはるかに求めているようだった。（2）知的には、意見の左派・右派への分極化は単純にそして明白に間違っていた。左派は社会状況を責め、右派は個人を責めた。中道の正常な人なら誰でも、それは両方の要因が組み合わさったものだと見るはずである。私はそう思った。

私は個人的に犯罪について非常に強い思いをもっていた。長年にわたり、人々が我慢を強いられるべきではない、恥ずべきことだと思っていたし、犯罪に対するリベラルな中産階級的態度を嫌っていた。通常、中産階級は犯罪被害者ではなく、被害者はより貧しい人たち――労働党が代表すると言っていたまさにその人々――だった。罪の重い重犯罪、殺人、窃盗などだけでなく、軽度の反社会的暴動や破壊行為に対してなす術のない一般大衆も同じように犯罪には憤っていた。人々がよい社会ができるのを待ちながらこうした犯罪を我慢するとか、誰かが街頭から悪を取り除くことを決めるまで辛抱強く耐えるとかは期待できなかった。もちろん、若者、とくに都市中心部の貧困地区の若者がよりよい教育を受ければ、職を得る機会が増え、行いがよくなる可能性も大きくなるだろうと考えるのは理にかなっていた。

そこで、私は犯罪対策を発案した。それは昔ながらの右派とか左派を超えた新しい政治に完全に合致するものだった。そして労働党のなかに犯罪に切り込んだ者はそれまでいなかった（チューター・イードとかロイ・ジェンキンズなど偉大な改革派リベラルの内相がいたにもかかわらず）。この分野は私の独壇場だった。そのときだけは、自分ができるだろうことに自信があった。そして私は正しかった。これは私の党内と国内での立場を強固にし、大きな支持を獲得した。リーダーシップを示した。私は古くからの労働党の考え方をとり、それを近代化し、支持をとりつけ、犯罪問題については保守党を打ち負かしたのである。

皮肉にも、その後起こることに照らしてみると、ゴードンも私のキャッチフレーズを作るうえで興味深い役割を果たしたのである。

われわれはときどきアメリカを訪れた。要はイギリスから抜け出し、考えるためだった。ちょっとした奇妙な理由で、われわれはニューヨークのカーライルホテルを定宿にした。カーライルは、飲みまくることがメソジスト教徒と無縁であるくらい（メソジスト教徒は禁欲的で酒を飲まない）、ニューレーバーとはそぐわないホテルだった。最高級ホテルで俳優のケーリー・グラントやジェームズ・ステュアートのような連中が泊まり、アーサー・キットがカフェで歌い、ウッディ・アレンがクラリネットを携えて現れるといった場所だった。当時、人々はディナー用の服装に身をつつみ、格式ばったムードに、優雅なインテリア、少しばかり厳粛な雰囲気が漂っていた。私に似つかわしくないところだったが、おかしなことにこのホテルが好きになってしまった。マネジャーは思慮深く、スタッフは親切で、上流階級のみかけの裏で、経営はうまくいっていた。

一九九二年末のあるとき、私たちはそのホテルに滞在し話をした。選挙の敗北で逃したチャンスにまだ思いをめぐらしていたが、私は手元の課題にしっかり焦点をあて始めていた。そして自分なら基本的にどうするかを説明した。もちろん社会状況を重視し、それに根本的に対応すべきである。しかし、犯罪そのものには厳しく臨まなければならない。伝統的な姿勢と現代的な姿勢を組み合わせ、犯罪問題を労働党の課題にしなければならない。

たしかに当時この場面で、ゴードンが天才的なひらめきを見せた。「犯罪に厳しく、犯罪の原因にも厳しく、だね」と彼は言った。

「そうだ」。私は彼の表現力の素晴らしさに驚嘆して言った。「僕が言いたいのは、まさにそれだ」

こうしてこれが私のスローガンになった。しかしスローガンにしては異例だが、そこには哲学的な洞察がこめられていた。イギリスに戻ってまもなく、私はある演説でこのスローガンを使ったが、それは大成功だった。

じきに私は保守党を攻撃のもとに縮みあがらせ、驚かせた。保守党は労働党の者が〝自分たちの〟問題を盗んだことが信じられないようだった。しかし、保守党は私のやり方をむしろ賞賛したのである。当時、内相はケン・クラークだったが、彼の出る幕はまったくなかった。彼はリベラルで、保守党党大会を軽蔑しきっていた。ケンがこの問題ですっかり沈黙を強いられた数カ月間を待って、メージャー首相は賢明にも彼を財務相に異動させた。ケンは、財務省では水を得た魚のように本領を発揮した。代わりに内相に就任したのはマイケル・ハワードで、彼はこのポストに気質的に申し分なく合っていた。マイケルはこの問題に関して保守党の傾向をまるっきり変え、政策を右寄りに移した。このことによって私は難しい戦術上の選択を突きつけられた。マイケルはあまりにも強硬派だったので、もし私が彼の真似をしようものならば労働党を遠ざけかねず、もし真似しなければ有権者を遠ざける恐れがあった。といっても、このときまでに私の評判は確固としたものになっていた。

私はまた、十四年間政権を握り、サッチャー主義の記憶がいまだ鮮明な保守党には簡単に真似できない方法で、政策の社会的背景をまごうことなく表現した。一九九三年二月、二歳の男児ジェームズ・バルガーを十歳の二人の少年が殺すという戦慄すべき事件がイングランド北西部のマージーサイド州で起きた。この悲劇は社会的崩壊の象徴になった。言うまでもなく、十歳の少年たちは崩壊した家庭の子供だった。メディアは、社会の主流から切り離されたかに見える家庭に育った若者たちが送っている生活、置かれた状況、道徳観をこぞって報道した。私はこれを非常に効果的に、保守党政権におけるイギリスの象徴に仕立てあげた。つまり、サッチャー主義が達成した効率にもかかわらず、社会とコミュニティの福利の絆がゆるみ、危険なほど弱くなってしまったイギリスである。

私はこの仕事を真摯な思いで遂行した。広く報道された演説――党首ではない野党の政治家の演説として異例なほど広く世に伝えられた――で何が間違っていると思うかをはっきり述べた。

先週のニュース報道は、この国の眠る良心に打ち込まれたハンマーの一撃のようなものでした。それは私たちに目覚めること、見たことにひるむことなく目をこらすことを強く促しています。私たちは、怒りと信じられない気持ちを等しくかき立てる恐ろしい犯罪のことを耳にします。見出しは衝撃的ですが、さらにショッキングなことは、ほとんどどこの市、町、村でも、もっと小規模ながら同じような出来事が日常茶飯事になりつつあることを私たちが知っていることです。これらはその名に値しないものになりつつある社会の醜い発現です。……

古い社会主義の歴史的な問題は、個人、権利、義務その他すべてを、〝公共の善〟という概念に含めてしまう傾向でした。公共の善は国家を意味するとき、最悪の形態になりました。現在の右派の失敗は、コミュニティの不在が、自由の存在を意味すると考えていることです。課題は、コミュニティの概念を国家に関する狭い見方から取り戻し、ふたたび私たちすべての利益になるように作用させることです。市民性の近代的な概念に基づく新しいコミュニティの実現は、長いあいだ延び延びになっているのです。

振り返って考え直してみると、問題は真実だったが、分析には欠陥があり、そのことが後述するような政策上の帰結をもたらした。しかし当時、政治上これは私の評価に大きなインパクトを与え、評価はますます高まったのである。

私はもう一つの方向でも新境地を開きつつあった。私の見るところ、ジョン・スミスは真の急進派ではなかったが、党が近代化しなければならないことに気づくだけの知性と勇気はもっていた。近代化の過程の一端は労働組合との関係にあった。当時それは、一人一票（OMOV）制度の問題をめぐるものだった。組合の全国幹部委員会が候補者の選択に投票するのではなく、組合員一人ひとりが一票をもつようにする制度だった。そして党首選挙については国会議員が発言権をもつ、もっとバランスのとれた投票制度にすべきだった。

今日では、労働組合が国会議員候補者の選択や労働党党首の選出にそれほど決定的な役割を果たすことなどまったく受け入れられない、いや馬鹿げたことにすら思える。しかし、労働党はそもそも労働代表委員会から生まれたもので、この委員会はまさしく〝労働者〟を国会に送り込むことを目的とした、十九世紀の終わりから二十世紀初めにかけての組織だった。労働代表委員会は、労働組合が結成し、資金を供与し、運営したものだったから、労働党と労働組合の根は切り離せないほど絡み合っていた。私が憂慮したように、それが長期にわたる非常に複雑な結果をもたらしたのである。

ジョンはOMOVを提唱することを決断し、私自身その運動を背後から全面的に支持した。労働組合はすでに私に対して苦い記憶をもっていた。というのも、一九八九年に影の雇用相として〝クローズドショップ〟に対する労働党の支持をやめる決断をしたことだった。したがって、OMOVの考えを私が採用したことは、労働組合から私をさらに遠ざけた。しかし私の決断は、どうすれば労働党が勝つことができるかについて明確で疑う余地のない意見をもっている証だとして、私をさらに前線に押しやったのである。何年間も労働党員は嘲られ馬鹿にされており、こうした劣等感は一皮むけば一目瞭然だった。ところが、ここに至って自信がありそうな、保守党と対決することができそうな、口調でも振る舞い方でも、われわれが求めながらつねにとらえどころのなかった有権者と意見が一致する者が出現したのである。

月日が経つにつれて、一段と前に出て動きを率いる、徹底的な近代化推進者としての私の意見は鋭くなるばかりだった。内なる信念がまるで運命のようにふくらむのを感じた。どうしてもやらなければならない、はっきりと、確実に。そしてなによりも自分の主張に自信があった。自分の主張は正しいという自信、そして国中を引きつけることができるだろうという自信だった。

ゴードンとの関係はまだ非常に密接だった。だが一九九二年の終わりごろになって、彼から離れるちょっとした、しかし重要なもう一つの行動をとった。恒例の国会議員の部屋の割り振りをめぐってひと騒ぎがあり、部屋が確保されている閣僚級の者は別として、目的は誰も同じだった。ミルバンク・タワーの幾部屋かがめぐってきた。当時、私とゴードンはウェストミンスター橋のそばのウェストミンスター地区のちょうど向かい側、パーリアメント街一番地にいた。ゴードンはミルバンクに移ることを決め、私に一緒に来ないかと誘った。シェリーはミルバンクに移らないほうがよいと断言した。ちょっと驚いたことに、アンジも同意見だった。結局、私は移らなかった。たいしたことではなかったが、ゴードンから離れるもう一つの兆候だった。

ゴードンは影の財務相としてうまくやっていた。例によって用心深かったものの、責任ある慎重なやり方で保守党に一撃を加えていた。そして、欧州為替相場メカニズム（ＥＲＭ）を支持していたために、ほんのわずかではあるが、いくぶん信用を失墜していた。したがって、ＥＲＭが崩壊したとき、ゴードンは評判を落とした。その後、彼はこの事態を悟って、過大な財政支出に対して厳しい態度をとったことが、彼よりも私が好まれた理由だと考えた。しかしそうではなかった。本当のところは、私が前面に躍り出てリスクを恐れなかったこと、そして当時はまさにリスクをとる人間の出番だったということなのだ。私はそれを見抜いていたが、彼は見抜けなかったのである。

一九九三年が進むにつれて、ほとんどの人には感知できない、ある変化が生じていた。感知できないと言ったが、あるいはゴードンも私もこの見立てを間違っていたかもしれない。たとえば《サンデー・タイムズ》紙は、私を一九九二年五月の本紙の付録雑誌の表紙にとりあげ、「労働党が逃した党首」という見出しをつけた。普通ならこのようなことは嫉妬を生んだだろうが、誰もこれをまともにとり合わなかったから、そんな事態にはならなかった。

われわれ二人の親しい友人で相談相手のピーター・マンデルソンは、私のなかに前とは違ったものが生じていることに気づいた。ある日ピーターは「君はちょっとした党首になってるね」と、リッチモンド・クレセントにあるわが家の玄関口の鉄柵の外に立って私をからかった。私たちは会合を終えたばかりで、私の積極的な自己主張が彼の印象に残っていたのは明白だった。

「それはどういうことだい？」と私は尋ねた。

「自分を身の丈以上に考えないほうがいい」と彼は答えた。「ゴードンはまだ次期党首と考えられているんだよ。わかってるだろう？」

「ふーん」と私は言った。

「ふーん」。彼は私を見返し、彼らしい笑顔を見せた。「この会話についてよくよく考えてみなければな」

「僕は気にしないよ」と私は笑った。私は彼に対してさえもあけすけに言いすぎたかなと心配になった。

「そうかい。僕は気になる」と彼は言って、私の肩を愛情をこめてたたくと車に乗り込んだ。

本当のところ、私は自分が何を考えているのかわからなかった。本当は分析などしておらず、直観力を自由に働かせているだけだった。事実、立ち止まって考えることを恐れていた。なぜなら、自分の直観がどこに向かって動いているかがますますはっきり感じられたからである。毎朝目を覚ますたびに思いは強くなり、いよいよ確かなものになった。自分自身の党、ほかの党、メディア、一般大衆との一つひとつの会戦が、すでに強固に防備された枠に固定されたもう一層の鋼鉄のようなものだった。私には労働党を支配し、人々の心を勝ちとれる選挙組織に作り変える機会が見えた。あたかもビジネスマンが次の大きな商機を見抜き、芸術家が突然自分の創造的才能に目覚め、監督や選手が栄光の瞬間が近づいていることを知るように、チャンスを目にすることができたのである。

自分にはなにか普通以上のことを達成できるかもしれないと思えるという意味で、驚くべき感情だった。それがわかったのである。実際にはできないかもしれない。しかしあのとき、あの状況、あの条件のもとでは可能だった。そうだ、できるのだ。私はそれを目の当たりにすることができる、それを実現することができるのだ、と。

私は、ゴードンに対する自分の気持ちと戦っていた。彼に対してはまだ大いなる親愛と忠義の気持ちをもっていたが、同時に重大な変化を感じていた。十年間にわたる私の判断は、彼が党首を務め、私が副指揮官であるのがいい、というものだった。私は、相談に乗るとか、アドバイスをするとか、促すとか、背後から指令をして、自分の仕事が開花するのを見ることに関心があった。だからあの時点で、舞台の正面に出ようなどという大それた欲望はなかった。もっとも、自分のなかの変化を感じとり、自分の変身を観察することができた。私は火の上にいるように感じた。情熱を燃やし、使命感を意識して興奮していた。私はもどかしさを感じた。ゴードンとの論議で初めて、これまで彼についてはっきり気づいていなかったいろいろなことに気づいた。それは彼の知的な用心深さである。しかしうわべは賢明に見えても、過去と断固として決別するのに必要な戦略に合致するようには見えなかった。

一年生議員だった一九八三－八五年の期間、私はときおり日記をつけていた。それらを今読み返してみると、ゴードンは具体的な答えが必要なことを認めるよりも、質問を組み立て直し答えをどうはぐらかすかに意を用いる傾向があることが、初めから明白だった。彼は頭脳明晰で、党に関して私よりはるかに知識があった。非常に鋭い、その当時でさえ磨き抜かれた戦術的な頭をもっていた。しかし基本的には、わかりきった従来どおりの枠からはずれはしなかった。彼はその枠内では素晴らしい動きをしたが、枠外にあえて出ようとはしなかった。

一九九四年になると、私は政策と党改革に関して枠外に大きく踏み出ていた。何かが抜け落ちていることに、落胆しながらも冷静に気づき始めていた。何かが欠けていた。その何かが自分のなかにあるとわかり始めた。

もちろん、ジョン・スミスが急死するとは知る由もなかった。それはともかく、不思議にも、私はジョンがそうなるかもしれないと思い始めていた。自分に予感とか、何かそのような不吉なものがあったというわけではない。もし彼が死ぬかどうかに自分の人生を、神と密かに賭けるかと聞かれたら、私はためらっただろう。私はそんな思いを排除し続けたが、それは侵入し続けた。

一九九四年の四月、シェリーと私はパリを訪れた。私はフォンテーヌブローにあるビジネススクールINSEADで講演することになっていた。二人が普通の週末を過ごすのは、後になってみればこれが最後だった。子供たちは家に残してきた。デリー・アーバインがモンマルトル近くの小さなホテルを薦めてくれた。部屋は狭かったがきれいで、ホテルは町の中心部にあった。最初の朝、目が覚めてからシェリーを起こしたことを憶えている。彼女に言った。「もしジョンが亡くなったら、僕が党首だろう。ゴードンではなく。なんだかそうなりそうな気がする。とにかくそう思うんだ」。予感だったのか？　厳密な意味ではそうではなかった。それでもやはり不思議なことだった。

土曜日の午後、二人で映画〈シンドラーのリスト〉を見にいった。スティーブン・スピルバーグ監督の作品で、ナチ強制収容所からユダヤ人を救出し、何千人もの命を救った人物の話だ。後年スピルバーグと知り合いになったとき、この映画にはそれまでに見たどの映画よりも大きな影響を受けたことを話した。実際のところ謙虚な人物であるスピルバーグは、たぶん私の言っていることが大げさな人にありがちな誇張だと思ったのだろうが、誇張ではなかった。三時間十五分のあいだ、私は魅了されっぱなしだった。そのために夕食も逃したほどだが、私たちは夜遅くまでこの映画について話し込んだのだった。

この映画のなかに、いつも思い出すシーンがある。レイフ・ファインズ演じる収容所長が寝室でガールフレンドと言い合いをしている。彼はトイレに行こうと立ちあがるが、言い合いはなおも続き、彼女はそんなとき女がよくするように彼を嘲っている。トイレで彼は収容所の収容者を見つけ出す。そしてライフルをとりあげ、射殺する。二人はまだ言い合いを続ける。私が思い起こすのはこの女のことだ。彼女は誰も撃たなかった。彼女は一人の傍観者だった。

しかし、彼女は傍観者ではなかった。あの状況下では傍観者は誰もいない。好むと好まざるとにかかわらず、参加者になるのだ。行動しないことが行動することと同じように、どちらかの側につくことを意味するのだ。ナチスがあのようなことをできたのはなぜか？　人々が収容所長のようだったからか？　そうではない。人々があの女みたいだったからだ。

彼女は隣の部屋にいた。非常に近いところにいた。だから責任もそれだけ身近だったのだ。しかし、現状を知りつつも近くにいない場合はどうなのか？　遠い場所で起きた殺人事件、目には見えない不正、目撃できなくても知っている苦痛はどうなのか？　近いかどうかは別として、私たちはどこで何が起こっているかを知っている。その場合も、私たちは傍観者ではない。知っていて行動しなければ、私たちにも責任があるのだ。

数カ月後、ルワンダで大量虐殺が起きた。その事件をわれわれは知っていたのに、行動を起こさなかった。だが、われわれには責任があった。

反応することは実際的ではなかったのではないか？　要は自分がどう感じるかということである。そのような反応が一国を率いる者にとって賢明かどうかは別の問題だ。これについてはあとでさらに論じる。

私はパリから元気いっぱいで戻った。力、期待、予感の、あの不思議な感覚がふたたびあった。

そしてジョンが亡くなったのである。ゴードンとの最初の会話を始めたとき、私は心の準備ができていた。私はゴードンに対して率直でないのではないかと感じていた。それは、のちの出来事に照らしてみると間違いだった。一九九二年四月から一九九四年五月にかけて、ときおり彼は私に（党首選について）心配はいらないという安心感を求め、私はそれに応えてきた。そうしないわけにはいかなかったのはなぜか？　私は彼の性格を十分知っていた。もしそのような安心感を与えなかったなら喧嘩になっていただろう。まあ、それはどうでもいい。たぶんこれは馬鹿げた予感だったかもしれない。たぶん、そんなことは決して起こらなかったのかもしれない。たぶん、ジョンが死ぬことなく、首相になり、その後はどうなるか、誰にもわからなかったのかもしれない。

「話し合うべきだね」。あの五月の朝、アバディーンの党事務所に座りながら私は言った。人々が外の通りを歩いていくのが見えた。彼らの生活はこれまでどおり変わらず、だが私の人生は永遠に変わろうとしていることを知りながら。

私は覚悟を決めていた。ゴードンが強く出てくることはわかっていた。私をいじめ、脅しさえするかもしれない。しかし、私は川を越えていた。

「いいよ。君がロンドンに戻ってきたら話そう」と彼は言った。彼の声音《こわね》にはすでにはっきりと変化が表れていた。

私は予定どおりアバディーンを短時間だけ訪れたのだった。たしかどこかのハイテク企業だったと記憶している。その会社の外で、ジョンの死について、報道陣にショックと哀悼の意を表す短い声明を発表した。あまりあわただしい感じを与えない範囲内で一番早い飛行機に乗りロンドンに戻った。ゴードンとまた話したかもしれないが、よく憶えていない。ヒースロー空港の旅客用地下トンネルへと急ぎ足で歩み出たら、一人のカメラマンが私を撮影しようと待ちかまえていた。私は驚いた。そうか、こういうことなのだ、と思った。

議事堂に入ると、誰もが混乱状態で、心底ショックを受け悲しんでいた。しかしもちろん政治の車輪は回転していた。労働党議員のモー・モーラムにぶつかった。彼女はどんなことがあっても感傷に動かされない（あるいはそのように見える）人間で、そのものずばり私に言った。「今度はあなたでなけりゃだめよ。どんなことがあっても引き下がったらだめよ」。私をヒースロー空港からロンドンまで車で送ってくれたシェリーも同じことを言っていた。モーよりもっと強い調子でさえあった。彼女らは私に念押しする必要などなかった。私の心は決まっていたからだ。

下院議場の横にあるロビーをぶらついていると、ピーター・マンデルソンに出くわした。彼とは電話でちょっと話したきりで、それも非常に用心深いやりとりだった。

「おお、君に会いたいと思っていたんだよ」と彼は言った。「いいかい、この際忘れないようにしよう。ゴードンはまだ先頭走者だ。まだ党首になれる人物なんだよ」

こういうときはいつもそうなのだが、ピーターの言いたいことははっきりしない。しかし、私は自分が何を言いたいのか、しっかりわかっていた。

「ピーター」と私は言った。「僕が君を好きなことはわかっているだろう。これは僕のものだ。それを確信している。だから、助けてくれなくちゃだめだ」

「これについて、僕はまだはっきりわからない」。彼は言った。このときだけはふざけた感じはなかった。

私たちは賛成者ロビー（イギリスの議会では票決の際、賛成者、反対者がそれぞれ議長席の脇にあるロビーに入ることがある）の北側にある、緑色の革で覆われたテーブルのそばで互いを見つめながらしばらく立っていた。

「ピーター」と私は手を彼の両肩に置いて言った。「このことについては邪魔しないでくれ。これは僕のものだ。自分でもわかっている。そしてそれを受けるつもりだ」

「これについては、そんなに確信がもてないね」。彼はそう答えた。

「わかっている」と私は今度は穏やかに言った。声には友情が完全に戻っていた。「でも、僕が言ったことを忘れないでくれ」

誰かがロビーに入ってきた。私たちはあうんの呼吸で離れ、別々の方向に歩み出た。

第3章　ニューレーバー

その夜遅くなっても、国民はジョン・スミスを失なったことにまだ激しく動揺していた。モー・モーラムは私に、彼女が招集した会合にぜひ来るよう言い張った。それは私のために組織化されることになる、彼女が〝固い卵〟と称する人たちの集まりだった。いろいろな種類の下院議員がいた。なじみの顔もいれば、こんな人がという顔もあった。当然の支持者も、そうでない支持者もいた。これらの人たちは労働党議員団（ＰＬＰ）の非知識人層だった。苦労して政治を身につけた人たちで、たくましく、恐れを知らず、規律がとれていた。「あなたのために働いてくれる人たちよ」とモーは言った。「あなたには、勝つために必要な幅と奥行きのある支持があることを見せたかったの」

ゴードン・ブラウンとは最初にいつ、どこで会ったのかも正確に思い出せない。大事なことは電話で切り出したのかもしれない。話すこと、考えること、推測することが渦のように次々と湧き起こり、何がどうなっているのかを把握するのに精いっぱいで、企むどころではなかった。

会合のあと、私はリッチモンド・クレセントの自宅に戻った。家の外にはカメラマンの大群が待ちかまえていた。それ以後、数の多少はあったが、彼らは私たちの寝室の窓から十フィート（約三メートル）かそこらのところに居続けた。それはおかしな気分だった。厚いカーテンを引いていても、ショーに出ているような、突然の、当惑する、そしてあのときはいくぶん興奮気味の感情に襲われた。

私は自分を強く引き締めたが、不安は表に出た。ジョンが亡くなって数週間――そしてそんなことが起こったのはこのときだけだったが――朝、目が覚めると、後頭部の髪が汗で濡れていた。目が覚めているときはコントロールできたことも、睡眠中は抑えがたかったのである。

シェリーはこの何カ月のあいだ、驚くべき強さを発揮した。彼女は自分の人生も変わろうとしていることを知っていた。それは私にとってと同じように恐るべき変化であり、ある意味で私以上だったかもしれない。知的才能に恵まれた法廷弁護士であり、北部ロンドン（ロンドンはテムズ川によって北部と南部に二分され、政治・経済をはじめ主要な機能は北部にある）出身の女性である彼女が、大衆紙の世界や絶え間ない眩しい脚光と衝突することになろうとしているのだ。労働者階級出身であることは、彼女が誰とでも手を組んでうまくやれることを意味したが、過去に衆目にさらされたのは父親に関することであり、それは楽しい経験ではなかった。

しかしあの晩、シェリーは私を腕のなかにそっと抱き、落ち着かせてくれた。私が言ってほしいことを語ってくれた。私を強くしてくれた。これからやろうとしていることは正しいと確信させてくれた。私はそれに向かって進まなければならないことに疑問をもってはいなかったが、それでも安心感、なによりも感情的な安定が必要だった。

多くの点で、私は感情的な満足を得るのに外部からの助けは必要としなかった。ある意味では、そうでありすぎた。感情的に何かに打ち込むことができた。ごく自然にそうなれたのである。しかしそれが怖くもあった。コントロールを失うこと、人を思いやることがもたらす結果が苦痛であるという事実を恐れていた。依存を恐れていた。うまくいかない愛から、人間の本性は弱く、結局のところ信頼できないものだという教訓を学ぶことを恐れていた。

一九九四年五月十二日のあの夜、私はシェリーが与えてくれたあの愛を必要としていた。自分のことだけを考えていたのかもしれない。私に力を与えてもらいたくて、その愛をむさぼった。私は本能に従う動物だった。前方に待ち受けるものに取り組むために、ありとあらゆる感情的な力と強靭さが必要だということがわかっていた。私はわくわくし、恐れ、決意に満ちていた。それぞれの思いはおよそ同じ分量だった。

その恐れとは何だったのか。それは今日に至るまで、自分でもあれがよいことだったのか、よくないことだったのか、確信がもてないということだ。私は党首選でゴードンと戦いたくなかった。これについては理にかなった説明ができる。そのような戦いは二人を分裂させ、彼は必然的に私より左寄りになるだろうからだ。実際、次の二日間にわたって《タイムズ》紙にしかるべく記事が出た。たぶんピーター・マンデルソンの仕業だろう。ピーターはまだ私を支持することにしておらず、私とゴードンの関係を円満に収めようとしていた。その記事は、ゴードンがスワンジーで行うウェールズ労働党党大会での演説を事前に論評したもので、ブレア優勢を阻止する目的で掲載されたものだった。そして明らかに組合の支持を集結しようともくろんだものだった。二人の重要な党近代化推進者が――しかもゴードンはもちあげられるべき影の財務相である――割れるのは望ましくなかった。私が勝つだろう。しかしその代償はどんなものか。

正直に言うと、一対一の対決をしたくなかったもう一つの理由があった。一騎打ちの不快さ、あり得る残酷さ、実際に友人同士が敵になる悲しさを恐れたのだ。政治的な計算か感情的な恐れか――私にはどちらの感情が他を圧倒していたのかわからない。しかし、この二つの感情が合わさって、私はゴードンと対決するのではなく、おだてて党首選に出馬しないよう試みることに決めたのだ。

あとになって何度も、そして意味のない推測を何回繰り返しても、その決断が正しかったかどうかいまだにわからない。ゴードンを破ることは、彼を少なくとも一時的には服従させることだったろう。しかしそれで彼が排除されてしまうわけではなかったろう。いずれにしても、われわれは彼を必要としていた。彼を排除すれば、私の胸中にすでにできあがっているニューレーバーの構想は厳しくなり、弱体化するだろう。党首選をどんなにきれいなものに見せようと努めても、醜いものになるだろう。それはどうあれ、私の願いは彼に自発的にフィールドを去ってもらうことだった。間違ってもらいたくないが、私は戦う準備はできていた。ただ戦いを避けたかったのだ。

もちろん、党首選で競争相手になりそうなのはゴードンだけではなかった。ジョン・プレスコットとの最初の会談で、私は彼にも党首選には出馬をさせず、副党首に立候補させようとした。それは友好的な話だったが、彼は立候補すると言って譲らなかった。彼は党首と副党首の両方に立候補することで、副党首になるチャンスを高められると、もっともなことを考えていたのである。対照的に、マーガレット・ベケットは副党首だけをねらうのが賢明だっただろう。ジョンの死後ただちに、党首選まで臨時党首を務めた実績を認められて、お情けで副党首の地位を与えるという考えがあった。私は彼女のプライドがそれを許さなかったのだと思う。もっともその後、彼女は私に対しては完全にうまくいった、と言っておかねばならない。プレスコットが党首選を望んでいること、そして戴冠式（無投票選出）はよくない考えだという彼の賢明な発言も、私に戦う気を起こさせた。私はそのとき、ただ党首選に歩み入るのではなく、決闘をして勝たなければならないと気づいたのである。

ゴードンが党首選に出馬するのはまったく別次元の話だった。そこで始まったのが、賞金をふたたび賭すような、一連の紆余曲折の話し合いだった。それは下院を離れたところでこっそりと、複数の秘密の場所で行われた。リッチモンド・クレセントの私の自宅から角を曲がったところにある私の義理の妹の家で会った。友人のニック・ライデンのエディンバラの家でも会った。私の昔のガールフレンドで初恋の人だったアマンダ・マッケンジー・スチュアートの両親の家で会った。外の世界で憶測が飛び交っているときだから、このような対話が極秘裏に行われなければならないのは言うまでもなかった。もちろん、これは野党の党首選にすぎない。しかし、次の総選挙では労働党が勝つチャンスが大いにありそうだった。期待の興奮はまさに高まっていたのである。歌詞で言えば、「何かが起きそうな気配」がしていた。ついに訪れた瞬間だった。何世代かに一度の変化だった。結果は党を変えるだけでなく国を変えるだろう。それもたんに政権の交代だけではなく、時代精神《ツァイストガイスト》の変化を通じて。

党首戦は何週間か引き延ばされた。全国執行委員会（ＮＥＣ）の調停によって、六月半ばに予定されている欧州議会選挙が終わるまでは、党首選挙運動は行わないという合意が成立していたからだ。もう一つこっそりやらなければならない理由があった。双方の支持者たちは、何に合意するかに不安を感じていた。ゴードンの支持者は彼が出馬を取りやめるかもしれないことに（多くの者は彼に戦うことを促していた）。私の支持者は、私が彼に何かを譲歩することに。私とゴードンが会うたびに、いずれかがどんな譲歩をしなければならないかについて不安が支持者陣営（すでにかなりはっきりどちらの陣営側かがわかるようになっていた）のあいだにさざ波のように広がった。これが理由で、アンジと、ゴードンの側近であるスー・ナイはいろいろな取り決めを二人だけのものにしていた。さらにそのころになると、パパラッチがほとんど絶え間なく私を追いかけ始めていた。会合場所は用心深く選ばれたが、私たちが会うのは私の友人の家であったことは、あることを示していたと思う。つまり、私がリードしていたのだ。

シェリーの妹リンゼイと彼女の夫クリスは、まったく安全で堅固だった。ニックはフェティス・カレッジ時代からの最も古い友人の一人であり、完全に信頼できる、頭がよく慎重な人物だった。そして、アマンダの家での会合のロマンチックな気分もよかった。なにしろ初めて恋に落ちた相手なのだ。欲望のあの信じがたいほどの横溢、なにか特別の、言い表せない、説明できない、そしてときには理解もできない、しかしわくわくし、高揚し、心が弾み、高く舞いあがるような気分。わかってもらえるだろうか。私は十八歳で、フェティスの最終学年だった。彼女は学校中でただ一人の女の子だった。カレッジ初の試みで、理事会の会長の娘だったことから彼女が選ばれたのだった。彼女の家庭は素晴らしかった。父親は欧州司法裁判所でイギリス代表の判事だったし、母親も魅力あふれる、快活な外交官だった。職業的な意味ではなく、ごく自然にそうだったのである。

一家は四人姉妹で、アマンダは長女だった。私は完全に恋の虜になっていた。一家はエディンバラのニュータウン（新市街）にある美しい十八世紀の石造りの家を所有していた。その街のテラスと三日月形の家並みは、建築学上の傑作だった。エディンバラはおそらく世界のどこよりも美しい町である。私は当時もその後の数年も、その街を歩き回った。いつでもそこは安全さ、快適さ、親しみやすさのなかにいるという落ち着きがあった。その設計の確実さとおのずと満ち足りた雰囲気は、エディンバラの中流階級、そして上流階級の人々にも吹き込まれていたように見えた。私はそこでは恐れるものがなかった。そしてちょっとおかしな具合だが、アマンダの存在にまだはっきり囲まれている彼女の家で、私は手にしている任務に対して自信を感じることができたのである。

私は意識的に最大限の魅力と親愛の情を示した。ただ説得ではなく、求婚するような感じだった。ゴードンと私は十年以上にわたって離れがたい仲だった。政界でこれほど親密な関係はないほど親しかった。たんに職業上の関係ではなく、友情だった。後年、事態が困難になり、緊張し、最後には危険になったとき、二人の親密さが真のものだったぶん、その悲痛さはきつかった。それはもちろん、政治的な協力関係だった。心から本当に互いを好いていたからこそ補強され、おそらく強固なものにさえなっていた関係だった。どちらもそれまでこれほど親しい人間に会ったことがなかった。私がときには彼を風変わりだと思ったことがあるのは確かだ。内省と真面目さ。ある日曜の朝、エディンバラのアパートでスーツ用のズボンと白いワイシャツ姿の彼が、文字どおり雪崩のような書類に囲まれているのを目にしたことがある。しかし、あのころはたしかにこれも愛嬌のある風変わりさと見えた。彼は親切で、寛大で、気遣いもあり、しばしば機知に富んでいるだけでなく知性を伴った滑稽さを見せた。私たちの会話は政治だけにとどまらず、深い個人的な信頼、笑い、哲学や宗教、芸術、私たちが人間として関心をもち興奮する日常のこまごまとしたことについて議論した。

同じように、私もゴードンにとってはまったく新しいタイプの人間だった。私の政治を見る目はまったく非政治的だった。分析するよりも直観で動いた。いやもっと正確に言えば、私は政治を分析し、再分析も行ったが、出発点は直観だったのである。初めは彼がすべて私に教えてくれた。労働党内のゲームをどう読むべきか、労働組合との関係で踏み越えるべきでない一線とは何か、演説はどうやるべきか、党内部の議論ではいつ沈黙し、いつ自分の意見を言うべきか。ひとことで言えば、彼はデリー・アーバインが弁護士業について教えてくれたように、政治稼業について教えてくれたのである。

時間が経つにつれて、彼は私から違った視点を汲みとるようになった。ごく普通の人間の政治の見方である。政治の実務に携わっている者にとって一番理解に苦しむのは、ほとんどの人は一日中、政治を第一に考えているわけではないということである。たとえ考えたとしても、それはため息か、咳払いか、眉をつりあげる程度で、すぐに子供、両親、住宅ローン、職場の上司、友だち、体重、健康、セックス、ロックンロールといったことに関心は戻るのだ。

政治に生涯を捧げながら一人の人間として考えることのできた素晴らしい例はデービッド・ブランケットだった。彼は内相として名声が絶好調のときでさえ、私にこう言った。人々が近寄ってきて、「テレビで見たことがありますよ、ところであなたは何をしているんでしたっけ？」と尋ねたり、もっととっぴなのは、彼が盲導犬を連れているのを見て誰だかわかり、「あなたが目が不自由だとは知らなかった」（ブランケットは生まれつき目が見えなかった）と言うのだと。

ときには国民にスイッチが入る。すると、全国民とは言わないまでもかなりの比率の人々が気持ちを集中させ、耳を傾ける。決定的な瞬間だ。その瞬間を見抜くことが肝心である。見逃すのは非常に悪いニュースだ。職業政治家にとっては、覚醒のときはいつも、部分的にせよ全部にせよ重大なときである。政治家にしてみれば、政治の景観にはつねに光があたっていて、ときとして強烈な光線が、野心、リスク、充足感の浮き沈みに苛立つ地面を照らす。その地面を進みながら、自分の身にいつ降りかかるかもしれないことにやきもきする。ところがほとんどの普通の人々にしてみれば、政治は遠く、ときに腹立たしい霧なのである。このことを理解できないでいることは、多くの政治家にとって致命的な欠陥になる。そのため大局的な見地ではなく、瑣末なことに関心を集中させ、物事を正しいバランス感覚で見ることができず、被害妄想に陥る。何が実際に動いており、何が重要であるのかを理解することができなくなるのだ。

私とゴードンの友情は本物だった。その友情の部分部分を足し合わせた以上の政治的な力によって補強されていた。そしてうまくいったのである。しかしそれは、やがて二人のうちの一人しか前に進めなくなったとき、困難がいっそう大きくなることも意味した。

基本的に私の主張はこうだった。国と最もうまくやれるのは私であるが（ジョンが亡くなった翌週末の世論調査では、私はどの競争相手よりも前にいたのであり、実はジョン・プレスコットはゴードンよりも人気があった）、私たちは同じ政策課題を共有しており、協力して仕事をし、いずれゴードンは私の後を継ぐことがはっきりしている唯一でないにしても、一人であろう。しかし、のちに大きな議論や険悪さの種になる、交換条件が一つあった。それは、彼が後継者になることを私が助ける代わりに、私と適切に協力する、すなわち私が党首でいるあいだは、私が主導権を握ることをいわば認める、というものだった。この時点では、これは過大な要求でも、ゴードンにとっても応じるのが難しい条件でもないように思えた。私が彼を後継者とすることに同意することが、彼が出馬しない条件になるという意味での取引はなかった。しかし、お互いの関心についての理解はあった。もし、どうするつもりか、何が起こりそうかと尋ねられていたら、私が首相を二期務めたあと手渡すつもりだ、と答えていただろう。それが私たち二人だけでなく、党にとっても国にとっても公正なことのように思えた。当時、彼は能力、貫禄、手腕において傑出していた。

しかし、もう一度振り返ってみると、私は説得することに夢中になるあまり、ゴードンをなだめようとばかりしていた。実際は、ゴードンにいずれ党首を譲ることなど私には保証できなかったのだから、そのような可能性を示唆したり、言外に匂わせることは無責任だった。そして、一国を率いる人物かどうかは、政権についてから初めてはっきりする、という事実を完全に無視していた。これが野党となれば、まったく話は違う。野党であるときはわからないものなのだ。野党なら、指導力が求められないということではない。ところが政権についたとたん、その必要性は百倍にも増す。野党ではちょっとした欠点ですむことが、政権では無能力になる。弱点は致命的になる。野党であればはぐらかすことのできる問題が、取り除くことのできない汚点として残る。同様に、強みの影響力も増大する。決定は党内だけでなく国中に、場合によっては世界中に反映される。指導者としての特性を備えているならば、それは屈することなく際立つのである。

私もゴードンも将来を予測しようとすべきではなかった。私は彼とけりをつけ、あとは成り行きに任せたくて仕方なかった。彼は最大限の影響力を発揮するところで、最大限のものを引き出そうと必死だった。ともかく、こんなことばかりしているのは意味がなかった。わかってはいても、意味がなかった。今後どういう結果になるのか。今日に至るまで、別のやり方をしたからといってどれほどの違いが生じていたか、私にはよくわからない。事実は私が党首になり、ゴードンもその地位をほしがったということである。それは当時、真実だったし、今でも変わらない。おそらく、つねにそうなるように運命づけられていたのだろう。どちらかが核ボタンを押し、相手を殲滅《せんめつ》させようと全面戦争を始めない限り。それはいつも互いの選択肢——私が彼をクビにし、彼は辞めて私と敵対するというもの——だったが、そのようなシナリオがもたらす打撃の巨大さはつねに私たちを瀬戸際から引き戻した。

彼が脇にしりぞき、私の支持に回ると初めて切り出したのは、アマンダの家でだった。それまで彼は、党首になるために私と対決するというフィクションを取り下げようとしなかった。私には彼が折れるだろうことがわかっていたが、話し合いを長引かせることが彼を正しい結論へとうまく導くための必要条件であることもわかっていた。私の心配は、彼の理性ではなく彼のプライドだった。

話し合いには興味深い、そして本質を物語る逸話もあった。それは、あとになって多くの推測を引き起こした。彼は経済政策を意のままにできる力を要求した。ピーター・マンデルソンはいまや私の有利になるように調停を試みていたが、ある時点で、経済政策の権限を実質的にゴードンに譲り渡すという趣旨の文書を私に提出しさえした。その文書は不幸なことに生き残ったが、それに対する私の異例にそっけない返事は生き残らなかったのである。密接な交流。たしかにそうだ。協力関係。そうだ。二重指導体制。絶対だめだ。私は経済政策に興味がないという神話が生まれた。しかしその反対で、私は経済に非常に関心があった。そして、経済政策ではいつも綱引きで、それもあとになるとへとへとに疲れるようなものだったが、私は少なくとも三期目まではその手綱を非常にしっかりと握っていたのである。必要ならば厳しく引き締めることができるように。

話し合いはその本質からして難しいものだった。しかし決して敵意のあるものでもなければ、激しくもなく、無愛想なものでさえなかった。愛し合うカップルのようなもので、どちらの出世が先であるべきかを論じ合っていたのである。多くのことが争点になっていたが、一方で二人の関係を支える基盤も大きかった。しかし、ゴードンがショックと裏切りの気持ちを抱いたことは疑いない。彼は、私が先行するようになるなど予想だにしていなかった。自分のほうが優れた政治家だと思っていた。ところで、彼は知的に優れていることを意識してはいなかった。それまでの私たちの友情を特徴づけた絶え間ない議論の年月を思い返してみると、おかしなことに、たぶん私のほうがより分析的な弁護士であり、われわれの政策に関する見解の論理と道理を整えようとする教授のようであった。ゴードンは政治の達人だった。彼の知的な能力が私より優れていなかったというのではない。誰が最高の学位を得るかどうかという意味では彼には知的能力があったし、今もある。しかしわれわれの知的主張の枠組みを作るという点では、私にはアイデアを出す傾向があり、彼はそれを政治の実際に移すという傾向があった。彼はまた素晴らしい反響板だった。即座に問題の力点を見抜くことができ、それについて六つの新しい視点を見出し、ときにはあるものをまったく違った観点から見せてくれた。その点では、私は彼をよくデリー・アーバインに譬《たと》えた。私はいつも議論から学び、精神的にリフレッシュし、刺激を受け、やる気を得た。話し合いは長く続いたが、無駄な時間はほとんどなかった。私たちの気持ちはたちまち同調した。他人が一緒にいると、ペースと力が落ちるように感じたので、まるで早く愛し合いたいのに昔の友だちに立ち寄られて邪魔された恋人たちのように、親愛の情をこめてその友人の背中をたたき出口に誘導してせわしなく追い出そうとするのだった。私たちの友情は完全密封された箱に閉じ込もったものではなかったが、自己充足感の気持ちが強く、ときには圧倒的だった。党首選の圧力のもとで、これを外の世界の影響力――よいか、悪いか、無関心か――にさらけ出すのは簡単ではなかった。しかし言うまでもなく、それが起こっていたのである。

それは彼にとって二重の意味で厳しかった。彼には、今となってはろうそくの火が吹き消されるかのごとく消え去りつつある野望があった。その野望はふたたび燃えあがるかもしれないが、いつ、どのように、どのような状況下においてか知る由もなければ、自分で決めることもできなかった。私はどうかと言えば――信じてもらえるかどうかわからないし、それはどうでもいいことだが――心ならずも党首になったのである。ジョンが死に、すぐに掲載される予定の《サンデー・タイムズ》紙の世論調査結果を聞かされたあの週末、新聞を待ちながらこう思ったことを思い出す。ゴードンがリードという世論調査の結果だったら、そして友人や支持者に「見てくださいい。結局僕じゃないんですよ」という言い訳ができたら、どんなに楽だったろうと。しかしそうではなかった。そしてもしそうだったとしても、自分はすでに気持ちのうえで来るところまで来てしまっていた。要するに、そのような時点で動機を整理することがなんとか可能だとしたら、党首を受けることが最善だと心から信じていたのである。そのときまでに労働党はすでに十五年間野党暮らしで、大票田である北部、スコットランド、ウェールズ、大都市中心部の貧困地区に事実上閉じ込められていた。イングランドの中産階級は保守党に幻滅していたにもかかわらず、今もって労働党に不安を感じ、不信感をもっていた。このような状況は、わが党に革命的な近代化という飛躍の一歩を遂げることと、従来の大票田から飛び出してどこでも支持を得られること、階級や職業による分断を踏み越えられること、国を一つにすることを求めていたのだ。私は人格的にも、言葉のうえでも、時代のうえでも、感覚のうえでも、気質のうえでも近代化推進者だった。どのような見方をしていただいてもかまわない。結局のところ、結論は明白だったのだ。

アマンダの両親の家での話し合いのあと、私たちは食堂に座って、庭とディーン橋の下の小さなくぼみにある茂みを眺めた。その近くでかつて、学校の軍事教練を受ける代わりにホームレスのためのボランティア活動をしたことがあった。こうしながら私たちは、どうすればゴードンが面目を保ちつつ党首選から身を引けるかを相談していたのである。

その後、ニック・ライデンの家で、それがどういうことかをつぶさに示す一瞬があった。ニックは大きな古い家に引っ越したばかりで、あちこちを修繕していた。彼は親切にも、私たち二人だけで話ができるように外出してくれた。一時間ほど経って、ゴードンは小便に行くために席を立った。私は階下で待っていた。五分経った。十分経った。そして十五分経った。私はちょっと胸騒ぎを覚え始めた。すると突然、電話が鳴った。他人の家だから鳴るままにしておいた。留守電に切り替わり、ニックの声でメッセージを残すよう告げた。思いがけなく、留守番電話から相手の声が響いた。「トニー、ゴードンだ」。おいおい、なんだこれは。私はあわてた。いったい何が起こっているのか。「二階のトイレにいるんだが」と彼は言って続けた。「出られないんだ」

家の改修工事で、トイレのドアがつけ替えられていたのだが、内側のドアノブがまだつけられていなかったのだ。ゴードンは十五分間トイレに閉じ込められながら、携帯電話でニックの電話番号をつきとめようとしていた。家の防音設備が完璧だったので、ゴードンが声をあげても私には聞こえなかったのである。私は二階のトイレに上がっていって言った。「党首選を辞退しないと、出してやらないぞ」

最終的にはピーター・マンデルソンの斡旋《あっせん》で、ゴードンは私の支持に回るという発表を二人で行った。その発表はちょっと自意識過剰だったが、ビッグベンの下のニュー・パレス・ヤードを歩きながら行われた。それはメディア対策としては申し分なかった。しかしすぐに、二人の関係にとってはそれほどうまく作用しなくなった。

問題の根はゴードンの考え方にあった。私はしょせん空っぽの器で、そこに注がれる液体は自分が作り、加工するものになると考えていたのだ。私は当時も今でも、彼がそのような幻想をまともに受け入れていたのかどうか、どうしてもわからない。私は、まずピーターが、それからアリスターが手取り足取り指導する表向きの党首にすぎず、自分では何もする能力がないという幻想だ。もちろん、それは荒唐無稽なことだった。私が非常に優秀だと思いあがっているからではなく、党首のような地位にいる人間が誰かほかの人間の手による作りものだということはまったく不可能だからである。そのようなことは起こり得ない。党首だけが下すことのできる、大小千もの決定がある。にせの身ぶり手ぶりなど、できるはずがない。どれほど巧みな演技者であろうが、最後は演技ではないのだ。

それは、人々が私にこう言うようなものだ。「ああそう、あれこれ言ってるね。だがあの人たちは何も信じちゃいない。ただコミュニケーションがうまいだけだよ」。政治に関する発言として、これは矛盾語法に近い。トップにいる人にとってはとりわけそうだ。最高の地位にいると、いつも顕微鏡で観察されているようなものだ。魂の奥底まで見通される。人々は毎日一緒に働く仲間であるかのようにこちらを見る。ほんの短い時間なら、だまされたり目がくらんだりするが、じきに、実際本当にじきに、人々は本当の判断を下す。こちらがしていることに同意するかしないかはともかく、人々にはそれを信じているかいないかがわかるのだ。もし政治家として核心的な信念がなければ、確信によって育まれた道を探り出す本物の直観がなければ、決してコミュニケーション上手にはなり得ない。なぜなら最上のコミュニケーションは心から来るものだからだ。陳腐な言い方かもしれないが、これが真実である。私にとって、この最もよい例はビル・クリントンである。彼はコミュニケーションに長けているかもしれないが信念がない、と書かれることが多いかもしれない。これはまったくのナンセンスである。彼が伝統的な民主党員であることに信を置かなかったことは、そのとおりだ。そして伝統的な民主党の政策をはっきり語らなかった。彼は新しい民主党員だったのであり、そのように語り、そのように思われた。なぜならそれが、彼の信じていたことだったからだ。だから彼はそれを上手に伝えることができたのだ。

　ゴードンはたぶん、私という容器を自分の思いどおりに満たすことができると思ったのだろう。しかし、決してそうはならなかった。だから怨恨が姿を現し始めたのは必定だった。私たちはジョン・プレスコットを副党首にすべきかどうかで対立した。私はマーガレット・ベケットが副党首になってもやっていけると思ったが、すべてを考慮すると、ジョンには彼女にはない何かがあって、副党首にふさわしいと思った。また、私の党首選挙運動を誰が率いるかについても対立した。私も支援者（すでにはっきりし始めていた）も、ゴードンは適任ではないと考えた。それでは排他的すぎた。私は党首として、閉ざされた部屋で暮らせなくなったときに備えなければならなかった。むろん、彼には選挙運動を統率する素質があったが、彼しかいないわけではなかった。私たちとしては、ジャック・ストローが適任ではないかと考えた。ジャックはどちらの陣営にも属しておらず、それだけにＰＬＰで私の支持を広げてくれた。この判断をゴードンに説明しなくてはならなかったが、彼はそれを深く恨んだのである。

党首選の運動は何事もなく終わった。私を支持した組合指導者はほとんどいなかったが、組合員は支持してくれた。そして、党員と国会議員の多数の支持を勝ちとることができた。選挙運動中に心がけたのは、脱線発言、失言、左派への譲歩を最小限にとどめることだった。次第に、自分は党首になるのだという気分に慣れてきた。

このころは日照り続きで、選挙運動で地方を遊説した際、暑さがときには耐えがたいほどだったことを憶えている。高揚したムードだった。その時点では、大躍進もなく、特別の失策もなかった。しかし、私が非常に変わったタイプの労働党指導者であることははっきりしていた。そのこと自体が、関心と興奮と支持を生み出した。保守党はこれを実現不可能な夢であるというふりをしたが、その強気の裏では激しい不安に駆られていた。保守党は、私には本物の力があって、それを発揮できることがわかれば、自分たちが沈没すると知っていたのだ。

私が党首、ジョン・プレスコットが副党首として指名されると、私はチームの結成に着手した。いまやピーター・マンデルソンはチームの一員としてなじんでおり、それがゴードンとピーターの仲を決定的なまでに悪化させた。ゴードンは、ピーターが私の党首への昇格を初めから画策していたと信じ込むようになっていたからだ。ゴードンがそのような考えにとらわれるのはよくあることだった。しかし、私が知っている限りでは、それは真実ではない。あるいはそうだったのかもしれないが、だとしたらピーターは私にはうまく隠し通していたのだ。そういうところがピーターの特徴だったが、実際のところ、私は隠していたのではなかったと確信している。ピーターはいつも目的のために手段を選ばないマキャベリ的人間として振る舞うことを好んだ。だが私の経験では、彼は私の知っているなかでも最も裏表のない開けっぴろげな人間の一人である。

一九九四年九月、私たちは一日休みをとってニューフォレスト（イングランド南部サウスハンプトン近くにある国立公園）のチュートン・グレン・ホテルで過ごした。その後、一九九五年に二度目の会合を開いた。私、ピーター、ゴードン、アリスター、フィリップ、アンジ、ジョナサン、スーという内輪の者ばかりで、場所はまたしてもニューフォレストにあるジョナサンの兄弟の家フリサムロッジだった。二度目の会合が開かれた知らせは、その場にいなかったジョン・プレスコットと、際限のない問題を引き起こした。また、その日のうちに、ゴードンはピーターを脇に連れ出し、自分の計画と指導のもとで働かないかと持ちかけた。ピーターはきっぱりと自分は党首のために働くつもりだと答えた。このとき以来、二人のあいだには敵意が生じたのである。私にとってはどちらも敵になっては困る人間だった。

メディア対策に最適な者を選ぶことになによりもこだわった。ピーターと私は何人かの候補者を挙げた。《インデペンデント》紙のアンディ・グライス、《スコッツマン》紙のピーター・マクマホン、《ガーディアン》紙のパトリック・ウィンターなどだった。いずれも優れた人たち、本当に優秀な人たちだったが、私は（これら高級紙の人でなく）タブロイド紙の誰かがほしかった。そしてアリスター・キャンベルが一番だろうと考えた。アリスターにとって最善の仕事かどうかは知らないが、私にとっては絶対彼が最善だった。私は強情な人物を望んでおり、彼が適していると思ったのである。結果として、彼は天才であることがわかった。大当たりだった。

アリスターに白羽の矢が立つと、私はすぐに熱意をもって彼を追いかけることにした。目標が決まるとそうするのが私流である。いやだとは言わせない覚悟だった。初めはやりにくいところがあった。彼はノイローゼになったあと生活を立て直し、酒も断っていた。アリスターのパートナーのフィオナ・ミラーは、彼がこの仕事につくことには懐疑的だった。二人の生活を変えてしまうだろうと思ったからで、結局彼女は正しかった。彼はメディアの世界で名を馳せることが運命づけられていたのであり――このときでさえ彼はまだスターの資質を失っていなかった――、私の仕事を受けることは、多くを犠牲にすることになったのである。アリスターはピーターを尊敬し、好きだった。そのため、ピーターと競争になることを恐れていた。これらの理由から、彼を説得するのは大変だった。

とうとう一九九四年の八月半ば、私は、アリスターが毎年夏を過ごすフランスの別荘に足を運んだ。私とはまったく関係のない理由で、その近くでニールとグレニーズのキノック夫妻、フィリップ・グールドと妻のゲイルも休暇を過ごしていた。私は、休暇までも現役の政治家と一緒に過ごすなど、考えるだけでもぞっとした。これでは政治から片時も離れられず休暇にならないではないか。しかし彼はそれを好み、みんなで楽しそうに話し込んだり、いろいろ企んだりしていた。

別荘はプロヴァンスのフラッサンにあった。そこは美しい田園地帯に、ほぼ完璧な小さなフランスの村々が点在している。イギリス人が平和的な買収でフランスを再征服しようと企てるのは馬鹿げたことではない。

私は到着して夕食にとどまり、ニールも呼び出したあと、夜の半分はアリスターと二人きりで話し、決着をつけた。ピーター問題については、自分にできる限りの安心感をアリスターに与えた。彼はゴードン陣営の者たちのことを心配していた。しかしなによりも、必要なことを遂行するにあたって私の後ろ盾を知りたがった。

そこにいるあいだに、私は労働党の信条の中核的表明である党規約第四条の問題を切り出した。一九九二年の総選挙の敗北のあと、そして誰とも、ゴードンにさえ相談せず、もし私が党首になったら、党規約は書き換えられるべきで、国有化と国営の公約は廃棄するという明確な考えを固めていた。

第四条は、妥協にはかかわりたくない左派勢力があらゆる場面で繰り返していた空虚な文言であり、これら左派勢力は、現代の思潮がこれらの文言を知的に不要で、政治的に災いをもたらすものにしてしまった事実ともかかわろうとしなかった。この条項はとくに「生産、分配、交換の手段の公的所有」を謳っていた。一九一七年、党知識派のフェビアン主義の巨頭シドニー・ウェブがこれを起草したとき、もっと左派のもっと過激な言葉を避けるのがねらいだった。もちろん、これは私的資本こそ廃止されるべきだとする当時の世界を風靡した国際的な進歩思想を反映していた。

二十世紀初頭に主流だった左派思想は、二十世紀終わりの世界ではどうしようもなく非現実的どころか、超現実的になってしまった。一九八九年以降、ロシアですら市場を受け入れたのである。しかし、この条項を変えることができるのだろうか？　思いがけず、党首選のあいだ、この問題に関して強い主張をしなければならないことは一度もなかった。問題としては提起されたものの、〝行動の余地〟を失うところまで議論は進まなかった。私はこの問題を終わりにすることなく、一時休止にしたのである。

もちろん改正反対派がすぐに反対を表明したが、それは総じて象徴的なものにすぎなかった。極端な左派を除けば、第四条を文字どおりに信じている者などいなかった。私の見解では、誰も信じていなかったのに、誰もあえて破棄しようとしなかっただけだった。これの意味することは、たんに党規約に不要なものがあるというだけではなく、現実に直面すること、大きな変化を遂げること、現代世界を心から受け入れることを拒絶することだったのだ。別の言い方をすれば、このシンボルが重要だったのだ。それは深く削り込まれた偶像だったのである。それを破壊することは、党の心理を変えることになる。有害で、反動的なその心理こそが、まさしくわれわれを長期にわたって野党に甘んじさせていたのである。保守党の不人気に乗じて、まぐれの勝利はできたが、われわれ自身の実力で首尾一貫した統治を行うことはできなかった。したがって第四条を破棄することは、見せかけの仕掛け、上手なＰＲ、あるいは起草の問題ではなかった。労働党が自らを変革しようとするのなら、必要不可欠だったのである。

進歩的政党はいつも自らの感情的な衝動に恋々とする。とはいえ、選挙民の心は自分たちと同じでないかもしれないという気持ちはもっているから、そうした衝動を和らげる用意はできている。しかし心の奥底では、そうでないことを願っていて、いつの日か、おそらく非常に特異な状況下で、選挙民がその衝動を共有してくれるのではないかという万が一の希望を抱く。だが、それは幻想だ。選挙民がそうなることはない。進歩派は幻想であることを理解はしていても、この切望は激しく、そうした衝動と再結合しようとする誘惑は強い。最も基本的な衝動は、もし権力が手中に入ればそれを国民の利益のために行使する、と信じることだ。そして権力が大きければ、国民の利益もそれだけ大きくなるだろうと。したがって、国や公的部門への思い入れが生じるのだ。

これは悪意によって動機づけられたものではない。その反対だ。この衝動は、真に本物の団結心に基づく。しかし歴史は二つの重要なことを通して、その衝動は弱められるべきだと教えている。第一に、国も公的部門も巨大な既得権益になり得ることだ。そのような既得権益は公共の利益とうまく合致しないか、矛盾することさえある。第二に、国民は教育水準があがり繁栄するようになると、誰か別の人が、それが誰であれ、自分たちに代わって選択を決めてくれることを必ずしも望まないことだ。もしこの衝動が抑制される——活力はあっても制約がない——ならば、進歩的政党は立派な、解放感を与える政権として、保守的政権に取って代わり得る。しかし抑制されないと、そうはならないと言えるだろう。

生産、分配、交換のためのすべての手段の国有化を謳った党規約第四条は、制約を意味したのではなく、国や公的部門を限度なく甘やかしてもよいことを意味した。それは健全でもなければ賢明でもなく、不幸にも無意味だった。あるレベルでは第四条は多くのことを意味したが、その意味するところが悪かった。第四条の修正は皮相的なことにとどまらず、党が思考し、行動し、いずれ統治する方法に重要な、深い、永続的な変化をもたらすことを暗示していた。

私が、労働党のイデオロギーの神聖な神話のいくつかを解体することにいとも気軽に取り組んだ——多くの人が安易すぎると思った——理由の一つは、私がどのようにして政治に入ったかに由来する。学生時分の私はオックスフォード・ユニオン（オックスフォード大学にある有名なディベート協会）とは関係がなかったし、労働党クラブのメンバーでもなかった。学生政治活動にも実質的に何の役割も——意欲的な役割はたしかに——果たさなかった。オックスフォード大学で私に大きな政治的影響を与えてくれたのは、二人のオーストラリア人、一人のインド人、一人のウガンダ人だった。この四人がめいめい私のなかでいつまでも忘れられない存在となった。私が政治に近づくことになったのは、彼らが与えてくれた洞察のおかげである。もちろん全員左派だったが、それぞれ異なる背景をもった非常に異質な人たちだった。

学友のジェフ・ギャロップは政治的に誰よりも活動的だった。そして果たせるかな、彼はのちに西オーストラリア州知事になった。頭脳明晰で、驚くべき知者だった。当時の左派政治の正しい定義と言葉をすべて教えてくれた。彼は国際マルクス主義者グループの会員だった。国際マルクス主義者グループは一九七〇年代に無数に存在したセクトの一つで、トロツキストだった。言うまでもなく、彼らにとっては労働党の誰もが裏切り者だった。彼らはまた共産党の連中とは敵意に満ちたライバルだったが、共産党のほうがはるかに組織づくりに長けており、労働組合や、たまに普通の人ともつながりをもっていた。ジェフはマルクス主義弁証法の枠組みに従っていたが、自身の精神と知的好奇心はその虜になりはしなかった。絶え間なく分析し、またそれを再分析することで、新しい思考と新鮮な洞察力を生み出した。また彼は、社会状況がどのようにして人格を形成するかを教えてくれると同時に、左派の思考停止的信奉者にならないよう諭《さと》してくれた。

こうしたことをさらに強化してくれたのはピーター・トムソンだった。彼はオーストラリアの英国国教会の聖職者で、おそらく私の人生で最も影響力の大きかった人物だ。オックスフォードでは三十代半ばの成熟した学生だった。二〇一〇年一月に彼が亡くなったとき、私は彼の葬儀にあたって次のような追悼文を書いた。

彼は私の人生を変えました。このように言うことのできる人物はそうそういるものではありません。ピーターは私の人生を変えました。初めて会った瞬間から――そのとき私はセントジョンズ・カレッジの自室でパーティを開いており、胸壁に出てちょっと体がよろけました。ピーターを見下ろす格好になったのですが、彼はこちらを見上げてこう言いました。「君、僕が君だったら気をつけるね」――その最初の瞬間から彼は私の人生を形作り、私の人生に意味と目的を与え、私の針路を定めてくれたのです。

彼は私にとって友であり先生であり、よき指導者《メンター》であり、案内役でありました。私がよいことをしたとすれば、それは彼が触発してくれたのです。私にいろいろな欠点があるとしても、彼を知ることによって私は自分を改善することができたのです。よりよく、より強く、より誠実に、弱さを克服しながら自分がもっているものにより感謝をし、人生の可能性についてより希望にあふれ、その実現により歓びを感じ、可能性の限界を受け入れることにより勇気をもつようにしてくれました。

誰かの死を受けて、私たちはしばしば、自分の人生にぽっかり穴があくだろうと言います。しかし、ピーターの逝去によって空虚な気持ちにはなりません。彼の存在はまだ私の人生を満たしています。彼は、私が彼を最も必要としたときにそこにいてくれました。これからもいつも、私のためにそこにいてくれるでしょう。ピーターを照らした光は、死によって減じるにはあまりにも強烈なのです。

神はこのようにピーターを通じて働き給いました。彼はつまるところ、最も牧師らしくない牧師でした。彼と愛らしいヘレンは私たち皆のためにいつも家を開いてくれました。たくさんお茶を飲み、さまざまなものをごちそうになりましたが、それは司祭館でのお茶会のような無邪気なものではありませんでした。聖職者カラー（聖職者が首に巻く固い細い襟）も話し方もあのように似つかわしくなかったことはまことに幸せでした。

ピーターをこのように表現しましたが、彼は伝統主義者と因習打破者が不思議に入り交じった人間でした。彼の信仰心は男性的で、軟弱ではありませんでした。彼は行動家であり、観客ではありませんでした。たんなる説教者ではなく思想家でした。彼の思想は大胆であり、革新的であり、二十一世紀の世界を見据えたものでした。

私は多くの有名な人、成功した人に出会いました。世間で偉大だと言われているような人たちです。しかしピーターより偉大な人間に会ったことはありません。これを書きながら、彼がまだともにいてくれることを感じます。いつも私のそばにいるように感じます。こうして彼の死を悼みながらも、私がなにより望むことは、私が死を迎えたときに、彼が私を誇らしく思ってくれることであります。

彼の死後何年経っても、彼は私に影響を与え、人生は目的をもって生きなければならないということをいつも思い起こさせてくれた。政治的に言えば、ピーターは左派だったが、宗教が一番だった。したがってある意味で、私にとっても宗教が政治よりも先に来たのである。ピーターと私が、政治と宗教を分けて考えたということではない。しかし、まず宗教がくれば世界を見る目が違ってくるというのが考え方の基盤だった。宗教は人類観から生まれる価値意識から始まる。政治は社会を観察し、変える手段から始まる。もちろん政治も価値観をめぐるものである。そしてしばしば宗教も社会を変えることがある。しかし、出発点は違う。

私の政治を理解するうえで、これはきわめて重要だ。私は羅針盤として人間の分析からスタートした。政治は二義的なものだった。のちに、〝進歩的問題〟とは目的と手段の十分に明瞭でない分離であることを理解したとき、宗教が先で政治が次という取り組み方——ピーターによってたたき込まれたところが大きい——こそ、私を〝進歩的問題〟に関するそうした結論に難なく到達させてくれたのである。

ジェフは読むべき政治の本を与えてくれた。ピーターは哲学者ジョン・マクマレーの著書『*Reason and Emotion*（理性と感情）』『*Conditions of Freedom*（自由の条件）』などを与えてくれた。私は〝共同体〟にかかわる社会主義の基礎について考え方を深めた。すなわち、人間は互いに責任を負っている社会的存在であり、自分さえよければいいというただの個人ではない、ということだ。これによって私は、労働党の真の価値を、イデオロギーの邪魔物の混乱から取り戻そうとする道へと踏み出した。そうした混乱が、労働党の真の価値の上に積み重なり、意味をわかりにくくしていたのである。私にとってはこれこそが社会主義だったのであり、歴史のある特定の一点に固定された、特定の経済的組織にかかわるものではなかった。

インド人の学友はアンモル・ヴェラニという大学院生だった。ある日、セントジョンズ・カレッジの中庭を囲む建物の一階にある彼の部屋に座りながら、彼は私に一つの洞察力を与えてくれた。それはずっと私の心に残り、後年、公的サービス改革の政策に不思議で大きな影響を及ぼした。私はそのときの情景を今でも憶えている。

おそらくインドでの経験のゆえだろうが、それだけではなく彼には、私よりも政治的成熟さが備わっていたからでもあろう、アンモルと私はジェフから受けた新しい考え方について論議していた。私はその考え方を彼に試そうとしていた。自分が学びつつあった新しい思想的言語の理解を深めたくて、それを強く主張し、推した。私たちは資本主義と国家について論じていた。私は国が資本主義から利益をとりあげなければならないという意見を繰り返していた。資本主義は利益のことしか考えていない。ありきたりのマルクス主義路線だった。

アンモルは頭を振った。「そんなに単純なものじゃないよ!」と彼は言った。「国だって既得権益になり得る。国は公共の利益と同じではない。少なくとも実際にはそうだ。わかっているだろう?」

「だけど、そうであるべきだ」。私は言い張った。

「そうであるべきだと、そうであるとはまったく違うよ、君」と、彼は私の無邪気さを笑いながら言った。

四人目の人物はウガンダ人のオララ・オツンヌだった。彼はウガンダの首都カンパラにある大学の学生会会長だったが、イディ・アミン(独裁者として悪名高かった大統領)から逃れることを余儀なくされた。セントジョンズが彼を受け入れたのだった。彼は雄弁家で、実に頭がよく、親切で気高い人間だった。彼はオックスフォードという閉ざされた特権世界でマルクス主義に熱をあげている左派学生たちを、多少面白がって距離をおいて眺めていたように思う。彼にとっての政治とは、もっぱら開発と、国民の将来を破滅させている腐敗した、ぞっとするような政府の重圧にかかわるものだった。彼は、西側先進国の学生の議論の範囲を超えて物事を見ること、そして〝資本主義対社会主義〟ではなく、生命、希望、健康に対して貧困、紛争、病気の蔓延による死を考えることを教えてくれた。

これは特異なグループだった。多様で、型にはまらない、自由な思考のグループで、私の精神が開かれ、学ぶ意欲と熱意にあふれていたとき、来るべき年月に向けて私の思考構造を形成してくれたのである。

フランスでアリスターに第四条についての自分の思いを語った。彼がこの問題の鉄のような難しさを愛したことがわかった。フランスを発つときには、アリスターはどうやって第四条のことを世間に納得させようかと思いをめぐらしているようだった。彼と会話しているあいだに、私はそれまで一〇〇パーセントは確信できなかったあることを見出した。彼には、何事にも絶対に物怖じしない胆力があるということだ。

こういう人物は前に押し出すより、引き戻さなければならない。臆病で、用心深く、計算高い人間であふれている世界で、私はそれが気に入った。彼とピーター・マンデルソンは喧嘩するかもしれない（なんと、二人はときどき文字どおり喧嘩をした）。しかし二人そろえば、想像できないほど強力で政治的な力を発揮した。ピーターは秘密の通り道から城に侵入し、敏捷な足取りと鋭く痛烈な剣の一撃で王の部屋へと道を切り拓いていった。一方、アリスターは巨大な樫の棒のように城の門を打ち砕いた。煮えたぎる松脂《まつやに》も強化された扉も彼を締め出すことはできなかった。二人がいれば、戦闘は狂気寸前の大胆さで敢行された。それでも勝つことができた。しかも大勝利だった。

このころはしばしば、私は休暇をフランスとイタリアに分けて過ごした。初めのあいだはトゥールーズで、その後アリスターに会うため鉄道に乗ってマルセイユへ、それからイタリアの海岸町リグーリアのすぐ北、ティム・アランの両親が家を持っていたクレスピアーノ近くの丘へと移動した。本当に自由で気の置けない最後の休暇の一つだった。その村で私が何者かを知っている人は誰もいなかった。そのころは護衛官やスタッフによって警護されることもなく、まさに家族水入らずだった。幸せだった。村のレストランに行って、誰とでも席をともにした。料理はシンプルなものだったが、パスタは自家製でソースが絶品だった。もっと変わったものがほしければ、あちこちで開かれている八月の催しに出かけて参加することができた。驚嘆するほど美しい田園風景に囲まれて、それぞれの古い村が広場で演《だ》し物を競演し、地元の食材を生かした素晴らしい料理が並んだ。

おそらくこれが人目を引くことなく外国を普通に旅行できた最後のときだっただろう（私はイギリス国内ではすでに要注意人物だった）。ある晩、私たちはパニガッチという地元特有のピザを食べようと、ポデンザーナの村のレストラン《ラ・ガッバリーナ・ドオーロ》まで行ったが、予約に行き違いがあり（私の下手なイタリア語のせいで）、席がなくて入れてもらえなかった。予約し直して二日後にまた行った。

こんなことが私の身に起こることは、それ以後一度もなかったと思う。

イタリア滞在中に、最新の世論調査が出た。それによると、私はどんな政党もそれまで達したことがない高い支持率を得ており、三〇ポイントというあきれるほどのリードをしていた。そのような数字は上がったり下がったりするので、たいして重きを置かなかった。ただ私が党首に選ばれたことが、一般大衆には好意的に受け止められている証ではあった。それは自分と党との関係も助けてくれるだろう。私は何の幻想も抱いていなかった。私に票を投じた者の多く、おそらく大多数は、党についての私のビジョンに賛成したからではなく、私が勝つと思ったから投票したのだろう。そのときはそれで十分だった。党を変えるために大衆を利用するのだ。しかしその逆はつねに難しいことがわかったのは、あとになってからだった。

休暇のあいだに第四条についてじっくり考え、私の考えは固まった。それがまず取り組むべき最重要事項だということがわかった。国に戻ると、側近でかつ古参の者たちと相談した。側近たちはすでに内々で事情を知らされているか、説得がたやすいかのどちらかだった。もちろんアンジは、ピーターと同じように熱烈に賛成だった。フィリップも賛成だったが、もしうまくいかなかったら深刻な、ひょっとしたら致命的な痛手をこうむる重大な事柄だから、と言って黙考した。しかし、私のビジョンを共有している私のスタッフはまったく問題にならなかった。

私はゴードンに話した。彼は「プレスコットを引き入れなければならない」と忠告してくれた。よいアドバイスだった。もっとも、ゴードン自身はこの問題について態度をはっきりさせなかった。反対ではなかったものの、第四条改訂がよいアイデアかどうかという直接の問いを避けようとしていることは、ちょっと不吉だった。とはいえ、明らかに反対の立場ではなかった。

私は党書記長ラリー・ウィッティを更迭する決意を固めていた。党書記長は、私が党改革の戦いを進めるうえで枢要なポストだった。ラリーは好きだったが、私と彼の政治は違っていた。私はトム・ソーヤーが理想的な人選ではないかと考え始めていた。労働組合出身であり、頭脳明晰で、誠意があり、近代化論者だった。そして私が改革を進めていくうえで助けになる人脈と権威をもっていた。この障害は速足で飛び越えなければならず、過剰な重荷で跳躍が抑えられることは許されなかった。

ゴードンが言ったとおり、ジョン・プレスコットはたしかに批判的だった。私は、この件では用心深く対処しなければならないことを知っていた。私はジョンを家に招き、穏やかで、安心できる、親密な雰囲気を作った。彼は私が予想したほど驚かなかった。このような問題についてはいつも狡猾で察知力が鋭かった彼は、私が一筋縄ではいかないこと、党を変えたい――その変化を政府のみならず、これまでと違った思考の枠組みにつなげたい――という私の願いが本物で曲げることができないということを、すでに理解していた。初めから彼の基本線は次のようなものだった。もし君が決心しているのなら、それに従うとしても、自分はこの問題を内密に議論したい。もし自分がこれについて非常に強い反対の気持ちをもっているのなら辞める。だが辞めずにとどまって内部から党改革を弱体化させるような真似はしない。これはもちろん無条件の支持の誓約ではなく、率直な取引の約束だった。この約束は重要で、その後判明したように、だいたいにおいて守られたのだった。

ジョンは、この計画はまったく愚かだと思っているが、じっくり考えてみると明示した。彼には山ほど質問があった。どのようにして、いつ、第四条を何に置き換えるのか、誰が起草するのか、どのような方法で承認するのか等々。これらのいくつかには答えることができた。少なくとも、労働党は誰のためにあるのかという議論の必要性、第四条はその議論のきっかけであることを彼に認めさせるところまではいった。彼は、この問題が一般大衆にどう受け取られるかを見極めるために、計画を遅らせたがった。どうせわれわれは保守党を大きくリードしているのだ。しかし私は心中で、動くなら今しかないと思っていた。

理由は、今行動するのが大事だからということにほぼ尽きた。世論調査で大差をつけてリードしていても、危険を冒すことが正しいのならその意志があること、リードが条件次第でどうにでもなることを承知していることを国民に対して示さなければならなかった。たしかに、国民はこう言っていた——この男の見かけは悪くない、彼が労働党を導こうとしている方向もよろしい。それならそれを証明しろ、と。満足感に浸っても、用心しすぎても、いけなかった。リードは、大衆の監視という熱い陽射しにさらされれば、すぐに溶けてなくなるだろうことがわかっていた。

一九九四年十月、ついに党大会がやってきたとき、大衆の支持はまだ強かったが、私はその底流になにか大きな疑念が潜んでいることを確信した。政党が大衆の意に染まない方法で自分の姿を明らかにしたとき、その姿には古い家の腐った臭いがつきまとうような不快な習癖があるのだ。消臭剤を使ったり、窓を開けたり、状況がどれだけ改善するか前向きな説明をして人々を少しばかりおだてることはできる。しかし、最後に効果があるのは次のように言うことしかない。この建物はいやな臭いがする。われわれはそれを改築しようとしている。すなわち骨組みは残すが、残りの部分は作り変えるのだ、と。

労働党には三つのタイプがあると見極めていた。一つは昔堅気の労働党で、これは決して勝つことができない。次は近代化された労働党で、これは勝つことができるし、勝ち続けることができる。これが最初から私の野望だった。最後は平凡な労働党で、一度は勝つことができるが、基本的にはその勝利は不人気な保守党政権に対する反動にすぎない。この最後のタイプの労働党では、十分な明確さと幅と深さのある支持を得て自分の力で勝つのは不可能だ。そのような支持がなければ、政権に必然的に訪れる困難な事態を乗り切って勝利を持続させることはできない。聖書の福音書にある私の好きなたとえ話、種まきのたとえ話がいつも模範となってくれた。平凡な労働党と近代化された労働党の相違は、芽を出しはするが決して根づかず枯れる種と、三十倍も六十倍も百倍も実を結ぶ種の相違である。

勝ち続けるためには、堅固で持続可能な強い思想、心構え、政策の核を作り出す必要があった。波が打ちつけてもびくともしない防潮堤、味方を呼び集め、敵を追いやる構築だ。その実現は、党の古い考え方との対決を意味した。ときたまではなく、毎日、一瞬一瞬、古い考え方が蘇ろうとするたびに対決するのだ。譲歩することは、それ自体が問題であるだけではない。古い家が基本的には変わらずに立ち続けている証になるのだ。

私は、政治的でない、普通の一般大衆の一人ひとりがわれわれを見るように労働党を見ようとした。保守党は疲弊しており、政権から追われるべきだと考えている友人が政治の世界の外にたくさんいた。彼らはわれわれのことをどう思っていたのだろうか？　労働党は貧しい者、虐げられた者、労働組合員、被告人、剥奪された者のための党だと思っていたのだ。われわれを法と秩序に関してはリベラル、国防に関しては反戦運動家と思っていたのだ。ここに問題があった。こうした感情はそれぞれの立場にあてはめればよいものであり、価値がある。私が労働党員である理由もそこにある。だがそれも、個々の立場に限っての話だ。労働党がどのような立場に立ち、誰を代表しているかについての支配的で完全な定義は何かとなると、十分な幅と深さ、人心掌握による世間的な連帯をまったくもっていなかったのだ。このように定義された労働党は、抗議する党であっても、統治する党ではなかった。

それだけではない。このような言い方ですら、当時の党の心構えに対する最も好意的な表現にすぎなかった。事実、こうした態度はところを得ないと、国にとって非生産的なものになった。公共の利益よりも組合の利益を優先し、必要なところで変化を受け入れることを拒絶し、法と秩序と国防に関して軟弱で、原則に基づいているかもしれないが稚拙な態度だった。

もちろん、われわれはニール・キノックとジョン・スミスのもとで党勢を拡大し深化させ、人気も獲得した。しかしそれは、自分には——そしてもっと重要なことに大衆にとっては——、われわれがわれわれ自身の過去と交渉しているように感じられた。われわれは楽観的な調子で語っていたが、どことなく気の進まない気配があった。昔日への敬意には、かつての状況がいかに悪かったかを否定する向きがあった。現状について語るときは、不確実さ、将来どう進むかについての徹底した信念の欠如をほのめかす用心深さがあった。

私は、労働党に情熱や、過去を捨て去る完全な明瞭さを身につけさせ、もっと断固とさせたかったし、信念という舞台の中央にいさせたかった。中核的な土台——社会正義に対するコミットメント——を含む、昔からの信念の仕組みを維持しないという意味ではなく、そのような土台を構築するのに近代世界では新しい方法が必要とされているという意味で。かなり早い段階から、私はなにか革命的なもの、物事を一変させるもの、否定できないものを構築する者になりたいと思っていた。第四条に関する計画は厳しい統制下に置いた。党大会開始前の週末、開始直前に他の重要人物と協議を始めた。

このテーマについてパンフレットを書いた選挙対策参謀のジャック・ストローは喜んでいた。ニール・キノックも同様だった。ロビン・クックは馬鹿げたことだと考えていた。党を分裂させるかもしれず、下手をすると私は一巻の終わりになると警告した。マーガレット・ベケットは抗議するように眉をあげた。ドナルド・デュワーは、彼独特のおどけた口調で「これは興味深いね」と言った。いつも信頼できるジョージ・ロバートソンは支持してくれた。全体的に見ると、意見はさまざまであり、懸念が漂っていた。私はゴードンに何度か話したが、この件をどう明らかにするかについては用心して何も言わなかった。二人のあいだにはすでに影のように不信感が存在していたように思う。

私は大会演説の一番最後に第四条の話を持ち出そうと思っていた。怒りと激論を呼ぶことは確実だったので、「第四条は破棄されます」という大胆な物言いは避けることにした。大会会場外であえてそう言わないことにしていたからだけではなかった。そう言えば、すべてを台無しにしかねない敵対的な反応を会場内で巻き起こす可能性があったからだ。私は、近代世界にとってのわが党の真の目的と価値観は何かを決めることが必要だ、と発言するつもりだった。それを受けて、議論がすぐに始まるだろう（これは適切な議論が必要だというジョン・プレスコットの意見を受けてだった）。そして私の発言の趣旨が理解されるのを待つのだ。これは一つの計略だったが、周りの者たちとの協議はそれが必要であることを示していた。

土曜日遅くになって、新しいスローガン、とくに〝ニューレーバー〟の使用について最後の活発な議論を行った。アリスターは「新生労働党《ニューレーバー》、新生イギリス《ニューブリテン》」というフレーズを思いついた。彼はそれを会場のホールに大会の副題として掲げようと提案した。今思い返してみると、そうしていたらよかったと思う。ところがそのとき、猛烈な反対が起こった。議論の途中で、妥協案としてニューレーバーのニューのNを小文字にして「new Labour」にしたらどうかという話さえ出た。これは、はたで思うほど些細な問題ではなかった。大文字の「New Labour」にすれば、党の名前を変えたような効果がある。側近のなかには、それには危険な反発があるだろうと警告する者がいた。ピーターでさえ心配した。最後は私が決めた。これでいこう。たしかに反発はあったが、抑えることが可能だったし、効果は絶大だった。これはちょっとした修繕ではなく、すべてを刷新しようとしているという断固とした合図になった。

演説の締めくくりで、私は党規約に謳われている党の目的と価値観を見直す必要性について語った（ジョージ・ロバートソンの言葉によれば、そのとき会場はしばらく静まり返り、ペニー硬貨が落ちた音でその静寂が破られた）。激しい党内抗争の危機に直面するのははっきりしていた。この指導部はこれまでとはたしかに違うという認識が定着したのである。飛びつきたくなるような指導部だった。

今後どんな困難が待ち受けているかを裏づけるように、翌日、党は労働組合の強い要求で第四条を再確認する決議を通した。皮肉にもこれが役に立った。カメラ向けのにせの戦いではなく、本物の戦いであることを証明したのだ。本当の反対者がおり、本当の苦痛が伴うことを。しかしそれは、われわれは勝たなければならない、さもなければわれわれは終わりになることを意味した。

私にとって、事はしごく明瞭だった。もし改正が拒否されれば、自分は消える。ベルリンの壁崩壊から五年、共産主義国の中国ですら〝社会主義市場〟経済を受け入れつつある今、もしイギリス労働党が「生産、分配、交換手段」の国有化を信じていると主張するならば、それはわれわれが真剣でないことを意味した。そのような姿勢は、大衆が抱いている最悪の恐れを裏づけるものになるのだ。

反対者たちは、もちろんすぐに議論をすり替えた――どうして今さら内輪もめをするのだ？　これは反対派を戦術的に低い位置に置いた。私は言い返した――あなたたちが変化に反対するから喧嘩が起こるだけの話だ。現存の規約を受け入れるのか、改正を受け入れるのか、どちらかだ。

論争は六カ月続いた。ジョン・プレスコットも最後には完全に賛成に回り、それが党の伝統派をなだめるのに大いに助けとなった。スコットランド労働党会議――これは厄介になりかねなかった――は改正賛成の決議をした。党内で初めての大勝利と言えるものだった。他の浮動票有権者の流れを作ったからだ。私たちはスコットランドという労働党の中核地帯で勝利をおさめた。スコットランドは昔ながらの思考が強く、このような〝中産階級的〟思想には大きな抵抗が起こることを予想していた。したがって、ここで勝てば、ほとんどの場所で、労働組合においてすらも勝利を手中にできる。反対者は気勢をあげ、罵り声を高めたが、一般大衆のあいだでの圧倒的賛成によって動きを封じられた。一般大衆は詳しいことは知らなかったものの、私が予想したとおり、問題は、労働党が本当に変わったかどうかであるということはわかっていたのだ。

実際の起草作業は、私とデリー、ピーター・ハイマンという異例の協力で行われ、他の人たちが助言や

私を抱く母と、兄ビルを抱く父。1950年代半ばごろ。

通勤途中の父。父の養父はゴヴァンの造船所の艤装整備工だった。父は後年、学者になり、弁護士をへて保守党員となった。

太陽のもと、いつも幸せだった。5歳までオーストラリアで暮らした。

1971年春、フェティス・カレッジで。友人のアマンダ・マッケンジー・スチュアートとクリス・カットーとともに。

1972年。北部を離れ、１年間ロンドンで過ごす。アラン・コレネッテと私はロックバンドを盛りあげた。

妻シェリーとの結婚式。1980年3月29日、オックスフォード大学セント・ジョンズ・カレッジのチャペルにて。

1982年3月。バッキンガムシャー、ビーコンズフィールド選挙区から労働党候補として補欠選挙に出馬。

シェリーの父親が初めての国会議事堂の訪問を可能にしてくれた。1984年、シェリーと議事堂のテラスにて。

労働党党首マイケル・フットが、ビーコンズフィールド選挙区での私の選挙運動の応援に来た。

私の選挙区であるトリムドンの人々。セッジフィールド選出議員として活動した25年のあいだ、私を忠実に支えてくれた。1983年6月、私はこの選挙区から初当選した。

1988年、イズリントンの自宅にて、妻シェリーと、ユーアン、ニッキー、赤子のキャスリンとともに。多くの幸せな瞬間の一つ。

1992年の総選挙で大敗する数カ月前、影の内閣メンバーと。左から、ゴードン・ブラウン、ジョン・スミス、ニール・キノック、マーガレット・ベケット、私。

オックスフォード大学時代の友人、マーク・パリーとピーター・トムソンとくつろぐ。ピーターは私の人生に最も影響を与えた人物だった。

弁護士事務所で私の教育担当だったデリー・アーバイン。彼は、新人弁護士だった私に大きな案件の処理について教えてくれた。彼はのちに大法官（最高司法官）に任命された。

最年長の政治上の友人ジェフ・ギャロップとの関係は、学生時代から続いている。

最も悲しい日。1994年3月20日、エディンバラで行われた労働党党首ジョン・スミスの葬儀にゴードンと参列。

1994年6月1日、ゴードンが労働党党首選に立候補しないことを2人で発表した。

アリスター・キャンベルを誘うために夏休みを使って彼を訪ねた。左から、ニール・キノック、私、アリスター、グレニス・キノックとキャスリン、アリスターの子供カリュメとグレース。1994年８月。

1994年6月、労働党党首選でのほかの2人の立候補者、ジョン・プレスコット、マーガレット・ベケットと並ぶ。

1995年３月。副党首ジョン・プレスコットと産業の国有化を謳った労働党規約第4条の改正草案づくり。

ジョン・プレスコット、ゴードン・ブラウンと私は、ジャック・ストロー（左端）とロビン・クック（2列目右から３番目）ら影の内閣チームと並び、労働党のマニフェストを発表。1997年4月3日、ロンドンにて。

アリスター・キャンベルとデービッド・ミリバンドら影の内閣チームと選挙関連記事を査定する。1997年4月27日、投票日前の最後の日曜日。

1997年5月1日、私の選挙区代理人、ジョン・バートンと開票結果を見守る。セッジフィールドのトリムドン労働党クラブにて。

1997年5月1日、セッジフィールドの投票所に行くところ。カメラマンの大群がついてきた。

1997年3月1日、セッジフィールドの開票場で、開票結果を待つ家族と友人たち。祖父の手を握る娘のキャスリン。シェリーの母親（最前列の右端）と父親（2列目右から3番目）。

ロイヤル・フェスティバル・ホールでの祝賀会が始まる前。仲間たちと支援者に交じってニール・キノック、ジョン・プレスコット、ピーター・マンデルソンがいる。

1997年5月2日、サウス・バンクで、夜明けとともに、私は勝利の演説をした。エンバンクメントに沿って集まり、歓呼の声をあげる聴衆を目にした。

1997年5月2日、シェリーとともに勝利を喜ぶ新首相になった私。ただの勝利ではなく、地滑り的大勝利だった。

上）初めて首相官邸のあるダウニング街を歩きながら、群衆のエネルギーがみなぎっていくのを感じた。

写真中）私の生活が一変した瞬間。シェリーと私がバッキンガム宮殿に向かうなか、キャスリンが昔の自宅の窓から手を振っている。

首相としてダウニング街10番地（首相官邸）の戸口に立つ。私たちは、1850年代以降で一番若い住人となった。

1997年5月2日の朝、数時間の仮眠のあと、シェリーと私はバッキンガム宮殿に到着した。支援者たちが通りに並んでいた。

提案をしてくれた。最初の草案はスコットランド大会の直前、インバーネスにある私の旧友メアリ・スチュワートの個人宅で一人で書きあげた。最後の仕上げはイズリントンの私の家で、ピーター・ハイマンと寝室で行った。階下では娘のキャスリンの誕生パーティをやっていた。そんなわけで私は、パス・ザ・パーセル（子供が輪になって座り、包みを次々と回すゲーム）とイギリスの社会民主主義の書き直しのあいだを行ったり来たりしたのだった。

党にとっても大衆にとっても、どんな言葉を使うかが大事だった。党にとっては、これらの言葉は本当の確信を伝えるものでなければならない。大衆にとっては、はぐらかしであってはならない。それは、近代世界への明確な移動を示すものでなければならなかった。

そこで、われわれはまず「民主的社会主義」という言葉を残した。しかしその次に来たのは、価値観に関する明確な声明で、これらの価値と主要な経済行為者としての国家との関係を拒絶するものだった。

労働党は民主的な社会主義政党である。この党は、共同の努力の強みによって、一人でやるよりも多くを達成することができること、そして各人が真の可能性を実現し、力と富と機会が少数の者ではなく多くの者の手にあるような、そして享受する権利が負う責任を反映し、全員が団結と、寛容と尊敬の精神のなかで生きることができる共同体を実現する手段を創造することを、信じる。

一種の不思議な以心伝心と言おうか、大衆は彼らの選好の順序に従って私の指導力をランク付けしていた。最善の結果は、私が自分に同意する党を支配しているということ、最悪なのは、私に同意しない党を私が支配できないでいるということ、許容できるのは、党が私とともに歩む準備ができているということだった。最終的には、われわれは最善の結果と許容可能な結果の中間で落ち着くことにした。私たちは少人数の共謀者にすぎなかったが、時間が経つにつれて、かなりの数の人々を引きつけることができた。若い世代の支持者たちが変革に大賛成してくれた。彼らは真の信奉者だったのであり、今では党の将来にとって唯一の希望である。

第四条をめぐる戦いは、一九九七年に至るまでのあいだに、党首の姿と内実はどうあるべきかを多かれ少なかれ決定した。われわれには完璧な政策の集大成というようなものはなかった。十八年間も野党暮らしだったため、本来は万全であるはずの準備ができていなかった。しかし実際のところ、政権に就いて初めて得られる経験と知識をもたないままに、精密な政策を策定するのは危険だった。多くの障害、脱線、油断のならない浅瀬、未知の地形をどう克服すればいいのかわからなかった。だが一方で、われわれの羅針盤はしっかりと一つの方向を指し、困難に対処する仕方と心構えははっきりしていた。ニューレーバーはただのスローガンではなかった。それは精神の姿勢だった。その後の二年間、われわれが試練にさらされたとき、われわれをしっかり支えくれたのである。そのことがもっと現実に根ざした政策を形成し、さらに厳しい決断を下すことを可能にしてくれた。

ときどき、問題が生じると同時に試練も訪れた。一九九五年一月、私立校に対する課税の提案をすべて拒絶しなければならなかった。まことにこの初期の日々、学校は絶え間ない論争のテーマだった。私はそのころ、党を古い偏見（皆は信念と呼んでいたかもしれないが）から乳離れさせようとしていた。一九九六年一月、最も物議を醸したのはハリエット・ハーマンのことだった。その後、彼女が私の支持者たちから離脱したことに照らし合わせると皮肉なことだった。

私が自分の子供をロンドンのオラトリー――国の助成金で維持されている公立カトリック校――にやることにしたときは非常に難しい状況に置かれた。私とアリスターはこの一件で真っ向からぶつかった。アリスターと、そしてとりわけ彼のパートナーのフィオナは、これを絶対に認めなかったからである。フィオナは総合中等学校《コンプリヘンシブスクール》（入試はなく、誰でも十一歳になれば入学できる）推進の運動家だった。しかし、私は子供の程度を低下させたくないと決意していた。子供たちの教育は重要だった。子供たちはこれまでの教育にすでに十分耐えていた。当時のカトリック校入学許可の規則ではよい学校に入学させることが可能だったのだから、彼らを程度の低い学校、平均的な公立校にやるのはまったく不当で無責任なことだった。私はアリスターに言った。君とフィオナは君たちの子供の通った公立中等学校（十一～十六ないし十八歳）を支配してそれを変えた。私たちにはそのような選択肢はなかった、と。私たちはイズリントンに住んでいるのだから、子供をイズリントンの中等学校に入学させるべきだったというちょっと馬鹿げた非難がつねにあった（子供たちはイズリントンの小学校に通った）。選挙の結果次第では、私たちはウェストミンスター地区で暮らす可能性が十分にあった。私がこの現実を指摘すると、いい気なものだとか、もうそれが当然のことだと思っていると見られるので、口にすることができなかったのだ。正直なところ、当時のイズリントンの学校の状況では、いずれにせよ、そこを避けなければならなかった。

しかし、一人の子供をやはりオラトリーにやっていたハリエットが、もう一人をグラマースクール（選抜制の公立校）に入れることにしたとき、私の問題は色あせ、たいしたことでなくなった。これは本当にちょっとした騒動だった。一九六〇年代以降の労働党の政策は、全面的に学力選抜を廃止し、総合的な、選抜なしの学校制度の導入をめざしていた。グラマースクールは多かれ少なかれ労働党から丁重に嫌われていた。したがって、ハリエットの決断は実に大きな衝撃だったのである。

アリスターはハリエットの決断を非難する手紙を送りたがった。私の政務秘書官であるブルース・グロコットは冗談じゃないと言った。私の部屋にいて一番近く親しくしている者でさえ、弁護できないと考えたのである。シェリーだけがハリエットの味方になった。シェリーは家族を一番に大事にしたからである。ニュースが漏れると党は大騒ぎになった。なんといってもハリエットは影の内閣の一員だった。メージャー首相は首相質問（ＰＭＱ）で私を血祭りにあげた。彼はついにナイフで私に切り込むチャンスを見つけたのだ。

アリスターは個人的な考えは別として、いつものとおり立場を守り、それは大きな声で力強く伝えられた。私の見解はきわめて明瞭だった。これは親としてのハリエットの選択だ、ということだ。私は孤立無援だった。メディアは血の臭いを嗅ぎつけた。今からすると不思議だが、人々は私のリーダーシップが危機にさらされていると言ったのだ。なぜ私が彼女をそれほどまでに強く弁護する必要があると考えていたか、誰にも理解できなかったのである。

正直、私も初めはわからなかった。しかしＰＭＱで受けた傷を癒しながら、よく考え直してみると、私の思いがなぜそれほど強かったのかがわかった。労働党の人たちはハリエットがなぜこの問題で辞任しなければならないかを理解するとしても、一般の人たちにはわからなかったのである。ある女性議員が自分の子供をグラマースクールにやると決める。それが子供に最善の教育を与えると考えたからである。しかし、党は辞任を強いる。あなたはどう思うか？　辞任を強いるのはちょっとやりすぎではないかと思うだろう。それはあまり誉められたことではないし、心配でもあると。そしてこれこそ私に労働党員についてやや不安を感じさせることではないのか。われわれがどこにいるのかを知る前に、良識的で中道的な意見を落ち着かなくしてしまっていたのだ。

私はこれに固執した。毎週火曜日のＰＭＱのあと、労働党議員団のところに行き、熱をこめてハリエットを弁護した。私はまた、大きな教訓を学んだ。騒動は終わっても、しばらくは見苦しいものだし、ウェストミンスター界隈では何事もたいそう大げさになる感があるということだ。しかし現実の世の中はそんなこととは関係なく回り、ニュースは動いていく。

われわれは一連の課題について政策方針を定める作業を続けていた。一九九五年五月、イギリスの中央銀行であるイングランド銀行の独立性に関して、一連の部内討議の初会議を開いた。私はこの件については実行すべしという考えをしっかり固めていた。この政策は私が明確にニューレーバーとして発展させたいと思っていたビジネス、組合、公的サービス、そして福祉政策に関する大きな分析の一部分であった。当時できることは方向を定めることだけだったとしても、方針は明確でなければならなかった。

一面ではこれは心構えであり、もう一面では政策であり、さらに別の面では党と国民の従来とは異なる関係の構築にかかわるものだった。心構えははっきりしていた。基本線において妥協はない。そして、ニューレーバーを新しい政治環境のなかで議論の余地のない事実とする。政策においては、粒のような細かいことではなく、政策意見を導く原則的理念を形作る。党と国民との関係では、党を普通の人々のように行動させ、人々には、このように正常化した労働党員は自分たちと同じタイプの人間であると感じさせる。

今となれば、これらはすべて滑稽なほど当然のことなのだが、当時はそうではなかった。われわれは〝正常な〟人たちから遊離していたのである。十八年間の野党暮らし以前から何十年間にもわたって、労働党は党であるよりもカルト集団だったのだ。そのなかで前に進もうと思えば、その言葉をしゃべり、決まったボタンを押さなければならない。そうした状態があまりにも長く続き、党内の人々にとってはそれが当たり前になっていた。私ですらそれを習わなくてはならなかった。しっかり習ったとは言わないが、ともかくそうしなければ、どこにも進めなかったのだ。

社会民主党（SDP）は主として政策上の理由で結党された。だが、この結党は、SDPと伝統的な労働党員とのあいだの文化の隔たりを示すことでもあった。私がいつも思い出すのは、一九八一年にテレビで〝四人組〟——ロイ・ジェンキンズ、シャーリー・ウィリアムズ、デービッド・オーウェン、ビル・ロジャーズ——によるライムハウス宣言を見たことだ（四人はいずれも労働党の重鎮で、宣言はライムハウスにあったデービッド・オーウェンの自宅で起草された）。この宣言のなかで彼らは、労働党を離脱する意思を表明した。もちろん、宣言それ自体は重要だった。しかし私が興味をもったのは、その会合の写真だった。テーブルの上にワインが一本あったのだ。読者はそんな馬鹿なと思われるかもしれないが、私は、彼らがワインのボトルとともに写真におさまることを許したという事実にショックを受けたのである。このことをよく憶えている。そして、私自身がそのようなショックを受けたことに再度ショックを受けた。私は家ではテーブルにワインを置いてはいないか？　ほかの多くの人もそうではないのか？　だが冗談ではなく、当時の労働党党員たちはこのような写真に仰天しただろう。ビールなら、まあ許されたかもしれない。しかし、ワインはご法度だった。

ある意味で、党と国民のあいだには、政治的な分断だけでなく文化的な分断が存在した。普通の若者は土曜の夜は外出して飲んだり、パーティを楽しんでいた。ところが労働党の若者ときたら、内にこもって保守党政権がもたらす不平等や資本主義の長期的な衰退について深刻な議論をしていた。私は党が国民とまず文化的なレベルで完全に再結合することを望んだ。一九七〇年代、一九八〇年代の労働党のよい点――女性、同性愛者、黒人、アジア人に対する平等など――を受け入れ、それらが世の常態と合うようにし、世の主流に引き入れ、政治的建て前の息詰まるような杓子定規から解放したかった。女性は女性らしく政治にかかわるべきだ。男性のように振る舞ったり、男性のように見せる必要はない。自分個人をそのように認識することには、非常に重要な政治的精神が伴うのである。

第二次大戦後の労働党の根本的な問題は、基本的な目的を見失っていたことだった。その目的とはつねに個人の尊重を根に置くことだった。より強力な政府、労働組合、社会行動、団体交渉――これらはすべて目的を達成するための手段だった。個人が機会を獲得し、貧困や質の悪い教育、不健康、貧弱な住宅や福祉によって不当に負わされた制約を打破できるよう助けることである。一般的なことではなく、なによりも個人の機会にかかわることだ。それによって人間性の内部深くに存在するもの、つまりできる限り自由でありたいという欲望を反映し、つかむものだった。

すべての進歩的政党にとっての問題は、一九六〇年代までに、このようにして助けられた第一世代がすでに解放されていた点だ。だから、機会の階段を上るのに、これ以上国の助けを求めなかった。彼らはもっと金を稼いで使う選択と自由がほしかったのだ。彼らは均質的だった階級の基盤を分裂させた。自分たちの払う金にただ乗りする者を疎《うと》ましく思うようになった。彼らはなによりも国とこれまでと違った関係を欲した。国から利益や援助を与えられる者ではなく、パートナーあるいは市民としての関係である。そのような社会的圧力のもとで、市場志向の民間部門が急速に変化し、公的部門は停滞した。一九七〇年代後半になって、サッチャー首相やアメリカのレーガン大統領が大変革を推進できたのは、このおかげである。

私にとってのニューレーバーとは、こうした社会的進化を理解することだった。進歩的な政治の基本的な価値観や目的を変えることではなかった。その逆で、こうした価値観や目的を曖昧にしただけでなくつぶしてしまった、政治的・文化的ドグマの足かせからこれらを取り戻すことだったのだ。

さらに言えば、ニューレーバーは、そのような進化と〝折り合う〟ことでもなかった。進化を喜ぶことだった。進化は、進歩を実現するにあたって学習して認知しなければならない不幸な現実ではない。ニューレーバーとは、その事実を認めることだった。進歩そのものだったのである。

これらすべては、第四条修正、政策変更、マニフェストからずいぶんかけ離れたことのように見えるかもしれない。しかしそれは方針のきわめて重要な部分なのだ。私は、労働党の人々に上昇志向であると同時に思いやりをもってほしかった。そして上昇志向であることに罪の意識を抱いてほしくなかったし、思いやりをもつことに不安を感じてほしくなかった。われわれは当たり前の人間であり、政治的変革を起こすことができるという展望に動かされ、それに心を奪われなければならないのである。自ら選んだ職業、個人的な生き方、芸術や文化の享受という面でも、幸福感と満足感を求めて努力すべきなのである。

またもや、ちょっととっぴに聞こえることは承知のうえだが、一九八〇年代の終わり、レッドウェッジというロックグループがいて、ポール・ウェラーやビリー・ブラッグなどが代表的な面々だったが、彼らが私のために一肌脱ぐことを申し出てくれたのは素晴らしいことだった。彼らのライブが終わったあと、私は「デュラン・デュランやマドンナを聴いている人たちにも手を伸ばさなければな」と言ったことを憶えている（この発言はまるで汚物であるかのように受けが悪かった）。ついでに言うと、ビリー・ブラッグとはのちに親しくなり、非常に好きになった。私は芸術や文化でも、われわれはあらゆる考え方——アバンギャルドから一般的なポピュラー芸術まで、有権者が見にいき、聴きにいきそうなものを代表しなければならないと感じていた。

だからある意味で、私にとっての政治は、党と民衆の底辺での人間的な再結合から始まったのである。一九九六年末、これらのことを完全に掌握していたアリスターは、私に〈デス・オコナー・ショー〉に出演するよう説得してきた。当時、政治家がそのようなことをするのはきわめて異例だった。私は信じられないほど緊張してしまった。なにか面白い小話を用意しなければならなかったし、まったく違う気持ちで臨まなければならなかった。PMQとか党大会演説とはまるで違った世界である。経済や社会、外交政策で〝統治能力〟があることを示す必要はなかった。私が普通の人間で、人々がおしゃべりしたがることを普通に話せることを示さなければならなかった。これは一つのリスクで、私は準備期間にアリスターに散々苦労をかけたのではないかと心配している。しかし、うまくいった。しかも私を驚嘆させたのは、まったく政治に無関心だった人々が、私を親しみやすい政治家だと感じてくれたことだ。

これは何を意味したか。われわれはふたたび国民とのつながりを取り戻したのだ。一九七〇年代、一九八〇年代の恐ろしいほどの文化的な隔たりが再調整されたのだった。国民は新しい目のつけどころを発見し、聞く耳をもつようになった。しかし——そしてこの点がきわめて重要なのだが——そうした再結合は始まりにすぎなかった。政治家はときに次のような錯覚に陥る——これで十分だ、私はやった、民衆は私を気に入った、と。だがこれは、民衆に対する重大な過小評価である。これはほんの第一段階にすぎず、それ以上のものではないのだ。

国民は次に答えを要求する。もしわれわれが野党なら、民衆はこちらがすべての答えを知っていることなど期待しないし、詳細の提示まで求めない。ただ、われわれの立ち位置を知りたがるだけだ。歳出と税、法と秩序、国防、ヨーロッパ、公的サービスについて。ここで野党にとって重要なことが二点ある。これらについて簡潔であることと、一貫性をもつことである。簡潔ということは皮相的であることではない。明瞭であるということだ。

たとえば、法と秩序について厳しく臨む方針なのか？　アフガニスタン戦争を全面的に支持するのか、しないのか？　公的サービスの改革に賛成なのか、現状維持なのか？　財政支出の減額が必要なのか、増額が必要なのか、今のままでよいのか？　減税に賛成なのか、そうだとしたら誰を対象にするのか？　大きな国家か、小さな国家か、これまでと違った国家か？

政治家は、こうした単純な見解表明の粗雑さに不信感を抱く。それはある意味でもっともなことだから、これを好まない。なぜならこうして自らを規定してしまうと、それに縛られるからで、あらゆる選択肢を可能にしておきたいのが政治家の本能なのである。理想はすべての人の合意を得ることで、私もそれを懸命に追求したし、ときには誰よりも成功したことを否定はしない。

しかし、こうした質問には平明かつ明確に答えることができなくてはならない。条件や言い訳があったとしても、答えはいつも包括的なものでなければならない。質問にどう答えるかは自分が何者であるかを明らかにし、たんに個人的な性格だけでなく、政治的な性格にもなるからである。これには思考と、詳細な分析と、知的な厳密さがいる。政治は一般に思われているよりもはるかに知的な仕事である。求められているのが単純さだとしたら、詳細は不要だろうと思うかもしれないが、間違いである。単純さは皮相な分析から生まれるものではない。徹底的な作業の産物であるからこそ、単純になり得るのだ。

長期にわたる野党暮らしのあいだ、毎日、毎週、毎月がなにか新しいもの、興味をそそるもので満ちていなくてはならなかったとき、私がゴードンほか多くの政策構想者とこれらの問題に取り組んだ作業が実を結んだのは、ここにおいてだった。すべての分野での統治の原則を把握するため、問題を掘り下げ、細かい作業をし、繰り返し、さらに繰り返した。そうか、公的サービスにもっと投資が必要なのか。結構だ。しかし財源はどうする？ 成長？ 増税？ われわれは減税に反対するのか、それとも多少なら支持するのか？ そしてそれは歳出にどのような影響をもたらすか？ まず投資で、次が減税か？ それとも両立させ、再分配するのか？ もし再分配するなら、どのような方法か？ 高率所得税か、あるいはもっと目立たない方法か？

これらの問題について何度右往左往したかわからない。そんな状態だったから、多忙を極め、人間関係も次第に緊張していった。だが、一九九四年には、われわれの方針はすでに固まっていた。試験的な計画にはもうスイッチが入っていた。成長がカギだった。投資であり、減税ではなかった。再分配は行うが、用心深く、所得税には触らない。中産階級を味方につけるが、成長と再分配が許す分野では、最貧層に焦点をあてる。そうすればやがて、減税と歳出の均衡をとることができるはずだ。

福祉についても同様だった。一九九五年から一九九六年にかけて、雇用計画をあれこれ考えた。最終的には、失業者のための「ニューディール」政策を考え出した。このフレーズは一九三〇年代におけるアメリカのフランクリン・D・ルーズベルト大統領の経済政策からゴードンが借用したものだった。ゴードンはいつもこのようなことが得意だった。この財源を確保するために、民営化された公益事業に特別利益税をかけることを選択した（公益事業会社は独占的位置にあることが多く、民営化で大きな利益をあげていた）。ゴードンはこの税を強く推したが、私は多少躊躇した。経済界との不和を恐れたのである。一九九七年一月の初め、これについて彼と口論になった。彼のアドバイザーのエド・ボールズが度を越した説明をしたことが大きな理由だった。最終的には妥協に達し、ゴードンが望んだものより規模は小さくなったが、それでもかなりの財源を確保した。

しかし本当のピンチはこの雇用・福祉政策そのもので起きた。ここでは、私とゴードンの見解は完全に一致していた。失業者に雇用機会を与えると同時に、失業者が一定の責任を受け入れることを強く主張したのである。すなわち昔ながらの福祉ではなく、近代的な福祉である。これは党内に議論を巻き起こした。労働組合指導者やその他の人（ロビン・クックを含め）から大規模な非難の声があがった。彼らは、私たちが一種の勤労福祉制度（福祉給付受給者が仕事や訓練を義務づけられる）を導入しようとしていると非難したのである。もっとも、ロビンの発言は影の内閣内部でのことで、ゴードンに向けられていた（ロビンとゴードンには、一九七〇年代のスコットランド政界の歴史に深い根をもつ、長年の確執があった）。私たちは一歩も譲ることなく攻撃を切り抜けた。

しかし、重要なポイントはここにある。すなわち、それぞれの決断——税を新設すること、それを公益事業会社に課すこと、その税収を新しいタイプの雇用政策に使うこと——は、税制、企業、福祉についての徹底的な検討から生まれた一連の考え方ということだ。われわれの思考は苦心の結果、方向性が定まり、政策の段階になると明確さに加えて一貫性もあった。福祉に関する立場は、企業に関する立場と矛盾しなかった。一般法人税を上げて新しい雇用政策の資金にあてることができたかもしれないことを考えると、矛盾することもあり得た。しかしそれでは、反企業になってしまう。公益事業企業に特別利益税をかけて、旧式の伝統的な雇用政策を続けることもできたかもしれない。だがそれでは、福祉に関するわれわれのメッセージと衝突しただろう。つまり、新しい雇用政策の要諦は、国と個人のあいだのパートナーシップであって、バラマキ政策ではないということだ。そうならないよう、政策がニューレーバーの総体的な立場とメッセージにおいてバランスと一貫性を保つよう、注意深く選択を行った。こうして、政策を広く訴えた。競争の激しいビジネス社会は、民営化によって公益事業が得た棚ボタ的利益に憤慨した。一方、国民は失業対策を求めながらも、失業者にも自助努力の義務があると考えたのである。

私は、この労働党政権は過去の労働党政権とは違うものでなければならないということに執着した。歴代保守党政府が習慣的に政権担当能力をもっているかのごとく見えたように、長期にわたる政権担当能力をもたねばならない。そのためには、基本的な点で妥協する余地はなかった。強調したいのは、妥協しなかったということではない。妥協はした。一九九五年、私は鉄道の国有化を提案した。私は保守党が実施した鉄道民営化にはたいして信を置いておらず、あまりにも複雑でおそらく非競争的な鉄道システムに終わるのではないかと感じていた。その一方で、再国有化することでカネを無駄にしたくなかった。また、国民健康保険制度（ＮＨＳ）と学校に関しても妥協した。場合によっては、私がよしとする以上の妥協だった。しかし、ニューレーバーにとって基本的な問題に関しては絶対妥協はしなかった。言うなれば、その根本理由、その心、その政治的魂である。これはしばしば、われわれが何をしようとするかよりも、何をしないかによって示された。だがそれは、野党としては当然のことだった。いずれにせよそれは、私がもし首相になったとき、進めようと決意していたいろいろなことにとって適度な政治的空白を作り出したのだった。

さて、それはどういうことなのか。昔の労働組合法には戻らない。民営化された公益事業の再国有化はない。最高税率の引き上げはない。独断専行はない。グラマースクールの廃止はない。そして、将来の政策を示す明確な指標がいくつかあった。反社会的行為に対する厳罰化、公的サービス部門での投資と改革、親ヨーロッパと親アメリカの支持方針、福祉における機会と責任の併存、中小企業支援、企業と労働者の平等な扱い（被雇用者には追加的な個人的権利を与えることがあっても、これ以上の集団的な権利は与えない)。

このすべての段階で(決定は迅速かつ凄まじい勢いで下されていった)、私は戦うこと、負けたときにはそれに甘んじることにした。党にははったりではないことを示す必要があった。もし皆がニューレーバーを欲していないのなら、誰か別の者を連れてくればよい。国民は、もし私が首相になるのだとしたら、私は〝党の〟一員であると同時に、党から離れた存在であることを知らなければならなかった。

ときに私が党を意識的に挑発しているかのように見えた。それはゴードンがやんわりと批判したことでもあった。本当のところ、私は挑発してはいなかったものの、敬意を払って守ることもなかった。党に対しても国民に対しても、同じ言葉を話そうとしていた。そうすることによって、党内の良識ある、近代化推進者が歩を速め、力強く前進することを促そうとしたのだ。党の指導者は活動家に対して相互依存的な影響を及ぼす。そこにはクローンを作り出す力が作用し、それが転じて指導者にさらなる力を与えるのである。

あの当時の私の演説はたしかに、二十一世紀が始まってからの演説とは中身が違う。しかし基調《トーン》は変わらなかった。近代化することの意味の理解は、政権を担当する経験とともに変わっていった。しかし近代化への意志と決意は決して揺らがなかった。もちろん、もう一つ強調すべき点は、これが確信から生まれたものだったということだ。私に定着した確信とは、二十世紀の政治は時代だけでなく中身においても終わりを告げつつあったということだ。昔ながらの左派・右派の違いは残っていたものの、そうした違いは修正されるべきで、安易に口にされてはならず、さらに何が左派で何が右派なのかを定義する必要があった。

そこにあるのは次のようなことだったのである。基本的な信念——労働党の価値観を時代遅れの伝統とドグマから蘇生させて党を現代世界に再結合させること、こうした価値観を近代性の観点から再適用することから生まれる一連の政策に知的方向づけを与えること、そして最後に、労働党そもそもの方向性と基本的な信念を反映する政策思想と決断をすること。公約は変わらなかった。それを実行する手段が抜本的に変わったのである。国や社会的行動は個人を前進させる手段であって、包含し抑え込むものではなくなった。目標は個々人が自分の可能性と野心を実現することであり、われわれの役割はそれを可能にさせることで、抑制することではなかった。野心や目標を制限するのではなく、それをすべての人に向けて解き放つことをめざしたのである。新しい第四条が「少数の人々ではなく、多くの人々に」と謳ったとおりだ。

すべての方策、すべての宣言、すべてのインタビューは、この一貫した基本概念を念頭に行われた。首尾一貫性こそが、なによりも重要な構成要素だった。今の保守党を見てもらいたい。彼らは近代化のメッセージをほしがった。ニューレーバーの手引き書にある程度従った。そして同性愛者、公的サービスへの投資、社会の重要性に関する党の見解を変えた。古いサッチャー流の物言いを多少捨てた。しかし種は根づかなかった。成功確実だと思って気を緩めてしまったのだ。すると突然、欧州懐疑主義者（欧州統合に懐疑的、消極的な人）が檻から解き放たれ、好き放題に暴れた。そして保守党は二〇一〇年の総選挙で予想されたほどの結果を獲得できなかったのである。もちろん今となっては、保守党の指導層にとって都合のよいことに、連立の結果、欧州懐疑主義者たちは檻のなかに戻った。近代化を試みた保守党政府にとって、欧州懐疑主義はなぜ間違いだったのだろうか？　一見して次のように思われるかもしれない。それは間違いではない。それでよかった。世論調査が示すとおり、結局のところイギリス人は反欧州なのだ、と。しかし、それは間違いである。なぜなら、近代化論の一貫性に背くことだからだ。二十五歳から四十五歳までの人にとって、ヨーロッパは現実なのであり、ヨーロッパとともに生きるほかないからだ（それを好むと好まざるとにかかわらず）。多少広い視野をもった反欧州主義者にこの問題について話をさせてみよう。彼らは熱意に駆られて語るが、その熱意は人々に本能的に不信感を抱かせるもので、保守党とその指導者たちに対する疑問符が、たちまち大きくふくらむのである。これに経済の不安定さが加わったとしたらどうだろう。一貫性のなさが、安心させなければならない有権者を不安に陥れ始めるのだ。そういうわけで、近代化に向けての保守党の最終的な動きは、選挙での決定的な勝利をもたらし得た決定よりも、勝敗のはっきりしない選挙の産物だったのである。とはいえ、彼らは近代化を実現するチャンスを手中にしている。野党時代には完全に実現できなかったことを、政権にあって実現できるのだ。

一九九五年から一九九七年のあいだ、第四条問題が片づいたあとも、私は片時も忘れず安心を確保するように動いた。世論調査でのリードがひろがればひろがるほど、そうした。影の内閣のメンバーたちはよくこう言った。おいおい十分だよ、われわれは何マイルも先を行っている、と。そのたびに私は極度に神経質になった。一瞬たりとも近代化の動きを止めてはならないという決意だった。強迫観念にとりつかれていたように見えたかもしれない。事実そうだった。国民との再結合は大きなことだし、政策の転換も重要だった。しかし、何にもまして国民に知らせる必要があったのは、私が試練に立たされたとき、あの近代化の訴えを忠実に守るかどうかだった。われわれの敵対者はこう言うだろう。あれは全部巧みな世論操作、ＰＲにすぎない。私は来る日も来る日も、多数の近代化政策によって、党内の反動勢力を引き立て役にして、敵対者が間違いであることを証明しようと努めた。

一九九五年六月、神経過敏な者たちをいやがうえにも怒りに駆り立てる出来事が起きた。ルパート・マードック率いる複合メディア企業のニューズ・コーポレーションが翌月オーストラリアのヘイマン島（クィーンズランド州中央部海岸の沖合にあるリゾート）で開催する会議で、演説する話だった。当時の《タイムズ》紙の編集長ピーター・ストザードを通じての招待だった。またもやだが、今になってみれば明白なことだった。イギリスで最大勢力を誇るこの新聞経営者の刊行物は、それまで労働党に対して敵意に満ちた反対の立場をとっていた。

その彼がわれわれを自陣に招いたのである。行くか、行かないか。

この招待と、それに応じたいという私の願望は、できる限り秘密にしておいた。かわいそうにブルース・グロコットはあっけにとられてしまった。彼は当時も今も、素晴らしい男である。本当に誠実で、礼儀正しく、心底まで絶対的に労働党の人間だった。実際、最善の伝統的な労働党員だった。彼はモー・モーラムが私に政務秘書官として推薦してくれた人物だった。素晴らしい人選だった（ブルースの後任者二人も同じように申し分のない人選だった。デービッド・ハンソンとキース・ヒルである。デービッドは人脈づくりがうまく、意見が真っ向から対立する者からさえも尊敬されていた。そして彼自身、非常に新しもの好きの政治家だった。キースは機知に富む、愛すべき、実に手ごわいやり手だったが、その手ごわさは機知の裏に隠されていた。しかし、必要とされるときには表に出た。彼のジョークは最高で、首相退任後私はそのジョークをますます面白いと思うようになったのだが、それはきっかり十一時五十七分にＰＭＱのために私を呼びにきて、町の触れ役《タウンクライヤー》よろしく「総理、感謝に満ちた国民が待っております」と言いながら、ドアをさっと開くことだった）。一つ大いにありがたかったのは、ブルースの考えを参考にすれば、党が何を考えているかをいつも知ることができたことだ。数多くの政策転換は、彼にとっては非常にショッキングなことだった。私が党の神学と儀式への最新の変更を説明するたびに、彼は座って聞いていたが、やがて目は宙をさまよい、頭を振り、ときには笑い、こう言ったものだ。とんでもないことだ。あなたは冗談を言っているのに違いない。

もし私が今回の件について、ファウストという友人がいて、その彼が悪魔と呼ばれる奴と、この大きな取引をしたのだとブルースに告げたとしたら、最悪の事態になっていただろう。ニール・キノックもこれを嫌い、もっともなことだが、裏切られたと感じるだろうと私にはわかっていた。《サン》紙（マードックの所有する

《大衆紙》はニールに対してこれでもかというくらい意地が悪かったし、その結果、党の活動家にとって、《サン》紙は皆が震えあがる悪魔のような存在になっていた。一方、私がアリスターに言ったように、もし招待に応じなければ、マードックにこれまでどおり、やり続けなさい、そして最悪のことをやりなさい、と告げるようなものだったし、彼らがする最悪のことは本当にひどいことであることがわかっていた。それはだめだ。ここは腰を落ち着けて同じ釜の飯を食うか否か。われわれは、親密な関係を結んだのだった。

長い旅程のおかげで、スピーチ原稿を推敲することができた。スピーチは迎合的でない内容でなくてはならなかった。親ヨーロッパ的な部分もあれば、貧困や環境についての公約もあった。だが同時に、たんに選挙に勝てるということではなく、原則の観点からニューレーバーを明確に表現するものだった。当時のオーストラリアのポール・キーティング首相も同行したが、彼はいつに変わらぬ楽しい仲間で、真似のできないキーティング流儀で多くの賢明なアドバイスをくれた（「君、所得税は絶対に上げてはだめだよ」と彼は言ったものだ。「どんなやり方でもいいから別の方法でカネをとりあげるんだ。しかし、所得税を増税したら袋叩きだよ」）。ルパートはいやな奴だが、なんとか対処できる人間だとポールは考えていた。

私はルパートは謎めいた人物だと思っていた。知れば知るほど、そう思うようになった。最後には彼をしぶしぶ尊敬するようになり、好きにさえなった。このようなことを書くと、まさかという悲鳴の声があがりそうなことはわかっている。彼が難物だったことは疑いない。彼は右派だった。ヨーロッパ、社会政策、あるいは同性愛者の権利といった問題に関する彼の態度には同調できなかったし、好きでもなかった。しかし二つの点でつながりがあった。彼はアウトサイダーだったこと、そして肝っ玉がすわっていたことだ。〝アウトサイダー〟という点は、彼を理解するうえできわめて重要である。彼は計りしれない力をもっていたが、同時に非常に基本的なところで反体制的だった。彼はサッチャーを賞賛するが、必ずしも保守党――すなわち旧式の考え方、もったいぶった態度、品のよさの保守党――ではなかった。そこが私を動かしたのである。

私たちは木曜日のPMQのあと、シドニーに向けて飛び、波止場近くにある首相公邸キリビリハウスで一晩過ごした。そして日曜日、ポール・キーティング首相とともにヘイマン島へと移動した。翌日演説をし、一時間後には島を発って一路帰途についた。ロンドンには火曜日午前に予定されていたIT革命に関する影の文化相クリス・スミスとの合同スピーチに間に合うように着いた。そして同日の午後、PMQを行った。

ヘイマン島での演説は受けがよかった。並みいる企業幹部全員がルパートに畏敬の念を抱いて（そして多少恐れて）いることが見てとれた。ルパートが私をほめそやす紹介を終えると（招待に応じた大胆さを賞賛してくれたのではないかと私は密かに思った）、会場は大いに沸いた。これで《サン》紙の支持を獲得するチャンスがめぐってきたようだと感じることができた。

聴衆は、私のスピーチの威勢のよさに半ばあきれ半ば興奮していた。実際のところ、当時われわれは大変な勢いで動いていたので、現行制度に対するショックが一つ来て、それから回復するいとまもないうちに次のショックが襲うといった具合だった。それは人々を息もつかせぬ状態にした。強い批判もあるにはあったが、党内の主流派は、われわれが保守党に不意打ちを食わせて方向感覚を失わせ、出し抜いている事実を喜んでいた。鞭で打たれっぱなしの負け犬のような感じだった年月のあと、ボスのような自信たっぷりの態度を少しばかり意識することが気に入ったのである。

一九九五年半ばごろ、私は労働党の政策方針の原型について一連の記事を発表した。振り返ってみて興味深いのは、政権担当の経験を積むにつれて実際の政策はかなり変わったが、基本となる哲学はそのままだったということである。六月、《タイムズ》紙への寄稿で次のように書いた。

いまや選挙民は労働党を良識的な主流政党だと見ているのが真実である。われわれは変わった。われわれは変化を認める。しかしそれは、たんに過去を捨てることとはほど遠い。未来に向けて明確なメッセージを公言しているのである。新しい第四条はその最も際立った象徴の一つである。しかしそれだけではない。われわれは政策決定のやり方も変えた。先週発表した教育政策は、全国教員組合を喜ばすために案出されたのではない。親の関心事に応えるために案出されたのである。昨日発表した医療政策は、NHSの専門機関や他の専門家の専門的知識を活用する。しかしなによりもわれわれの念頭にあるのは患者のことである。

われわれは絶えず二つのレベルで動いていた。一つはアリスター、ピーター、政治チームにかかわるものだった。もちろん彼らは労働党の主張を伝えようとしていたのだが、同時に保守党を激しくたたいていた。その際、保守党の分裂を巧みに利用し、弱点を強調し、批評、嘲笑、もったいぶった物言いをうまく組み合わせて壊滅的な打撃を与えた。それは愉快に効果的に、プロらしく行われた。おかげでわれわれはあちこちの補欠選挙で保守党から議席を奪い、予想もしなかった選挙区でも次々と勝利をおさめた。それは一つの組織として、最強時代のマンチェスター・ユナイテッドのように無敵だった。見ているだけで興奮する、敵の戦意を喪失させ、止めようがないものだった。これを補ったのは、中道的で、信頼でき、一貫性のある政策姿勢の必要性に厳密な注意を払ったことである。保守党との相違が弱みに転じることなく、中核的メッセージ――労働党は本当に変わった、しかも選挙めあてではなく――が強化されるようにである。

われわれの見解に関する記事のほとんどは、デービッド・ミリバンド、マイケル・バーバー、ジョナサン・パウエル、その他の連中との詳細な政策討議のなかから組み立てられ、私が自分で書いた。党内でかなりの不快感と舌打ちを引き起こしたのは、私がマーガレット・サッチャーの実現した変革への支持を潔く告白することとさえ決めたことだった。ニューレーバーの企て全体の信頼性は、一九八〇年代にサッチャーが望んだことの多くは必然的なものであり、イデオロギーではなく社会と経済の変化の帰結だったということを受け入れることにかかっていた。彼女の実行方法は、おうおうにして、ときには不必要なほど、イデオロギー的だったが、そのことが基本的事実を変えたわけではない。イギリスにはサッチャー時代の産業・経済改革が必要だった。こうした発言は、その時期に保守党を支持した人たちの耳をただちにそばだたせた。この人たちが本能的にあるいは感情的に保守党だったからではない。労働党があまりにも旧式で、個人の野心を理解していなかったからである。労働党の経済政策はどうしようもなく集産主義（個人主義的な目標よりも集団の目標を優先する思想）に見えたし、社会政策は政治的建て前から生まれていた。

一九九五年七月、私は《タイムズ》紙へのもう一つの寄稿で、労働党はなぜ国内では社会秩序と安全、海外では国際主義と自由貿易の党でなければならないかを書いた。

> 社会秩序と安定を再建するただ一つの道は、社会的に共有され、個人と家族を通して植えつけられた強い価値観である。これは権威主義への傾倒でもなければ、退行的な個人道徳の押しつけでもない。それは実際、正義と公正に関することなのである。強く、力をもっている者は自分で自分を守ることができる。ルールがないために一番損をするのは弱く、傷つきやすい人たちだ。社会崩壊の最初の被害者は、貧しい人、恵まれない人であることが多い。左派が真剣に対処しなければならないのはここである。
>
> 中道左派は、二十一世紀の実力主義者でなければならない。保守党員は、視野の狭い島国根性のナショナリストになる危険に直面している。変化する世界においては、これでは未来がない。それが一

般大衆の興味をそそらないと言っているわけではない。訴えるものはある。だがそれは、真面目な政治ではない。……

私が率いたい労働党政権は、前向きで、国際主義者で、時代遅れの間違った狭量なナショナリズムではなく、自由で開放された貿易に献身的に取り組む政権である。

それは若返った、再活性化された中道左派であり、この新しい世界の変化に応え、それを形成するものである。もし過去の拘束を逃れ、歴史のなかに生きるのではなく歴史から学ぶことができるならば、労働党政権は新しい世紀に立ち向かうにあたって、知的にも哲学的にも最善の能力を備えている。労働党が変化し続けるのは、まさにこれを実行するためである。

私の大きな不安は、保守党が政治感覚を多少取り戻し、党首を替え、若返ることだった。ジョン・メージャーがだめだったというわけではない。しかし、彼がなんとかまとめようとしていたのは、ヨーロッパをめぐって根本的な分裂を起こし、その分裂を隠すために皮膚をぎりぎりまで引っ張って伸ばし、根本治療のための手術を避けようとしている党だった。うまくいったかもしれない作戦だったが、一九九五年、彼は突然党首選挙をやることを決めた。それによって反対勢力を公然化させようとしたのだ。これは、見事な戦術と言ってよく、私を不安にさせた。ジョン・レッドウッドが、反ヨーロッパ主義の保守党系新聞の支持を得て進み出た。《メール》紙は〝レッドウッド対デッドウッド（枯れ木、役立たず）〟とはやし立てた。ところが、私にとって幸運だったことに、メージャーは、一九八〇年代の労働党と同じ過ちを犯した。彼は統治権限ではなく、融和を求めたのである。したがって、大胆な戦術は大胆な戦略を伴わなかった。レッドウッドは負けた。しかし大義名分で負けたのではなかった。保守党を率いることができただろうマイケル・ヘーゼルタインは重要視されなかった。

それは不思議なことである。リーダーに関して、忠誠心をアピールすることこそが、力なのだ。これには用心しなくてはならない。とりわけ、何をもって忠誠心とするのかを定めなければならない。いや、何であるべきか何であるべきでないかと言ってもよい。首相時代、とくにゴードンの支持者は忠誠心に欠けると不満を言った。それに対して私はいつも、ゴードンの支持者たちは私に挑戦する資格が十分にあると答えた。私に代わる者を推挙し、私は辞めるべきだと言う資格が。彼らがしてはならないのは、私を陰険なやり方で傷つけることだ。言い換えると、もし党首がその地位にふさわしくない、あるいは党を基本的に間違った方向に導いているという結論に達したのなら、こそこそ言い続けるのではなく明白にその事実を明らかにし、挑戦を開始することは背信ではない。もし批判が正しいのなら、その挑戦はもっと大きな大義名分、すなわち党自体とその目的から発するものなのである。このため、ゴードン陣営が私に退陣を求めたことが、ゴードンが私に代わりさえすればいいという以上の理由がない限り、私にとって決して問題でなかった。そして、ニューレーバーに敵意をもつ彼らのなかには、それだけの理由の者もいた。どんなときでも受け入れられないのは、こそこそやること、公然とした挑戦を拒絶すること、こちらを除々に浸食することである。それが背信なのである。なぜならそれは党を弱めるだけで、党を変えることも、方向転換させることもないからだ。

したがって、私はよく言ったものだ。私はいわゆる背信を気にしない。気にするのは、彼らが労働党を選挙に負ける道に逆戻りさせようとしたがることだ。メージャーは党首選を指導力を、自分の主張するために使おうと思えば使うことができた。そうはならず、選挙戦は混乱に終わり、保守党は基本的な方向性が定まっていないという事実を強調しただけだった。

一九九六年一月、われわれは「政権に向かう党」という文書を発表した。一見したところ、党運営における当たり障りのない活動の一つだったが、最終的には党が政策を発展させるにあたって非常に重要な変更になった。過去の労働党政権について研究してみると、不安定化を招く要因は党と政府の関係にあることがわかった。党が真の力を行使するよう求められたとき、ただちに生じたのは党活動家と閣僚とのあいだの危険な緊張だった。そこでつねに両者は互いに分裂する結果になったのである。党は活動家が愛する真の〝社会主義〟を欲したのに対し、政府は国民に関心を集中させた。両者はあっという間に、別々の政治文化で暮らすようになってしまった。その結果、政府に対する党の幻滅は大きくなり、それはすぐに国民に伝わったのである。

最悪の側面は、この幻滅が党機構、とりわけ全国執行委員会（NEC）と党大会にすぐに現れたことだった。NECは政府にとっての道徳審問官のようになり、政府を正道に縛りつけようとした。党大会は内部抗争とさまざまな決議をめぐって闘争の場となった。多くの場合、選挙の観点からすれば自殺行為に等しいことを実行するよう政府に要求する決議だった。「政権に向かう党」の文書は実質的にルールを変え、動議を提出するだけでは通例の決議案にならないようにした。決議案は政策決定グループによる長期にわたる議論と討議を要求する、管理された過程から生まれるようにしたのである。いまやNECの権限は著しく削減された。こうした変更のためには労働組合を味方につけなければならなかったが、元組合活動家だったトム・ソーヤーが大いに役立ったのはここだった。多少の反対もあったが、不承不承、党は一九九六年の大会で変更を承認した。これらの変更は、政権内で状況が厳しくなった場合には非常に重要だった。

とはいっても、よくある党内での陰口やゴシップに対して免疫があったわけではない。一九九六年には、私は影の内閣に対して有害な状況説明《ブリーフィング》やリークを避けるように、そして内輪もめするのではなく、保守党と戦えと何度も注意を促した。同時に私は左派からの攻撃もかわそうとしていた。政権を追求するうちにわれわれはすでに原則を曖昧にしてしまったという攻撃である。すでに述べたが、私は以前から裏切りや公約違反という非難を甘んじて受けるつもりだった。左派の災いのもとは、これでなによりもはっきりし、確認され、挑戦を受けたのだと思う。それは何かと言うと、大衆の心配は通常はまったく逆なのに、指導層はつねに右寄りすぎると信じ込む傾向である。私は左派と国へのメッセージとして、実質的に次のように言った。誤った認識をもたないでほしい。われわれはニューレーバーなのであり、ニューレーバーとして統治しようとしている。これはからくりではなく、本物だ。信念から生まれたものだ、と。これで非難がやむとは思わなかったが、非難の妥当性と影響力に限界を与えることにはなった。

ロイ・ジェンキンズは私を次のようにたとえた。非常に高価な花瓶を抱えて、非常に滑りやすい床の広い部屋を横切ろうとしている人間だと。一瞬たりとも気を緩めることはできなかった。貴重な荷物に目を集中させないわけにはいかず、手中にある作業から心を逸らすわけにもいかなかった。莫大な量の注意と努力が会議に注ぎ込まれた。一九九四年、私は第四条の修正を発表した。一九九五年には技術力向上のための大手電気通信事業のブリティッシュ・テレコム（ＢＴ）との取り決めを発表した。民営化された有力企業とのつながりは、われわれが産業界に対して友好的であるという明確なメッセージを送ることになった。そのスピーチにはまた、国が近代化し、外向き、前向きになってほしいという願いをこめ、「若い国イギリス」というキャッチフレーズを作り出した。このフレーズはやや嘲られたが、イギリスにただ過去を郷愁の目で見つめるのではなく、将来に自信を感じる国として、若い楽観主義とエネルギーを幾分かでももってもらいたいという私の情熱を示すものだった。

一九六六年、私は労働党政権にとっての三つの優先項目は「一に教育、二に教育、三に教育」だと述べた（この台詞はジョナサンが唯一与えてくれたものだった）。教育に焦点をあてるのは、もちろん教育そのものが重要だからだが、それだけでなく教育は、われわれが国家の役割をどう見るかを強調するためでもあった。教育は生活や仕事を左右するのではなく、潜在力の発揮を可能にすることである。一九九六年に作った「ニューレーバー、ニューブリテン」という指針のなかで、われわれは各政策分野について明確な方針を打ち出した。それには方向性をはっきり示す象徴ないし証となる政策があったが、過剰な約束をしたり、きわめて詳細な内容を提示することは用心深く避けた。

この面では、ゴードンはかけがえのない盟友だった。彼の生来の用心深さは、将来の運を人質にとるようなものは一切承認させなかった。彼はニューレーバーの訴えるものをよく見ていた。彼は経済的には慎重で、経済界に好意的であろうと決意していた。彼はつねに私よりは左寄りだったが、すべては度をすぎない程度だった。また、経済に対するわれわれの立場に信頼感をもたらし、党の政権獲得意欲の信頼性も大きく高めたのである。一九九五年の銀行界・金融界を前にしたメイズ講演で、私は彼と密接に協力して経済への対応策を明らかにし、安定性を重視することを強調した。草稿をまとめるにあたっては、シティーの重鎮たちから助けを得た。これらの人々は、われわれの中核的目標が正気で着実な常識の体現であることを理解してくれるはずだと私はわかっていた。この動きはうまくいき、安心感がさらに広まった。

一方、私は名声にどう対応すればよいかを学びつつあった。突然、私は国中で最もよく知られた顔の一つになったのである。海外からはニューレーバーに対する関心が大きくなった。われわれは来るべきこととしてあちこちに広く書かれた。われわれはファッションだった。

もっともこの時点で、私にはまだ日常生活とのつながりがあった。護衛官がついているわけではなく、ほぼ毎朝、子供を学校に車で送ったり、外食したり、友人に会ったり、家族だけで過ごしたりした。たしかに忙しかったたし、負っている責任は重かったが、それが私の両肩に乗っていてもさして苦でなかった。私は信じられないくらい若く見えた。人々は私を路上で呼び止め、おしゃべりをした。思い返してみると、このころの日々は恵まれていた。当時は、そのようには思えなかったのだが。

シェリーと子供たちも立派に対応してくれた。しかし、皆の生活の変貌ぶりは簡単に忘れることはできない。子供たちは突然、クラスメートから特別な目で見られるようになった。幸いにも、子供たちは同じ学校に通い続け、そして家族全員同じ教会——当時のフットボールチーム、アーセナルのスタジアムをちょっと上がったところにある、ハイバリーの聖ジャンヌダルク教会——に通ったので、なじみの顔ばかりだった。たしかに私たちはこれまでと違った脚光を浴びることになったが、親しくしていた家族とはこれまでと変わらず親しくつき合っていた。彼らのおかげで正常さを失わずにすんだ。友人たちはあまり政治のことは口にしないほうで、彼らと一緒にいると抑圧状態から解放され、ほっとした。

シェリーは自分のイメージを一新することを決心した。元気で、愛想がよく、これからなろうとしている有名人らしく振る舞えるように。ここではキャロル・キャプリン（スタイルアドバイザー）が大いに助けとなった。私がフィットネスに熱中するようになると、キャロルは私のフィットネスアドバイザーにもなった。彼女は素晴らしい仕事をしてくれ、シェリーは容貌も感じもよくなった。シェリーは急に、一つの世界（法廷弁護士）から別の世界（大衆紙）に連れていかれたのである。

キャロルは詐欺師のピーター・フォスターの恋人になったとき、新聞から悪人扱いされた。どの新聞も彼女のことを書き立てた。なかにはまったくのでっちあげなのに、その後、定着してしまった話もある。彼女がシェリーと一緒にシャワーを浴びたという類の伝説だ。

私の親しいスタッフも無理からぬことながら、キャロルをどんな人間なのだろうと不可思議に思っており、やはり失望したようだった。とりわけアリスターは彼女の役割を理解できず、どうしても承認しようとしなかった。彼女のように風変わりで政治と無関係な人間が政治の世界にいることなど許されないと判断したのだ。私個人としては、だからこそ彼女のような存在が新鮮だったのだが。

アリスターはキャロルが自身の話を儲けのタネにするに違いないと考えていた。だが、彼女はそうはしなかった。どんなに侮辱されても、尊厳を失わなかった。彼女については、執拗に、悪意に満ちたイメージが作り出されたが、それとは逆に親切で、品があり、勤勉で、なによりも仕事が素晴らしかったのが真の姿である。フォスターとの関係は大きな過ちだったが、それはカネがらみのことでも、悪意の動機によるものでもなかった。他者との関係について、一般の人々の意見にどうしても迎合したがらないことの産物だったと言ってよい。この件については、一般人が正しく、彼女が間違いだった。しかし迎合を拒絶することが、彼女の仕事を斬新で、創造性に富んだものにし、彼女をシェリーのよき友人、信頼できる相談相手にしたのである。

　振り返ってみると、一九九四年、キャロルがシェリーと知り合った話を《サン》紙が報じたとき、キャロルのことを開けっぴろげに認め、支えになってやればよかったのだ。だが、私たちは彼女を安全な隠れ家に隠してしまった。私たちの置かれた状況、そしてキャロルが引き起こすに違いない騒ぎを考えると、まったく無理からぬことではあった。そうしたことが、彼女に対する世間の関心をよけい高めてしまったのは言うまでもない。

　親しくなった人たちによく言ったものだが、問題は私と知り合いになることは病気に感染するようなものだということだ。私の友人はすぐに何かの攻撃目標になった。私に敵対的なメディアは、私自身に関するネタがないと、誰か私に近い人間を標的にしがちだった。どんな人間でも情け容赦なく調べあげれば、なにかおかしなこと、嘲りの対象にできることが出てくるものだ。それが真実である。

　しかし、こうしたことが頻発するようになるのは、あとのことである。総選挙で勝利する前の数年間、われわれは懸命に努力していた。追い風が吹いていた。野党としての制約や限界はあったものの、われわれは最大限の準備をしていた。とはいえ、こうした制約と限界は相当不利に働くという結論に私は至った。政権に足を踏み入れ、統治するのに必要とされることが、情けないくらい足りていなかった。長年にわたる野党暮らしのあとに政権をとるとなると、なおさらだ。これは政府の仕組みを理解していないということではなく、なによりも政策づくりの複雑さ、財政運営、優先順位のつけ方を知らなかった。委員会の構造、各省が運営される大小の道筋を知ることとの重要性は疑うべくもない。しかしはるかに重要なのは、マニフェストに書くときは至極簡単だが、現実の厳しい光に照らしてみると実行が恐ろしく困難な政策に備えて、基本的なこまごましたことにどう焦点をあてるかである。そして政党というものは、あれこれの公約が財政とどうかかわり合うか、その本質について情報不足になりがちなのである。

そのようなわけで、われわれの政策の基本方針は十分堅固で明確だった。だが、細かい点が不十分だった。それでも選挙を戦う組織としてはずば抜けていた。どう動けばよいかが見えていた。ジョン・メージャーが総選挙を実施したとき、われわれは準備万端、待ちかまえていたのである。決勝線を越えたあと何が待っているかは不明だったが、それに向けてほぼ逆転はあり得ない勢いを築きあげていた。

第4章　ハネムーン

新政権にとって不利なことは、統治の経験がないということだ。だが有利な点もある。潔白さ、未熟さ、悪疫のはびこる政府の水に絶えず浸かっていることから発生するシニシズムが存在しないことだ。これらは新政権に驚くほどの可能性を期待させる。始めから終わりまで、私は楽観主義、自己への信頼、実現可能なことについての客観的な信念を失ったことがなかった。しかし、新しいチームが選ばれたこと――とりわけ十八年間も一党支配が続いたあと――に伴う、エネルギーと際限のない大胆さのあの見事な放出をふたたび獲得することは決してできない。

この最初の平和な日々に実行したことを思い返すと、実に素晴らしかった。それは傲慢さから生まれたものではなかった。人がなんと言おうと、私は自己満足に対する衝動的な警戒、究極の主人は〝国民〟であるという認識を見失わなかった。その認識は国を前に向かって動かしたいという自由奔放な、心からの願望から生まれた。われわれは不可能なことを考えた。実行できないことをやった。因習は足かせとなった。伝統は時代遅れになった。

最初に下した一つの決断が私にとってかなりの懸念となった。しかし、どうであれ、ともかくやるのだ、と考えた。当時、首相質問（ＰＭＱ）は、週二回、火曜と木曜の午後三時十五分から十五分間と決められていた。ＰＭＱの当日、前になにか予定があっても、午前中はこれからやってくる質疑応答での策略をどうするか、どんなチャンスがあるか、仕掛けられた罠はないかに気をとられて落ち着かないうちに過ぎた。三時半に終わっても、今度はそのときのやりとりが気になった。どうだっただろうか。どちらが優勢だっただろうか。平《ひら》議員の空気は何を意味していたのだろうか。私の理性的な部分は、もう終わったことで四十八時間以内には忘れられてしまうだろうと自分に言い聞かせた。だが、〝理にかなったこと〟がないのがＰＭＱの厄介なところである。感情的にも知的にも政治的にも、あらゆる不都合なことの宝庫である。野党党首のときですら――そのときは質問をするだけでよかったのだが――ＰＭＱは私の頭をいっぱいにした。首相の立場だったらどんなだろうということは想像するだけだった。

平凡だが、一つだけ明白なことがある。首相や大統領の仕事を果たすうえでの要諦の一つは、時間を管理することだ。この重要性は基本的なことである。能率の悪いリーダーがいれば、私はスケジュール管理のまずさを指摘できる。これは何時間働いたかは関係ない。時間をどううまく使うかの問題である。しばしば一日十八時間という馬鹿げたほどの時間を仕事に費やすリーダーに何人も出会ったことがある。

スケジュールは、われわれがどのような政府なのかをはっきり示す決定事項を重視して作成されなければならない。各決定事項に時間を割り振るのである。形式的な決まり切った必要事は、可能な限り、本当に大事なことだけにすべきである。首相官邸入りしてアンジ・ハンターがまず私にしてくれたことは、公式晩餐会を根こそぎなくすことだった。首相在任中、私が出席した晩餐会は、義務的な国家元首レベルの公式晩餐会を含め、三十回以下だったと思う。公式晩餐会はたいがい必要ではない。ホスト側はそれを雑事の一つとみなしている。そして実を言うと、招かれる側も同じように思っている。時間は夜遅くであり（食事は豪華であるか粗末であるかのどちらかだ）、何にもまして政治的な苦行は食後のスピーチである。もしそれが本当のねらいなら、食事前の四十五分間の会談ですませるのがよい。そうすれば、こちらは家族と一緒に出かけられるし、賓客の側も友人や親しい側近と出かけてくつろげる。皆が幸せなのである。

ただし、外交儀礼は別だ。巧妙な外交儀礼はほとんど例外なく、政府がうまく運営されていない兆候である。

　リーダーのために時間を作り出すことは神聖に近い任務である。その責任者はチームのなかで最も重要な人物の一人で、完璧に容赦なくノーと言える者でなければならない。リーダーはつねに〝いい奴〟でなければならない。誰かと鉢合わせする。向こうは会ってくれないかと言う。こちらはもちろん、いいよ、と言う。ほかになんと言えるだろう。「君は退屈だ。大事ではない。面白いことは何も言わないし」などと言えるか。もちろん言えない。イエス、と言うほかない。ノーを言うのはスケジュール管理者の仕事なのだ。「だって彼は会うことに同意したんだよ」。それでもノー。「だって、彼が私に会いたいと言ったんだよ」。それでもノー。「だって、彼は自分で電話をくれて会合を設定するつもりだ、と言ったんだよ」。それでもノー。「だって……」。それでもノー。

　私たちは官邸内で「ＳＯ」という言葉を使っていた。ＳＯは「sackable offence」（解雇に値する職務違反行為）の頭文字で、ノーと言うのはそれほど厳しいことを言い渡すに等しいというわけだった。それは絶対に敷居をまたがせない人たちと会うことに対して、あるいは私自身が会うことに同意したときにさえ、適用された。自分で言うのはちょっと恥ずかしいが、当の私が会いたいと希望しているのに、官邸が言うことを聞かず面会をスケジュールに入れないので、私がその相手に不満を漏らすということもあった。

　昔の労働党の大物の一人で、〝健全なアドバイス〟をすると言って、しきりに私に近づいてきた人物がいた。彼は本当に好人物だったかもしれないが、どうして彼のアドバイスを必要としただろう。しかし、昔の大物でもあり、私は彼に会いたいという強い気持ちを示すだけは示した。私の個人補佐官ケイト・カービーは、なんでも断るのが非常にうまい人間だったが、どういうわけか無断欠勤をした。そこで誰かが一時的にゲート・キーパーをしていたとき、この人物が私に会おうと入ってきたのである。三十分ほど

〝健全なアドバイス〟を聞いたところで、私は退屈になってめくばせをしようとしたとき、臨時ゲートキーパーがドアのほうに頭をふりながら、「時間です」と言った。

「そうなの？　残念だな。楽しく話していたのに」と私。

「そうですか」とゲートキーパーの彼女は言った。「それならあと三十分大丈夫です。総理の予定が変更になりましたから」

ＰＭＱはもちろん非常に重要である。しかしジョン・メージャーを見ていると、週に二回の十五分間は、それぞれ丸一日を費やす肉体的・精神的な労苦のようだった。午前中と午後の早い時間はその準備に追われ、会議があったとしても集中できなかった。午後遅くと夕方早い時間は、ＰＭＱでの出来事に思いをめぐらすことで過ぎた。二回のＰＭＱは時間にして二日間に等しかった。長い時間である。

私は選挙前に一計を案じた。「ＰＭＱをもっと効率的にする」という曖昧な表現をマニフェストに入れ、週二回、十五分ずつを一回にし、三十分にするという案だった。大きな変更とは思われないかもしれない。しかし言わせてもらえば、これは時間節約のための革命だったのである。幸いにも、自由民主党の党首パディ・アッシュダウンが賛同してくれた。私は深呼吸をし、この提案を発表した。そして事は迅速に進んだのである。論議があったとしても、実際には起こらなかっただろう。私にとって幸運だったのは、われわれは新政権であり、保守党はまだ動揺していたことだった。

その後、ロビン・クックが下院院内総務だったとき、三十分の時間枠は水曜日正午に移された。準備は前の晩に終え、水曜日の午前中は何もする必要がなかった。ということで、一定の時間はＰＭＱに没頭しなければならなかったが、その時間は限られたものになったのである。悪夢は十二時半には終わった。なにかよほどのことが起こらない限り、午後の半ばには頭は解放され、木曜日はＰＭＱについての不安から自由になれた。小さな改革だったかもしれない。しかし、首相個人の安寧にとっては重要なことだった。

しかし欠陥もあった。十五分というのはごく短い時間に見えるかもしれない。だが、ディスパッチボックス（下院のテーブルの上に与党、野党それぞれの側に置かれた箱。その前で質疑のやりとりをする）の向こうに陣取って野次を飛ばす連中と向かい合うとなるとそうではない。信じてもらいたいのだが、時間の進み具合がものすごく遅くなるのだ。となると、三十分はつらい試練になりかねない。〝今日の問題〟について質問側がしつこい意地の悪さで結束するようなときはとくにそうなる。

ＰＭＱは私の首相在任中を通して、最も神経をすり減らし、当惑させられ、不安に駆られ、腹がくだるような恐怖を起こさせる、覇気を使い果たす経験だった。問題なくそうだった。映画「マラソンマン」にローレンス・オリビエ演じる邪悪なナチの歯科医がダスティン・ホフマンの歯にドリルを通すシーンがあるのをご存じだろうか？　水曜日の午前十一時四十五分ごろになると、ＰＭＱの三十分間をあのシーンの三十分間と取り替えたほうがよいと思ったものだ。

ここでいくつかの神話に触れたい。アメリカ人は、日本人もそうだが、なにか奇妙な理由でＰＭＱを見るのが好きらしく、私がこの経験を話すと、「そうなんですか。あなたはいつもとても楽しんでいるように見えますよ」と返してくることがある。もし私が楽しんでいるように見えたとしたら、それは演技の最高の一例である。ＰＭＱは心底いやだった。「今日はＰＭＱでとてもリラックスしているようだったね」と言う人も当時はいた。私は一瞬たりともリラックスしたことはない。アドレナリンが大放出されていないことはなかった。

ＰＭＱは首相の責任をはっきり問う重要な場だというのも、どうも神話ではないかという気がする。この説は、質問側は答えをほしがっているということを前提にしているようだが、実際はそうではなく、すべては闘争、今日版の非身体的な決闘の一種である。武器は言葉だ。ところが、言葉は人を傷つける。それも壊滅的なまでに。この三十分のあいだ、首相は実質的に〝リスクあり〟の査定状態に置かれている。

本当に怖いのは、何が起こるかわからないということだ。質問者が与党の平議員なら、それも忠誠心があればの話だが、質問を事前に教えてくれる。しかしそうでない者にとっては、これは狩猟《ブラッドスポーツ》であり、首相は獲物なのだ。うまくいけば意気揚々とするが、下手をすると悲惨なだけでなく屈辱を味わう。誰かをまったくの間抜けに見せたければ、満場の下院ほどの場所はない。

どう転ぶかは決してわからない。こう考えるときもあった。今日のテーマははっきりしている。答弁はすぐにできるようになっている。まずまず安心できる午後だろう。ところが数分後には、私はなにか失言をするか、議場全体の怒りを買うか、いやもっと悪いと嘲笑を招く戦術的な失敗をしてよろめいているかもしれないのである。こんなときには、逃げ込む穴を掘り続けたいという気持ちに抗しきれなくなる。答弁は長ったらしく、一段と込み入ったものになり、ますます金切り声になる。論拠の不足が明らかになるにつれ、顔面はますます紅潮する。横目で見やり、与党側の席に助け舟のサインを必死に求めても、そこには困惑の顔つきがあるばかり。戻って着席すると、どこまでも忠実な幾人かから歓声があがるが、それは申し訳なさそうなつぶやきに消えてなくなる。通路——その幅は剣二本分で、議員が剣を身につけていた時代に決まったものだ——の向こう側では、ほくそ笑む野党の面々の顔が嬉しさと感謝の念でゆがんでいる。

時間が経つにつれ、うまくこなせるようになった。そして任期終了間近にはだめな場合よりも首尾よく終えるほうが多くなったのだが、恐怖が一瞬たりとも和らぐことはなかった。今になっても、世界のどこにいようと、水曜日午前十一時五十七分になるとぞっとした感じを覚える。首の後ろに刺すような痛みが走り、動悸が高まる。それは下院にある首相執務室から議場へと引き入れられる時刻だ。私はそれを独房から処刑場への移動と言ったものだ。

下院議事堂には十一時三十分ころには行っていなければならなかった。午前中はずっと官邸で書類をめくり、戦術と戦略を練った。そしてこの最後の三十分で最終決定をし、答弁が整えられ、進行中の問題があればそれについて土壇場での相談を急遽行った。最悪だったのは、午前十時どころか十一時になってさえ新しい展開があったときだ。通常、それは何かしらの統計の発表、あるいは閣僚が馬鹿な発言をしたといった類のことだった。事実の全貌がわからないままに、方針を決め、事実を説明しなければならなかった。あの喧騒と混乱の場所での首相の失策は失策ではなかった。それは意図的なだましである。そして、それをめぐって修羅場が展開されるのだ。

最後には、私はこうした宿命をうまく受け入れられるようになった。より勇敢になった。最終的には悪魔と対決しなければならないのだと自覚した。前の晩に余分に祈っても役に立たない。それにふさわしい靴を履いて（ＰＭＱには十年間を通してチャーチーズ製の同じブローグを履いて臨んだ）、なんとか切り抜けることを願った。分析をして、どうすれば自分の能力を最大限に生かすことができるかを考え出そうとした。

少年時代、学校の必須授業でボクシングをやったことを思い出した。ボクシングの何が重要なのか、何が面白いのかまったく理解できず、とても苦痛だった。初戦がとても怖かった。相手を打ちたくなかったし、こちらも打たれたくなかった。ともかく早く終わってくれればいいと思った。しかしばらくして、ボクシングから逃げず、うまくやろうと心に決めた。一歩も引かずに戦うのだ。怖いと思いながらも、決意をこめてやった。気合を入れてやるか、全面的に拒絶するか――それも悪くなかった――どちらかだが、やるなら意気地なしのようにやりたくはなかった。ボクシングを好きになったわけではなかったが、自分自身には前よりも敬意を払うようになった。

次第にＰＭＱ対応策のパターンを作っていった。すべての始まりは、もっと勇気をもち、後ろに引き下がることなく戦おうという決意だった。ほどよい分量であれば、恐怖も刺激剤となり、気を張りつめた状態にすることができる。だがパニックに陥るような恐怖は最悪である。最初の数年、前の晩はよく眠れず、当日の朝はまったく食べられなかった。まず気がついたことは、精神的にだけでなく身体的にも適切な状態にいることの大切さだった。そこで日課を変えた。前の晩は少なくとも六時間の睡眠をとるよう、メラトニンを服用した。必ず朝食をとった。そして試練が始まる直前、エネルギー補給のためにバナナを食べた。馬鹿げたことに聞こえるかもしれないが、自分のエネルギー水準、つまり頭の回転が、始まって十分後には低下することがわかった。それは大きな違いだった。十二時二十八分、まだリスクに敏感で攻撃を跳ね返す態勢にあった。

二番目に、何を恐れているのかを直視した。恐れとは間抜けに見えるように仕向けられること、簡単に言えば出し抜かれることである。それを防ぐ道は、事実を掌握していることよりも、論議の戦略をしっかり頭に入れておくことだった。もちろん、調査に裏づけられた正しい事実は不可欠だ。やがて調子が出てきたころには、大変な才能をもつチームが出来あがっていた。そのチームを率いたのは、当初は能率が飛び抜けてよいクレア・サムナー、次いで素晴らしいまとめ役でありセレモニーを自由に操れるケイト・グロスだった。カギとなる特別顧問はキャサリン・リマーで、頭のよい調査主任として、詳細を把握する驚くべき能力の持ち主だった（彼女はハットン調査（イラクの大量破壊兵器に関する機密情報の漏洩嫌疑に関する調査委員会）のときにも欠くべからざる存在だった）。最後にチームの長を務めたのはニコラス・ハワードで、彼はＰＭＱの詳細を完全に把握していた。こうした人たちが一丸となって、私に事実に関する答弁では間違いはないという自信を与えてくれたのである。しかし勝利をおさめるための最後の構成要素は事実そのものではなく、それがどう活用されるかだった。事実というのは、いわば馬であり、甲冑であり、槍である。腕の見せどころはそれらをどう最大限に有効に使うかだ。それは攻撃の筋道を推し量り、攻撃をどうかわすか、反撃をどう展開するかを考えることだった。

勝てそうもないテーマの日は——そんな凶の日はかなりあった——引き分けにもち込めれば最善である。しかし吉の日、あるいは普通の日には勝利をめざさなければならない。勝つことはこちら側に自信を与え、皆の気分を高め、未来は明るいと思わせる。首相としての評判もあがる。負けることは面目ないだけでなく、士気にダメージを与える。本当にまずいPMQが続くと、自身を危険にさらしかねないのである。

前夜は、想定されるすべての質問に対するあらゆる答弁が詰まっているフォルダーに目を通し、事実関係が本当に複雑な分野については、あわてふためくプレッシャーに満ちた水曜日午前になる前に、じっくり頭に入れた。午前八時までには、最も質問の的になりそうな分野を絞り込み、メモ帳を手に腰を落ち着けて討議の道順を考えた。最良の台詞がPMQのあいだに口から出てくることもあったが、それは私の経験からするとまれだった。控えの間で一人きりになって、雄弁さが磨かれ、引き締められ、構築され、壊され、再構築されたときほど、雄弁な人はいないのである。

時間が経つにつれ、私はこの方法でどうやって防戦を突破し攻勢に転じるかを習得した。また、自分が事実を踏まえて展開しようとしている議論を再度分析することにした。この論理を持続することは可能か、説得力があるか。与党の平議員とともに野党の平議員にはどう受けとられるだろうか？

ユーモアの力、めりはりの大切さも発見した。下院でユーモアを駆使して素晴らしい効果をあげているのを私が最初に目にした人物は、ジョン・スミスだった。欧州為替相場メカニズムに関してジョン・メージャーに圧勝したときだ。ゴードン・ブラウンも一九八〇年代の終わり、ジョン・スミスに代わって質問に立ったときなど、保守党の幹部席にいる経済閣僚を機知でなぎ倒すのが天下一品だった。彼がナイジェル・ローソンと保守党財務チームに対して用いた台詞にはこちら側から賛同の声が大きくあがった。主張が弱いことがあるかもしれないし、そしてたいてい弱かったのだが、その弱さをタイミングのよい嘲りと機知で覆い隠すのだ。タイミングの良い機知でどれほど隠し通せたかは驚くべき効果があった。私自身はどちらかと言えば案件を扱う弁護士のように真面目だった。ユーモアのセンスはもっていたが、私に必要だったのはそれを使う自信だった。

相手を爆破するだけでなく、武装解除させる術も学んだ。相手が怒ったら、こちらは柔らかくなる。向こうが全速力で突っ込んできたら、こちらは心和む理性の声になる。向こうがこちらを辱めるとき、こちらは憤りではなく憐れみをもって相手を見る。攻撃を受けたら、相手の顔をまっすぐ見てよく観察しなければならない。不安で目を白黒させるのではなく、彼らの顔に目を据えなければならない。

最後に、しくじったら前に進むことだと悟った。言うは易しだが、行うは難しである。PMQがうまくいかなかったあと、議場から下院の執務室に戻る足取りは、それに向かったときと同じくらい重かった。その後、関連問題がないか数分間、皆と議論に費すのが常だった。私がしくじったとき、あわれなチームにとって、それはいつも過酷な時間だった。彼らの顔には抑えようとしても抑えきれない失望の色がはっきり浮かんでいた。本当のことを口にするのは、いつもジョナサン・パウエルだけだった。「いやはや、あと一週間はこれは願い下げだな」と元気そうに言うのだが、ほかの者たちは「実際は引き分けだったよ」とかなんとか、つまらないことをつぶやいていた。

ともかく、一九九七年五月の初め、週二回のPMQは一回になった。私はこの決定を決して後悔したことはないし、今後の首相たちには感謝されるだろう。

次の決定はまったく異質の、もっと根本的な性格のものだった。選挙に先立つ数カ月前に、私とゴードンは金融政策——すなわち金利の設定——をイングランド銀行に引き渡す考えを固めていた。イングランド銀行のいわゆる〝独立性〟は何十年にもわたって学界、経済界、政界で活発に議論されていた。

私はこれが正しい判断であることに疑いをもたなかった。すでにずいぶん前から、政治家が金利を決めるのは、経済を政治と、長期を短期と、賢明なことを便宜的なことと混同することだと確信していた。歴代の政府が金利の動きを選挙のサイクルに合わせて注意深く計算してきたことを見て知っていた。これが実際に起こっていることであり、その理由も周知の事実だった。結果は、国民は実質的に金利に政治的なプレミアム（割り増し）を払わされていたということだ。ヨーロッパの中央銀行——とくにドイツの中央銀行——、アメリカの連邦準備制度との独立性の比較では教えられることが多く、問題の本質を物語っていた。まだ疑いをもっている平議員やこの動きに反対している頭の固い専門家には、これはイングランド銀行の総裁が財務相よりも知的な人物かどうかという問題ではないと言うことにしていた。総裁のほうが優れた知性の持ち主かもしれないし、そうでないかもしれない。しかし、イングランド銀行における意思決定プロセスのほうが、明らかに客観的判断力に優れていた。私はこの問題についてロイ・ジェンキンズとよく話をした。当時ゴールドマン・サックスにおり、私がしばしば経済についてアドバイスを求めたギャビン・デービスは、イングランド銀行の独立性の利点を懸命に説いた。私がかねがね財務相として尊敬していたナイジェル・ローソンも実行に移したがった。これは、労働党新政権の経済政策の信用性に疑念をもっていた人たちに対する申し分のない反撃だった。したがって、短期的な政治よりも長期的な経済を優先するのがねらいだったが、実行には十分な政治的な理由もあった。

　ゴードンも同じ結論に達しており、私の提案に即座に同意した。いつ発表すべきかについてはいくらか議論があった。私は選挙前がよいと思った。われわれは信頼に値するということを経済界にわかってもらうためだ。ゴードンは市場の動きにとって重要な問題だから、選挙直後にすべきだと言った。私は彼の提案に最後には折れた。

　五月六日、ゴードンはこれを発表し、手応えを得た。経済界も市場も好感をもって迎え入れてくれた。保守党は反対だったが、これで大きな嵐を巻き起こすような雰囲気ではなかった。もっとも、嵐を巻き起こしたくてもできなかっただろう。私にとっては非常に重要な瞬間だった。それは経済政策の決定に関する取り組み方だけでなく、統治の仕方についてもわれわれの姿勢を明らかにした。すなわち伝統的な左派・右派のイデオロギーから生まれたものではなく、国民を知的で、革新的な中道的立場に引きつけたのである。それは国としての経済的な機会を守り、向上させるという当初からの決意を物語るものだった。

私はゴードンに声明を発表させた。そして政府の最重要経済閣僚になったことについて惜しみなく賛辞とステータスを与えたのだった。こうしたのはまず、彼はそれにふさわしい人物だと思ったからだが、もう一つは、すべてがワンマンショーに見えないよう配慮したかったからだ。三番目に、こうしなかったならば、私とゴードンのあいだにかなりの緊張が生じていただろうからだ。

しかしこれは、いつまでも続く不幸な結果を伴った。私には多くの短所があるが、美徳の一つは周りに大物がいても気にしないことである。官邸のスタッフでは、アリスター、ジョナサン、アンジ、サリー、ピーター、デービッド・ミリバンドなどが好きだった。理由はまさしく、彼らが思ったことを隠さず言ってくれたからだ。彼らが無礼だったということではない（野党時代に培われた親密さは、政府というもっと公式な環境では適切なこととして通用しなかったが）。だが、彼らは思いを率直に口にした。私はそれを歓迎し、そこから貴重なアドバイス、信頼感をさえ得た。

したがって私が意識して意図的に、ゴードンを大物として、また政権のナンバー2だと認められた人物として、登場することを許したとき、自分の影が薄くなるとか、出し抜かれるといった心配はなかった。実際、策略をこらすなどという観念は見当違いに見えた。しかし官邸の連中は、それほど楽観的ではなかった。とりわけアリスターは、私が〝社長か会長〟で、ゴードンが〝CEO〟か〝首相〟というような構図になっていることを気にした。彼が熱をこめて指摘したように、こういったものは、かたや愛嬌を振りまくだけの人物、かたや国を治める勤勉な真剣な男というイメージにただちに翻訳されてしまう。私は自分が誰であり、何をしているかについてまったく頓着していなかったから、そんなことに悩まなかったし、警告を聞き流した。

実際のところ、イングランド銀行の独立性の問題に限らず経済政策の広い枠組みは、ほかならぬ私自身が決めていたのだ。このころの初めの数カ月、私が官邸のスタッフに送ったメモには経済政策についての言及があちこちに散見される。たとえば、「包括的歳出見直し」を政府の最優先項目に整合させることだ。より競争的な経済を作り出すためにわれわれの望むことを説明し、基本的に経済界や上昇志向を支持する方針から逸脱しそうな気配を感じれば、手綱をしっかり引いた（専門職への増税、セカンドホームへの税の新設などの考えは踏みつぶした）。しかし、私自身は経済政策の分野に干渉しないというのが基本的な考え方だった。この考え方はその後、私に打撃を与え、脅かすことになった。

現実には、手順、進路、そして最終目的地はゴードンとの密接なやりとりから作り出されたものだった。そしてそれらは、私自身が決めたか、満足できる路線に作られたのである。実務担当者は政策の運用面でかなりの自由裁量を与えられたが、私が経済政策の支配権を本当に譲歩したのはずいぶんあとになってからだ。

党首就任後、政策に対する取り組み方に大きな違いがあることを理解するまでの三年のあいだに、私とゴードンは何回も喧嘩をした。その違いが目立ち始めただけでなく、かなり根本的になったのは後年になってからだった。私は、二人が基本的には大きく異なる立場から政治に足を踏み入れたことについて疑いをもたなかった。その違いはのちに融合するのだが、そうなった理由は信念よりも、むしろ政治的な便宜さからだった。つまるところ、私たち二人は経済に関する立場が非常に異なるうえに、背景も非常に違っていた。経済や、金銭や、商売について異なる直観をもっていたと言うほうがよいかもしれない。

基本的に、私は向上心を理解していた。成功したいと欲する人間が好きだし、成功する人を高く評価する。法曹界に身を置いていたとき、とくにフルタイムの法廷弁護士だった七年間は、いろいろな形で私の人間形成に大きく資するところがあった。多数の商業的、産業的な案件をこなし、うちしおれて躊躇しない人間、やる気のある人間、リスクを恐れない人間とうまくやっていけた。私は階級が嫌いだが、向上心を愛する。アメリカが好きなのはこのためだ。無から始め、自分の力で何かをものにするという考え方を貴いと思う。

こうした態度には欠点もある。私が金持ちに目を奪われているという話はつねに馬鹿ばかしいほど誇張されている（私の親しい友人のほとんどはそのような類ではない）。しかしながら、金儲けに伴う容赦のなさ、道徳観念のなさを過小に認識していたことも確かだ。誤解しないでいただきたいが、多くの経済人は創造力に富んだ人間で、彼らにとってカネは成功の結果であり、動機ではないのだ。しかし、そんなことはどうでもよいという人もいる。私はときに、この相違を十分に理解しない傾向があった。

だが、私は成功を疎ましく思うことはなかった。そしてこのような態度は、進歩的な政治家にとっては総じてよいことなのである。個人としてもそれに賛同だった。いい家をほしいと思わなかったか？　ほしいと思った。二つ星より五つ星ホテルのほうを好まなかったか？　好んだ。豊かなほうが生活に多くをもたらすと思わなかったか？　思った。人生の楽しみを享受することが、それが不可能な人の悲惨さに対する無関心に通じるとは決して考えなかった。私にとっては、その反対が真実だった。自分がほしいと思うものは、他者にとっても望むものであってほしいと思った。しかしながら、それをほしいと思うこと自体が間違いだとは感じなかった。

起業家の一団と一緒にいると、気楽でくつろいだ。ゴードンはまったく違った。彼はよいビジネスとは何かを分析し、ビジネスを促進するためにこの政策のほうがあの政策より好ましいことを理解できたが、実感することができなかった。私は公的サービスを重視するが、もし政治以外の道を選んでいたら、企業を経営し金儲けをしたいと思っていただろう。私の気持ちのなかにはちょっとだけこう思うところがあった。それは素晴らしいことではないか。もし本当にビジネスの道に進んでいたらうまく金儲けをしていただろう。いろいろ言ったが、私は心中は公的サービス重視の人間なのである。ゴードンはもし別の道を選んでいたら、もっと大きな公的サービスを志向しただろうと思うような根っからの公的サービス人間だった。彼がビジネスで成功しなかっただろうという意味ではない。彼の頭脳と決断力があれば何をやってもうまくいっただろう。しかし彼は決してそのような気を起こさなかったし、おそらく興味さえもたなかっただろう。

したがって、私にとって最高税率はただの最高税率ではなかった。もちろん、富裕層にはもっと納税してもらうための立派な主張ができる。そして税以外の分野——たとえば国民保険——では富裕層が多く支払っていることに満足していた。しかし、競争的な税率の意味で私は、サッチャー、ハウ、ローソンの遺産の本質を維持したかった。富裕層にはイギリス国内で安心でき歓迎される存在になってもらいたかった。もっと事業を興し、雇用を創出し、富をさらに国に広げてもらえるようにだ。富裕層が私の最優先課題ではなかった。彼らを追い求めるという意味での優先ではなかった。彼らに襲いかかるという意味でもない。おせっかいをしなければよかったのである。

もし最高税率を上げたとしたら、それは一つのシグナル、一つの宣言と受けとられただろう。すなわち、本来の意図を上回る重みをもつ傾向を表わすものになってしまったことだろう。ゴードンが選挙前に増税を示唆したとき、そして世論調査の結果で七〇－八〇パーセントが増税を支持していたとき、私はこれ以上これを問題にしないことを選んだのである。私にとって増税案は、完全に限界を超えていた。ゴードンはまもなく降りた。

公平を期すために言うと、ゴードンはキャピタルゲイン税（債権や株など資産価格の上昇による利益に対する税）についてもっと過激な考えをもっていた。それは翻ってプライベートエクイティ（未公開株投資）業界を非常に大きく助けた。企業に投資をし、株を一定期間保有している人を対象に最高税率をわずか一五パーセントにまで引き下げた。企業に投資をし、再建して売却する人は、所得税よりもはるかに低率の税を払っていたのだ。しかし、ゴードンがこのような措置をとったのは、彼を反ビジネスだとみなしている人たちに対する政治的な合図だろうと私は感じた。ある確信に基づくよりも、彼にアドバイスしていた者たちの意見を入れてのことだった、というのが私の見立てである。

それはどうでもよかった。イングランド銀行に関する声明、そして彼にとって最初の予算案において、ゴードンはかなり明確にニューレーバーだった。だが、私が経済分野を彼のために明け渡したという考えを彼が一見是認したことは、有害な収穫をもたらすゆがみの種をまいたのだった。最終的に失脚をもたらす要因は、小さな形とはいえ初めから存在する。それが政治というものの本質である。時はその要因を大きくし、強めるだけだ。政権就任当初の日々においてすら、いやそれどころかジョン・スミスの死後電話があり、私がすぐに応答しなかった瞬間から、解決できない闘いがあったのだ。そもそも解決できるものだったかどうかは今もって疑問である。

こうしたことにもかかわらず、これほどの大物の存在、十分に資格があるだけでなくやる気満々の人物が政治の風景に登場したこと、そのエネルギー、知性、政治的な重みを誰も否定できない人物がいたことは政府にとってはなはだプラスに働いた。もし衝突があったとすれば、少なくともそれは巨人同士の衝突だった。緊張があっても、それには創造的な側面もあった。私が平然と中産階級を受け入れたこと、彼が労働党の伝統を円頂党《ラウンドヘッド》（十七世紀のイギリスの内戦において絶対王権と戦った議会の支持者）と同一視していたことは、それをもとに政府を築き、機能させることをめざした一種の連立だったことは確かだ。一九九七年五月一日以降の数カ月間はそのように見えたし、実際にそうだった。

私には理性の力について妙に楽観的な見方があった。こちらの主張が納得できるものならば、相手を説得することができるという楽観である。その結果、政治的な目標が正しければ、それは達成できると信じるようになった。だが、政治がそんなに甘くないのは明白である。絶対的に望ましく、全面的に価値があっても、まったく手が届かない目標があるのだ。

政権を獲得してまもないころの、自由民主党との経験がその実例だ。私は最初から自由民主党を大きな幕屋に入れ込もうとした。ロイ・ジェンキンズをよき教師とみなした。私は彼が気に入るようになっており、品格のある、勇気のある非常に理知的な人間だと思っていた。また、パディ・アッシュダウンも好きで尊敬していた。彼らには基本的にニューレーバーである若手がついていると思っていた。私はなぜ社会民主党（ＳＤＰ）が結成され、失敗したのか、彼らの失敗は思想の失敗ではなく、組織と政治のそれであったことを理解していた。

自由党員たちは、なんとなく真面目な者、それほど真面目でない者、まったく真面目でない者たちの雑多な集まりとみなされていた。私は鬚をはやしサンダル履きで不快な色のシャツを着ている連中に対しては当たり前の偏見をもっていたが、彼らの最大の野望は市会議員をめざしてうまい選挙運動を展開することだった。奇妙な恰好のだぶだぶの服を着て性教育の大切さを語っていた女性たちにも同じように偏見をもっていた。

自由党がＳＤＰと合併し自由民主党になると、新党の政治的輪郭は、実際は合っていないのにあたかも合っているかのごとくくっつけられた二つの物体の形に似ていた。映画〈カサブランカ〉でリックがルイについて言及した言葉を借りるならば、それはほとんどの党に存在する右派と左派のようなものだったが、少しばかりその傾向が強かっただけだ。

つまり、活動家は世間から浮きあがりがちだったのだ。いまや、私自身活動家だし、若いころはたしかにきわめて活発な活動家だった。だから、ここでは言葉を慎まなければならない。しかし政治的活動主義はつねに変わり者の様相を呈している。このような言い方は、偏狭な考えや偏見を認めるショッキングなことだとわかっているが、政党とその党員たちの水で泳いだ者は誰でも、そこがなんと特別な棲息環境であるかを知っているのである。

自民党はまた、露骨な機会主義に傾きがちだった。今は、すべての政治家はときおり機会主義的にならざるを得ない。チャンスをつかむということだが、自民党は地方選挙の運動でしばしばこれを完成させ、科学か芸術の域にまで高めたのである。とくに、人種や性の平等についての信念に関する公式の（そしてたいがい真面目な）明言にもかかわらず、対立候補の個人的な特徴を攻撃する汚い選挙運動を展開したのである。

自民党はごったまぜの党だったが、指導層は健全で、一般党員のなかには素晴らしい人もいた。そしてこうした人たちは政治的には多かれ少なかれニューレーバーと手を組んでいたのである。私たちは労働党を、旧ＳＤＰの主張の多くは正しいと認めるところまでもっていった。有力党員の幾人かが脱党し労働党に入党するか再入党した。正直なところ私は、政治的な考え方では、労働党の旧左派よりもこの人たちに近かった。彼らを引き入れるのには根拠があった。もう一歩進めて、彼らを入閣させることはできないか。労働党の伝統的な勢力、とくにジョン・プレスコットは、この考えに激怒した。だがこれは、千載一遇のチャンスであり、二度とめぐってこないかもしれない。私はどうしても試してみたかった。選挙前、パディ・アッシュダウンと妻のジェーン、シェリーと私は定期的に食事をした。私たちは互いが好きだったし、信頼していた。パディには真のリーダーシップの資質があり、私と同様に自らの党に挑戦することを恐れなかった。

同年の後半、私は党大会の演説で自分の政治的遺産としてロイド・ジョージ、ケインズとベバレッジ、さらにアトリー、ベヴァン、キアー・ハーディー（スコットランドの社会主義者で、一八九〇年労働党の前身独立労働党の議員として初めてイギリス国会に選ばれた）などを賞賛した。これはアリスターとブルースを大いに不安にさせた。私は一部は直観で、一部はロイ・ジェンキンズに吹き込まれて、二十世紀は保守党の世紀だと信じていた。どうしてかと言うと、一緒にいるべき善良で才能のある人たちが敵対する党に分かれていたからにほかならない。

これら進歩的な社会民主主義の両翼を再結合することは、私の歴史感覚にアピールした。それはまた、私の政治への一般的な取り組みから生まれたものでもある。ずっと以前から、政党制度は必要ではあるが、あるレベルで非合理的で非生産的だという結論に達していた。というのも、相違が誇張されるか、相違を作り出さなくてはならなくなるからだ。それは賢明な人たちが賢明な目標を達成するために力を合わせることをやめさせてしまう。思慮ある解決が求められる複雑な問題がスローガンに関する戦いに矮小化されてしまう。

一九八〇年代の下院で保守党議員が展開する議論を聞いていて、自分が客観的なオブザーバーだったならば、彼らの主張は大いに理にかなっていただろうという結論に達した。ずいぶん昔から、私は保守党議員と席をともにし、会話をし、意見を交換していた。こうしたからとて、自分が保守にさせられることはなかったし、自分の属する政治陣営への献身を減じさせるものでもなかった。しかし、はっきりしていたのは、反対ありきの反対は愚かで、不毛ですらあるということだった。

なによりも私が実感したことは、政治とビジネス、国家と市場のどちらが至上であるかをめぐる戦いは、本質的に二十世紀の遺物だということだ。適切に機能する政府は、政府にしかできないことを実行するのに重要である。国の富を創造するのに活気ある、競争的な民間部門が重要なのと同じである。それぞれが所を得ることが、繁栄を決定するのである。したがって私の結論は、価値観と目的は異なるし分化しているかもしれないが――そしてそこに真の政治とイデオロギーがある――、これらの目的を達成するにあたって、どんな手段を用いるべきかは、実践的な問題にすぎないということだった。大切なのは、何がうまくいくかということである。価値観と目的という点では、何が根本的な相違の重要ポイントなのかを見分けることが難しく、当時の自民党に関してはたしかにそうだった。そこで、彼らを横取りしようとしたのである。

選挙のあとのあわただしい時間をぬってパディと話をした。自民党員の入閣は時期尚早だということで一致した（私たちはそれぞれ自分の党に対して気軽な態度をとってはいたが、選挙直後でもあり党内からの反応に神経質だった）。二〇一〇年の総選挙と違い、このときは大勝利をおさめていた。それでも、私たちは、憲法改正についての政策合意をめざす委員会を設置し、協力するという過程を踏むことで同意した。

パディはこの問題については、少なくとも上院の憲法委員会が審議を終えるまでは消極的だった。私はそれでは実現はできないと恐れた。

私の恐れは十二分に証明された。自民党がわれわれの公的サービス改革に反対の意思を表明したときである。どう取りつくろっても、彼らの反対は基本的に旧労働党の考え方に基づいていた。私の恐れとは、安易な事柄、安易でなくても有権者の生活に直接触れない事柄については合意できても、学校、病院、年金、福祉などの痛みを伴うがどうしても必要な変革になると彼らが及び腰になることだった。有権者の生活を直撃する事柄である。言い換えれば、私にとっての問題は、この協力は本物になるか、ということだった。最終的には、残念ながらそうはならなかった。パディ側によい意図や善意がなかったということではない。彼は、この件に関しては一貫して率直であり誠実だった。しかし理由は、自民党には統治するための素質が欠けていると私が考えたことだった。よくよく分析してみると、自民党は〝正直な〟批判者として、相手をつつき、調べあげ、プッシュすることで幸せなように見えたが、厳しい選択の責任を引き受け、険しい道に耐えることはやりたがらなかった。二〇一〇年の総選挙を受けて成立した連立政権（保守党と自民党）が続くかどうか見ものである。選挙制度改革の要求は自民党にとって非常に本質的なものだから、連立は続くかもしれない。しかし改革が実現しなければ、連立が長く続くかどうか疑わしいと私は見ている。とはいえ、それも私の思い違いかもしれない。

一九九七年当時、連立政権の樹立が、同意し合う労働党と自民党両党のまったく自発的な行動ならば、自民党にとって連立を批判する機会と、したがって簡単に離脱してしまうことは、誘惑に抗しがたいことではないのかと私は思った。問題は、彼らはパネルディスカッションやテレビ番組に出演すること、一方国民は自分たちの意見を代弁してくれる自民党にうなずき承認することに慣れてしまっていたことで、それでは物事を決して変えることができないと私は恐れた。それは自民党をあっと驚く日和見主義に追いやりかねない。

一九九三年、私が影の内相だったときのことを鮮明に憶えている。ケン・クラークが内相だった。私はケンが好きだった。彼は主張を断固として守る立派な政治家だった。彼を決して党首にしなかった保守党は愚かだった。もっとも私には、それが大変ありがたかったのだが。彼は大幅な警察改革案を提起した。改革案には賢明なもの（たとえば年金の掛け金を変えること）もあれば、あまり賢明でないもの（警察の規律規範に関すること）があったが、おおむね正当なものだった。ところがなんと警察官が改革案を嫌ったのである。警察官連盟（警察官の労働組合）――それは私が出会ったなかでずば抜けて訓練の行き届いた組織だった――はウェンブリー・アリーナで改革反対の集会を開いた。それは二つの点で際立っていた。一つは、お巡りさんたちの集団的な規律だった。連盟の全委員が壇上に座り、聴衆がその前に陣取った。一万人の警察官がいただろうか。当時も今もそうだが、これは想像を絶する光景である。大集団の一同は、委員からの合図に完全に従った。委員が拍手をすると、全員が拍手をした。委員が拍手をやめると、誰一人として手をたたかなかった。息を呑むような雰囲気だった。

もう一つ際立ったことは、自民党の講師ロバート・マクレナンの芝居じみた行動だった。彼は当時、法と秩序に関する同党のスポークスマンだった。これから話すのは、自民党の何が問題だったかを示すものである。自民党の公式な立場は、想像どおり弱腰で、どこまでも甘かった。限りなく自民党員でない一般の人のリベラルだったのである。基本的に彼らは、市民的自由を拡大解釈し、最悪の罰がせいぜい厳しい叱責であるというところまでもってゆき、警察の残忍さを厳しく取り締まることをなによりも重要視した。これらはすべて、平均的なイギリスの警察官の気持ちからははるかにかけ離れたものだった。

私は登壇して演説をした。本心を言うと、ちょっとばつが悪かった。改革のなかにはまったく申し分のない案もあると思っていたからだ。しかし、すべては不当だと、もっともらしく聞こえるように怒りのこぶしを振りあげたのだった。そしてしかるべく拍手を浴びた。

次がロバートの番だった。ちょっとばかり彼のことを話しておこう。ジョン・スミスは下院でのロバートの演説を群衆退散ワンマン部隊の仕事と呼んでいた。彼を退屈な演説家と呼んだら、彼の演説を聞くことがどんな経験かまったく伝わらない。もし下院で彼の次に演説をすることになっていて、彼の演説を聞く羽目になると、自分の演説の最初の言葉を忘れてしまう。彼のおかげでこちらもすっかり緊張してしまうからだ。それはともかく、彼は知的できちんとしていることは明らかだったが、だからといって彼と親しくなれるわけではなかった。

そんなわけで、リベラル派から死ぬほど退屈な目にあわされることを喜んでいなかった一万人の警察官を前に、ロバートが壇上に立って、挨拶するのを聞くのが大いに楽しみだった。彼の演説は私が聞いたなかで最も刺激的なものだったというほかない。彼は聴衆が聞きたいことを知っていた。彼は改革案の前例のない不公平さを解説した警察官たちのチラシを読んでいた。落ち着いた表情で待ちかまえる一万の顔をじっと見つめながら、彼は政府を遠慮なく攻撃しただけでなく、本物の、積もり積もった、止めることのできない怒りを露わにした。彼の演説は、イギリスは、あわれな警察官が足かせをはめられて踏みにじられる一方で、犯罪者が笑いながら国民から略奪し放題をしている国であり、それはすべて内務省の意図的で非道な策略の一部だと喝破した。演説が終わったとき、連盟の委員、一万人の警察官、そして音響と照明の担当者までが立ちあがり、足を踏みならし、吼《ほ》え、警察官の最良の味方ロバートからもっと多くを求めたのである。

しかしながら、この一件は自民党が抱える問題を明白にした。自民党は肝心なことになると、実行者より批判者であるほうが幸せだったのである。時が経ち、私が法と秩序の問題は言うに及ばず、福祉や公的サービスについても抜本的な解決が必要だと確信するようになったのに、自民党は当然のように、そして満足気に反対の立場に向かったのだ。社会民主主義を再統合するために自民党員を引き入れる夢は消えた。パディは進歩勢力の統合という考え方に真に傾倒していた指導者だった。チャールズ・ケネディは非常にまともな男だったが、パディほどの傾倒はなかった。イラク戦争の一件が大きな相違点で、自民党にとっては党員獲得と選挙運動にとって大きな予期せぬ助けになった。その後、われわれの関係は完全に悪化した。残念だったが、おそらく不可避だったのだろう。そもそも、私は筋の通った立場と主張に裏づけられた力こそが説得力をもつのだと思っていた。時間が経ってみると、そうではないことを知る。変革は反対をもたらし、反対は変革よりもずっと擁護しやすいのだ。

就任当初、こうした事実を思い起こさせたもう一つの出来事は、一九九七年の夏に提案した住宅手当の改革だった。既存制度の悪用をやめさせるためにはまったく正当な提案だったのだが、われわれは突然、政府としての難しい決定を下す必要性に初めて直面した。平議員の反乱は即座で大規模だった（自民党もそれに加わった)。数を頼みに押しきることができたが、醜い動きがあった。さらに、障害・疾病者手当の改革を通じて福祉予算のさらなる大幅削減を提案したときも、同じことが繰り返された。福祉予算を抜本的に削減したかったのは、経費が急増し、赤字が何十億ポンドにも達していたからである。財政に関しては一九九〇年代初期の不況の影響からまだ抜け出せていなかった。われわれの政府は最初の二年間は前政権の歳出総額を上回らないという公約をした。非常に厳しい公約だったが、ゴードンは粘り強く間違いなく公約を守った。それでも保健医療と教育にもっと歳費が必要だったため、福祉経費を削減するあらゆる方法を探していたのだ。いずれにせよ、手当で暮らす人がさらに補助金をもらうというのは不健全である。働けるなら、自分自身の利益のためにも働くべきなのである。

住宅手当同様、障害・疾病者手当もあからさまに組織的な悪用がなされていた。一九八〇年代、長期失業者が増えたとき、政府が多くの失業者――とくに古い鉱山業に従事していた――をそっと障害者・疾病者のカテゴリーに移すのに、この制度は適していた。これらの人たちはしたがって失業者ではなく疾病者と勘定され、おかげで失業者の数は減ったのである。障害が多少とは言えないほど誇張されている人が何年間も手当をもらっている例を私の選挙区で知らない人はいなかった。

改革の提案に抗議して、自身の体をダウニング街の入り口の鉄柵に鎖で縛りつけた人もいた。車椅子を使っているというだけでいつも抗議者として選ばれる人たちだ。あたかも障害者手当をもらっている人はみな車椅子生活をしているみたいだった。車椅子の人は誰も働くことができないと言っているようでもあった。私はどちらも大いに疑わしいと思っていた。しかし、それは重要なことではない。当然、彼らには多くの同情が寄せられるのである。

そして七月末、議会の夏休みが近づいたころ、デービッド・ブランケットが所得調査付きの大学授業料の導入を提案すると発表した。こうして大学改革に向けての長い、ゆっくりした行進が始まったのである。

またもや怒りと裏切りの声が起こった。

もちろん、これらの声はなんとかおさめることができたものの、これは一つの前兆だった。われわれの政府は人気があった。私の支持率もまだ高かった。だがあの当時でさえ、来るべき嵐と困難の兆候ははっきりしていたのである。

私は総理であること、決断を下し責任をとることがどんな仕事であるかを実地に学んだ。そしてときおり一歩下がって全体を眺め、政府がどこに向かっているかを知ることができた。端緒についたばかりでも、やり終えたところを見通すことができた。こうしたことの律動を感じとることができた。戦争のような重大な危機は別として、始まりと終わりの違いは、たんに出来事自体の性質にあるのではない。言い換えれば、ある出来事――スキャンダルでもよい――はスタート時点でも起こり得る。そして、誰もがまだ新政府誕生の陣痛の最中にいるため、まずまず簡単に乗り越えることができる。それがもっとあとになってからだと、末期的になり得る。つまり、出来事の性質よりも、サイクルのどこで起きるかによるのである。逆境、批判の強烈さ、攻撃の完璧さは、リーダーの決断に比例して大きくなるのではない。時が経つにつれて新鮮さと魅力と目新しさ、そして結局説得力が欠けていくのに比例するのである。

就任当初の何カ月間、いや政権担当一期目のほとんどの期間を通じて、私には溜め込んでいた政治的な力の源泉があった。それをリスクにさらすようなことがあっても、限度内におさめ、できる限りすばやく取り戻す構えでいた。真にのるかそるかの初めての決断だったコソボ紛争に関しては、政治的資力を自由に使った。しかし内政面では、世論に従って改革を試みたのであり、逆らうことはしなかった。物事が当面静かに動いているときは、それをあえて乱そうとする気分にはならなかった。われわれは変革を実現していた。分権（法定の権限を連合国議会からスコットランド、ウェールズ、北アイルランドの各議会と関連行政機関に委譲すること）はその一つで歴史的なものだった。しかし成果の多くはすぐ手の届くところにぶら下がっていた。最低賃金（二〇〇五年、一時間当たり四・八五ポンドから五・〇五ポンドに引き上げた）のように人気のあるものさえあった。

　公的サービスの分野では、言葉づかいも意図もまったく正しかったが、やり方が中央から駆り立てるような変革になる傾向があった。のちに、はるかにもっと抜本的な変革の起こりは、この初期の数カ月のあいだにすでに認識できた。しかし政策の処方はあまりに単調すぎた。現場で変化をもたらす政府自身の力を信じきっていた。そしておそらく、われわれの分析は問題の重大さ、したがって根本的かつ構造的な性格の改革の必要性を過小評価していた。

　直観はだいたいにおいて正確に働いた。しかし、格闘することによって得られる知識や、経験、深い理解といった資質が欠けていた。政治的な信頼感はあったし、威勢をふるうこともあったが、そうした態度は国民に人気があることから生まれたもので、必要に応じて態度を変えるわれわれの適合能力から生まれたものではなかった。

　このような調子は邪魔でもあった。そして初めて私はそれを意識していた。もちろん、労働党の党首になった瞬間から、始めたように終わることは決してないことがわかっていた。政治とは厳しい生業《なりわい》であり、一般大衆は移り気であり、いくら注意深く組織を設計した政治的な前進――われわれの組織は計り知れないほどの用心深さで構築されていた――にも、亀裂や割れ目がたちまち現れることを知っていた。しかし、こうしたことを思慮することと経験することは別物である。そしてそれを直接感じることは、私をまごつかせると同時に、真剣にさせた。

　政治家がこんなことを言っても誰も信用しないだろうが、私は首相就任を切望したことも、首相の座に執着したことも決してなかった。これは正直な気持ちであり、真実である。自分に野望がなかったという意味ではない。たくさんあった。しかし私には剛胆さが欠けていた。政治家であることは残酷で醜く、涙で終わるかもしれないことを知っていた。

美しいがあまり知られていない南仏の地域の一県アリエージュにある、十二世紀に造られた可愛らしい家に滞在した一九九七年の休暇で、将来にあれこれ考えをめぐらせたことを思い出す。首相を二期務めて解放される、評判も心も無傷のままゴードンに引き渡し、あとは彼にやってもらう。すべてから逃れる。そしてふたたび自由になり、すべての心配事、責任、足を滑らすと身を切り刻まれるナイフの刃の上で暮らすような生活から解放される。まだ五十を過ぎたばかりの若さで、人気もあり、親しみのある国の親しみのある顔として生きることを考えた。もちろん最善を尽くして国を導く。厳しい決断を避けたりしない。しかし、それらが敗北となり、失敗と屈辱に終わるものでないことを祈った。国民が耳を傾けなくなる前に、私のことを気に入らなくなり、疎ましく思うようになる前に辞めること。それが私の希望だった。だが、私は時代の鼓動を察知し、執拗に徐々に高まり続けるドラムの音を感じることができた。それが国中に及ぼす影響を感知することができた。

私たちはすでに、善意の蓄積を少しずつ削り取るような決断を下し始めていた。最も当たり障りのない、あるいは一見合意に基づく変革でさえ、まったく不釣り合いな過剰反応を招くことに驚いた。デービッド・ブランケットによる読み書き計算能力のテストに関する提案に対してすら、ヒステリックな抗議の声があがった。われわれが政権を引き継いだときの十一歳の児童の学力水準を、約五〇パーセントの合格率(十一歳児に対して行われる全国学力テスト＝SATで合格水準に達する者の比率)という低さから引き上げるのに必要なことだったのに。私はその反応に驚かなかった。しかし平議員たちの雰囲気には危険なものがあった。彼らは統治の苦しみにまったく備えができていなかったのである。誰もが自民党のリキュールを飲み、うなずいていればよかった野党暮らしの安穏さを楽しんだあと、今度は地元選挙区に帰り、ひっきりなしに苦情を聞かされることに慣れなくてはならなかった。真の苦痛ではないにしても、この変化はショックだったのだ。労働党議員総会は、労働党の下院議員全員が議事堂のなかの大きな委員会室に集まり、党首から知恵の言葉を聞く機会だが、あるときの会で私は次のような冗談を口にしたことがある。野党の時代は楽だった。議員は選挙区に帰って政府の悪口を言っていればすんだ。困ったことは、与党になってもまだ同じことをしている者がいたことだ。今もって政府に反対する者はいかに節操があるか、その半面、通常、支持が反対よりもはるかに難しいとき、政府に忠誠な者は抜擢をめざしているのでない限り、ただのごますりにすぎないというのは驚くべきことだ。

私は野党だったときに必要だと思った節操はそれ自体、政権にあっても、野党時代以上ではないにしろまったく同じように重要だということを学んでいた。そのことは、政治軍団とつねに交流することを意味した。その半面、予定が突然の重要な会議や行事でいっぱいになるので、交流がだんだん難しくなった。

もう一つ学んだ教訓がある。会うことが必要だったり、会いたいと思う人もいれば、会いたくない人もいるが、諸外国の指導者には会わなければならない。儀式と儀典があり、その多くは避けることができない。首脳会議があるNATO、ヨーロッパ、G8などだ。サミットは退屈で、生産的だと思えるのはまれだった。香港の中国への返還もあった。

旅は苦にならないほうだが、一日半で香港を往復する旅は疲れた。しかもこれは中国指導部と接する実際に初めての経験だった。それは奇妙なきっかけだった。香港には何度か行ったことがあった。義理の妹カティは香港チャイニーズだったからだ。彼女は植民地の返還問題についてはいろいろ役に立つことを教えてくれた。当然のことながら、彼女はイギリス贔屓だった。カトリックとして育てられ、イギリスで長いこと暮らした。しかし、香港返還は悲しいかと聞くと、即座にこう答えた。「いいえ。私は中国人だから。香港が中国の一部になるのは当然よ」。おうおうにしてイギリス人が見損なうのは、われわれは世界各地の現地の人々からよき植民地主義者だったとみなされていることが多いが、これらの人々はもはやわれわれを植民地主義者としては欲していないということである。われわれがどれほど善意であろうと、最終的には彼らは自分のことは自分でやり、そのうえで間違いを犯すことのほうがよいのだ。

しかし香港返還式典では、強い感情が沸き起こった。残念というより古い大英帝国へのノスタルジアだった。その晩遅く、私は大雨のなか、中国指導部の面々に会うためビクトリア港を小舟で九龍《カオルーン》側に渡った。上陸の場には照明が煌々とあたり、ホテルの波止場に近い側には中国のちょうちんが風と波打つ海面に揺れ、ぶつかり合って音を立てていた。私は自分が三十歳くらいに見えるに違いないと思いながら階段を上がっていった（ご存じのように私は首相在任中、急に老《ふ》け込んだ）。江沢民はじめ一堂に会しているトップ級幹部に挨拶をするためだ。彼は、たぶん私もかなわないだろうほどのシェークスピアに関する知識を披露して私をあわてさせ、世界でこれほど当たり前のことはないかのようにジョークを飛ばした。そして、これは英中関係の新しい始まりであり、これからは過去のことは忘れることができると説明した。そのとき私には、彼の言う過去が何であるかかなりぼんやりした、おおざっぱな理解しかなかった。いずれにしても、儀礼的な言葉にすぎないのだろうと思った。しかし、実際彼らは本気だったのである。そして中国との関係はあの日以来、実質的に大きな前進を見たのだった。

同じように、政府の浮き沈みの一つの表れだが、個人的なスキャンダルは不可避だった。不可避というのは、どんな政府にも必ず起こることだからだ。われわれは大きな過ちを犯した。保守党よりもましだろうという印象を生んでしまったことだった。統治で優れているだけでなく、より道徳をわきまえ、より正直であるという印象だ。記録のために言っておくが、私は純粋以上に純粋になるだろうと言ったことはない。私たちは純粋以上に純粋であることが期待されていると言ったまでだ。そう言ったのは、危険を強調するためだった。いわゆる〝低俗〟問題をめぐる特徴づけを後悔するようになった。それはメディアのゲームで、野党時代にはそれを利用した。ゴールは簡単だったが、長期にわたって壊滅的な影響を及ぼした。しかしわれわれはファウストを仲間にゲームをしている意識はあった。しかしファウストを味方につけていれば、点を入れるのがとても簡単なのだ。公平を期すために言うと、保守党がやったことをこちらもやっているのを見ることはなかった。

私が気がつかなかったことは、われわれにもがたがたと外に知れる内輪の恥があるだろうということだった。内容は保守党とは違うかもしれないが、同じように嫌悪感を催させることだった。それだけでなく、「政治を浄化させる」改革の一端として計画していた透明性の増大が何を意味するかを完全に予見することが当時はできなかった。政党への寄付者と献金額の詳細が初めて公開されようとしていた。私が完全に見落としていた事実は、野党のときは富豪の寄付者は敬意のしるしとして歓迎されたが、政権にいると、それはすぐに買収とみなされることだった。情報公開法が当時内閣委員会で討議されていた。それは政府が自分自身と議会を監視にさらすという驚くべき提案だった。その帰結は革命的だったろう。この法律がメディアの優しい情けに渡した力は巨大なものだった。用心深くやったが、先見の明を欠いていた。政治家は人間であり、スキャンダルは起こるのである。その話にハッピーエンドはないだろうし、たしかになかった。皮肉にも、われわれは評判をよくするどころか、傷つけたのだった。一九九七年後半の数カ月のあいだに二つのそのような〝スキャンダル〟が起きた。一つは個人的なものであり、もう一つは金銭的なものだった。

八月一日、休暇に入る直前、アリスターがある知らせをもってきた。ロビン・クックと長年彼の補佐役を務めてきたゲイナーの関係が《ニューズ・オブ・ザ・ワールド》紙に載ったというのだ。かつてなら、政治家が情婦や愛人をもつのは珍しくなかった。とはいえ、当時の道徳に厳しく反することであり、そのようなことを書くのは妥当ではないと考えられていた。皮肉にも、人々はセックスのことをあけっぴろげに話題にし、情事さえあからさまに行っているのに、政治家は伝統的な道徳規範を守ることを期待されており、それも逸脱行為は以前よりもはるかに公に論じられる。過去の指導者——ケネディ、ロイド・ジョージ、その他疑いもなく多くの人たち——は、想像もつかないような生活を送ったのだが、今日われわれはもっとふしだらな時代に生きているのである。私は、このようなことについてはかなり世間に近い考え方をしていたつもりだったが（だから、政権をとる前、保守党員が起こしたセックス・スキャンダルにつけ込むことは入念に避けた）、世間一般は違った見方をするという事実を意識していた。

ロビン・クックの話が報じられたとき、私は初めのうちは比較的無頓着だった。しかしアリスターは大問題になると考えた。われわれは一線を引かなければならず、難しいのはその線引きだった。ロビンはマーガレットと結婚していたのに、ゲイナーとも関係をもっていた。昔なら、この状況はひっそりと続けられたかもしれない。しかし今日では、彼はどちらを選ぶだろうか？ということが問題にされる。私の休暇が始まる金曜日の朝、アリスター、ロビン・バトラー、私が私の小さなオフィスに座り、今後どうするかを決めなければならなかった。

アリスターは、ロビン・クックに電話をかけた。ロビンは、マーガレットと休暇に出かけようと空港にいた。想像にかたくないが、気まずい会話だった。どうするつもりだ？　最後に私はこう言った。自分で決めなければだめだ。さもないと、事はわれわれの手に負えなくなり、大スキャンダルに発展する危険性がある。私には、君が両方との関係をどうして大っぴらに続けられるのかわからない。

私は間違っていたかもしれない。理不尽な干渉だと思われるかもしれない。しかし私には基本的な問題に対する答えがわからなかった。関係を知ってしまった以上、それは続くのか、終わるのか？

そして日曜版の締め切りがある。記事は《ニューズ・オブ・ザ・ワールド》紙に載る。こうしたことが気の毒な男の私生活をめぐって起きているのであり、私たちは鳩首協議して、ロビンだけでなく政府全体の利益のために最善のアドバイスをしなければならないのだ。「外相、妻を捨てて他の女へ」。まず面白い見出しだ。しかしすぐにこうなるかもしれない。「三角関係の外相——どちらが勝つか？」。こうしたことが延々と何週間も続く。

見苦しいことだが、ロビンにはっきりさせる必要があった。マーガレットに話さなければならない。どちらかを選ばなければならない。そして土曜日の正午、日曜版の締め切りまでに決断しなければならない。私には、マーガレットがその後非常に感情を害していることがわかっていた。アリスターと私はロビンにゲイナーと別れるよう迫った。しかし実際にはそうはいかなかった。彼はゲイナーを愛しており、彼女も彼にぞっこんだったのである。彼は選択をした。次の日それを発表した。アリスターの処理よろしきを得て、問題はまずまず同情をもって受け止められ、注目は驚くほどのスピードでほかに移っていった。

私は首相として無数の内緒事、そして院内総務を通じて無数の暴露を知るところとなった。ショッキングなこともあれば、そうでないこともあった。政治家といえども誰でも同じである。愛で結ばれた結婚もあれば、便宜的な結婚もある。情事にふけっている者もいる。男女関係もあれば、同性愛もある。

ある程度まで、そしてその限度はかなり幅が広いのだが、大衆は性的な不品行について寛容である。問題は密通ではない。複雑化することである。メディアが何かを嗅ぎつけ、洗い出すとき、あるいはスキャンダルのなかに〝公衆の利益〟の濫用をでっちあげることができるとき、面倒なことになる。それは機密保持の手落ちだったり、政府の情報が危うくされたりする場合だった。また、それについて嘘をついたり、何かを追求するのに政府の資源を用いたりするときだった。そうなると、非常にまずいことになる。しかし、ただの単純なセックス・スキャンダルなら——そのようなものがあるとしての話だが——大衆は許容するのである。

だが、金銭スキャンダルは別物である。金はセックスよりもずっと影響力が大きく危険である。政権一年目が終わる前、われわれは金銭スキャンダルにも見舞われた。そしてその一件を通じて私は大きな教訓を学んだ。

総選挙の前、フォーミュラワン（F1）界のボス、バーニー・エクレストンが労働党に百万ポンド献金したことがあった。以前エクレストンは保守党にも献金したことがあったが、そのときは情報開示を求める法令の根拠となる法律がまだ制定されていなかった。彼はF1関連業界の問題のことで面会にやってきた。ヨーロッパでは、スポーツでのタバコ広告の禁止が検討されていた。F1はタバコ広告に非常に大きく依存していたので、彼は段階的な導入を求めていたのだった。

エクレストンに公平を期すために言うと、彼は献金と政策の関連は一切口にすることなく、終始適切に振る舞った。献金はすでに受け取っていたが、もちろん今後さらに献金がある可能性はつねにあった。F1関連業界の雇用が数万人にも上ることもあり、私がこうした業界の大物に会おうと思ったのは当然だった。また、広告禁止を段階的に実施する政策決定も同じようにしただろう。

しかし、ここで私にまったく愚かな判断の手落ちがあった。それはただちに官僚による大きな組織を設置し、献金がそのチェックを受けるだけでなく、チェックを受けていることを衆目にさらさなかったことだ。それを怠ったばかりに、たたかれた。たたかれたのは当然で公正なことだった（しかし、エクレストンにとっては少し不本意だった。彼は献金を政策に関係づけることは決してなかったし、言外に匂わせることもなかったからだ）。

私が即座に学んだことは、いったん政権につけば、金にまつわるあらゆるルールは非常に違って適用されるということだった。もっともなことだと言いたい。しかし、肝心な問題――それは時が経つにつれて大きくなった――は、政党は資金を必要とするということだ。一般党員から集収できる資金量には限度がある。そこでいわゆる高額寄付者が絶対的に重要になるのである。一九九七年でさえ、資金の支出額では保守党に負けた。一九九二年には、保守党の支出は五対一の比率でわれわれを上回っていた。同年のわれわれの資金の九〇パーセントは労働組合からの調達で、私の経験によれば、金と政策を明瞭にそして執拗に結びつけていた労働組合が唯一の資金源だったのだ。私はこうした依存からの脱却を決意していた。しかし政権についてみると、大口献金が善意から行われるものだとは誰も信じなかった。

もちろんある意味で、動機はつねに変化するし、さまざまなものが入り交じっているだろう。人々が慈善に寄付するのもさまざまな入り交じった理由からである。誤解しないでもらいたいのだが、そのなかでも善を施したいという願いが最大の理由かもしれない。だが、政党への献金は、少なくともイギリスでは一見したところ、政治を支援するためのものとはみなされていない。一見、買収工作と見えるのである。そこで非常に難しいことになる。それはいずれやってくることの鋭い、本心をうかがわせる前兆なのである。

このことはもう一つの教訓を教えてくれた。それを学んだあとも、実際に応用するのは難しいこともわかった。スキャンダルにまつわる問題には、それが知らぬまに忍び寄り、思いがけず捕らわれてしまうものがあるということだ。そうなるとメディアが大群をなして、事件を長引かせ大きくする。一方、こちらとしては事実を見つけ出し、筋道をつけ、どこに陣取れば正当かを考えようとする。人々の仕事や生活が、即座のしばしば不完全な情報に基づいて下される決定にかかっている。嵐が荒れ狂っているとき、感覚と意思決定能力は逆さまになり、〝新事実〟の波間に放り出される。海は決して静まることなく、陸地を見つけられないだろうと恐れるまでになるのである。

スキャンダルは、政治におけるまったくの悪夢である。私の言葉をそのまま受け入れていただきたい。一般大衆は、今の政治家は古の日々の政治家より小者だと結論を下しているかもしれない。それはナンセンスである。違いは精査が厳しくなったこと、期待される透明性がまったく異質なものになったことだ。問題が公に論じられるときのヒステリックなムードは、昔の数倍デシベルもの音量になっている。そしてそれが動くスピードはジェット機とトラクターとを比べるようなものだ。人は変わっていない。背景がわずか二十年前のそれと比べても惑星間ほど隔たっているのだ。

こうして政権一年目は終わった。誇るべきことはたくさんあった。巨大な変化が、政策だけでなく文化の面でも始まった。憲法に画期的変化をもたらす野心的な立法措置、最低賃金の引き上げ、イングランド銀行の独立性などの改革案に着手した。これらは国の統治における重大な変革を画するものだった。

この時点では子供の手ほどの小ささだったが、将来の暗雲は大きくなりかけていた。スキャンダルに関する純潔性も失い、将来の権力闘争の萌芽もあった。しかし総じて、幸先のよいスタートだった。新しい、未知数の政府だった。それでもわれわれはうつ伏せに倒れはしなかった。まっすぐに立って、統治していた。われわれは満足していたし、国もそうだった。

第5章　ダイアナ妃

夏休みから元気はつらつになって戻った。首相官邸入りして最初の何カ月間は万事うまくいっていた。期待されていたとおりだった。次の数カ月間はもっと厳しくなるだろう。それも予想されることだった。多くの勇み足、逃したチャンス、不完全な意思決定があったものの、気分は良好極まりなく、われわれは祝福された政権に見えた。大衆の空気とは不思議なものだ。私の経験では、大衆に受け入れられるときには、深くしっかりした根をもっているように見える。どうして変わることがあろうかと思う。もちろん変わることはわかっているし、実際に変わるだろう。しかし、国民感情が明瞭ならば、そのなかにいると苦もなくそれに浮かんで進むことができるし、反対に容赦なく押し戻されることもある。よいにせよ悪いにせよ、その雰囲気が永遠に続くかのようなのだ。

大衆の気分を作るメディアの力は重大である。雰囲気がよいときは本当によい。間違いも愛嬌、失言も面白い、苦悩に満ちた意思決定の過程も物事を正しく決めようとする深い責任感の反映にすぎない、と判断される。ムードが厳しいときは、吹き荒れる向かい風のなかを走るようなものだ。失策はすべて誇張される、過去の脱線が思い起こされ、新たな力をこめて繰り返し論じられる。苦悩に満ちた意思決定はたんなる無能とみなされるだけだ。同じことを同じようにしているのに、評価がぜんぜん違ってくるのである。「ニューレーバー、ニューブリテン」は自信過剰の産物とは思えなかった。その反対で、国の空気のなかにある何か本当のものと調和していたのだ。もちろん現実には、われわれは公的サービスにせよ、福祉や年金にせよ、一連の政策分野の表面を引っ掻いているにすぎなかった。しかしこの最初の数カ月は、そのようには見えなかったのだ。

保守党政権はあらゆる政策理由で論議を引き起こしていたが、ある意味でそれは正常な政治である。産業に対する新しい自由放任主義、労働組合との闘争、外交危機――これらはいずれも代償を伴った。もっとも、保守党統治の基盤となった行動指針は、多くの場合、世界全体のまずまず共通の知恵となりつつあったのだが。しかし、彼らの政策は小文字の「c」、すなわち普通の意味で保守的（conservative）で、時代遅れにもなっていた。一例を挙げると、ロンドンで労働党を同性愛志向の党だと酷評したようなことである。一九八〇年代ならそれでも通用したが、一九九〇年代終わりになると、それは逆に作用した。保守党の堅苦しさ、ものものしさ、伝統の信仰は、過ぎ去った時代が刻印された金属のようなものだった。ジョン・メージャーはいろいろな面でそれとは違っており、党をそこから引き出す力が大いにあったが、彼は決して責任をとろうとしなかったことが問題だった。

労働党が過去の鎖を捨て去り、経済に関して近代的に行動し始め、国防や犯罪などの問題について常識的な感覚で振る舞うようになると、保守党側につく理由は瓦解《がかい》していった。時代精神は自由になって以前ほど恭しくなくなり、社会問題にますますリベラルになり、階級に縛られなくなり、実力本位になった。私がパブリックスクール（上中流子弟のための寄宿制の私立中等学校）出身で、メージャーが公立校の生徒であったことなど重要でなくなった。私は一つの考え方にまとまった党を率いた。メージャーは別の考え方をもつ党に身動きできなくされていたのである。

国民感情の変化は一般大衆の生活の隅々にまで深く及んでいた。それには当然、王室も含まれており、王室にはそれ自身の人格化があった。ダイアナ妃である。彼女は一つの偶像的存在であり、おそらく世界で最も名が知れ渡り、写真に撮られた人だった。彼女は時代の本質をとらえ、きっちりと自分のものにしていた。彼女は時代の本質をはっきり示したのである。

これは制度としての王室、あるいは言ってみれば王室の運用にとっては、深刻で不穏なことだった。ダイアナ妃はカリスマ性、大衆と結びつく能力、新しいものを受け入れる勇気という点で、王室の他の人々の影を薄くする存在だったので、支持よりも非難の対象になった。これは、彼女が王室やその世襲の伝統すべてと完全に合致しなかったという意味ではない。合致したのである。しかし彼女がその合致を近代的な意味合いに翻訳したやり方があまりに大胆だったから、不調和が、したがって危険が目立ったのだ。彼女はこれまで禁じられていた場所に足を踏み入れ、注意深く築きあげられていた礼儀作法のハードルを飛び越え、王室の行動規範を自由奔放に打ち壊した。それは一面ではまったくの愚行であり、別の面では完全な非凡の才だった。王族はどうしてよいかわからないという思いと恐怖が入り交じった気持ちで彼女を見つめていたに違いないと私は思う。もちろん、彼女は特定のいかなる政党も支持しない明晰さの持ち主だったが、気質と時代の雰囲気に、そして彼女自身が作り出し、われわれが代表した風潮に完全にぴったり合っていた。何であるにせよニューレーバーが部分的にもっていたものが、彼女にあっては全体的に備わっていたのである。

私はダイアナ妃を一九九七年の総選挙前からかなりよく知っていた。労働党の議員仲間ミシュコン卿が彼女と引き合わせるために食事の席を設けてくれた。友人のマギー・レイはダイアナ妃の知人を知っており、これまたダイアナ妃を交えて食事に招いてくれた。私たちは連絡を取り合い、ときどき会っていた。

ダイアナ妃は並はずれて魅惑的だった。彼女を包んでいるオーラは、王族であることと彼女が示す平常さの思いきった組み合わせで、さらに大きくなった。彼女は王室の一員として打ち解けた、人間的な、そしてなによりも人々と平等にかかわり合おうとする気持ちをもっているようだった。人を見下すところがなく、普通に笑い、普通に会話をし、普通にふざけた。それが大きな魅力だった。どこでどんなグループに入ってもうまくやることができた。

彼女には間違いなく強い感情的な知性があった。しかし同時に、分析的な能力にも優れていた。一度彼女と写真の効用と力、そしてどうすれば写真を最も有効活用できるかについて話をしたことがあった。その会話で彼女が直観だけでなく、真に優れた働きをする理性に裏づけられた心の持ち主であることがわかった。彼女は写真の効用を完璧に心得ていた。ときどき電話をしてきては、なぜどこそこの写真はくだらないものなのか、どうすればもっとよくなるのかなどを語った。言っておくが決して政党政治にかかわるものではなかった。にもかかわらず、彼女は、われわれが何を達成しようとしているのか、それはなぜなのかを完全に理解していた。私はいつもアリスターにこう言った。もし彼女が政治家だったら、クリントンでさえ警戒しなければならなかっただろうと。

彼女はまた意思が強かった。そして言わせてもらえば、つねにわが道を行った。彼女は人と付き合い始めるくらい簡単に仲たがいした。自分の存在が及ぼす力の全域を心得ており、人を虜にする能力を知っていた。そしてたいていは、その力を善行のために使った。しかし彼女の感情には荒々しさもあり、怒りや恨みがその力と折り合わさったときには、危険な結果を招く恐れがあった。私は本当に彼女が好きだったし、もちろん誰にも劣らず美しい王妃に参っていた。だが警戒もしていた。

それはともかく、われわれがイギリスのイメージを変えつつあったちょうどそのときに、彼女は王室のイメージを急進化させていたのである。おそらく、もっと正確に言えば、彼女と王室との対照が、王室がほとんど変わっていなかったことを照らし出したのだ。王室とその将来についてエリザベス女王ほどの鋭敏で長期主義的な人にしてみれば、それは非常に困った事態だったに違いない。何にもまして女王は、王室が歴史、伝統、義務にとってもつ重要性を知っていた。また、王室が国民とともに進化する必要があること、そして文書にもなっておらず公に語られることもない国民との契約が、そのような進化を許容する関係に基づいていることを知っていた。しかしその進化は安定した、用心深く計算されコントロールされたものでなければならなかった。突然、予測のつかない流星が、この決まりきった、高度に規制された生態系のなかに飛び込んできたのだ。その結果もまた予測不能だった。彼女が危なげに思われるのには立派な理由があったのである。

休暇のあと、首相として初めて王室一家と週末を過ごすためにバルモラル（スコットランドにある城で王室が夏季休暇を過ごす）に行く――グラッドストンとビクトリア女王の時代にさかのぼる伝統――前に、選挙区のセッジフィールドを訪れた。首相として里帰りするのは素晴らしかった。私は地元民を誇りに思っていたし、彼らも私を誇りに思ってくれた。だいたいにおいて、この気持ちは最後まで続いた。労働党の党首になって以来、以前のように定期的に戻ることはなくなっていたが、行くたびに歓迎を受けた。地元の党一般委員会の集会に出席し、報告をした。その後一、二時間、おしゃべりをし、意見交換をし、質問に答えた。出席者の多くは、私を一九八三年から知っており、私の出世を見守ってくれていた人たちだ。そしてその集会の部屋では私はきわめて正直だった。ジョン・バートンが注意深く見守るなかで、心から信頼している人たちと話ができるのは一つの特権だった。彼らにとっても、作られつつある歴史の一部に接し、自分もその一部であるかのように感じることができるのは特権と感じられたのだった。

セッジフィールドの《ダンカウ》というパブも訪れることにしていた。労働者のクラブである。誰もが友好的で、私が一杯か二杯飲んだら、あとはリラックスすることを大事にしてくれた。ジョンとリリー・バートン、フィル・ウィルソン（のちに私の後任のセッジフィールド選出下院議員）、本当に善良できちんとしたピーターとクリスティーン・ブルックス夫妻、がさつでタフだが、愛すべき頭のよい人間で労働者のクラブの世話役を務め親しい友人になったポール・トリペットなどが居並ぶディナーの席以外では、政治の話はめったに出なかった。私たちはおしゃべりをし、選挙区の問題を一つひとつ検討した。私はこうして、その時点での大きな問題についての彼らの体温を測るようにしていた。集団としても個人としても、彼らには大衆が今どこにいるのかについて鋭い直観があった。私が足もとを探る際に助けになってくれないことなどほとんどなかった。地元の人たちはまた、イギリス国民の非常に大切な気質を代表していた。彼らは《ガーディアン》紙（高級紙）を読んでいるかもしれないが、昔から新聞は《ガーディアン》と決めている階級の人間ではなかった。彼らは〝ロンドン〟とはまったく縁遠かった。かといって典型的な《デーリー・メール》紙（保守的な大衆紙）の読者でもなかった。非常に政治的だったが、政治の外の人間もたくさん知っていた。

さらに彼らは、国民が押し込まれている古い枠組みがいかに現状に合わなくなっているかを示す興味深い例だった。私の政治はそれを完全に表現するものだったが、あれこれ意見を表明する階層の人々にそれを理解してもらうのは非常に難しかった。セッジフィールドは〝北部労働者階級〟の選挙区だったが、表面をほんの少し引っ掻いてみるだけでも、その定義が合致しないことがわかった。トリムドン、フィッシュバーン、フェリーヒル、チルトンその他の炭鉱村に入っていくことは簡単だ。固定観念に合うものを探せばすぐに見つかる。だが、次第にそうではなくなっていた。新しい住宅は民間業者が売り出した寝室が三つも四つもある家で、そこの住人は〝中産階級〟とは言いきれないにしても、アンディ・キャップ（人気漫画に出てくる労働者階級家族のずっこけ亭主）のような意味での〝労働者階級〟でもなかった。彼らはビールを飲んだが、ワインも飲んだ。フィッシュ・アンド・チップス店だけでなく、レストランにも行った。海外での休暇を年に一度ならず二度、三度とった。しかも、いつもベニドルム（地中海沿岸にあるスペインのリゾート地で、イギリス人が多いので有名）に行くわけではなかった。

これは昔とは違うイギリスだった。そして、私には気楽に感じられるイギリスだった。たいがい《デーリー・メール》紙のような新聞だったが、私がどんなにきざで、ぺてん師であるかを書き立てる記事が出た。フィッシュ・アンド・チップスを好きだと言ったくせに、ロンドンではイズリントンに居を構え、パスタを食べていることがよく知られているではないかといった類のことだ（これを衝撃的に仕立てた記事である）。これらは別々の、両立し得ない文化の代表格だから、両方を好きになれないのは当然かもしれない。もちろん、一九九〇年代終わりのイギリスでは、人々が多彩なものを食べ、多様な文化的経験を積み、むしろそれを楽しんでいた。これは〝北部〟においても〝南部〟においても同じだった。世界は開けつつあったのである。私のセッジフィールド選挙区の親友たちは、この違いを象徴していた。そこでは、私はくつろぐことができたし、あるがままになることができた。そして、彼らも素のままだった。全員それでよかったのである。

私たちの暮らし全体がそうだったように、選挙区にある私の自宅の周りも変わってしまった。後年ほどの厳重さではなかったが、二十四時間体制でつねに警察官の護衛がついた。家に通じる道路の通交は制限された。それでもやはり、ここは私たちの生活がわずかながらもそのまま残っているように感じられた。周囲はなじみ深く、居心地がよかった。

一九九七年八月三十日の夜、私の思いは、こうした変化を言葉にするための行動指針をどうまとめればよいかという、いつも頭にあった関心事に集中していた。もし国民が変化を早く認識しなければ、懐疑が生じるのではないかと不安だった。われわれには政治的なイニシアチブがある一方で、保守党は首尾一貫性を失い、規律を欠いていることがわかっていた。と同時に、労働党はメディアをしっかり把握しておらず、多くの場合、両党とも信念ではなく便宜に依存していたこともわかっていた。保守党がわれわれを攻撃しようと決心し、われわれと内実で勝負できなければ、外見をとらえようとするだろう。われわれの強みを弱さに、われわれの政治的成功そのものが策略の一形態に見させるように試みるだろう。またあるときになれば、右派メディアは、われわれが実際にはサッチャー主義の温厚な形態ではないことを理解し、左派メディアはニューレーバーが本物であり、左派のお決まりの要求に屈しようとしないことを悟るだろう。

そんなことを考えていた晩だったが、子供たちを寝かしつけること――それはたいてい私の役目だった――にも気をとられていたのではないかと思う。ベッドに落ち着かせ（十三歳、十一歳、九歳の三人では不可能だった）、飲み物をとってきてやり、本を読んで聞かせ、少なくとも夫婦二人で静かに食事ができるくらいの息抜きの時間を与えてくれることを望んでいた。

私は十一時半ごろ床についた。深夜二時ごろ、世にも不思議なことが起こった。シェリーはいったん眠ると起こすのが難しい質だが、私が目を覚ますとなんと警察官がベッド脇に立っているのが目に入った。大いに驚いたのは想像にかたくないだろう。何事かと意識を取り戻そうとしていると、警察官は呼び鈴を押したけれども私が気づかなかったのだと言った。ダイアナ妃が自動車事故で重傷を負ったのだと言う。

すっかり目が覚めていた。シェリーも起きてきた。彼女に事情を説明し、階下に駆け降りると、官邸がそして、パリ駐在のイギリス大使サー・マイケル・ジェイにただちに電話をするよう告げられた。マイケルを電話に呼び出した。ダイアナが助かりそうもないことは初めからはっきりしていた。マイケルは彼女の様態を説明してから、彼女のボーイフレンドのドディ・ファイドと運転手は即死で、ボディガードは生きているが意識不明だと知らせてくれた。

私はアリスターに電話した。彼はあらゆる方面からメディアをチェックして話を聞いていた。私たちは二人とも深いショックに襲われていた。信じられなかった。ダイアナは国民の暮らしのなかで本当に大きな力になっていた。国民生活のすっかり大事な一部になっていた。彼女は明白に、疑う余地なく国民のなかに生きていたのであり、彼女が死ぬなど考えられなかった。

午前四時にふたたび電話があり、ダイアナが亡くなったと告げられた。マイケルはこの事故処理にかかわったフランス人の対応を賞賛した。ジャンピエール・シュヴェネマン内相、ベルナール・クシュネル保健相、ジャック・シラク大統領は気配りが細やかで、協力的で、敬意に満ちていた。その後、絶え間ない電話のやりとりをしながら、この一件にどう対処すればよいかを決めようとしていた。

こういう言い方は無情に聞こえると承知している。私は心からダイアナの死を悼んでいた。彼女が好きだったし、彼女の二人の息子がかわいそうでならなかった。しかし同時に、これは国家にとって、いや実は世界にとって何ものにも比べることのできない一大事になると気づいていた。イギリスが国としてこの出来事をどのように切り抜けるか、対内的にも対外的にも重要だった。私は首相であり、どう対処するかを決定しなければならなかった。悲しみと喪失が大波になって押し寄せるだろうことを言葉で的確に表現しなければならなかった。威厳のある、でも国民がダイアナ妃に対して抱いていた感情と愛情を――あまり強い言葉でなく――示す道を考えなければならなかった。

もし女王の逝去だったなら、ある意味でそれは簡単だったろう。大いなる尊敬と賞賛が示されるだろうが、いかに深い思いがこめられているにしても、その表現は慣習に従ったものになるだろう。今回の一件は次元が違った。これはありきたりの人でもなければ、ありきたりの死でもなかった。そして反応もありきたりのものではないだろう。

哀悼のほかに、私はあるものを感じていた。それはダイアナと最後に会ったときに由来することだった。それはそれほど単純なことではなかった。彼女はチェッカーズ（ロンドン西方の田園地帯にある首相の公式別邸）に来ることを望み、六月のある日を提案してきたので、私は了承した。アリスターは彼女が大好きだったが、官邸スタッフともども、私がチャールズ皇太子に会う前に彼女と会うのは適当ではなく、誤解を生むかもしれないと異を唱えた。私もしぶしぶそれに従い、日取りを七月に仕切り直した。勘の鋭い彼女は、変更が意図的なものであることを察知し機嫌を損ねた。

その日、ダイアナはウィリアム王子と一緒にやってきた。天気は素晴らしく、チェッカーズは美しかった。スタッフは彼女の来訪に心をはずませていた。彼女は皆に優しく、親しみに満ちていた。私たちは彼女がもっと公式に国のためにできることについて話し合っていたところだった。彼女は何かしたくてたまらないようだったが、それを決めるにあたっては言うまでもなくさまざまな微妙な問題を含んでいた。疑いもなく彼女は国や国民にとって巨大な財産であり、私的な生活だけに関心が集中するのではなく、何か別のことで機会が与えられるのが適当だろうと感じていた。しかし、私にはよくわからなかったし、今となってはそれほど細かなことまで気にする必要もないのだろうが、ドディ・ファイドが問題だとも思っていた。彼に対して眉をひそめる人がいたが、そのようなはっきりした理由ではなかった。彼の国籍、宗教、家族的背景など、私はまったく気にならなかった。彼には一度も会ったことがなかったから、彼を問題視するのは不当なことだった。そして私の知っている限りでは彼はよき息子であり、ナイスガイだった。だから誰かに、何がいけないと思っているのか白状しろと言われても、率直には言えなかったのである。それでも何か気にかかるところがあった。そしてダイアナを本当に愛している親友たちも同じように感じていた。

あのとき、チェッカーズで楽しい一日を過ごした。子供たち、警察官、護衛官、別邸スタッフ全員がグランドに出て芝の上でフットボールをした。一九三〇年代には美しい芝のテニスコートだったところだ。素晴らしいピッチで大いに楽しんだ。ダイアナと私のほか全員が参加した。かわいそうなウィリアム王子もその一人だった。彼は母親がなぜここに自分を連れてきたのか、いぶかっていたのだろうと私は思う。それに彼はあまりフットボールをする気がなかった。人のいい彼は、それでもプレーに加わっていた。

ダイアナと私は敷地のなかを散歩した。彼女は六月の日程をキャンセルしたことついてやんわりと、しかしはっきりと私を責めた。今だったらどう接したかわからないが、あのときは彼女とドディのことを率直に切り出した。彼女はいやがった。私はむっとする彼女に強情な側面を見てとることができた。とはいえ、話を拒まなかったので、どうするつもりかも含めて話をした。会話には気づまりな場面もあったが、終わるころには温かく親しいものになっていた。私は自分が彼女の真の友人であることを示し、私の率直さをそのような気持ちで見てもらえるように精いっぱい努力した。私もフットボールに加わり、彼女はプレーを見ながら皆と笑い、一緒に写真におさまるなど、そういうことにかけては見事にいろいろなことをした。それが彼女を見た最後だった。

ダイアナの死と、それについて何を言うべきかに考えをめぐらしていると、悲しみとともに義務感が生じた。彼女がどのような存在だったかをつかみ、表現してあげなければならないと思った。私たちは両方とも人を巧みに扱う人間だったたし、他人の感情をすばやく感知し、直観的に調子を合わせることができた。しかし彼女が他人には真似できないような、そして彼女の地位にある者は決してしたことがなかったようなやり方で障害者や病弱者に接しようとしたのは、誠実な思いからだった。私にはそれがわかっていた。もちろん、彼女は自分の行動が及ぼす影響を知っていた。彼女の思いが本物でなかったなら、その影響は決してあれほどの力をもちはしなかっただろう。夜明けの光が窓から差し込むトリムドンの書斎に座って、彼女なら自分について私に何を語ってもらいたいと思うだろうかと考えた。

当然ながら、数えきれないほどの実務的なこと、準備を整えなければならないことがあった。電話の応答、遺体のイギリスへの移送、葬儀、政府の業務（たとえば、スコットランドに関する国民投票運動を続けるかどうか）。重要なことからほんの些事まで、すべてに注意を払わなければならなかった。このような事態のときには、ちょっとしたことが突然、警告もなく重大事に転じることがあるのだ。

しかしながら、終始、私の頭を占めていたのは、自分が何を言うかだった。ロビン・クックはフィリピンで飛行機から降りたばかりなのに、すでにコメントを出していた。アリスターはそれに大いに苛立っていた。私は彼に気にするなと言い、なによりも大事なのは私が何を言うかであり、それはトリムドン村の教会の礼拝が始まる直前、午前十時半にすることで合意した。

宮殿はもちろん声明を発表していた。しかし、女王自身は話をする気持ちはなかった。私が教会に向けて家を出る直前、初めて女王に電話をし、お悔やみを述べた。女王は冷静だった。ダイアナの二人の息子のことを心配していたが、同時にいかにも王室の人らしく、実務的であった。事の重大さを理解してはいたものの、女王の流儀でそうしたのだった。この一件で振り回されはしなかった。その意味で、非常に女王らしかった。

そのときまでに私は言いたいことをまとめあげていた。それを封筒の裏に書きつけ、アリスターと相談した。すでに親しい側近とは話をしていたが、私が必要としたのはアリスターのアドバイスと情報だった。こうした状況下での彼の判断は、的確かつ模範的で、力になった。こんなときになによりも無用なのは、自分を守ろうとする者、右往左往する者、へつらう者である。

〝国民のプリンセス〟という表現はいまや別の時代のことに聞こえるかもしれない。古臭い、おおげさだ、等々。しかし当時はそれが自然に感じられたし、なによりもダイアナ自身が受け入れたに違いないと私は思った。彼女が自分をそう見ていたのであり、彼女はそのように記憶にとどめられるべきだった。私はまた、人々の暮らしへの彼女の接し方を表現したいと思った。そして彼女自身の人生が平坦でも楽でもなかったことを認めるような表現をしたかった。彼女の問題に触れないことは、彼女に対してなんだか誠実でない気がした。いやそれだけでなく、彼女が他者に対してもった意味を軽んじるように感じられた。人々が彼女を愛したのは、彼女が王妃であったからに違いないが、いまだ弱く、人生の有為転変にもてあそばれ、傷つけられた経験があるからこそ、人々の傷を癒すことができたからにほかならない。

私たちはトリムドンの中心にある緑地まで二、三マイル車で走った。そこには古い教会が建っていた。祭壇の周りにはノルマン様式のアーチの一つがいまだ残っており、美しい庭、リリー・バートンと彼女の友人たちが番をしていた墓地があった。シェリーと子供たちが先に入った。アリスターは代表取材の記者団の場をしつらえていた。私は車から降り、歩を進めてから話した。ダラム州のこの小さな村の古い小さな教会の前の緑地に立って、国中いや世界中に届くであろう言葉を発するのは不思議な気持ちだった。人々が私のことをどう思うかが、この言葉に大きくかかっていた。今になっても人々は、私にあのときの話をする。何日も何週間もかけて準備をした大演説、現代史を形作り、そのなかで私自身が役割を演じた重大な出来事といえば、政治闘争、危機、歓喜と絶望の瞬間のことを人は思うかもしれない。しかし、封筒の裏に書きつけたこの短い表現は、私が実行した多くのこととおそらく同じくらい広く報道されたのである。肝心なのは心の内をすべて表に出すこと。どれほど大きなことかなどと考えてはいけない。間違いを犯すことをささやきかねない内なる悪魔を満足させてはならない。ともかく前に出て話すのだ。

このときはちょっと違った。こう言うとわざとらしく響くことは承知のうえだが、話し始める前に少し間を置いて、彼女のことを思った。なによりも彼女のために話をするのだと自分に言い聞かせた。これが私の言ったことである。

私は今日、国中のすべての人々と同じ思いにとらわれています。完全に打ちひしがれています。私たちの思いと祈りはダイアナ妃のご家族——とりわけ二人の子息、まだ幼い二人の少年——とともにあります。私たちは二人に同情を禁じ得ません。今日、わが国イギリスはショックと悼みと悲しみのなかにあり、それは私たちにとって深い痛みであります。

彼女は素晴らしくて温かい人でした。彼女自身の人生は傷ましくもしばしば悲劇に見舞われましたが、彼女はイギリス、いや世界中の多くの人の暮らしに歓びと慰めをもって触れました。これから私たちは、病気の人、死にかけている人、子供たち、困難にある人たちとともにいる彼女をいくたびも思い出すことでしょう。なんと多くのさまざまな方法で思い出すことでしょうか。そのとき、彼女の目が、身ぶりがどれほど言葉以上に語ったか。それは彼女の思いやりと人間性の深さを私たちすべてに示したのです。ときおり彼女にとって物事がいかにつらかったか、私たちは推測するしかできませんが、イギリスのみならず世界中の人がダイアナ妃を支持し、彼女を好きになり、彼女を愛し、自分たちの一人とみなしたのです。彼女は国民のプリンセスでした。そしてこれからもずっとそうあり続けるでしょう。私たちの心に、記憶に、いつまでもそのような存在として生き続けるでしょう。

私が「ダイアナ妃を支持する」という表現を使ったのには特別の理由があった。なぜなら、彼女の死の少し前——そしてなによりも最近、ドディ・ファイドとの関係のゆえに——ジャッカルがうろついていたからである。メディアの一部（とくに《メール》紙）は、彼女を追いかけ回せるかどうか計算していた。私にはメディアの望みがわかっていたので、チェッカーズで会ったときに彼女に警告していた。しかし、メディアは大衆がどう反応するか自信がなく、びくびくもしていたから、あとで大騒ぎできる批判めいたことを仕掛けて満足していた。あちこちにとげをまき、ときに正面攻撃に出たが、大攻勢には至らなかった。メディアが手控えていた理由は、ダイアナに対する支持が深いうえに、それが本能的なものだったからだ。大衆は彼女を深く支えていたからである。人々は彼女を犠牲にしようとはしていなかった。彼女自身、これらの人々が認知されることを望んでいた。将来彼女が再婚し、歳を重ね、名声とともに論争の種としても大きな存在になるときまで、この支持は続いただろうか？　それに答えるのは難しい。しかし、良識にかなった部分はきっと持ちこたえただろう。人々は彼女の欠点を知っていたが、それを理由に彼女への愛が目減りすることはなかった。

国中の雰囲気は私たちの予想どおりだった。悲しみに満ちていた。しかしその感情は早くもダイアナが奪われてしまったという怒りが混じりつつあった。初め、怒りは彼女を追い回していたパパラッチに向けられた。公の人間になり、しつこく追い回されることがどんなことかを伝えるのは難しい。そして、しごく当然のことながら、多くの人はその程度のことで有名人に同情したりしない。なぜなら、ほとんどの有名人は自ら求めてその道を選んだのだから。有名人はたいていリッチな生活を送っている。上昇志向で、落ち目のときは耐える、と世間では言われる。いずれにせよ、追い回されるのは小さな代償ではないか。

しかしダイアナの場合は、小さな代償ではすまないところまでいってしまった。文字どおり捕えられてしまったのだ。彼女は非常に価値のある商品だった。絶えず略奪される金鉱だった。どこまでも深く、耐えがたく掘り返された。得るものがそれだけ大きかったからだ。もちろんメディア側も、彼女が自分の得になると思えばメディアが追い回すのを楽しんでいたと言う。しかしその主張が正しいと思えるほど説得力はない。実際、メディアの関心につねにさらされてしまったときは、メディアと付き合い、彼らに自分の人物像を作らせ、それと違う、おうおうにして差し障りのある不当な見方が出来あがらないように防ぐほかないのである。別の言い方をすれば、自発的な行動の場合もあれば、ダイアナのようにほかに選択の余地がない場合もあるのだ。つまり、獣に餌を与えようとするか、獣に食べられてしまうかなのだ。ときに彼女は、必要以上に餌を与えたが、だからと言ってそれが基本的な事実を変えたわけではない。彼女は執拗な、立ち入った、人間性を奪うようなレベルの嫌がらせを受けた。それはときとして恐怖をもよおす、過剰な、道徳的に間違った嫌がらせだった。

あの日曜日の朝、王室一家はいつもどおりバルモラルのクラシィー教会の礼拝に出席した。ダイアナのことは口にされなかった。私は、女王が日常どおりに振る舞うよう要求するのが義務であると感じていたことを知っていた。悲劇に言及することがたぶん理にかなっているのではないかと提言する、アリスターのような人物が一同のなかにはいなかった。要は、女王は不自然なところがない、誠実な人物だということだ。すなわち女王が物事にどう対応するかには、なんの策略もないということを私は言いたいのである。女王の絶対的な気がかりはダイアナの子供たちを守ることだったが、それは彼らをなによりも、王子として守ることだった。二人の子供たちがこの日、母の死後何時間も経っていなくても、教会に出席しないというのは問題外だった。王子としての彼らの義務だったのである。もちろん国民のなかには、これは信じられないほど、そして露骨に無神経なこととみなした者もいた。

私は、感情の揺らぎはやってきては去ることを知っていた。その底流には女王に対する深い、変わらぬ親愛の情がしっかりと存在することも知っていた。しかし今回は特異な例だった。日が経つにつれて、群衆の規模は大きくなった。セントジェームズ宮殿に置かれたお悔やみの記帳簿は四冊が十五冊になり、四十三冊になった。深い悲しみに満ちあふれ、変化を求める大衆的な動きになろうとしていた。それは国全体の極まった感情の表出の瞬間であり、王室にとっては脅威だった。これまでどおりだったら何が起こっていたか私にはわからない。たぶん何も起こらなかっただろう。しかしあのような予測不可能で、うろたえるような嵐の渦中にあっては、確信はもちようがなかった。

ウィンザー城（エリザベス女王の公邸の一つ）とロンドン塔で半旗を掲げなかったのは、ダイアナは厳密にはもう王室の一員ではなく、妃殿下（ＨＲＨ）の称号を剥奪されていたからだ。バッキンガム宮殿にはそもそも旗が掲げられていなかった。伝統により、バッキンガム宮殿に掲げられるのは女王個人の旗で、しかも女王が宮殿にいるときだけだった。女王は九月はバルモラルで過ごし、ロンドンにいないことになっていた。これも伝統だった。これらはすべて決まりどおりだった。しかし国民が〝決まり〟に関心を払うどころか、実は嫌っていたことは考えるまでもなかった。ダイアナの死に至った一連の出来事は、部分的にはこの〝決まり〟が引き起こしたのではないのかと大衆は思っていたのである。治める者と治められる者との奇妙な共生関係のなかで、国民は、女王は国民の同意のもとに統治していることを認めるよう主張し、その主張に屈服するよう強く求めたのである。

大衆の怒りは、王室に向かい始めていた。メディアに対する怒りもおさまる気配を見せなかった。これを察知したメディアは、怒りの矛先を変える必要があると考えた。公平のために言えば、メディアは大衆の本当の感情を伝えており、それがどこに向かうのかを懸命に読みとろうとしていたのである。

バッキンガム宮殿の内部も二派に分かれていた。一つは徹底的に伝統墨守で、ダイアナは王室にとって財産ではなく危険物だとみなしていた。メディアと大衆の圧力に屈することは、大衆迎合的な王室への転落の道の始まりであり、そうすればその地位に忠実な王室は消え、存在意義を失うだろうと感じていた。この意見は見事に堅固で原則を守るものだったが、どうしようもなく現実認識に欠けているように思われた。この立場をとる人は、国民の悲しみを理解してはいても、怒りに秘められた力を理解してはいなかった。

もう一方の派は、女王の個人秘書官でダイアナの義兄でもあったロバート・フェローズらが代表していた。フェローズは、どこまでも良識的な人物だった。彼がダイアナのことをどう思っていたかはわからない。彼はダイアナの両面を知っており、一面を愛すると同時に、もう一面とは苦闘していたのではないかと思う。しかし彼は職務に優れ、育ちのよい上流階級タイプの人によくあるように、見かけよりもずっとしたたかでしっかりしていた。彼の下にいてのちに後継者になったロビン・ジャンヴリンは外務官僚で、彼もまた頭脳明晰で物事がどこに向かっているかに完璧に精通していた。

宮殿からの要請で私は、パリから到着した遺体を出迎えることになった。ノーソルト空軍基地の滑走路に支配階級《エスタブリッシュメント》の雑多なメンバーとともに立ったとき、私はさまざまなグループが存在することを痛感した。

私は心のなかで今は国全体が一つになる瞬間だと決めていた。ダイアナに対する愛情、女王に対する敬意、イギリスがいかに偉大な国であるか、そしてあのような王妃をもったことがいかに誇りとすべきことだったかについての祝賀がなければならなかった。世界はいつまでも彼女を賞賛し続けるだろうが、イギリスには何か劇的なものを彼女の思い出につけ加える能力があることを示さなければならなかった。したがって私の仕事は、王室を擁護し、怒りが憤怒になる前に流しやってこの出来事が緊張や分裂や苦渋の源にならないよう、前向きに一つになる結果を生むよう取り運ぶことだと考えた。

私はまた、女王自身のことを思いやった。女王はこのうえなく困難な状況に置かれていた。ダイアナが制度としての王室にもたらした影響を憂慮していた一方で、心から可愛がっていた二人の孫の母親の死を深く悲しんでいた。だが女王は、大衆が受け入れることができる以上に葛藤に満ちたダイアナについての自分の見解を、主張したがらなかった。だから女王が前面に出たがらなかったのは、伝統や〝決まり〟に服従したからというよりも――もちろんそれが一部にあったことは疑いないが――、自分の感情に忠実でありたいという心からの願望だったのである。私が空白を埋めようと目に見えて出しゃばったことは、女王を不快にしただろう。そしてたしかに女王の周辺には私の対応を軽蔑の目で見た者もいた。それはまた、彼らが私と私が代表していたことをいやがっていたことを強調したのである。

私は支配階級にとって重要な人間ではない。私が労働党に属し、今後もそうであるだろう理由の核心はたぶんそこにある。支配階級に特別にこだわりをもっているわけではない。だから、ダイアナの死に続く数日間、私は女王だけでなく宮廷を守るために最善を尽くした。女王や宮廷の人たちが丁重で、愛想さえよく、進んで助けになってくれることがわかった。このことは言っておかなければならない。だから、何かつけ加えるとすれば、それは彼らについてではなく、私自身についてであろう。私はつねに、彼らは二つのタイプの政治指導者を好んでいると感じていた。一つは彼らの階級に属するか、あるいは少なくともその一般的意見に完全に賛成している指導者。もう一つは、あれこれ読んで知っている〝正統派〟労働党員、すなわち特別のアクセントで話し、そうした者がどうあるべきかという彼らの見解に合致する指導者。私のような人間は、ちょっとばかり成り金で、ちょっとばかり成りあがり者で、ちょっとばかりわかりにくく、したがって疑わしい者だった。だからこれらの日々、自分が物事をとりしきって形を決めようとしていることがあからさますぎると、かなりの反動を覚悟しなければならないことを意識していた。もしつまずいても、誰も助け起こしてはくれないだろうことも。

ノーソルト空軍基地に飛行機が到着し、棺が運び出されるのを待ちながら立っているのは奇妙な感じだった。何百という報道陣が柵の後ろに閉じ込められ、互いにぎごちなく世間話をしていた。このようなときは用心しなくてはならない。話をしながら何をすることもなく立っている。その場の空気は重苦しい。誰かが挨拶の声をかける。すると、笑顔で応じるのが自然の人情だ。それを誰かが写真に撮る。すると知らぬまに、不適切な振る舞いのように、まるでにっこり笑っているだけのように見えてしまうのだ。写真に関してダイアナは間違っていなかった。私とシェリーが葬儀やなにか厳粛な行事のために車から降りるとき、自分にもシェリーにも、大きな笑顔を見せたり笑ったりしないようにいつも言い聞かせたものだ。警戒しなければならない。

チャールズ皇太子にとって、ダイアナの死はひどいショックだった。彼とカミラ夫人は当然ながら強い関心と推測の的になった。彼に何ができたというのだろうか。悲しみに打ちひしがれて見えれば偽善だと言われ、落ち着いて見えれば冷たいと言われただろう。これはどうすることもできない状態だった。彼のあらゆる素ぶりは解釈され、あるいは間違って解釈され、人々は彼のちょっとしたミスにも襲いかかる用意ができていたのである。

この異常で困難なときに、皇太子の救いとなったのは息子たちとの関係だった。あの時点で親子が一緒にいるところを見たわけではなかったが、のちに、その場面を何度も目にするにつれ、親子関係は親密で互いに深い愛情に満ちていることがわかった。父親と息子なのだから驚くことではないと言われるかもしれない。だが当時、夫と妻のあいだの緊張が、父親と息子の関係に移転したと想定した人が多かったのである。しかしそうではなかった。日が経つにつれてそれはますますはっきりし、チャールズ皇太子に対する圧力を大きく和らげたのである。

私は首相になる前から、チャールズ皇太子のことはよく知っていた。彼はいずれ与党になりそうな党の主要人物と知り合いになることを仕事にしていた。彼は伝統的なものと過激なものとが奇妙に入り交じった人間だった（あるレベルでは、彼はきわめてニューレーバーであり、別のレベルではまったく違った）。そのうえ、プリンス的であると同時に自信がなく不安定だった。彼は当然のように人々に敬意を払われる人生を送っていた。たしかに彼はダイアナのように気の置けない人間とは言えないだろう。しかし彼もまた批判に対して敏感であり、自分に対する一般大衆の反応に神経質だった。

マギー・レイ（ダイアナの弁護士）がハックニーにある自分のテラスハウスの地下の食堂で催したパーティにチャールズ皇太子が同席するなど想像できなかった。ダイアナはほかのゲストをからかい、ファーストネームで呼び合い、だいたいにおいて完全に打ち解ける。一方で、チャールズ皇太子には当時も今もそうだが、私から見て重要で並はずれた特質がある。何事にも強く心から熱心であることだ。彼は戴冠のときが来るまで、好機をじっと待つようなことはしない。自分が掲げた目標を心から気にかけるだけでなく、そのことに共感し、それらについて深く考える。彼をよく知るようになると、彼自身の変わった気質のせいか、他の多くの若いあるいは待機中の国家元首に比べてお高くとまったところが少ないことがわかる。たぶん彼は、どれほど大衆が――今はかつてよりも――彼を受け入れ、満足しているかについて過小評価しているのである。大衆は、木に抱きついて伐採を妨げようとし、花に話しかけるような自然保護的行動を嘲笑うことができるし、彼が大衆のルールに従って行動しようとしないと、それを奇妙で不自然だと思うことができる（彼がダイアナと婚約し、彼女を愛しているかと聞かれたとき、「はい。〝愛〟が何を意味しようとも」と答えた、あの驚きの瞬間のように）。しかし大衆はまた、彼はよいことをし、大衆に対する自分の義務を信じ、責任を感じていることを知っている。それは大いに価値のあることなのである。

二期目の終わり近くのこと、チャールズ皇太子とカミラ夫人は結婚できるか、また結婚すべきかについて助言を求められた。ダイアナ事件の傷は深く、いつまでも消えなかった。宮殿が何であれこの話題に触れることに神経質なほど過敏になっていたのは無理もないことだった。私は即座に結婚はいいことだと思うと答えた。二人は愛し合っているのだから、どうして結婚がだめなのか？　それとも、結婚はあたかもなにか侮辱のようで、二人は結婚しないほうがよいと言うのか？　結婚はだいたいにおいて結構なことだった。メディアは当時も、そしてときおり今も、二人を追いかけ、カミラを悪者にしたい欲望が存在するが、大衆はすでに彼女がどんな人物であるかを見抜いていた。気取らない人で、たまたまチャールズ皇太子を愛するようになったことを理解していた。彼女はダイアナか？　そうではない。彼女はダイアナであるかのように振る舞うか？　そうではない。それなら、二人を好きなようにさせたらよい。いまや、われわれは王室の人たちがわれわれと違うと同時に同じでもあるという事実に、以前より共感と理解力をもつようになっている。ダイアナの死をめぐる熱狂が、ある意味で物事の転換点だった。国民は、王室が大衆の意見に向かってより開かれたものになろうと、必要な一歩を踏み出したと感じただけではない。王室を代表する人たちの人間的弱さと強さを目にし、両方を等しく受け入れたのである。一方、君主は王室であり続けながらも開かれた存在になり得ることに気がついたのだった。

しかしこのときの日々は、たしかに危ない綱渡りの感じだった。女王はバルモラル城にひきこもり、ロンドンが世界にとって喪の都になるなか、王室と一般臣民の隔たりは広まった。アリスターとアンジは葬儀をとり行い、変化する状況をコントロールするために王室が設置した委員会に送り込まれた。二人とも、事の大きさと当然のことながら苦闘する組織にとって大いに役に立った。アリスターはメディアを操作しているという非難にさらされていたが、メディアを誘導していた。もっとも、このような場合には、誘導も操作もたいして違わないというのが正直なところだった。私がアンジをそこに含めたかったのは、何がなされるべきかについてアリスターが大衆紙的な視点をとるのに対し、アンジはイングランド中産階級の非常に穏当な側面を代表していたからだ。二人のあいだで、ちょうどよいバランスをとることができた。宮廷のなかにはこのような干渉に警戒心をもつ人もいたが、大半はこれを実務的だと考え、とりわけロバート・フェローズはそれを強く要求したのだった。

次の土曜日にとり行われる葬儀が議論の最大のトピックだった。葬儀は威厳に満ち、通例の葬儀とは違い、そしてダイアナらしくなければならない。各分野から招かれるべき人の正確な数、式次第、ダイアナの家族の役割などについて果てしない議論があった。ダイアナの弟チャールズ・スペンサーは非常に気性が強くて我の強い性格で、それまでの彼女の扱われ方に憤慨していた。メディアに対してはもちろん、おそらく王室に対してもそうだった。すべての決定に高度な気配りを要し、賛否両論入り乱れ、決定をしては、やり直した。参列者の後ろを二人の息子がチャールズ皇太子と一緒に歩くべきかどうかをめぐっても大きな議論があり、彼と息子たちに対する大衆のさまざまな反応についての懸念もあった。

なによりも女王に対する圧力が高まっていた。私は水曜日に官邸の入り口の前に出て、話をし、インタビューを受けた。そして彼女を強く支持するとともに、当然ながら子供たちを優先させるべきことに理解を求めた。しかし、私が多くを口にすればするほど、女王は沈黙しているという事実を強調する羽目になったのである。もし私が日曜日とそれに続く週に何も言わなかったとしたら、権威のある地位にある者は文字どおり誰一人として口を開かなかったことになっただろう。世界中がこの話題でもちきりのときに、それはどんなに異様に映っただろうか。一方、アリスターとアンジはおおむねこれにかかりきりだったが、私は政府の実務をこなさなければならなかった。われわれはアイルランド共和軍（ＩＲＡ）による休戦を実現するための北アイルランド政策を始動させたところで、それに時間をとられていた。翌週には、労働組合会議（ＴＵＣ）で大事な演説をすることになっていた。木曜日には、首相官邸で大規模な教育サミットが予定されていた。そしてもちろん、この週のあいだ中、世界の指導者からかかってくるお悔やみの電話にも対応していた。

水曜日の午後、チャールズ皇太子に電話をすることにした。私にとって女王との問題の一部は年齢、物の見方、あるいは面識の程度などで共通点がないことだった。私は女王を尊敬していたし、多少畏れの気持ちもあった。しかし新任まもない首相として女王をよく知らず、自分がしなければならないと感じていた非常に単刀直入な助言を女王がどう受け取るかもわからなかった。私は女王が万事をどう見ているかを完全に理解していたし、同情もしていた。しかしこの世論の高まりをどの方向に向かわせなければならないかに回答を見つけるには、政治的天才である必要はなかった。それは押し戻すことも、抵抗することも、無視することもできない動きだったからだ。女王のところにじきじき出向き、十分きっぱりとした態度をとる自信が自分にはなかった。そこでチャールズに白羽の矢を立てたのである。

チャールズ皇太子には首相官邸の自室から電話をかけた。そしてただちに、正しい選択だったということがわかった。彼も明らかに私とまったく同じ思いだったのである。女王は話さなければならない。王室は姿を見せなければならない。彼個人にとってはどんなにつらいことであっても、彼と子供たちが隠れてしまうわけにはいかない。理由はあまりにも明白だった。彼らはロンドンに来て、ほとばしり出る大衆の感情に応じなければならなかった。私は異常にほっとした。彼はメッセージを伝えることに同意した。翌日、すなわち木曜日、女王自身による放送があることが判明した。アリスターは報道陣をその線に乗るようそっと導き、緊張はただちに溶け始めた。そして民衆の心が女王に戻り始めたことを感じることができた。

女王の要請で私は木曜日の昼食時に彼女に電話をし、次の日に何が起こるか、それをどうとりしきるかについて話し合った。彼女はすっかりそのことに専心しており、完全に納得していた。それは容易ではなかっただろうが、確実だった。翌日、女王、チャールズと息子たちはバッキンガム宮殿の正面を訪れた。そこは聖堂に作り変えられていた。女王の言葉を正確にどうするかについて直前まで討議があったが、言葉とその調子から、彼女は一度動くと決めたら、非常に巧みに動くことが明らかだった。放送はほぼ完璧だった。彼女は女王であると同時に、完璧に祖母であることができたのである。

私はチャールズ皇太子と再度話をし、葬儀の一部始終の最終的な確認をしていた。私は宮殿から日課（英国国教会で朝夕の祈祷のときに読む聖書の一部）を読むよう依頼された。このことは、あの週の私の役割がいかに枢要だったかを示すものだったが、それが〝強引な割り込み〟という非難になることがわかっていた。あの期間中、われわれはすべてをうまく取りまとめることと、それに〝つけ込む〟あるいは食い物にすることとのあいだで綱渡りをしていたのであり、綱は日ごとに細く、ほころびていったのである。それもこれも、あの平穏な時代でのことだった。もしダイアナの死が数年後だったなら、何が起きていたかは誰にもわからない。

葬儀はすべてわれわれの望みどおりに運んだ。それは異例なものだった。エルトン・ジョンが「風の中の灯のように」を歌った。なかなか素晴らしかった。しかし同時にウェストミンスター寺院流に従うものだった。チャールズ・スペンサーはメディアを激しく攻撃した（私はアリスターにささやいた。注意したほうがよい。彼らは仕返しのチャンスをねらっている。そしてそのチャンスをつかめば残酷な仕返しをするだろう）。王室に対する非難らしきものも入っていたが、彼のスピーチは力に満ちたもので、いつまでも反響を呼ぶだろう。

私は多数のさまざまな国王、女王、元首、その他の高位の人々との昼食会に臨んだ。アメリカを代表してヒラリー・クリントンが来た。彼女と会えるのはいつものとおりよかった。すべてのスケールが巨大だった。このような場合には、私は他のすべてのことをやめて、そのことだけに集中する傾向があった。そして、すべてが終わったときはいつも嬉しかった。

翌日はデービッド・フロストのインタビュー番組に出演した。それはうまくいった。それから慣例になっているバルモラルでの週末を王室の人々とともに過ごすため赴いた。このときはもちろん、ごく普通のバルモラル行きと言うわけにはいかなかった。

バルモラル城はアルバート公が妻のビクトリア女王のために一八四〇年代に建てたもので、バラター村とブレマー村の中間に位置している。壮麗で、敷地は息を呑むほかなく、通常九月はあたりの天候はひどいものだが、非常に快適なこともある。晴れた日にはスコットランドのこの地帯ほど美しい場所は世界のどこにもない。城そのものはきわめてビクトリア朝風である。巨大な房や広間はなく、部屋はみな控えめなサイズで、トイレのいくつかは今もって旧式の水洗便所のある小部屋である。多くのトイレは言うところの部屋続きになっていない。

バルモラル城を訪れ週末を過ごすことは、魅惑的な、超現実的な、そしてまったく異常なことが組み合わさった経験だと言わなければならない。そこを支配する文化はもちろん普通の人には完全に未知のものだが、それは王室の人たちがあまり愛想がよくないということではない。しかし私はそれまで〝カントリーハウス〟（田園地帯にある大邸宅）あるいは〝ステートリーホーム〟（カントリーハウスと同じ大邸宅だが街中にあることもある）での週末を経験したことがなかったので、それがどんなものかを考えるとちょっと怖かったのである。

壁にはエドウィン・ランドシーア（イギリスの画家。動物画で有名）によるオス鹿や狩りの情景、そしてもちろんビクトリア女王のブラウン氏（アルバート公が死の三年前にビクトリア女王の従僕として任命し、女王に終身忠実に仕えた。ハンサムで女王より五歳若く、終生独身だった）の絵がかかっていた。召使いがいる。みな立派な男たちだが、それでも召使いなのである。あの日曜日、初めて着いたとき、付き人――そう、自分専用の付き人がいるのだ――が、服をたたみましょうか、パンツとかその類のものにアイロンをかけましょうか、と尋ねてきた。私はすっかりまごついてしまい、次にお風呂の湯を入れましょうか、と聞かれたとき、何を言っているのかわからなくなり、一瞬この男は私のあそこのスケッチでもしたがっているのかと思ってしまったほどだ。廊下の反対側にあるバスルームを使うのは並はずれて勇気がいる。寝室のドアをそっと開け、左右を見やってからさっと駆け込むのだ。

すべてのことに手順があった。午後のお茶が正確にあり、女王が言うまでもなく然るべきティーストレーナーを使ってお湯を注ぐ。湯をポットに注ぎ足すときもつねに熱湯であるように、やかんは沸騰したままにしておく。朝食も同じようにまさにトロロープ（作家、一八一五－一八八二）、いやウォルター・スコット（スコットランドの詩人）というべきか――が描くようなものだった。卵、ベーコン、ソーセージ、腎臓、トマト、ケジャリー（米、豆、玉ねぎ、卵、香辛料などを使ったインド料理で、ヨーロッパでは燻製の魚を加え朝食にする）、キッパー（干物か燻製のニシン）など、すべてが温められた皿に盛られてあった。朝食は大量だった。昼食も大量だった。夕食も大量だった。全部平らげたら一回の週末だけで一ストーン（約六・三五キロ）は体重が増えるだろう。だが、王室の人たちは決してそうしなかった。私は彼らがほんの少ししか食べないことにずっと気がついていた。

よかったのは夕食の前に飲むことができる強い酒だった。あれがアルコール抜きの催しだったら、もしくは女王が酒を受けつけないか狂信的禁酒主義者だったとしたら、私はあの週末を乗りきれた自信はない。しかしあの酒――何だったかはっきりしない――は絶対に必要だった。申し分なかった。まさにロケット燃料だった。重荷も頭も軽くなり、勇気が戻った。王室の人たちとの気楽な会話がまったく自然なように思えた。とはいえ、毎年恒例の訪問も、最初の二回のすべての点でつらい経験だった。

バルモラルで過ごす二度目の週末は一九九八年だったが、ダイアナの一周忌にあたり、近くのクラッシー教会で礼拝が行われた。このときは王室の家族全員がここに集まった。私の経験では、このようなことがあったのはこのときだけだった。王室の人全員と、こちらはシェリーと自分だけというのは、個人的には少々しんが疲れることだった。まあ想像いただけるだろう。シェリーはユーアン、ニッキー、キャスリンを連れていったらどうかと提案したが、私はけたたましく笑って絶対だめだと言った。たとえばユーアンは人をからかうことにかけては半分天才的で、シェリーに女性の平等について絶え間なく質問しては、彼女を罠にかけていた。ユーアンが女王はおろか、一緒にいた皇太后にさえ何を言うか、考えただけで血も凍る思いだった。

その後、敷地内にあるコテージでフィリップ殿下自らが肉を焼く、伝統のバーベキューを行った。これもまた慣習と伝統に支配されている。女王夫妻が料理をし、客に給仕するのだ。皿洗いもする。冗談を言っていると思われるかもしれないが、そうではない。二人は手袋をはめて流しに手を突っ込むのだ。食べ終わって座っていると、女王が食事はすみましたかと尋ね、皿を重ねて流しに運んでいく。

ウィリアム王子とも話をした。まだ悲しんでいるだけでなく怒っていた。彼は理性的にはダイアナの死と葬儀までの週がなぜあのようでなければならなかったかを理解していたものの、彼は公的立場と個人的感情の衝突を鋭く意識していた。以前はそうでなかったかもしれないが、今は王子であること、王であることのなんたるかを知っていた。義務であることがわかっていても、世襲の伝統という牢獄の壁は、支払うにはあまりにも高い対価のように見えたに違いない。

最初のバルモラル訪問は一九九七年のダイアナの葬儀のあとで、そのとき私は居間にいる女王のもとに案内された。その部屋はビクトリア女王が利用した当時のままの状態だった。なんとなく座り心地の悪そうな椅子に腰を下ろそうとしたとき、召使いが押し殺したような声をあげ、女王が眉を何度か上げてぎょっとしたような合図をしたので、私は思いとどまった。それはビクトリア女王が利用した椅子で、それ以来、誰一人座ったことのない椅子だと説明された。

そこでは女王と二人きりだった。このようなことがあると、もちろん新聞には「ブレア、女王に告げる」云々といった記事があふれ返った。どんなに賢明で高い地位にある者であっても――そして女王は賢明であり地位は非常に高いのだ――これは楽なことではない。実際バルモラルにいるときの絶え間ない困惑の一つは、昼食前の酒を手に居間のテーブルに置かれた日曜版の新聞を目にすることだった。当然、私か女王に関して、ときには二人に関して、絶叫調の見出しが躍っており、それがいやでも目につくのだが口にはできないのである。やがてメディアはなにか困らせることを探し、それをでっちあげるのにたいした遠慮もなく、バルモラルの週末に合わせて私に関する〝お話〟を載せるのがつねになった。いわく女王陛下を侮辱した、いわく首相が招待されている土曜の催しハイランドゲーム（スコットランドとケルトの文化や遺産を讃える催しで、各地で常時行われる）をすっぽかした（本当にそうだったかもしれないが）、あるいは参加はしたが、そのときシェリーがあくびをしているところをカメラにとらえられたこともあった。

繰り返しになるが、私はこの時点で女王をほとんど知らなかった。すべてが何年かあとのことだったら、くつろいで完璧にうまくこなしていただろう。それが正直な気持ちである。しかしこの出会いでは、直近の出来事がまだ生々しく、女王との関係も始まったばかりだったから、私は神経質になっていた。女王もそうだった。教訓を学ぶ必要について、私はおそらく十分な気遣いをせずに話をしてしまった。あとになって、女王は私が説教をしている、あるいは偉そうな口をきくと思われたのではないかと心配になった。そして実際会話の途中、女王がある種尊大な態度を見せたことがあった。しかし最後には女王自身、教訓を学ばなければならないと述べたのであり、反省、思慮、適応という叡知が働いているのを見ることができた。

あれは超現実的な一週間の、超現実的な終わりだった。悲劇的で、魂を奪う、忘れることのできない週だった。

私自身は、全般的によくやったという評価のなかで終わった。世論調査では九三パーセントというとてつもない支持率だった。少なくとも私にはこれが、非現実的だったという気持ちがあった。同時に、ダイアナ妃の死はある意味で驚天動地の出来事だったが、首相と政府がどれほどうまく対処したかのテストはやや違ったものだったのである。

第6章　北アイルランド和平

ウィンストン・チャーチルはどんな問題にも熱意をこめ、しばしば冒険的な方法に訴えてでも解決を求め突進せずにはいられない指導者だった。しかしそのチャーチルも北アイルランドについての見方は厳しかった。一九二二年、彼は、イギリス政治の支配層がアイルランドをどう見ていたかをうまく簡潔に表現している。「ヨーロッパの地図はすっかり変わった……しかし大洪水が引き、水面が下がるにつれファーマナとティロンの物悲しい尖塔がふたたび姿を現すのをわれわれは目にしている。彼らの闘争の少しも変わらない状態は、世界を吹き荒れた大変動のなかでも変わることのなかった数少ない事柄の一つである」（ファーマナとティロンはいずれも北アイルランドの州）。

宗教と領土紛争が不運な作用のなかに入り交じった、数世紀に及ぶ憎悪があった。十九世紀には自治権委譲の試みが失敗し、一九二〇年代には北部と南部に分割され、一九六〇年代にはその後何十年も続く、激しい残酷な紛争を引き起こした公民権蜂起が勃発した。焦点に一貫性を欠くまま数多くの和平の試みがなされたが、結果だけは一貫していた。失敗の繰り返しである。ある意味で、チャーチルには珍しい、彼らしからぬ敗北主義も許されることだった。

私が一九九七年の総選挙前にジョン・プレスコットに北アイルランドの和平を進める決意だと語ったとき、ジョンは馬鹿にして吹き出した。和平プロセスを取りまとめるジョン・メージャーによる試みは、テロ再発のなかで崩壊した。しかし、メージャーが和平のチャンスはたしかにあると予想したのは正しかった。彼は秘密裏にアイルランド共和軍（ＩＲＡ）との交渉に着手しており、合意に至り得るいくつかの要素をまとめ始めていた。関係者に早期の交渉に入らせるのを助けるため、アメリカのジョージ・ミッチェル上院議員を呼び寄せ、停戦を実現していた。同議員は非常にやり手で有能であり、老練の人物だった。停戦は長続きしなかったが、ＩＲＡ側の動きの下生えのなかで何かが動いていたのは明らかだった。

そろそろ時が来たようだった。この悲劇全体の最も驚くべき側面の一つは、誰かは勝つだろうと、そもそも真剣に考える者がいたことである。すなわち、こういうことだ。ＩＲＡは、大多数の人がわれらは連合王国の市民であるとみなしていた北アイルランドからブリテン（イングランド、スコットランド、ウェールズの集合体）のように誇り高い国を爆弾を使って放逐できると信じていた。また、イギリス政府はアイルランド人カトリック教徒の処遇についての規範の変更なしに、アイルランド人ナショナリズムを抑え込むことができると信じていた。さらに、ユニオニスト（北アイルランドが連合王国内にとどまることを主張する派でプロテスタント教徒が多い）は、過半数が統一アイルランドを支持しカトリック教徒のナショナリストである島なのに、ナショナリストとの統治の分担を拒絶できると信じていたのである。

こうした状況下で起きたことは、基本的に無数のこのような紛争で起こることと同じだった。つまり非理性的な者が理不尽をもって理性を追い払ってしまうのである。こうした事の起こり方はきわめて単純である。憎みたくない者、平和を望む者、〝許しと忘却〟（少なくとも〝忘却〟）を是認する用意がある者が数のうえでだんだん減り、同じグループの他の人たちにとって非現実的、反愛国的にすら見えるようになるのだ。初めは非理性的な少数派として始まったものが、罠と錯覚によって理性的な人たちの心を奪ってしまうのである。

テロは混乱と死を引き起こす。しかし、それだけではない。テロの標的になった集団のあいだに加害者への憎悪が生まれる。人間の本質がしからしめることだが、犠牲者の集団は加害者だけでなく加害者が属する集団全体に責任があるとみなす。今度は加害者の集団が犠牲者になる。そして、恐ろしい悪循環が続くのである。そうすると〝当局〟が介入する。そしてそうした介入も流血を引き起こす。兵士や警察がテロ行為の力を意識すると、彼らも最初は犠牲者に、そして次は彼ら自身が加害者になる。人々がよく忘れることだが、イギリスの兵士が一九六〇年代に北アイルランドに派遣されたのは、もともとはナショナリストを守るためで、彼らを攻撃するためではなかったのである。

憎しみは何世紀にもわたって強固に根づき、ひどい悪意に満ちたものになった。昔の勝利が今日的な意味で賞賛された。相手側の歴史上の残忍な行為が、彼らの現在のそして将来の性格を表すものとして思い起こされた。首相官邸で行われた果てることのない会議の一つで、私は当時のアルスター・ユニオニスト党の党首デービッド・トリンブルが閣議室で待っていたのを思い出す。その間、私はシン・フェイン党（北アイルランドの民族主義政党）のジェリー・アダムズと執務室で会っていた。ジェリーと私が会談を終えて閣議室に入ると、デービッドは書棚から取り出した一冊の本をめくっていた。それはクロムウェルの伝記で、彼はそれをさも嬉しそうにジェリーの鼻先に見せびらかした。イギリス人にとってはクロムウェルは重要な歴史上の人物だが、アイルランド人にとっては偏狭な人物、人殺しである。チェッカーズで開いたシン・フェイン党の党首ジェリー・アダムズとマーチン・マギニスとの会談も思い出す。クロムウェルの娘がチェッカーズの所有者と結婚していたいわれから、あの場所にはクロムウェルの記念品がたくさんある（数世紀に及ぶ歴史をもつチェッカーズは所有者が何度も入れ替わったあと、一九二一年に首相別邸として政府に寄贈された）。マーチンを案内していると、クロムウェルのデスマスクに出会った。「ごらんなさい。彼は本当に死んでいるんですよ」と私は言った。

「信じられないね」。彼はそう答えたのである。

この紛争をめぐっては、一つの文化が形成されつつあった。ユニオニストにはナショナリストと政治的な不一致や宗教的な相違があっただけではない。音楽も違えば、話し方も違う、態度も違う。性格も違う。もちろんプロテスタントとカトリックの分断があった。そして、その分断にも宗教だけでなく文化の意味合いがあったのだが、神学的な紛争はとっくの昔に部族的な紛争に取り込まれてしまっていた。アルスターマン（アルスターはアイルランドの地域で、九州のうち六州が北アイルランドに、三州はアイルランド共和国に属する。アルスターマンは文字どおりアルスターの男のこと）（そしてそれは本当に男の世界であった）は寡黙な男たちで、融通がきかず、きつい言葉を使うが礼儀正しく、自分たち独自のユーモアがあった。世の中を信用しない傾向があったが、それはいつも根拠がないというわけではなかった。アイルランド人は社交的で、きらびやか、言葉も華やか、細かいことよりおおざっぱなことを話すのが好きだった。そして自分たちの犠牲者としての立場を強く意識しているだけでなく、広い世界は彼らを犠牲にしている者よりも自分たちに同調しているという気持ちが強かった。

ある北アイルランド訪問の際、私は対立の文化がいかに強固なものになっているかを示す驚くべき光景を目にした。シン・フェイン党はパレスチナ人を町に招いていた。私が一泊するために飛行機を降りると、北アイルランドの首府であるベルファストのリパブリカン（アイルランド共和派）の通りにパレスチナの旗が飾ってあるのが見えた。パレスチナからの賓客を歓迎するためだ。翌日帰途につくため町のなかを車で通っているると、ユニオニストの居住区域にイスラエルの白と青の国旗が並んでいるのを見た。彼らがどうやって旗を手に入れ、どうやって一晩で立てたのか見当もつかなかったが、パレスチナの旗が掲げられた瞬間、ユニオニストとイスラエルは全面的に団結したのである。

アイルランドは私の血のなかにも流れている。私の母はドネゴール（アイルランド最北部の州で北アイルランドに隣接している）出身だった。南部に住んでいたが、彼女の家庭はプロテスタントの農家で、それも熱烈なプロテスタントだった。彼女の父親はオレンジ党（オレンジ公の名前にちなむ、アイルランドのプロテスタント教徒の結社）支部の一つの支部長だった。宗派主義の永続的性格の驚くべき一例は、私の母方の祖母に見ることができた。祖母は親しみやすい女性だったが、かなりの程度、祖母の時代と部族の産物だった。当時は不幸なことに偏狭な行為が当たり前のこととして受け入れられていた。晩年になって祖母はアルツハイマー病になったが、ある日私が病床を見舞ったとき、驚くほど意識がはっきりした瞬間があった。私はシェリーと交際を始めたばかりだった。祖母がそのことを知らなかったのは明らかだし、もう私のことはわからなくなっていたのだった。私が祖母の手をたたくと、祖母は突然私の手をつかみ、目を大きく開いて言った。「息子や、何をしてもいいけどカトリック教徒とだけは結婚しちゃだめだよ」。すべてのことが祖母の頭から消え去っていたのに、宗派的な嫌悪の残滓《ざんし》だけはその底に残っていたのだ。

　私たちは毎年休みになると、母の親類を訪ねてアイルランドに行った。楽しい休みだった。バリーシャノン近くのリゾート地ロスナウラーにあるサンドハウスホテルに泊まるのが常だった。ビーチでは凍えるような大西洋で泳ぎを身につけた。十一歳のころだったか、初めて女の子を追いかけた。初めてギターのコードを教えられた。ギネスビールを飲んだのも初めてだった。

　正直に言うと、親類はちょっと変わった人たちだった。歯が一本しかないメイベル叔母さんがいた。なにか奇妙な理由で、私にはこの叔母さんがフォックスのグレイシャーミンツ（フォックス社製の氷河のように冷たいミンツといった意味のはっか菓子）と結びついていたのだが、なぜかはわからない。もっと変わり者のリジィー大叔母さんがいた。彼女は丘の上の家に住んでいて、けちんぼうだった。ただケチというだけでなく、本格的な吝嗇《りんしょく》家で、守銭奴の夢さえかなわないほどの金持ちだったのは明らかだが、財産をすべてどこかにため込んでいた。大家族は、リジィー大叔母に莫大な財産を手放させる方法はないものか、多くの時間とエネルギーをかけて相談していた。大叔母が生きているあいだは、そのようなチャンスはとうていありそうもなかったが、一族は遺言書に大きな期待をかけていた。誰かが定期的に大叔母のもとを訪れては、死が近づいていそうな兆候はないかチェックしていた。

母に連れられて兄と一緒に大叔母のもとを訪ねたことがあった。彼女が〝子供たち〟に会いたいと言っていたからで、母はいい兆候かもしれないと思ったのだ。私は大叔母には一度も会ったことはなかったが、彼女の名はとどろきわたっており、私はこの本物の吝嗇家に会えると思うだけで興奮しきっていた。大叔母の家に入るとすぐ、母は私たち二人に言った。「わかるでしょう。リジィー叔母さんの家はちょっと臭いがするのよ」。そして少し間を置いて「本当にすごい臭いなの。でも、そのことを口にしてはだめよ。それから」と母は続けた。「リジィー叔母さんはお茶を出してくれるわ。ケーキが出たら食べるのよ」と繰り返し言った。

「母さん大丈夫だよ。僕はケーキが好きだから」と私は答えた。

母は私をちらりと見て「ううーん」と言った。

今日に至るまで、本当に今日の今日まで、私はあの悪臭とケーキのことは忘れられない。むかつくような、甘い腐った臭いで、感覚を圧倒する耐えがたい感じだった。腐敗という言葉の本当の意味を教えられた。あのケーキは明らかに、リジィー大叔母が前回催したお茶会の残り物、ひょっとしたらそれよりもっと前のものだった。あそこに座っているあいだ、リジィー大叔母が母にこの子は元気がないねと言うまで、あの臭いとケーキが一緒になって私の胃は何度もむかついた。今こうして書いていても、むかつく。

帰途についたとき——母は、私が本当に吐くかもしれないと心配になったので予定より早めに退散した——、私は言った。「だけどね、大叔母さんが本当のケチだったら、誰にも財産を残したいとは思わないんじゃないの」。リジィー大叔母が死んで、われわれに一銭も残してくれなかったことがわかったとき母が言ったように、あれは子供にしてはませた意見だった。

アイルランドは私の血のなかに流れているだけでなく、私の成長の経験の一過程でもあった。アイルランドには毎年会いにいった友人たちがいた。ところが一九六九年、アイルランド訪問は突然終わった。安全でないと母が判断したからだ。トラブルズ（一九九八年まで続いたとされる北アイルランド紛争）が始まっていた。
友だちとは文通を続けたが、彼らからの手紙によって、いかに大衆の感情に敵意が流れ込んでいるかを教えられた。友人たちは、もちろんプロテスタントだった。彼らはカトリックの隣人との関係が徐々に悪化していること、そしてカトリック教徒をどう見ているかについて、毒のこもった言葉をつづるようになった。そのようなわけで、私は紛争について多少なりとも直接的な理解をもったのである。

時が経つにつれて、夜が明けると、イギリスを待っているニュースは、最新のテロ攻撃、宗派的な殺人、ある兵士の死、あるいはユニオニストとナショナリスト間の地域社会交流のさらなる崩壊というような状態になった。イアン・ペイズリー（アルスター・ユニオニスト党とライバル関係にあった民主ユニオニスト党党首）――私の祖父が尊敬していた――は誰もが知る名前になった。一九七〇年代から八〇年代に入り九〇年代に突入すると、失敗した和平工作の名前がわれわれの意識に刻み込まれていった。私がのちに和平を見出すのに一緒に働いた主要人物の評判が、この時期の宗派闘争の試練のなかで形成されていった。ジェリー・アダムズとマーチン・マギニス、ジョン・ヒューム（北アイルランド出身の社会民主労働党党首）、デービッド・トリンブル（アルスター・ユニオニスト党党首）、ジョン・テイラー（同党、副党首）、ピーター・ロビンソン（ペイズリーの後任の民主ユニオニスト党党首）、そして当然のことながらペイズリー自身である。彼らは和平実現の一部であり、和平に形を与え、その歴史と神話の形成に大きく寄与した。

われわれはこの闘争の残酷さ、苦悩、損傷、憎悪の正真正銘の巨大さを忘れがちだ。私はハンガーストライキ、とくにボビー・サンズ（暫定IRA［IRAから分派した武闘派組織］の志願兵でイギリス国会議員だったが刑務所でのハンストで死んだ）のように死に至るほどのハンストのことを考えた。苦痛、耐えがたい恐怖、一瞬ではなく何日も何週間にもわたる苦悩の末に実行された、あのような自滅行為が要求するやみくもな勇気のことを思う。今なら驚きの気持ちなしには見ることができないことを、当時の人々は互いに対して、そして自分に対して行っていたのである。何十年にもわたり、そのような野蛮な先祖返りの現象が北アイルランドの姿だった。

私はいったいどうしてこの問題が解決可能だと考えたのか。ジョナサン・パウエルはそれは私の救世主心理《メサイア・コンプレックス》だといって片づけるのが常だった（彼の冗談だと思ったが）。すなわち、私は他人にはできないことをできると考えているというのだ。事実は違った。あるいは、少なくともそう言えることだったかもしれないが、別に理由があった。北アイルランド紛争をこれ以上許容することは、誰の利益にもならないと思ったのだ。北アイルランドだけではない。もっと重要なのは、外の世界にとっても利益にならないということだ。すべてのことが馬鹿げて古臭く、アイルランドの島が現代世界の生きている現実と遊離していると思ったのだ。

「紛争をこれ以上許容することは、誰の利益にもならない」。私の言わんとするところをいぶかる人がいるかもしれない。誰かの利益になっていたことがそもそもあるのか？　もちろん、北アイルランドのなかにいる人にとっては、決してそのようなことはなかった。しかし紛争は偏狭な行為と騒乱の苦痛によって煽られていたのだ。外の世界にとって北アイルランド問題は、外の人が自分では現実にそのなかで暮らさなくても、アイルランドとの感情的なつながりを表現できることだった。パレスチナ問題と似ているところがあった。こう言ったからといって、彼らが紛争の長期化を積極的に求めていたわけではない。だが、紛争を一方の側からだけ見ていたのだ。それは力の結集点だった。アイルランドの血を引く人の社会にとっては、それは自分たちのルーツを思い起こさせるものだった。彼らは紛争を解決できるとは真剣に考えず、したがって和平に向けて力を合わせようとしなかったのだ。

アメリカのアイルランド系社会の一部は、この主要な例だった。自分たちなら一瞬たりとも絶対に容認しないであろう無法状態から何千マイルも離れて、彼らはアイルランドの歴史と民俗、イギリス人による不平等、知己親類の大義名分に思いを致し、罪のない市民やイギリス人兵士を殺すのに使われる資金の募金に喜んで応じたのだ。

　連合王国の内部での権限委譲によって問題を解決しようとしたウィリアム・グラッドストン、ハーバート・ヘンリー・アスキス、そしてロイド・ジョージによる果敢な試み――十九世紀の終わりから二十世紀初頭なら間違いなくうまくいく可能性があった（事実それに近いところまでいった）――は、繰り返し挫折した。ユニオニストと保守党国会議員による、ときには日和見主義的な、そしてつねに偏見に満ちた煽動によって打ち砕かれたのである。F・E・スミスのような偉大な人物ですら、気に入らないイギリス政府に打撃を与えるために、この紛争を利用することを躊躇しなかったのである。アイルランドの政治にとってこの紛争は、徐々に国づくりを進めていた、できたばかりのアイルランド共和国（一九三八年にイギリスから独立）に意味と目的を与える有益な統一テーマであった。第二次世界大戦中、アイルランドは中立を守り、いくぶん反イギリス的ですらあった。にもかかわらず、勇敢で偉大なアイルランドの男たちがナチスと戦うために多数志願した。

　しかし近代世界が形成されるにつれ、状況は変わりつつあった。古い態度は若い活力のある新しい現実と衝突した。エドワード・ケネディのようなアメリカの政治家が平和なアイルランドを夢見はじめた。マーガレット・サッチャーを崇拝し、彼女とアメリカのロナルド・レーガン大統領との友情を賞賛していた共和党議員は、サッチャー殺害（一九八四年、滞在中のホテルがＩＲＡによって爆破されたが、からくも助かった）をもくろむ者を支援しているのはちょっとおかしいのではないかと思い始めていた。どんなイギリス政府にとっても、北アイルランドが要求する資源と軍事的要員の消耗を考えると、和平の展望は大いに興味をそそるものとなった。

　なによりもアイルランド人が変わった。それとともに世界のアイルランド人に対する態度も変わった。当時、アイルランド人が多くのイギリス人やユニオニストからどのように見られていたかは、今では理解しがたい。アイルランド人は物笑いの種であり、それも彼らの愚かさをめぐるものだった。彼らは〝泥炭《ボグ》アイルランド人〟（泥炭は貧しい者の燃料として使われた）と冷ややかなレッテルを貼られた。建設会社の労働者に雇われても銀行員にはなれなかった。こう言うのも恥ずかしい思いがするが、南アフリカのアパルトヘイト時代に白人が黒人を見下していたように、すなわち生まれつき劣等だとみなしていたのだ。今では信じられないように思えるが、当時は本当にそのようなことがあったのだ。そしてアイルランドの政治はイギリスとの関係の遺物によって規定されていた。

一九八〇年代、さらにその後、改革派の財務相バーティ・アハーンを伴ったアルバート・レイノルズ政権（一九九二－一九九四）下で、アイルランド人は目覚ましい自己改革の一連の動きに着手した。EUに加盟し、その寛大な開発政策の利点を賢明な知性をもって活用して、近代化を達成した。ダブリンは繁栄する新進気鋭のヨーロッパの都市となり、経済は好況に沸いた。U2は世界最大のロックバンドの一つになり、ミュージシャンのボブ・ゲルドフは英雄だった。ロイ・キーンは当時の最高のフットボール選手になった。アイルランドの産業、アイルランドの芸術、アイルランドの文化、手っ取り早く言えば、アイルランドのすべてが成長に向けて離陸したのである。

数年のあいだにアイルランドは、見下げられていた古く遅れていた〝南〟ではなく〝北〟になった。〝南〟は未来に向かってトラックを全力疾走していたのであり、一方北アイルランドの人々は、前方をめざして繰り広げられている競争にはっきり目を向けることなく、やれプロテスタントだ、やれカトリックだと意味のない議論をしながら、出発点でぐずぐずしていたのだ。

私が和平のチャンスだと思った要因はここにあった。アイルランド共和国にとって、紛争はもはやアイルランドのアイデンティティの統一シンボルとしてしがみつくべきものではなかった。アイルランドの苦痛に満ちた、歓迎すべからざる過去を思い起こさせるものだった。何十年にもわたりユニオニストは、アイルランドの経済的後進性と文化的かつ宗教的な相違を、両者の統合を不可能にしている要因として指摘していた。いまやこれらの要因は消え去りつつあるか、逆転していたのである。

私は首相就任の前から、戦略を練っていた。労働党党首になってまずやったことの一つは、北アイルランドに関する政策的立場を変えることだった。長年にわたる労働党の方針は、ユニオニストとナショナリストのあいだで和平合意を交渉させるよう努めるというものだった。その方針は統一アイルランドを信じ、それを実現するための説得者になれるという考えに基づいていた。しかしそのような考えがユニオニストを完全に疎外し、それを前提にした合意の交渉の試みは無力化されるということには、政治指導者でなくても気づくことができた。

私はこのような方針転換は、党の通常の政策決定機構を通じて行うのでは実現しないことを知っていた。当時はそう確信していた。そこで党首になってまもないある朝、テレビ番組の〈トゥデイ〉に突然出演し、新しい方針への転換を発表した。統一アイルランドか連合王国かの問題に関しては、中立の立場をとるというものだ。さらに、この問題の担当者ケビン・マクナマラ――実に立派な人物だったが古い政策に執着していた――を更迭し、モー・モーラムに替えた。モーはジョン・スミスの下で北アイルランド担当の影の閣外相だったことがあった。

次にジョン・メージャーの和平合意に向けての動きを全面的に支持し、彼と基本的に超党派の立場を結成した。あのころは、超党派的な動きは非常にまれだった。労働党にも保守党にも左派・右派に鋭い対立があったからだけでなく、政党の枠組みを超えることは悪い政治だと考えられていたからである。しかし、労働党党首のジョン・スミスはメージャーのＩＲＡとの秘密裏の会談を賢明にも支持していたのである。

私はこれをたんに北アイルランド政策の変更だけでなく、野党としての存在の仕方の変更を完全に証明するものにしようと決めた。予想どおり、人々はこの変更を分別のある政治だと考えた。誰も北アイルランドが党派的なポイントかせぎの焦点であるべきだと思わなかったのである。われわれはこの方針を一九九七年の総選挙に至るまで、そして選挙中も掲げた。私はデービッド・トリンブルやユニオニストたちと関係を深めた。シン・フェイン党に関心を示すメッセージを送った。私はやはり野党党首だったバーティ・アハーンと会い、たちまち意気投合した。アイルランドのジョン・ブルートン首相は大物だったが、選挙では敗色濃厚だった。

一九九七年五月一日の勝利は、至るところで新しいエネルギーを放出させていた。疲弊し、士気を失っていた政府を立ち往生させた挑戦は、やる気をもった、エネルギーと自信に満ちたチームを生んだ。このような大胆さが翼をもてるのは、大変革の瞬間に出合う熱狂の最初のひらめきのなかだけだったことをしばしば思い返す。

最初の数週間で、この挑戦の性格と複雑さがよくわかった。私にとって初のヨーロッパ首脳会議に出席している最中、IRAが二人の非番の警察官を殺害したというニュースが舞い込んだ。道路を歩いていたところ、頭を撃ち抜かれたのだ。二人の命が絶たれ、二つの家族が嘆き悲しんでいた。私は不快感に駆られた。選挙前にシン・フェイン党指導部に警告のメッセージを送っていたのだ。大いに楽観的になれるスタートとは見えなかった。

私はまた、首相としての最初の重要な演説のテーマは、北アイルランドと和平にすることに決めていた。選挙前からすでに何を言うべきかに思いをこらし、デービッド・トリンブルとも話していた。官邸入りするや、メージャーのもとで素晴らしい仕事をしていた外交官のジョン・ホームズがわれわれに加わり、欠くことのできないチームの一員となった。首席補佐官ジョナサン・パウエルは最初から政府の努力のカギとなる工作者だった。

ジョナサンがなぜ、どのようにして、この問題に関してこれほど重要な存在になったのか、とうとうはっきりしなかったが、ともかく彼は欠かせなかった。こんな状況のもとではつねに物事を誇張して、「誰それがいなかったら、決してこうはならなかっただろう」と言うことができるが、この件では、それがありのままの真実だったことは紛れもなかった。ジョナサンがいなかったら和平は実現しなかっただろう。この和平合意の追求において、彼が身につけているあらゆる才能――彼には多くの才能があった――は最大限に発揮されたようだった。彼は勤勉で、頭の回転が速く、洞察力があり、不屈であり、創意に富んでおり、そしてなによりもどちらの側からも、まずまず信頼されていた。彼とジェリー・アダムズは本物の友情を築いた。ユニオニストは彼を尊敬していた。関係者の誰もが軽蔑するふりをし無数の苦情の的になっていたものの、実は不可能に近い状況下で見事な仕事ぶりを発揮していた政府の北アイルランド庁から、最大限のものを引き出したのも彼だったのである。彼のいつに変わらぬ冷静さは、北アイルランド問題が私のなかに引き起こした激しい感情の揺れを撃退してくれた。

いつに変わらぬ冷静さと言ったが、ドラムクリー（北アイルランドのアーマー州ポータダウンの町の一地区）で起こった愚かな行動についての会議で、ジョナサンがかつて見せたことのないような爆発をしたことが一度だけあった。ドラムクリーの住民は理不尽のなかでも理不尽な、それでも言い足りないような人々だった。理不尽さにかけては一流リーグ並みで、彼らは他のどんな紛争における、どんな党派もあきれて息を呑むような状態にした。ブレンダン・モキヨナという男が、この地区のガーバヒ・ロードの住民の代表者だった。しかしまず、ドラムクリーについて簡単に説明しておこう。

ユニオニストのパレードはしばしばカトリック地区、さらにはリパブリカン地区を通過していった。当然ながら、ナショナリストもリパブリカンもこれを嫌った。ある程度無理を承知で、彼らはこの行進を禁止したがった。そしてまったく理不尽にも、この行進は暴力を引き起こしたのである。行進のルートにはとくに住民感情を刺激するところがいくつかあったが、なかでもドラムクリーが最も敏感に反応する場所だった。毎年恒例の行進の一部はガーバヒ・ロードの百ヤードを通過した。そこはリパブリカンの住民が多い地区だった。通過を許すかどうかを決めるのはパレード委員会だったが、結局治安を保たなければならなかったのは、かわいそうに警察だった。

すべてが悪夢だった。通過を禁止したことは何万人ものユニオニストを街頭に繰り出させた。通過を許せば、リパブリカン地域で暴動を引き起こさせた。和平プロセスの一部は、これを解決しようとしたのである。住民はブレンダン・モキヨナが率いていた。彼はあまりにも理不尽なので私は最後には感心したほどだが、ジョナサンは私がそう言うのを非常に嫌った。ブレンダンの理不尽さは名人芸の域にまで達していた。ブレンダンは一切譲歩しなかった。文字どおり一切である。会合の中身だけではない。誰がそこにいるべきか、いるべきでないか、誰が最初に話すか、誰が最後に話すか、あいだに誰が話すか。

私が深く信じていたのは、誰かと交渉をするときに最初にすべきことは、気楽な雰囲気を醸し出すことだ。人間的な感情の条光を多少表明することだ。儀礼的な挨拶を交わすことだ。そしてなによりも、同意しないわけにはいかないような、まったく他愛のないことを何か口にしてから本題に入っていく。相手の頭がうなずくようにする。信頼関係を確立するのはこのうなずきであり、それはすべてが失われているのではないという、最初の小さなしるしなのである。「あなたがこれについて強い気持ちをもっていることはわかっていますよ」とこちらは言うかもしれない。もちろん、そのとおり彼らは強い気持ちをもっている。そうでなければそもそも紛争にはなっていないのだ。そこでうなずきがあるのである。

ブレンダン・モキヨナは、とことん、絶対にうなずくことをしなかった。もし彼に向かって「あなたがこれについて強い気持ちをもっていることはわかってますよ」と言ったら、彼はこう答えただろう。「私がこれについてほかの何事よりも強く感じているわけではありませんよ」。そこで私は言う。「もちろんそうでしょう。申し訳ない。しかし、あなたは明らかに強く感じてますよね」。「僕の感情について、あれこれ言うあなたは誰ですか?」と彼は返すだろう。こちらが、オレンジ党員と住民との話し合いの目的は、紛争をどちらにも満足のいくように解決し、和平を実現させることだと言っても、彼はそんなことには一切耳を貸さなかった。彼にとっては、われわれの目的はオレンジ党を派遣し、ガーバヒ・ロードの普通のまともな住民を弾圧的に挑発し、歴史の屑かごのようなものに捨て去ることだと言うのである。最後に私は言う。「それではこれはどうですか……」。そしてちょっと間を置くと、「ノー」と彼はこちらが提案の説明を始める前に言う。ブレンダン・モキヨナの理不尽さが、いかに目を見張るほど際立っているかを説明しなくても（最終的には彼はそれで金メダルをとったのだが）、彼らがいかに理不尽かは理解していただけるだろう。

不思議なことに、ジョナサンが冷静さを失ったのはオレンジ党に対してだった。私たちは、行進が行われるべきか、行われるとしたらどこで、どのように行われるべきかをめぐって、果てしない、堂々めぐりの非生産的な会議をやっていた。そしてオレンジ結社（主体はかなり礼儀正しかった）が自分たちの主張をしていた。そのうちの一人が、私がこの問題にかかわっていることについて幼稚な発言をした。突然、私は右隣に震えを感じた。と思うやジョナサンが飛びあがるように立ちあがり、体をテーブルの上に投げ出すようにし、顔面を怒りで紅潮させて怒鳴った。「イギリスの首相に向かって、どうしてそんな口がけるんだ。どうしてだ」

一同はあっけにとられて言葉もなかった。ジョナサンだけがしゃべりまくった。繰り返しもあったが、きわめて明確に言いたいことを言っていた。オレンジ党の男はすっかり動顛していた。私もだった。すでに言ったように、このようなジョナサンは一度も見たことがなかった。会議のあと、「今朝は鎮静剤を飲んでおいたほうがよかったな」といった調子の話をしたが、それ以後、ジョナサンがあのようになったことは一度もなかった。北アイルランド問題については、誰も正常に振る舞えなかったのである。この一件はまた、和平をめざす仕事の性格について興味深いことを反映していた。数々の不当な扱いに甘んじなくてはならないということだ。乱暴に怒鳴りつけるとか抗議するということではない。こちらの動機がつねに疑われたり中傷されたりすること、こちらの言葉が誤解されたり間違って解釈されること、善意の行為を試みても利己的なさらには悪意の行為とみなされること、である。

私は主としてユニオニストと、だがしばしばもう一方の側とも、絶えず信頼の問題を抱えていた。それは部分的には、北アイルランド政治の危険な藪のなかに、必然的に込み入った道を切り拓いていかなければならないことが原因だった。そしてあらゆる表現――横道の、秘密の、表面上の表現――が可能な取引がたくさんあった。しかしもっと大きな原因は、北アイルランドの人々にとって、政治家が心から助けてくれようとしているなど受け入れがたいことだったのだ。したがって、北アイルランドに関しては、それに関与することは比較的私心のないことと思われたと言えよう。紛争は北アイルランド自体の問題ではあっても（労働党の有権者がそこにいるわけではない）、連合王国の政治にとっては本当の問題ではなかった（実際のところ、この問題を解決すればするほど、それは重要でなくなる）。そして想像を絶するほど難しく、法外に時間を消耗する問題だった。純粋に政治的な自己利益という観点からすれば、失敗すれば失うものは大きく、成功しても得るものは小さかった。

しかし、この和平プロセス全体を通して、よい統治かどうかはおろか、統治の信頼性が疑問視されていたのだ。最終的に私は、国民は政治的リーダーシップに関しては二つのレベルで動くものだという結論に達した。一つのレベルでは、国民は希望と期待を、そしていったん政権につけば、なによりも不満のすべてを指導者に放り込む。指導者が焦点に、したがって批判の矢面に立つ。このレベルでは、指導者は妥当性の基準に照らし合わせて批判されるのではなく、完璧さを基準に批判されるのである。当たり前のことだが、完璧にはなれない。

しかしもう一つのレベル――前者より目立たないがより本当のレベル――では、国民は実際もっと成熟した見方をするのであり、指導者が本当に努力をしていれば、それなりに認めてくれるのである。とはいえ、すでに述べたように、不当な扱いに甘んじる度量の大きさが指導者の仕事にとって必要不可欠なのだ。

北アイルランド問題において、私に役立ったもう一つの特質があった。私が偉そうにしないことである。私は〝職務の尊厳〟などということが好きではない。自分の権威の基盤は、人々をおどかすことでなく、動機づけること、説得することに置いた。ときにはこれが度を越すこともある。多少尊大になり、威張り散らすこと、さらにはいじめることすらが、場合によってはもっと必要だったかもしれない。それが真実だとしても、それはそれ、私の性格はこうなのである。北アイルランド問題では、これが功を奏した。人々はこちらがたいした挑発もしないのに、実に無礼になることがあった。だが、そのことで腹を立ててしまえば、どんなことになるかは予測がつかなかった。だから、総じて私はそうしなかったのである。

首相就任後の最初の数カ月間、私は戦略の姿をはっきりさせようとしていた。五月十六日、ロイヤルアルスター農業ショーで演説をし、ユニオニストの意見の支持を求め、こちら側につけることに意図的に着手した。その演説の舞台に選んだ場所そのものがその意図を表していた。ユニオニストの地域社会のど真ん中だったのである。デービッド・トリンブルの忠告に従って、私はまずユニオニストを重んじていることをはっきり示した。次に述べたのは、自分は、今ここにいる人が生きているうちに統一アイルランドを目にすることは疑わしいと思っている、ということだった。これを聞いて聴衆は閉じた歯から息を吸い込んで音を立てた（そこまで言わなくてもという気分の表明）。聴衆のなかには二十代もいたから、これは非常に大胆なユニオニスト寄りの発言だった。そこは、重要な演説をするのには最も奇妙な場所だった。私たちはテントのなかにいて、外では品評会で入賞した雄牛が赤ら顔の持ち主に体をぶつけていた。そこで、この地の将来がどうなるかが決められようとしていた。

二人の警察官が殺されたにもかかわらず（そしてＩＲＡはその行為が指令に基づくものではなかったと

いう趣旨のメッセージを発していた）、ＩＲＡには停戦の実施までに五週間の猶予期間を与えた。過去十八カ月間も停戦が実施されないまま過ぎていたのだった。一九九七年七月十九日、彼らは停戦に応じた。数週間後、イギリスとアイルランド政府は独立国際武装解除委員会（ＩＩＣＤ）を設置することで合意した。武装解除の問題は前政権からの不幸な遺産だった。それはその後の数年、囚人の足につけた鎖つきの大きな鉄球のようにわれわれを束縛した。ユニオニストからの圧力のもと、ジョン・メージャーは、和平と統治権限分担をするにあたっての重要な前提は、ＩＲＡが和平を受け入れるだけでなく、武器を捨てることだということに同意した。もちろんこれは、一つの次元ではまったく理にかなったことだった。平和に賛成するのなら、武器は必要ない。しかしもう一つの次元では、つまりＩＲＡにとっては降参する意味合いをもった。和平を受け入れるのみならず、武力闘争に訴えたことを謝罪するということだ。そしてそれはＩＲＡ内部の運営をひどく複雑にした。ジェリー・アダムズとマーチン・マギニスは運動を自分たちの線に沿って動かそうとしていた。あらゆるこの手の状況がそうであるように、リパブリカンのあいだには幅広い考え方があった。真の強硬派がいた。彼らはいつまでも強硬派だったろう。彼らが中道を牽引しないようにすることが重要だった。ＩＲＡが武器を強制的に破棄させられるという可能性は、彼らにそうした牽引力を与えた。しかし、そんな次第だった。ジョン・メージャーの約束を反故《ほご》にすることは不可能だった。だからなんとかしなくてはならなかったのである。ＩＩＣＤはなにがしかの時間と空間をわれわれにもたらした。

ジョージ・ミッチェルは、非暴力と共通の立場という原則に依拠しながら立派な作業を進めていた。たとえば、北アイルランドの統治にかかわるすべてのグループは平和的手段以外には訴えないこと、広範ではあるが将来行われるだろうもっと大きな交渉の枠組みを設定することなどである。彼は私が政権につく以前から、話し合いをとりしきっていた。シン・フェイン党はただちにミッチェルの原則に従うことを明らかにしたが、ＩＲＡは同じ約束をすることを拒んだ。それはユニオニストを完全に安心させなかったが、われわれはねばり、ジョン・メージャーが首相だったときに始まった交渉にとっての三要素をはっきりさせた。権限委譲された権力分担のもとで北アイルランドはどのように統治されるか、連合王国と北アイルランドの関係（東西）、アイルランド共和国と北アイルランドの関係（南北）の三つである。

話し合いはデービッド・トリンブル抜きで九月に始まった。二日目にリパブリカンの不満分子が爆弾を爆発させた。三日目、ペイズリーの党である民主ユニオニスト党（ＤＵＰ）を除くユニオニスト諸党が話し合いに加わった。

翌月、さらに話し合いがもたれた。そして私は十月十三日、ジェリー・アダムズとマーチン・マギニスとの初会談のために北アイルランドに赴いた。それまで、イギリスの首相は誰も、二人のいずれとも会ったことがなかった。それは大事な瞬間だった。重要な問題は、私が彼らと握手すべきかどうかだった（二〇〇七年までユニオニストの指導者は誰も私と握手をしなかった）。私はごく自然にやろうと心に決めていたので、彼らが入ってきたとき、握手をした。

のちに握手のことについて聞かれたとき、私は彼らを分け隔てなく普通の人間として扱ったのだと答えた。しかし同日、遅い時間になってユニオニストの感情を味わうことになった。私はＤＵＰの副党首ピーター・ロビンソンに招かれて、彼の選挙区のショッピングセンターを訪れた。彼が私をはめたのかどうかはわからない。たぶんそうではなかったと思う。

そこは買い物をするきちんとしたおばあさんたちでいっぱいだった。しかし、まるで悪い夢から出てきたように、彼女らは怒りの抗議をする老女たちに突然変身したのである。叫び、罵り、私を裏切り者と呼び、私の目の前でゴムの手袋を振り回した。私は、彼女たちの声に耳を貸すのは一向にいやではなかったが、北アイルランド警察庁（ＲＵＣ）が――私が思うにやや熱心すぎて――これを大きな警備上の出来事として扱い、安全のために私を物理的に一室に連れ込む騒ぎにしてしまった。

面白いことに、私はゴム手袋が何を意味するのか少しもわからなかった。洗い物でも終えたばかりか何かだと思っていたのだ。ジョナサンにこのことを話すと、彼は爆笑して言った。「そうじゃないよ。ジェリー・アダムズと握手をするときはゴム手袋をすべきだったという意味なんだよ」

それからの数カ月間は、深い危険な密林のなかを進む難儀な山旅のようなものだった。われわれは、交渉による協定への道のりを見渡せる高地にたどり着こうと歩を進めていた。その道は絶えず――幸いなことにいつも一時的だったが――役にも立たない出来事で遮られた。ロイヤリスト（ユニオニストの一派）の一グループが停戦を復活させた。よし。すると別の一派が停戦を破り、話し合いから除外せざるを得なかった。悪し。一九九八年二月、本当の危機が見舞った。ＩＲＡがベルファストで二人を殺害したのだ。シン・フェイン党は十七日間、話し合いから除外された。そして次に、リパブリカンの不満分子アイルランド民族解放軍が、ロイヤリスト志願軍の指導者ビリー・ライトをメーズ刑務所のなかで殺害した。さらなる大変動だった。

こうしたなか、私はデービッド・トリンブル、そしてユニオニストの指導者たちとの電話を絶やさなかった。まったく無理からぬことだったが、彼らは引き続く散発的な暴力の発生をミッチェル原則と相反することとみなしており、その間、私は彼らをひきとめようと必死だったのだ。

ナショナリストの意見をなだめるため、またアイルランド人からの圧力もあり、私は一九七二年の「血の日曜日」の銃殺事件の調査を命じた。ロンドンデリーでの反政府デモ参加者にイギリス軍が発砲し、多数の死者が出た事件である。ナショナリストたちは、彼らは平和的な抗議参加者だったと主張していた。当時、首席判事だったウィジェリー卿による調査は、事実隠蔽だとして広く非難されていた。そこでわれわれは、二十五年間続いていた再調査の要求に応じることにしたのである。これでたしかに当時の意見は和らいだ。しかし、これはまた長期にわたる一連の出来事となった。十二年の時間と二億ポンドの費用を要したのである。その報告書が二〇一〇年に出るまで、私はこれを、どうしても抵抗しきれない場合、あるいは真に最も例外的な状況となった場合以外は、何事についても決して調査を行うべきでないということの典型的な例であると考えていた。こうした調査が目的を達することはまれである。ところが、この報告書が発表されたとき、自分が間違っていたことがわかった。それだけの価値があったのである。それは、起こったことの徹底的で公正な説明だった。

ジョン・メージャーのもとで、話し合いの前提になっていた三要素に基づいて合意を斡旋してみようと決意したときは、いつのまにか、すでに四月に入っていた。会談の日取りを決めた。聖金曜日合意（一九九八年四月十日の聖金曜日に和平の調印がなされ、ベルファスト合意とも言う）の素晴らしいところは、それが意図によるよりも偶然によって実現したところが大きかったことだ。細かい作業は役人が片づけ、私は合意された協定に保証を与えるために一泊する予定になっていた。結局、私は四日四晩滞在し、これまで試みられた最も驚くべき和平交渉の一つの細部に緊密にかかわった。この数日のあいだの重要な時点で、何度か協定はだめになった。しかし最後に、本当に切羽詰まって、からくもまとめることができたのだった。私はなんであれ、いまだかつてこのようなことにかかわったことはないと正直に言える。これは歴史を作ったのである。

〝歴史〟の話と言えば、私が最初にベルファストに到着したとき、大いに沸いた一瞬があった。私は前の晩、デービッド・トリンブルからの電話で、役人たちによって大量の細部にわたる作業が完了しているが、どれ一つとして実際に合意されたものはないばかりか、とても合意に至りそうもないと聞かされていた。イギリスの北アイルランド担当相の特典である堂々たる公邸ヒルズバラの外で行う記者会見で話すときは、実務的で手際よく、論理にこだわらない調子にしようと決めていた。「今日はニュースで使えるようなことを言う日ではありませんよ」。私は熱をこめてこう話し始めた。仕事にとりかかりたくてうずうずしている気分と、華々しくわざとらしいことに対する苛立ちをにじませた。すると、いったいどうしてそうなったかは皆目わからないのだが、あることが突然頭にひらめいた。そしてこう言ったのである。「しかし歴史の手が私の両肩の上にあるのを感じます」。もちろん、考えつける範囲で、これほどニュースになる発言はなかった。ジョナサンとアリスターが力をこめている様子が視界の隅に入った。それ以上は何も言わず、交渉が始まる前に急いで会場であるストーモントのキャッスル・ビルディングズ（北アイルランド行政府の一群のビル）に戻った。

ストーモントはアイルランドの南北分割（一九二〇年、イギリス国会決議による。一九二二年、北アイルランドはイギリスに編入された）からその制度の崩壊までの年月、北アイルランド政府の所在地だった。それはイギリスが自らの重要さを世界に誇示する目的で作った、目を見張るような建築物の典型である。二十世紀の初めに建てられたこの堂々たる建物は、それに見合った敷地、一目見たら深く心に刻まれる、威厳のある、力強い壮麗さをもっている。しかし誰か変人が、われわれの会談の場所をストーモントの控えめな別館キャッスル・ビルディングズに決めたのである。それを考えついた者には逮捕状を出すべきだった。そこには設備らしきものは何もなく、醜くてごちゃごちゃしたところで、なによりも魂がこもってなかった。私は周囲の環境に神経質なほうである。よい設計を愛し、美しさのなかにエネルギーを見出す。建築物についてはとくにそうだ。そして目を喜ばせ、心を爽快にしてくれる環境のなかで仕事をしたいと思う。キャッスル・ビルディングズはその正反対の場所だった。

しかし、こんな建物のことはどうでもよい。話し合いに応じるユニオニストの心づもりを、われわれが大きく見誤っていたことが判明した。もちろん、デービッド・トリンブルはイアン・ペイズリーから絶え間ない圧力を受けていた。ペイズリーはキャッスル・ビルディングズの外に姿を現し、交渉をめぐる万事を途方もない裏切りとして糾弾していた。

私はまた用心のために前の晩、すべてのコミュニティの横断組織であるアライアンス党党首ジョン・オールダーディスと話をしていた。ジョンは完全に分別のある党の、完全に分別のあるリーダーだった。このことは彼らには勝つチャンスがないことを意味した。それでも彼らは中間にあって、いくらかの変化をもたらす影響力を行使した。とくにジョンはユニオニストの社会をよく知っている質の高い政治家だった。彼は、これではデービッド・トリンブルにとってはものになりそうにない、と私に率直に告げた。

私はその後の数日間、自分の居住区、独居房になった五階の部屋に上がっていった。廊下をせかせかと歩いてジョージ・ミッチェルに会いにいった。彼は上機嫌だったが、協定は成立できそうにないと軽やかに言って私をちょっとうろたえさせた。

即座に私は交渉をすべて自分でとりしきろうと決心した。もう一度デービッド・トリンブルと話した。彼は物事を復活祭が終わるまでそのままにすることがいいと思っていた。私は、彼が必要としていることの細部を一つひとつ探り始めた。前夜、私は交渉の異なる要素の複雑さについて勉強し、それに慣れた。翌日の訴訟に備えて弁護士として事件の摘要書に目を通したころに戻ったようだった。幸いにも私は、大量の情報をすばやく消化する能力に恵まれている。法律の仕事がいやでも可能にしてくれる訓練の賜物である。

私については、細かいことよりも全般的なことを好むという神話がある。事実、首相としてすべての細部に目を通すことはできない。加えて、細部にこだわりすぎると、ただちに森と木の問題のように全体が見えなくなる。しかし場合によっては、危機のときやこのような交渉、あるいは骨の折れるヨーロッパ協定に関連するもの、あるいは予算に関する合意などでは、詳細が第一の重要事項である。そのようなときには、私は詳細に没頭する。

この交渉にあたって私は詳細にこだわった。そしてそれが功を奏した。デービッドは何ページにも及ぶ修正案を手にしていた。そして当然のことだが、原文に一方の側にとっての改善を加えることは、もう一方の側にとっての敗北になる。私にはそうするだけの本当の基盤はなかったが、デービッドには彼の必要とするものを与えることを約束した。

次にバーティをつかまえた（バーティ・アハーンは一九九七年六月アイルランド首相に就任していた）。彼は着いたばかりだった。バーティは私の好きな政治指導者の一人だった。時が経つにつれて、彼は本当の友人になった。彼は交渉の全プロセスにおいてヒーローだった。頭がよく、最善の意味で狡猾で、強靭で、そしてなによりも歴史のくびきから自由だった。それは、彼に歴史感覚がないという意味ではない。その逆で、彼の家族はイギリス人と戦い、イースター蜂起（一九一六年の復活祭週にイギリスの支配に対してアイルランドで起こった有名な武装蜂起）に参加し、一貫してリパブリカンだった。しかし彼には偉大な政治家の基本的な資質となるものがあった。それは彼が歴史から学ぶ者であって、歴史の囚われ人ではないことだ。

バーティの母親――彼は母親と親密だった――が亡くなったばかりで、前夜は遺体を見守っていたのだった。それでもともかく来てくれたのは彼の善意だった。さて、彼は、協定の北‐南の部分――すなわち彼の選挙民にとっては非常に重要な全アイルランドの部分――は、書き換えられなければならないだろうと告げる私と論争をしなければならなかった。それは、彼が聞きたいニュースではなかった。しかしバーティは根性と人格をここで示したのだ。

一九九八年四月七日――その後もたびたび――バーティは自分の国の伝統的な過去の考え方を、開けくる将来のビジョンよりも大事に思うことができたはずだ。しかし、繰り返し彼は将来を重視することを選んだ。彼の支持と創意は、和平の追求において繰り返し前進の主柱となった。彼のもとで働く幹部職員たちは実に有能であり、彼からの合図を見てとった。彼と私の存在、彼と私の個性は、古い考え方を消滅させる新しい近代的な現実を一つの方法で象徴するものだった。ある意味でわれわれは、イギリスの、そしてアイルランドの歴史を脱出して前進する機会を身をもって表していたのである。とはいえ、北－南協定の書き換えはナショナリスト側にとって大きな打撃であることは疑いないと、彼は私に思わせたのである。

次は、アルスター・ユニオニスト党（ＵＵＰ）のチーム一行を引き連れたデービッド・トリンブルに会うことだった。ここでナショナリスト（リパブリカン）とユニオニストとの相違に不思議な現象があった。リパブリカンを見ると、動きに統一感があった。彼らには一つの路線があり、それを受け入れ、従った。会談の途中でその路線が修正されるように見えても、それはこちらの思い違いだった。修正はもとの路線に織り込み済みだったのであり、路線そのものは維持されたのである。ジェリー・アダムズがリーダーだった。代表団の誰一人として彼が発言しているときに驚きや疑念や反対を示して眉をあげる者はいなかった。ましてや異議の言葉がつぶやかれることなどなかった。イアン・ペイズリーが〈ダニーボーイ〉（アイルランド民謡〈ロンドンデリーの歌〉のメロディーに歌詞をつけたもの）を熱唱するコーラスを指揮しているときもそうだっただろう。ナショナリストと正反対に、会議でのＵＵＰの振る舞いにはまったく驚いてしまった。全員上機嫌ですっかり準備が整っているように見える。すると突然一人——たいがいの場合リーダー以外の者——が重苦しい、あるいは悲観的な発言をして混乱を招き、全員がそれに引きずられて断崖から転げ落ちるのである。もっと驚くべきことには、ほんの些細な問題でこうした事態に陥るのだ。指導者を支持するということについては、彼らはそれを自分の職務と心得ていなかった。まるでそうだった。指導者が話していると、まごついたふりをして眉どころか髪の生え際までつりあげるのである。彼が何を語っていようと、言われた道をたどるようには一瞬たりともだまさせはしない、とほのめかしているのだ。

　彼らにはもう一つ、生来の非常に強い傾向があった。自分たちはだまされていると考えることである。これは正当化できない言い分ばかりとは言えなかったが、それはたいした点ではない。実際に彼らはそう思っていたのである。デービッド・トリンブルが会議から戻り、自分では妥当だと思う結果を報告する。

すると数えきれないほどの反論、留保条件、追加点、修正、明確化の要求等々がぶつけられるのである。私が労働党を率いる苦労にあえぐとき、いつもデービッドのことを思い出し、自分はまだ恵まれていると感じたものだ。

デービッドに多くを譲歩することで、彼と彼の代表団の面々とは十分うまく話を進められるのではないかと考えた。だがそのような甘い考えはたちまち捨てざるを得なかった。ケン・マギニス（アルスター・ユニオニスト党の国会議員）は、大きな、はつらつとして明るい、実際のところまずまず品格のある男で、彼らの安全に責任をもっていたが、彼は非常に多くの変更を要求した。私は困惑したが、要求を考慮しようと努めた。するとデービッドの代理人であるレグ・エンピーが、全部を御破算にして初めからやり直したらどうだとあわてふためくような発言をして、部屋中が動揺した。私は安全についてケンと話し合いをもたせようとジョナサンを送り、レグの発言はなかったふりをした（彼が発言を繰り返したために、それは難しいことだった）。私は紙吹雪のように譲歩を連発した。彼らが一斉に部屋から出ていってしまう危険性があることを察知していたからだ。今日やりたくなかったことを明日まで延ばしたことは、何世紀とは言わないまでも何十年間もユニオニストを利してきた。私には遅延は致命的であることがわかっていた。

私は「今を逃すともう決して機会はない」という気持ちであった。真実を言うと、あのとき私は〝決して機会はない〟のほうに大きく賭けていただろう。しかしジョナサンは異常なまでに楽観的で、うまくいくと言った。バーティは母親の葬儀のために家に帰らなければならなかった。そして戻ってきたとき、北－南の修正に同意する決意を固めた。それは大きな一歩だった。彼はその一歩を進めてくれたのだ。進展だった。

そこで、次のことを話し合うために、アイルランド人とUUPを一つの部屋、すなわち私のオフィスに集めた。バーティの決断はユニオニストにとって励ましとなった。われわれは合意文書を一晩で作りあげることに決めた。

私とジョナサンは他のグループと話をしたあと、二、三時間の睡眠をとった（何か追加することがあるかないかにかかわらず、すべての者に会わなければならなかった。さもないと誰かが怒って興奮したり、席を蹴って出ていく可能性があった）。私たちが戻ってみると、驚いたことにアイルランド人とＵＵＰは問題について話し合っただけで、何も合意していなかった。必死の作業が続いた。私はＵＵＰに草案を起草させ、アイルランド人にそれに修正を加えさせることに決めた。次の日の昼ごろまでには私が合意文書と考えたものが出来あがっていた。それらは最も面倒な問題についてであった。

そう見たのは愚かだった。先にリパブリカンたちが自分たちの主張を提示し指導者を支持するにあたって、軍事的自制を示したと述べた。これは本当だった。しかし、アイルランド側にいるのは彼らだけでなかった。アイルランド政府と穏健なナショナリストである社会民主労働党（ＳＤＬＰ）（北アイルランドにおける二つの主要なナショナリスト党の一つ）がいた。そしてこれらは、ユニオニストと同じように、互いに激しい駆け引きに巻き込まれていたのだ。ＳＤＬＰはしばしば自分たちが無視されていると考えていた。シン・フェイン党とのやりとりに忙しすぎたからだ。「もしわれわれが武器を持っていたら、皆がわれわれをもっと真剣に扱っただろう」というのが、ＳＤＬＰが繰り返した言い分だった。これには幾分かの真実があった。明らかに大きな目標は暴力を終わらせることであり、彼らは暴力に訴えていなかったからだ。ＳＤＬＰの本当の問題は、彼らはシン・フェイン党も交渉のテーブルにつかない限り、ユニオニストとの共同統治には決して参加しないと決めていたことだった。これは理解できた。なぜならそれまでシン・フェイン党は、ＳＤＬＰが裏切っていると主張しては和平の動きを崩壊させてきたからだ。そんなわけで、彼らもＵＵＰがＤＵＰに対してもっていたのとある程度同じ問題を抱えていたのである。

それにもかかわらず、これはＳＤＬＰが切り札を手放してしまったことを意味した。彼らは「シン・フェイン党に拒否権を渡した」と言って私を攻撃したが、シン・フェイン党に拒否権を渡したのは彼らだったのだ。なぜならシン・フェイン党抜きではＳＤＬＰとの政府はあり得なかったからだ。ところが、ここに問題があった。すなわちＳＤＬＰはできることならシン・フェイン党を邪魔しようといつもねらっていたのだ。バーティが、自ら行った譲歩をアイルランド側――これらの目的のためのありとあらゆる意見の人たち――に報告したとき、一同は反乱を起こした。

午後になって、すべてが崩壊する結果になった。ふたたびバーティが助けてくれた。私はもとの文言ではもうＵＵＰに対応することはできないと説明した。これではＵＵＰは出ていくだろう。彼はしぶしぶＵＵＰの草案をもとに交渉することに同意し、他の者たちには強い態度で臨んだ。

いったんそうなると、要素１（北アイルランドの統治）に関してユニオニストはＳＤＬＰの提案を呑むと譲歩した。非常に大事なことだったが――これはデービッド・トリンブルの大きな貢献だった――ユニオニストは議会の票決と行政府に本物の権力分担を保証する制度を設けることに同意したのである。それまではユニオニストは議会の票決は多数決でなければならないとつねに言ってきた。現実としては、これは北アイルランドでは多数派、すなわち彼らの主導権を意味することを不問に付していたのだった。それに代えていまや、物事を決めるには各地域社会による横断的支持が必要であり、行政府のポストも公平に分担されなければならなくなった。

物事はふたたびまとまり始めた。われわれはほっと一息ついたが、それはまたしても早すぎた。シン・フェイン党は、ＳＤＬＰがＵＵＰと合意に達したやり方に腹を立てたのである。シン・フェイン党は自分たちが蚊帳《かや》の外に置かれたと感じ、合意は成立していないという報道用発表文を出した。

ここで一つ、われわれが没入していた交渉のてんやわんやの状況の外の世界についてひとこと言っておくべきだろう。われわれは繭のなかにいた。大気圏外にいると言ったほうがよかったかもしれない。時間が、そして日々が過ぎるにつれて、私はキャッスル・ビルディングズの外には世界中の報道陣が詰めかけ、大集会の様相を呈し、本格的な生放送の場となっている事実をほとんど感知していなかった。それは一日二十四時間放送のニュース番組の始まりであり、記者たちは大挙してやってきていた。しかし私の言うことがわかってもらえるならば、伝えることがありすぎて、そして何もない状態だった。

私はこの一件が終わるまで、事の完全な意味を吸収できなかった。それはかえって好都合だった。というのも、もしそれを考えていたら、私はわれわれが冒しつつあった政治的リスクにひるんだだろうからだ。時間が経つにつれて、この結果の行方の重大性は増した。私は首相としての権威をすっかりこの協定にかけていたからだ。失敗すればまずかったではすまされず、潜在的に危険性をはらんでいた。ユニオニスト、ナショナリストいずれの道も、おそらく文字どおり燃えさかっていただろう。

わがチームの別の一角では、アリスターとジョン・ホームズが最高のお手本と言える任務を果たしていた。アリスターは獣のような報道陣にあまり肉のないサンドイッチのような実質のない話をしてかわそうと努めていた。一言でも場違いなことを口にすると、ある派かあるいは別の派が自分は軽んじられたと感じて憤慨するかもしれないことを意識した。ジョン・ホームズはジョナサンと私にとっての完璧な引き立て役だった。詳細を詰め、アイデアを提供し、素晴らしく創造的だった。そして、われわれを政治に専心させてくれた。モー・モーラムは愛想を振りまき、いろいろな人たちの求めに応じていたが、交渉自体からは少し距離を置いていた。

シン・フェイン党が待ちかまえる記者たちの群れに合意は成立しないだろうと発表すると、興奮気味の過剰反応が走った。ジェリーとマーチンが疑いもなく意図したとおり、われわれは彼らのところに駆けつけ、交渉に引き戻そうとしなければならない結果になった。彼らは応じようとしなかった。マーチンはこの合意を薦めるわけにはいかないとぶっきらぼうに言った。そこで私は、どこか別のところに行って修正案を練り、持ち帰ってきてはどうかと提案した。ユニオニストたちは、われわれがシン・フェイン党に独自の考えを求めていると思ったら、怒るだろう。しかし私には、それ以外の選択肢は考えつかなかった。すべての者を交渉にとどまらせなければならなかった。シーソーは絶えずアンバランスな状態にあった。初めはこちら側が、次は向こう側がだまされた、あるいは出し抜かれた、あるいは失望させられたと思うことの繰り返しだった。

ここで私は、全体を支配する奇妙な心理のもう一片を発見した。これはすべての者にとってゼロサムゲームだったのである。それは交渉の細部に関してだけではなかった。「そちらがそういう提案なら、われわれは反対する。そちらがこれがいいと思うなら、われわれはそう思わない」といった具合だ。建物の周りを歩きながら、彼らは他方の表情を見抜く。誰かが嬉しそうだったら、もう一方の側は惨めになる理由を探す。もし誰かががっかりしているようだと、もう一方は元気になる。信じられないことだった。会談中の重要な時点で、一つのグループをなんとか交渉のテーブルに呼び入れると、彼らは満足そうな表情をして、次の会合に呼び入れられるのを待っている別のグループの前を通って、これ見よがしに部屋を出て行くのだ。これにはぞっとした。

しかし、一つだけ思いがけない儲けものがあった。取引のなかには膨大な数の異なる要素があった。ある次元ではこれは物事を複雑にしたが、別の次元ではこれは交渉の場を広げてくれた。ユニオニストは行政府の機能の仕方について譲歩したことに不満を感じているかもしれないが、北‐南の部分についての有利な取り決めによって説得され得るのだ。手のなかには、つねにもう一枚のカードがあった。

シン・フェイン党は四十ページに及ぶ詳細な変更を携えて戻ってきた。私はその文書を受け取って仰天した。私はかつて弁護士だった。四十ページにわたる修正は長い交渉を意味する。私は、すべてを真剣に受け止めなければならないが、それはユニオニストを恐怖させ、代表団を団結させることになるだろうと思った。モーが交渉で重要な役割を果たしたのはここだった。シン・フェイン党との交渉の仕方についての彼女の考え方は賢かった。彼らの言い分を全部聞き、文書をいわば受け入れ、そしてそのほとんどの部分を無視する代わりに、重要であろう一つか二つの点に集中するのだ。残りは脇に捨て去られるようなものだ。私には非常に変わったやり方に見えたが、これがうまくいったのである。

モーが大事な問題だと正しくみなしたのは、さまざまなテロ行為や殺人で収監されているＩＲＡの男たちだった。彼女はこれに関して驚くほど前向きな立場をとった。基本的には、彼女はこれはユニオニストにとってたいして影響のある事柄だとは考えていなかった。囚人は以前、一九七〇年代にも釈放されたことがあり、人々は今回も総じて同じようなことを予想していた。彼女はシン・フェイン党に一年以内に全員の釈放を申し出た。シン・フェイン党は話し合いに戻ってきた。

そこで私は考え直した。ユニオニストの意見が〝ＩＲＡの殺し屋〟が町に戻ってくることに反対でないことはそもそもあり得ない。私にはそう思えた。アリスターは、ＩＲＡの釈放は、ユニオニストの北アイルランドは言うに及ばずイギリス大衆も忌み嫌うだろうと思っていた。私は北アイルランド庁（ＮＩＯ）の高官で非常に賢明なジョン・スティールに意見を聞いた。彼は官僚語で――私はそれをだんだん翻訳できるようになっていた――意見を述べ、すべてのことが常軌を逸していると言った（彼は、それは「あまり有益ではない」と言ったのだと思う）。

しかし、私はこだわった。私はジェリーとＩＲＡの囚人の釈放について合意していたのだ。私は彼とふたたび話をしに戻った。決してよい戦術ではなかった。最終的に私は非常に〝トニー的な〟ことをし、彼は非常に〝ジェリー的な〟ことをしたのである。私は条件が許せば、一年以内に釈放することを内々に彼に約束した。だが公には、そして正式には二年とする。彼は同意した。さらに、約束の実行を求めもしなければ、この内密の合意を私を困らせる手段として公に利用することもなかった。

こうしてアイルランド政府もＯＫ。ＵＵＰもＯＫ。ＳＤＬＰも満足。シン・フェイン党が交渉に戻った。合意が成立した。私はアメリカのクリントン大統領に電話をし、ジェリー・アダムズに合意を守らせるよう電話してほしいと頼んだ。クリントンはそうしてくれた。彼は一貫して頼りがいのある人物だった。交渉を追跡し、徹夜してでも必要と思う人には誰にでも電話をし、必要と思うことはなんでも話し、そのほかいろいろなことをしてくれた。そしてあくまでも油断なく目を光らせ、政治の核心を正確につかむ彼ならではの瞬時の勘を発揮してくれた。

詳細をもう一度繰り返し確かめ、隙間を埋め、行政的な小さな問題を片づけ、われわれとして何を誰に向かって言うかなどを詰めているうちに何時間かが過ぎた。

合意に至ったと考えるのは、もちろんとんでもなく楽観的だった。四十八時間ほぼ寝ずに夜通し作業を続けたのだが、一九九八年四月十日の聖金曜日の早朝、不安定なシーソーはまたもやバランスを崩した。アイルランド人は、北－南の部分がどう受け取られるかまだ少し不安で、この部分に新しい一節を加えた。新しい北－南の機関を貿易保護とアイルランド語という二つの分野に創設するというものだ（これによってアイルランドは統一をベースに行動する意図であることを示した）。

ところでこれら二つの問題に関しての協力は、あまり議論の種にならなさそうに思えるかもしれない。だが実際には、ユニオニストは金切り声をあげて立ち止まったのである。スコットランド語の方言であるアランス語（Ullans）という、あまり知られない言葉がアルスターの一部で使われていることがわかった。アランスはユニオニストにとってはアイルランド語に等しいものだった。このときまでに、私はどんなことがあっても驚かなくなっていた。彼らが火星に議会を設置する提案をしたら、私はすぐさま草案づくりに着手していただろう。

もう全員が疲れて怒りっぽくなっていた。私はバーティとデービッド・トリンブルと会談をしたが、それは大変なものだった。私はアランスの重要性について深刻に考えていなかったのだが、バーティはそうは見なかった。私は、たぶんデービッドがこの〝ろくでもないもの〟をしゃべってみせたがるだろうから、それがどう響くかを聞いてみようと提案した。そこで、この方言はユニオニストの発明品であるという見方に腹を立てたデービッドは、アランスのスコットランドの起源について厳粛に長々と説明した。それには地主が無知な村人に話をするときのような気合がこめられていた。

この話はデービッド・トリンブルの代表団を混乱に陥れ、新しい修正案が飛び交い始めた。その間アリスターは、すでにこれも相当いらいらを募らせていた報道陣に対して、合意は成立していると説明していた。彼は心からそう信じていたのである。私が行き詰まりのことを話すと、アリスターは彼にしかできないやり方で思っていることを説明した。すなわち、もし私が、彼がすでに世界の報道陣に向けて話したことと反対のことを言おうとしているなら、結局われわれはアランスと呼ばれるスコットランド語の方言が原因で合意に至らなかったことになる、そして北アイルランドでの戦争は続く。したがってそのような発表は彼にとってはほとんどあり得ない、というわけだった。私はまったく途方に暮れてしまった。ビル・クリントンが電話で呼びかけても何ももたらさなかった。この場に至って、ジョナサンがまたもや見事に動いた。彼はユニオニストの懸念に一つひとつ対応し、代表団を落ち着かせ、バランスを取り戻そうと努力したのである。

われわれはこれを二つの問題――一つは現実的、もう一つは超現実的――に縮小した。しかしここまでくると、二つの境界線は見分けがつきにくくなっていた。超現実的な問題は、メアリーフィールドとかいう名前の場所を閉鎖したいというユニオニストの願望だった。初めに混乱があった。われわれはユニオニストが〝マレーフィールド〟を閉鎖しろと言っていると思ったからである。私でさえ、スコットランドのラグビーのエディンバラの本拠地を閉鎖するという可能性に顔をひきつらせた。ティーンエイジャーの

ころよく行ったところだった。私が、ユニオニストがなぜラグビー場を閉鎖したがっているのか問いただ
さなかったことも、そもそものような疑問が浮かばなかったことも、私が交渉の個室からいかに完全に
孤立していたかを示していた。

しばらくして、メアリーフィールドは、サッチャーによる非常に嫌われた一九八〇年代のイギリスとアイルランドの合意のもとに作られた事務局の名前であることを聞き出し、ほっとした。この事務局は基本的には何もしていなかった。どのみち、われわれの合意によって不用になることになっていた。メアリーフィールドはただの事務所で、これをどうこうするということはまったく象徴的なことだった。そして判明したのは、ユニオニストは事務局を閉鎖する——そういうことになっていた——だけでなく、建物そのものを物理的に除去することを望んでいたことだ。「わかった。建物は何か別のことに使うから」と私は言った。

「だめだ」と彼らは言う。「メアリーフィールドは閉鎖だ。もう使わない。どんなことにも」

この建物は紛争の政治的表象になっていたのだ。ある意味でそうだったと思った。それがどうなろうとどうでもよかった。彼らが合意するのなら、私が自分でクレーンとコンクリートブロックで建物を取り壊してもよかったのだ。

北アイルランド庁は難癖をつけた。「どうして彼らはメアリーフィールドの閉鎖を必要とするのだ？書類の整理保管に使えないのか？」

「諸君」。私は言った。「なぜかは聞かないでくれ。今後メアリーフィールドは過去のものになる。終わったのだ。歴史の一こまになった。取り崩してしまえ」。その後あの建物に何が起こったか、調べもしなかった。おそらく誰もが忘れてしまったのだろう。

私がデービッドに大いに同情した深刻な問題があった。彼とユニオニスト全体は次のことを心配してい

た。もしリパブリカンが約束を破ったら、すなわち武装解除を怠ったら、彼らはどのように統治機構から排除されるのか、ということである。もちろん、ユニオニスト自身が席を蹴って出ることはできる。しかしまったく当然のことながら、事を終わらせるように行動しなければならないのが自分たちユニオニストだとは思わなかった。

シン・フェイン党にとっては、自分たちを排除する議論は絶対受け入れられなかった。彼らは早くからそのような提案をきっぱり拒絶していた。もう一度ふたを開けば、すべてはだめになるだろう。私はデービッドに説明した。彼はがっくりして出て行ったが、彼の代表団は非公開の話し合いに戻ってきた。

私は腰を落ち着け、ジョナサンとともに沈思黙考した。われわれは合意成立まであと少しのところまで来ていたが、私には合意に至らないだろうということがわかっていた。デービッドには向きを変えさせることは無理だった。あの代表団の部屋のなかで何が起きていたかは誰にも知る由はなかったが、もし合意に前向きだったとしたら、あのリジィー大叔母さんでさえ大の慈善家になっただろう。それほどあり得ないことだった。「何かしなければだめだ」と私は言った。部屋のなかを歩き回っていた。一つ思いついた。「デービッドに手紙を書こう。補足文書を」。この補足文書は、議会が始まって六カ月以内にシン・フェイン党が武装解除の約束を果たさなかったら、われわれは合意のなかの条項を変更し、彼らの排除を許すことに賛成することを保証するものだった。これは交渉の微妙なニュアンスの典型例だった。われわれは排除するとは言わずに、排除するように合意を変更することに賛成する、と言ったのである。

手紙の草案を急いで書きあげた。ジョナサンはラップトップコンピュータに向かい、私が書きとらせ、それにジョナサンとスティールがコメントした。私が署名し、ジョナサンを代表団の部屋に急派した。最初、彼は部屋に入ることができなかった。だが最後には、満席の会議の場に入れてもらえた。まるで死刑執行のスイッチが入れられる寸前、執行停止の知事のメッセージが届いたようなものだった。デービッド・トリンブルの代理人の一人ジョン・テイラー――彼は信じられないほど役に立ったり、信じられないほど役に立たなかったりした――が手紙を読み、目をあげて言った。「私はこれで結構です」

代表団の一人ひとりが意見を表明するあいだ、私はもう一時間を恐る恐る不安のなかで待った（とりわけ、この補足文書についてほかの派の誰にも話していなかったことが怖かった）。デービッドが私の部屋に現れ、「われわれはこの線でいきます」と言った。

協定は成立した。

続く数時間は瞬く間に過ぎたのでよく憶えていない。われわれは疲労を通り越してほとんど頭がふらふらしていた。ジョージ・ミッチェルが合意を発表した。バーティと私が声明を出した。高揚感が皆を包んでいた。やっと私は汚く耐えがたい場所になっていたキャッスル・ビルディングズから解放された。

時間の感覚をまったく失っていた。そこから車に乗り込んで空港に向かい、警備チームからあと二十分で着くと言われたとき、私はスペインに行くことになっていたことに気がついてはっとした。皆と同じように、私も交渉はすぐに片づくと思い、スペインのホセ・マリア・アスナール首相の招きに応じて、同国に行く予定を立てていたのだ。当時アスナール首相はほんの少し知っているだけだったが、私と家族が招かれ、数日を彼と過ごすことになっていた。彼が手ごわい交渉者であり、強い党指導者として成功をおさめていること以外にはほとんど何も知らなかった。私と彼は政治的には異なる党派からの出身だった。彼はスペインの保守党である人民党の党首だったが、私は彼と知り合うことは価値があると考えた。彼の手ごわさを知ったのは、一九九七年五月末のアムステルダム協定交渉で一緒だったからだ。私が首相になって数週間後、彼は最初の任期の一年が過ぎたところだった。

アムステルダムでは、私は国内からのさまざまな種類の複雑な要求を抱えていた。正当な要求もあれば、前政権からのもち越しもあった。交渉は厳しかった。私にとっては初めての国際的取り決めであり、失敗したくなかった。アスナール首相がこだわる一つ大きな問題があった。それは協定にスペインをヨーロッパ支援の受給国として位置づけることを盛り込み、同時に〝小国〟ではなく、他の〝大国〟と同等に位置づけることだった。これは他の〝大国〟、とりわけヘルムート・コール首相率いるドイツにとっては真に問題だった。

オランダはドイツの後押しを得て、古い作戦を試みた。スペインの要求を最後まで残しておくことだ。皆と話をつけたら、言うことを聞かずに残っている者を拷問にかけ、脅すか辱めて降参させるというやり方である。「ヨーロッパは貴国を必要としている。このようなときに、いったいどうしてヨーロッパの安定を損なうようなことができるのか？　貴国には歴史感覚がないのか？　ヨーロッパの失敗に責任をとりたいのか？」などなど。すべて古臭いナンセンスだが、多くの場合、効果がある。

しかしアスナール首相にはそういうわけにはいかなかった。一同は私を含め全員と話がつくまで待ち、それからアスナールに妥協案を提示した。悪くはないが、よくもない案だった。ノーだ。こちらの条件は言ったではないかと彼は言った。いやあ、そのとおりだが、われわれはそちらの落としどころを知りたいと皆が応じる。あれがこちらの落としどころだと彼は答え、そして言った。僕は隣の部屋に葉巻を吸いにいくよ、と。そしてそのとおりにしたのである。

皆あらゆることを試みた。オランダのウィム・コック首相が入ってゆき、穏やかなオランダのプロテスタント的やり方で、不賛成を表明した。フランスのジャック・シラク大統領はきわめてフランス流に、威張り散らそうとした。最後にドイツのヘルムート・コール首相が立ちあがり、かなりの巨体を隣室に運んだ。まるでハリネズミを探すジャガーノート（インドの神話に出てくるクリシュナ神像を載せた巨大な山車のことで、強大な突進力の意味にも使われる）のように見えた。その彼も煙《けむ》に巻かれた顔で戻ってきた。ハリネズミはどういうわけか押しつぶされることを拒絶したのだ。コールは私に向かって吠えた。「君も彼と同じ新顔だろう。行ってやってみろよ」

私はアスナールが座っているところに入っていった。彼と通訳と葉巻だけ、ほかに誰もいない。まるで世界には何も気にすることはないという表情で葉巻を吹かしていた。私たちは通訳に席をはずさせフランス語で話した。この問題がいかに重要か、交渉がいかに宙ぶらりんの状態にあるか、いかに彼だけがこの日を救えるかとペラペラ口上を述べ、最後に、もし彼が妥協しなければ、各国の首脳たちがとりわけヘルムートが心から失望するだろうと言った。「わかっている。僕は非常に悲しい」と彼はにっこりしながら言った。「皆に僕からのメッセージを伝えてくれないか。こう言ってくれ。僕は一番最初に、どのような条件ならスペインにとって受け入れ可能かを言ったはずだ。そして今まで、誰もそれをもう一度聞こうとしなかった。だが、もし聞かれていたら、これがスペインにとって受け入れ可能な条件だと皆に言ったはずだ。そして、見ろよ」と言いながらポケットから何かをとり出した。「吸える葉巻はまだこんなにあるんだぜ」。彼は言い分を通したのである。

私と家族は復活祭の前の数日をアスナールと過ごすことになっていた。アイルランド交渉についての自信が——今にして思えばとんでもないことだが——十分にあったので、私はすぐに合流するからと告げて、シェリーと子供たち、義母を先にスペインに行かせたのだった。

さて、ここからがアスナールの真骨頂だった。皆は水曜日、すなわち私が着く四十八時間前にスペインに到着していた。私が着くまでのあいだ、彼は一行を熱烈な善意をこめて大歓待してくれたのである。私も含めほとんどの一国のリーダーは、他国のトップの家族、しかも面識がなく、小さな子連れの家族をもてなすのを多少なりとも面倒だと思うだろう。だが、彼は落ち着き払ってそれを引き受けてくれた。この一件が私たちの永く続く個人的な友情関係の基礎を作り、のちに重要な結果をもたらすことになったのである。

アイルランドのベルファストにあるオルダーグロープ空軍基地でなんとか飛行機に乗り込むと、エリザベス女王から私にお祝いの電話がかかってきた。その瞬間まで、私は合意がいかに大きな成果だったのかを理解していなかったように思う。女王がこんなことをたびたびするはずはないと思ったし、実際にしない。こうして私は目的地に着くまで眠り込んでしまった。

やっとベッドで眠るシェリーの脇にもぐり込んだのは早朝の時間だった。彼女は目を覚まし、やはり私におめでとうを言ってくれた。昼近くまで眠った。起きてからホストであるアスナールを探しにいったところ、ちょっと驚いたことに、彼は私の義母と小さな部屋に閉じこもっているではないか。「あら、あなたはわざわざ出てこなくてもよかったのよ」と彼女は言った。「私たちが全部片づけましたから」

「片づけたって、何を?」と私は聞いた。

「ジブラルタルよ、もちろん」と彼女は答えた（ジブラルタルはイギリスの海外領土の一つで、スペインは長らく主権を主張している）。

彼女には誰かができることなら何でもできたのだろう。

アスナール一家と二、三日過ごしたあと、デリー・アーバインの友人であるカリンとパコ・ペーニャ――フラメンコギター奏者――をコルドバに訪ねた。私はコルドバがすっかり気に入ってしまった。美しい場所だ。ハイライトはメスキータ（コルドバの聖マリア大聖堂）だが、町全体が魅惑的だった。パコは市の中心部に素敵な古い家を持っていた。そこには伝統的な中庭があり、たぶんそれほど伝統的なことではないのだろうが、バルコニーへ上がる階段のてっぺんに、客の渇きを癒すためのシェリー酒の樽が置いてあった。あれは素晴らしいリラックスした一週間だった。パコは私に少しだけクラシックギターを教えてくれた。私たちはタパス料理店やシェリーの貯蔵所も訪ね、総じて楽しい時間を過ごした。

聖金曜日合意――すでにそう呼ばれるようになっていた（ユニオニストだけはベルファスト合意と呼ぶよう言い張った）――のインパクトは世界中に鳴り渡っていた。私はどこに行っても呼び止められ、おめでとうと言われた。首相在任中、私が満足し、達成感に満たされ、誇らしく感じたと正直に言える数少ないときの一つだった。そのようなことはもうあまりなかった！

スペインから戻るとすぐに現実が待ちかまえていた。どういうことかと言うと、聖金曜日合意は、最高の成果――それなしでは何もできなかった――ではあったものの、終わりではなく始まりにすぎなかった。もしすべてがうまくいった場合、和平プロセスがたどるコースを予測するものだった。そこで、実行に移らなくてはならなかった。合意は芸術――少なくとも概念上は――と表現できる一方で、実行はもっと重い製造作業に似たものだった。

第一の課題は北と南で合意を是認するための住民投票を実施し、次に実働可能な行政府を設立する手続きを開始できるよう、議会のなかで選挙を行うことだった。北アイルランドのアイルランド人はこの合意を――少なくとも考え方としては――非常に強く支持していたと言うのが公正だろう。しかし、彼らは詳細を知らなかった。そしてあのときの高揚感のなかでは、本当の影響を深く考えていなかったことは確かだ。彼らはすぐに考え始めた。

典型的なねじれは、合意はＵＵＰが正式に同意したものだったが、シン・フェイン党は決して同意していなかったことだ。したがって、ＵＵＰのほうが合意についてもっと楽観的であると期待されていた。ところが、違った。合意が調印されるやいなや（幸いなことにデービッド・トリンブルは彼の党幹部に早急にこれを承認させた）、ユニオニストの身震いが表面から決して深くないところから噴出したのである。彼らの疑念は、次に起こったことによってあたかも政治的なハッブル宇宙望遠鏡のごときもので拡大されたのである。

囚人に関する取り決めには、ＩＲＡの収監者を南に移送するイギリス政府の権限が含まれていた。あまり賢明なこととは言えなかったが、モーは〝ボールコム街の四人組〟をイングランドからアイルランドに移送することを決めた。一九七〇年代にＩＲＡのために暗殺やテロ攻撃を実行した悪名高き一団のメンバーである。すると、囚人を引きとったアイルランド政府は、イギリス政府に通告することなく、彼らがシン・フェイン党のダブリン会議に参加できるように仮釈放したのだ。囚人たちはテレビのゴールデンタイムに、十分間に及ぶ拍手の嵐のなかで迎えられた。ユニオニストは激しい恐怖に襲われながらこの光景を見た。

この決定は、駅を出発しつつあった列車を大破寸前に追い込んだと言って間違いなかった。住民投票の運動とそれに続く議会の選挙は、聖金曜日合意の署名後十週間以内に行われなければならなかったが、その期間中は列車はたしかにレールに乗っていた。

ジョン・メージャーと私は、事態を鎮静化させるために現地を訪れた。次にウィリアム・ヘイグ（保守党党首、メージャーの後継者）とも行った。私は、暴力やそれに類することをする者には政府に参加させないという誓約を自らしたためた。ビル・クリントンも私が議長を務めるG8が行われていたバーミンガムから、それを支持する声明を発表した。

それは不安に満ちたときだった。住民投票ではユニオニストの過半数から合意を取りつけていた（五五パーセント対四五パーセント）。デービッド・トリンブルは議会選挙でDUPに勝ち、SDLPが第二党になった。しかし、私たちは一つの教訓を学んだ。これからの道のりは長いだろうということだ。地図はあったが、目的地までは遠かった。

機能する解決をついにまとめあげるまでには、さらに九年を要した。そしてこの一年一年が苦難に満ちたものであり、失敗を認めざるを得ないところまでたびたびいった。目標の期限に間に合わないことが多々あり、些細なことで交渉が何カ月も続いた。だが、われわれは進み続けた。

キャッスル・ビルディングズで行われたような包括的な交渉は二度となかったが、一日、二日、あるいは三日にわたる交渉が絶えず行われた。交渉には気持ちのよい場所を選ぶようにした。思い返してみると、それはまるで有名な大邸宅の一覧表だった。ヒルズバラ、ウェストンパーク、リーズキャッスル、セント・アンドルーズなど。交渉関係者は、前進のプロセスを討議するために住み慣れた場所から連れ出されるのをいつもいやがるふりをした。しかし私は、彼らも私と同じ気持ちだろうという予感がしていた。行きつ戻りつの難局に直面したときには、美しい環境のなかで話をしたほうがよいということだ。それは一種不思議な方法で人に解放感を与える。会談場所がベルファストの中心部やダウニング街だと、人々は大事にしてきた意見に固執しただろうが、新しい舞台は新しい態度を引き出す可能性があった。少なくとも、ときにはそのようなことがあった。いずれにせよ、北アイルランド和平プロセスを《カントリーライフ》（田園地帯の土地や建物を紹介する雑誌）のページから抜け出てきたような場所と関係づけることを、こうして正当化したのである。

一九九八年六月から二〇〇七年五月までのあいだの苦痛に満ちた紆余曲折を時系列で詳述してもよいが、しないほうがありがたく思っていただけるだろう。基本的には、一九九八年六月の議会選挙後から数えても、行政府を設置し始動するまでさらに十五カ月間かかったのである。行政府はベルギーの数学者ヴィクトル・ドント（彼の名前はベルギーの有名人の誇りあるリストに加えることができる）の名をつけた複雑な投票方式に従って選ばれた。ドント方式を説明することは私の能力外なので遠慮させていただきたい。それが意味するところは、マーチン・マギニスともう一人シン・フェイン党のメンバーであるベアブレ・ドブルンがそれぞれ教育と保健担当の閣外担当相になったというだけで十分だろう。これ自身、歴史的瞬間だった。

行政府の設置が遅れた理由は、武装解除に関するとどまるところのない論争だった。もう一つ、治安維持についても長期にわたる紛争があった。新生北アイルランドではイギリスの王立アルスター警察隊（RUC）は、全域の住民が受け入れられる警察組織に置き換えられなければならなかったからだ。この作業は二〇〇〇年二月に中断されたが、同年五月に再開され、二〇〇二年十月まで続いた。しかしＩＲＡの武装解除その他の問題をめぐってふたたび中断され、二〇〇七年五月までその状態だった。その間、イアン・ペイズリーのＤＵＰがデービッド・トリンブルの一派を上回って最大のユニオニストの党派になった。そしてシン・フェイン党がＳＤＬＰを上回った。イアン・ペイズリーとマーチン・マギニスが政府で席をともにし、和平プロセスが完了したとまでは言えないまでも、実を結ぶ歴史的な日の夜明けが来るまでには、あと約三年半の交渉が必要だったのである。

しかし、前進したかと思えばすぐに後退し、宣言の次にはすぐに新しい宣言が続き、さらにそれを明確にする宣言が出されるという挫折に次ぐ挫折のあいだ、われわれに対する非難は数限りなかった（少なくともイギリス政府が不誠実だという点では各派とも一致しているのが普通だった）。われわれは、希望と絶望がほとんど日常的に共存する感情の激しい起伏を実際の仕事として経験したのである。

聖金曜日合意は、交渉面で当初予想したよりも非常に多種多様なことがあったが、文書は非常に簡潔なものだった。もし私が（比較的）新しい首相でなかったなら、もし私が交渉を引き受け、それがどんなものかほとんどわからないまま解決に向けて引き戻せない地点を越えることにならなかったなら、おそらく合意に達することは決してなかっただろう。私がそうできたのも、偶然と幸運が（初めは不運に見えたが）組み合わさったおかげだった。

もちろん、すべての紛争は同じではない。それぞれに起源があり、対立する伝統があり、共有する歴史があり、解決すべき多様な特性がそろっている。だから解決のための教訓を引き出すことは難しい。しかし私は最後になって、一般的に適用できるいくつかの核になる原則があったという結論に達した。それらの一つひとつ、そして合意実施に要した九年間のそれぞれに起こった出来事を説明するよりも、解決の中心的な原則を説明し、この間の主要な出来事のいくつかから解釈をまとめてみたい。

1　どのような紛争解決でも、合意された原則に基づく枠組みが中核になくてはならない。私が政治においてつねに実行しようと思うことの一つは、最初の原則に立ち返ることである。いったいこれは何のことなのか？　われわれは何を達成しようとしているのか？　問題の核心は何なのか？

北アイルランドには、解決を非常に困難にした一つの基本的な不一致があった。一方の側は統一アイルランドを欲し、もう一方は連合王国にとどまることを欲した。人は私によくこう言う。北アイルランドは中東ほど難しいはずはないだろう、と。実際には、北アイルランドは先のような不一致において中東よりも難しいのである。中東の和平プロセスには、最終的な結果に関しての一致がある。二つの国家という解決である。北アイルランドでは、北アイルランドが連合王国にとどまるべきか、それとも南と統合してアイルランド国の一部になるべきかをめぐって、根深い、事実上相容れることが不可能な議論がある。この問題を解決することができなかったゆえに、それは将来に委ね、まず和平を可能にする原則を探らなくてはならなかったのである。

第一の原則は、同意の原則と呼ぶものだったように私には思える。もし北アイルランドの住民の多数が南と統合することを欲するのなら、統合があるだろう。しかしそれまでは、北アイルランドは連合王国の一部としてとどまるだろう。リパブリカンが歴史的に受け入れられなかったのは、この原則だった。彼らの主張はアイルランドの分割は憲政上無効であり、島全体が住民投票の有権者でなければならないというものだった。これは明らかに和平が不可能であることを意味した。したがって、彼らに明示的にせよ暗黙裡にせよ、同意の原則を受け入れさせなければならなかった。

次の問題はこうだ。彼らはどのような基盤に立って、どのような原則でこれを受け入れるか？　あのとき、聖金曜日合意の成立を支えた答えは、和平と引き換えに権力分担と平等を認めることだった。すなわち、北アイルランドにすべての住民を本当の意味で代表する政府が作られ、プロテスタント教徒とカトリック教徒を同じように扱う真の平等があるならば、ＩＲＡの戦闘行為は終わるだろう。ここから、警察と裁判所の改革、さらにアイルランド語の承認の必要性が生じた。統一アイルランドを求める人々は、少なくとも自分たちが多数派になるまでは、アイルランドの分割を受け入れなくてはならない。その代わり、分割されたアイルランドにおいて、彼らは公正で平等な扱いを受け、統一アイルランドへの念願を認知されることになる。ここから、北－南機構も生まれた（北アイルランドとアイルランド共和国の閣僚協議会の合意に基づいて農業、教育、環境、保健、運輸、観光の六分野で協力を推進する）。

　これらの中核的な原則がいったん合意されると、ほかのすべてのことは極度に複雑化した、熾烈な、しばしば機能不全の技術上の問題になった。しかしそれらはすべての党派が受け入れた有効な設計概念に基づいていたのである。

　そのような原則の枠組みがなかったら、紛争解決における前進は、不可能でないにしても難しい。それは永続する判断基準であり、道標になる。それはまた各党派をそのなかに閉じ込める。彼らはいったんこの枠組みを受け入れれば、それと矛盾することは主張できない。もし主張すれば、矛盾が不利に働く。平等な取り扱いの原則に基づいた警察活動について合意された方針がある場合、どうして警察と並んで違法軍事組織が活動できるだろうか？　実際に、権力分担のための和平の原則が合意されるならば、ＩＲＡ――多数派のユニオニストの同意なしに統一アイルランドを作り出すことを目的に結成された――の存在意義は崩壊するのである。同じように、取り扱いの平等が統治の基礎として受け入れられるならば、ユニオニズム派はシン・フェイン党が政府内にいることにどうして反対できるだろうか？　もちろんシン・フェイン党が和平の約束をしっかり守ることが条件であるが。

　このようにして、中核となる原則を作りあげることがプロセスを形成し、和解を可能にするのである。

2　次に、解決に向けて進むには、物事をしっかり把握し、焦点を定める必要がある。継続的に。疲れることなく。執拗に。日ごと夜ごと。中東和平プロセスの最大の問題は、これまで誰もそれを十分長い期間にわたり、あるいは十分にしっかりと把握してこなかったことだ。把握の仕方が断続的である。しかし、断続的ではだめなのだ。それではうまくいかない。しっかり把握すれば、中東和平は解決するだろう。

北アイルランドの場合は、一連の問題を通じて詳細な合意ができていた。新しい機構が設置され、新しい種類の作業が実施されることになっており、お互いに組み合わされた仕組みがそろい、前進することになっていた。このそれぞれは、詳細を精密にするためにさらなる交渉が必要だったが、それには事態を絶え間なく把握していることが求められたのである。

たとえば治安活動である。膨大な数の未解決の問題があった。われわれは保守党の元北アイルランド担当相であり元幹事長だったクリス・パッテンに、どうすべきかの調査を率いてもらうことを依頼した。彼は見事な仕事をしてくれ、その報告書は治安活動の改善のための要となった。しかし、この報告書の各ページは精査に次ぐ精査を受けた。シーソーのバランスを保とうとしたからだが、いくぶんパッテンの気に障ったのも無理はなかった。それが本当のところだった。

武装解除が本当の悩みの種だった。当時の理由からして、これはＩＲＡにとってはただならぬほど敏感にならざるを得ないことだった。そしてある次元では、ユニオニストはこれが現実よりも象徴の問題であることを理解していた。実際のところ、ＩＲＡは武器を破棄したとしても、いつでも新しい武器を買うことができたのである。言い換えれば、和平は究極的には武器の破棄ではなく、物の考え方の破棄にかかっていたのだ。

これについては『ロジェ類語辞典』をめくるような議論があった。ＩＲＡは最終的に、武器を破棄する代わりに「武器を使用外に置く」ことに同意した。しかし、それが実行されたことはどうすればわかるのだろうか？　われわれは一計を案じ、二人の国際的政治家――フィンランドの元大統領マルッティ・アハティサーリとアフリカ民族会議（ANC）の有力指導者シリル・ラマフォサ――に、武器が「使用外」に置かれたかどうかを証明する任務を依頼した。かわいそうにこの二人はアイルランドの田舎に連れていかれ、武器の廃棄処分場を調べて回った。彼らはこの仕事を信じられないほどの誠実さで果たしてくれた。シリルは頭脳明晰でまっすぐな男で、私はいつも、彼はANC党首の候補者であるべきだと思っていた。マルッティは政治でも生活でもまれな資質の存在で、できる限り控えめであろうとした人物（実際に非常に控えめな人）だった。

だがしかし、これらの武器がすべての武器であるかどうかをどうやって知ることができるのか？　カナダの将軍ジョン・ド・シャストレンが独立国際武装解除委員会（IICD）の委員長になった。たまたま彼はエディンバラの学校の私の同窓生だった。このとき、行政府は一時停止状態にあった。デービッド・トリンブルはもとに戻そうと努力していたが、そのためには武装解除における真の行動を必要としていた。IRAはまだきわめて消極的だった。彼らは必要の九〇パーセントしか満たしておらず、以上のような意味合いでは、それはゼロパーセントと同じようなことだったかもしれない。

議論をたくさん重ねたあと、われわれはヒルズバラに赴いた。一方シャストレンは、IRAの〝武装解除行動〟を目にするために連れていかれた。われわれは行動が実行されたというニュースを待っていた。昔、王の結婚が完全なものになったというニュースを聞くために群衆が集まった故事を思わせるようなものだった。それからシャストレンはレーダーから消えてしまった。文字どおり消えたのである。IRAが彼を音信不通の状態に置いてしまったのだ。そして、武装解除の行為を彼に見せているあいだ、それをどのような方法でも外部に説明させせなかった。あたかも、王が誰とベッドにいるのか、正確にはいつそれが起こったのか、どの部屋にいるのか、あるいはナイトガウンなどについての情報、二人はどれほど嬉しそうか、などについて何も口にすることのできない伝令官のようだった。要するに、この件についてなによりも大事な信憑性にかかわることが一切伝えられなかったのである。こうなると、ニュースを待ちわびている群衆は全面的な不信感に近い懐疑の気持ちでいっぱいになる。

やっとかわいそうなシャストレンが伝令の役割を果たすべく姿を現した。即座にはっきりしたことは、誠実さと名誉を大事にする人間である彼が、全面的な守秘を求めるＩＲＡに拘束されていると感じていることだった。それでもわれわれは彼を記者会見に臨ませることに決めた。この会見の唯一歴史に残る意義は何かと言えば、それは記者会見を研究している者にとって必見のものだったということだ。

シャストレンは記者たちに、武装解除は実際に行われたという大胆な発言をした。しかしそれ以上は頑として何も言おうとしなかった。「どんな武器が放棄されたのか？」という質問に対しては、「さあね。戦車ではなかったな」と答えた。王は誰と結婚したのかと聞かれて「そうだな。ロバではなかった」と答える伝令官のようなものだった。

デービッド・トリンブルにとってはこれで十分だった。私は今もそれについては自分に責任があったのではないかと思っている。国会議員の一人であるシルビア・ハーモンは一同のなかで最も品格があり、賢明で、判断力がしっかりしており、とにかく素敵な女性だったが、その彼女さえ、これでは行政府の再開を支持することはできないと言った。

シャストレンは我慢強い人でもあった。彼には聖者ほどの量の我慢が必要だったのである。彼はつけ込まれ、もてあそばれ、罵倒され、誤解を正されるなど、あらゆる場面に直面したが、すべてを和平の利益のために耐えた。彼の大いに偉かったことは一貫して任務に忠実だったことであり、まっすぐな男だという彼の評判は、和平プロセス全体のなかで非常に貴重な一部となった。要するに大事な点は、この論争――論争はいくつもあった――の一つひとつの場面で、物事を終始しっかり把握しておかなければならなかったということである。

3　紛争解決においては、些細なことが大きなことになり得る。これはただ状況を把握するというだけではない。相手の利益のために、こちらが大事だと思うことを脇に置くということでもある。そしてこうしたことが自分の給与等級以下のことだとわかっても、細かいことを言わないことだ。もらっている給与に見合う責任範囲には、役に立とうとしている当事者にとって重要なことがすべて含まれているのである。それが何であるかは相手によって決まるのだ。

中東における私の新しい役割について、人はよく言う。パレスチナの辺鄙な地域で、どこにあるかもよくわからない検問所をどの位置に設けるか、二百ヤード（約二百八十三メートル）の道路を作り直すべきかどうかを議論するのは骨の折れることだと思いませんか？　そうではない。彼らにとって重要なら、私にとっても重要なのです、と答えることにしている。

かつて私は、北アイルランドの南アーマー州でイギリス軍が使用していた監視塔すべて一つひとつの正確な位置、構造を説明することができた。ＩＲＡにとっては、アイルランドとの境界線付近のこの州は彼らの陣地だったのであり、そこには重要な活動家が多数住んでいた。監視塔は絶えざる摩擦の原因だった。イギリス軍がまだＩＲＡの後をつけているという象徴になったのである。もちろんわが軍は監視塔を監視のための重要な拠点とみなしていた。とくに南からテロ行為を行うために侵入してくるリパブリカンの不満分子の監視である。これらの監視塔のおかげでテロ行為を未然に防ぎ、生命を救うことができた。そういうわけでこれは慎重を要する問題で、監視塔の撤去は少しずつ、一つひとつ注意を集中して実施しなければならなかった。

紛争の両方の側にとって、象徴となるものは非常に重要である。それらは注意深く取り扱われなければならない。北アイルランドでは、新しい治安体制のあらゆる側面には帽章から警察官の採用方法の詳細に至るまで、念には念を入れてあたらなければならなかった。

非常に多くの場合、このような小さな事柄は取引の対象になり得る。北アイルランド交渉の各局面では、つねに誰かが妥協しなければならず、つねに誰かが腹を立てた。このような紛争では、両者とも互いに対してあるいは調停者に対して、多かれ少なかれ永続的な不満状態にある。両者とも、自分だけが譲歩しており、自分だけが真に和平を欲しており、自分だけが本当に誠実に行動していると考える。私は二つの側と連続して話し合いをするとき、まったく同じことを言うのが通例だった。どちらの側も自分はとるべき行動をとったが、相手は何もしていないと信じ込んでいたのである。

聖金曜日合意からしばらくして、ユニオニストのグループと一度話をしたことを憶えている。そのなかの一人が、とくに攻撃的ではなかったが、非常に真剣な調子で言った。「教えてほしいのだが、われわれはこの合意から本当に何を得たのですか?」。私は言った。「ユニオン（グレートブリテンおよび北アイルランド連合王国）です。非常に大きなことです。そう思いませんか?」。言い換えれば、協定の基本は、同意の原則が公然と認められたことを意味したのだ。そして、多数が望む限り、ユニオンが継続するということである。つまるところ、それがユニオニズムの存在理由だった。しかし発言者は本当にそのようには見ていなかったのである。彼には、〝暴力分子〟に本来決して許されない行為をやめさせるために、自分たちが一連の譲歩をしたとしか見えなかったのだ。

したがって、小さなことが重要なのである。なぜなら紛争の主要当事者の心のなかでは、些細なことがわれわれにはいつもは理解できないような観点から大きな姿となって現れるからだ。

4　創造的であること。前進を阻むものを取り除くために、小さなこと、大きなことを単独であるいは組み合わせて使うこと、そして必要ならさらにいくつかを創案することだ。ジョナサンがとりわけ創意の才を発揮したのはここだった。袋小路にはまり、どうにも突破できないように見えるときがあった。最終的には、行政府の再編の期限を二〇〇七年三月二十六日と設定した。これまであまりにも多くの期限が来ては去っていったので、それらの信頼性は低下していた。しかしないよりはましで、各派に拒絶されるのがつねだったが、それでもいつもなんらかの役には立ったと私には思える。しかし今回は、アイルランド側はそろって強硬な態度をとった。この期限から一歩も引こうとしなかった。われわれは三年以上もイアン・ペイズリーを協定に引き入れようと試みていた。そしてこれは今やるか決してやらないか、やるか死ぬか、といったような状態にあった。したがって三月二十六日は絶対だった。予想はしていたものの、最終局面になってイアン・ペイズリーは党を三月で説得することはできないと言ってきた。五月でないとだめだという。アイルランド側は懐疑的になり、シン・フェイン党は激怒した。すべてが瀬戸際でよろめいていた。

私は二カ月のために全体を遅らせるのは馬鹿げていると思った。ジョナサンはDUP側に二カ月の猶予を与える案を持ってきたが、その代わりにイアン・ペイズリーとジェリー・アダムズの一対一での対面に同意することを要求した。二人は顔を合わせたことがなかった。われわれはDUPにこの提案を伝えた。DUPはそれを受け入れ、ジェリー・アダムズもそれに応じた。

そして——たしかにそういうことになるのだ——実際の話し合いのやり方だけでなく、家具まで交渉しなければならなかった。問題はテーブルの形だった。DUPは双方が敵対者であることがわかるように、互いに向かい合って座ることを求めた。シン・フェイン党はお互いにパートナーであり、したがって対等であることを示すように、双方のメンバーが一人ずつ交互に座ることを提案した。首相官邸の北アイルランド問題の主要担当官を務める大物若手官僚ロバート・ハニガンが最後の創造性を発揮した。ダイヤ形のテーブルを提案したのだ。これなら、互いに向き合うと同時に、交互に座ることができる。これで取引は完了した。

創造性といっても、いつもすべてのことを思いつけるものではない。だが、信頼を損なうようなことはどんなことでも用心しなければならない。

ところで、信頼は政治的な概念としては多層的なものである。あるレベルでは誰も政治家を信用しない。そして政治家はときとして、より大きな戦略的目標の利益が信頼を要求する場合は、完全な真実を隠したり、曲げたりゆがめたりせざるを得ない。もちろん、どこに線を引くかは重要である。いずれにしても正確な科学ではない（そしてそのことであまり侮辱されたと思ってはいけない。われわれは皆このような決断を日々の仕事や生活で毎日しているのである）。この次元で、ある程度の微妙さを欠いて動くなら、仕事はほとんど不可能になるだろう。

しかし一般大衆は非常に認識力があり、表面的なレベルで信頼しない政治家――すなわちほとんどすべての政治家――と、もっと深いレベルで信頼しない政治家とを区別する。深いレベルでの信頼は、マキャベリ的か否かはともかく、どんな間違いや妥協があったとしても、政治指導者が大衆に対して最善を尽くそうとしているかどうかを彼らが信じるかどうかにかかわる。本当に大事なのはこのレベルでの信頼である。

私はこの興味深い例を、一度誰あろう南アフリカのネルソン・マンデラ大統領から聞いたことがある。マンデラ――彼の部族の名前ではマディバとも呼ばれる――は、深く心惹かれる研究対象である。それは、彼が聖者だからでなく、聖者でないからだ。あるいはこう言ってよい。彼は聖者だったが、状況が要求するためもあったのだが、ものすごく抜け目なく振る舞うことがあるということだ。たぶんガンジーも同じだったと思う。

私はマディバとはいつも良好な関係を保てた。彼を聖者としてではなく、政治指導者として扱ったことが一因だと思う。彼は人々――私も含め――にどのように利用されるかを正確に知っていた。人々は自分の信頼性を高められる場合に彼を利用したのである。そして彼がこちらを気に入った場合に限って、利用されることをまったく厭わなかった。彼に関してなによりも魅力的なことは、彼の抜け目なさだった。彼は狡猾で、フランス語の〝器用な《ハビール》〟が意味するような賢さがあり、頭がよく、より高度の目的に合致すると思えば状況を完全に手玉にとることができた。

私たちは、彼がアフリカ民族会議（ＡＮＣ）をどのようにして革命運動から統治の党に変え、改革したか――生やさしい仕事ではない――について話し合っていた。もちろんＡＮＣは明瞭に暴力行為に訴えていた。それはアパルトヘイト体制側からはテロと呼ばれ、ＡＮＣからは自由を達成するための正当な手段とみなされていた。マディバは暴力的な運動を止めなければならないと悟った。そして原則の観点から暴力停止を実行しようとすれば、強い反対にあい、運動を分断させ、おそらく分裂に至るだろうと読んでいた。そこで、暴力を停止する戦術的な理由を思いついた。彼はＡＮＣの中核グループに向かって言った。私は皆と同じように目的に身を捧げている。しかし戦術としては暴力を停止すべきだ。そうすれば、すべての選択肢が開け、もっと達成可能になるだろう。もちろん、いったん停止された暴力は、永久に停止状態にとどまったのである。

このような戦術的な策略は、北アイルランドの和平プロセスでの基礎だった。またもや最後の瞬間に、二〇〇六年十月のセント・アンドルーズ宣言（イギリス、アイルランド両国政府、関係政党のあいだに成立した北アイルランド議会と行政府の再開についての合意宣言）をめぐる議論が終わったあと、再構築された議会と行政府の長になる者がどのような宣誓をするのかという問題が飛び出してきた。双方にとって受け入れ可能な方式を見出すために、すべての組み合わせを検討し尽くした。当然のことながら、ＤＵＰは宣誓そのもののなかに治安に関する非常にはっきりした約束が含まれることを欲した。シン・フェイン党はそのような表現を好まず、行政府が存在することが明確になるまでは、確約しようとしなかった。このように、文言の問題とともに議会と行政府の同時性の問題が横たわっていたのである。

最終的には彼らは期限と、大まかではあるが文言について合意した。ところが、その後数週間のうちに、合意は崩れ始めたのである。ジェリー・アダムズは合意を承認するためにアード・エッシュ（シン・フェイン党の党大会）を開催することに同意した。しかしそのような承認が諸機関の復活を許すということを、イアン・ペイズリーが前もって明確に表明するという条件がついていた。たった一度だけだが、両者の役割は逆転したのである。ジェリー・アダムズが明確さを要求し、イアン・ペイズリーが曖昧だった。そこで私はペイズリーの曖昧さを再解釈し、ジェリーを安心させることを思いついた。

私はマイアミでクリスマス休暇を過ごした。太陽は輝いていたが、休暇と言ってもほとんどそれだけが取り柄だった。時差の関係で、朝五時には電話をかけ始めなくてはならなかったからだ。ペイズリー一家は友人を訪ねるなどで外出していて、電話が通じないことが多かった。私はそれぞれの側に、相手が同意したことを、ときには限界を超えて誇張して告げるという相当大胆なことをした。それでも全体が崩壊しているのがわかった。理由は就任の宣誓に含める文言だった。しかし、あらゆる創造力を動員して、われわれはなんとか乗りきることができたのである。

大事な点は、敏捷で、柔軟性をもち、創意に富んでいる必要があるということだ。私は中東和平プロセスにおける、入植地、エルサレム、難民などといった問題をよく考える。それぞれの問題において創意こそが道を切り拓いてくれるだろう。ただし創意はあふれるほどなければならないのである。

5　紛争は、当事者たちだけに任せておいても解決しない。当事者自身で解決可能なら、すでに解決して

いるだろう。それゆえに外部の助けを必要とするのである。

第三者による支援は、多くの異なる形で必要不可欠だ。それが先に述べたような必要な創意をたくさんもたらすことは明らかであり、それはまた、当事者同士が誠意を確認し合うことを助ける。中東では、どんなイスラエル人に尋ねても、もちろん平和がほしいと心からの誠意をもって言うだろう。

私は、イスラエルの軍事諜報機関の長——難しい任務を与えられた人物だ——にこう言ったことを思い出す。あなたは、パレスチナ人はイスラエルがパレスチナ国家を創ることに真剣だとは思っていないことを理解しなければならない。「パレスチナ人は、イスラエルは彼らを呑み込んでしまいたいだけだと思っている」と。

「それは本当ではない」と彼は答えた。「一つ話をしてあげましょう。ロットワイラー犬（強い大型犬）を飼っている男がバーに入ってきて言う。『外にいるチワワの飼い主は誰だ?』。『私だが』と誰かが言う。『そうなら私を助けてくれ。あなたのチワワが私のロットワイラーを殺しかけているんだ』とその男が言う。『そんな馬鹿な。チワワがどうしてロットワイラーを殺せるのか』とチワワの飼い主が言う。『チワワが私の犬の喉に詰まっているんだ』と男が答えるという話です」

しかし、イスラエル人にパレスチナ人は平和を欲しているかどうか尋ねてみると、イスラエル人はこう言うだろう。「いいえ。われわれに入植地や占領のことを話さないでもらいたい。われわれはガザ地区から出て、入植者を連れ戻した。そして何を得たかというと、ハマスとロケット砲だ」。パレスチナ人にイスラエル人について聞いてみると、この会話の逆になる。

要は、外部の関係者は交渉を助け調停するだけではないということだ。普通は不信感に支配されている環境のなかで、緩衝となり、メッセンジャーとなり、そしてなによりも誠意をもった説得者になるのである。外部関係者はまた、問題点や、とくに転換点を明確にすることも助ける。北アイルランドはこの生々しい一例となった。現実には、和平プロセスには二つの明瞭な局面があった。一つは聖金曜日合意から始まり、IRAの武装放棄失敗に起因する、二〇〇二年十月の議会と行政府の停止まで。次は二〇〇三年のデービッド・トリンブルの失脚から二〇〇七年五月まで。二つの局面のあいだにあった約一年は幕間のようなものだった。しかし多くのことが起こった。

第一の局面は、創造的曖昧さの時期とも呼べるもので、この期間中、人々は非常に強固な陣地からゆっくり、用心深く動いた（そしてときにはまったく動かなかった）。聖金曜日合意のあと、IRAが解散するだろうとは誰も真面目に考えなかった。IRAは、まず取引したユニオニスト側の約束が実行されるかどうかを確認するまで待ち、そのときまでは万一のために武力の使用を可能にしておきたかったのである。もう一方で、われわれはこのプロセスが秩序ある構造的な転換であると装わなくてはならなかった。したがって、作りごと、知的あるいは政治的な一貫性がほとんどないのに口にされたり行われたりしたことがあった。われわれが一連の障害を通過して進んでいると見てもらえること以外には意味のないことだった。

とりわけ、リパブリカンたちとの関係においてそうだった。彼らには革命運動として守るべき独自の歴史、いや半分神学とさえ言えるものがあった。彼らは死者や獄中にある者の名誉を称えなければならなかった。しかし同時に、実行されるかどうか確信をもてない和平合意の文言にも従わなければならなかった。武装放棄をめぐる一連の出来事がそうだったように、半歩（軍事用語。通常の半分の歩幅で歩いたり、駆け足すること）が何度もあった。それらはすべてかなり不明瞭なリパブリカン用語の衣をまとっていた。それによって自分たち内部の政治を不安定化させることなく、ユニオニストを説得しようと試みていたのである。

加えて、リパブリカンの地域にはイギリス軍兵士と戦う違法な非公式軍事組織だけでなく、非公式警察組織も存在した。私は自分の選挙区セッジフィールドの有権者の一人に、IRAがどのように麻薬取引人の膝を撃ち抜いたり、強姦犯を殴り倒したりするかという話をしたことがある。こんな話をすると、その有権者も初めてリパブリカンに好意をもつかも知れないということがわかった。もちろん、非公式警察組織のようなものはすぐに終わるものではなかった。しかし、聖金曜日合意に明示された法の遵守と合致するものでもたぶんなかった。

しばらくのあいだ、こうしたことをめぐる創造的曖昧さは大いに役に立った。テロは終わった。爆弾もやんだ。死亡するイギリス人兵士もいなくなった。警察官の暗殺事件もなくなった。しかしこれらは、北アイルランドを法と秩序の正常なプロセスが支配するようになったということと同じではない。それは二〇〇五年一月のロバート・マッカートニー（カトリック教徒で、シン・フェイン党の支持者だったと言われる）の殺害によって明らかになった。マッカートニーはバーでＩＲＡの男たちに殴られている友人を助けようとしたところ、外に引きずり出され、ナイフで刺し殺されたのだ。

この殺人事件はいろいろな意味で最後の転換点となった。マッカートニーの家族、すべてのリパブリカンも黙っていることができず、彼の姉妹、婚約者、友人たちは、殺人者に法の裁きを受けさせることを求める運動を起こした。ＩＲＡは肝心なことがわからず、犯人たちを銃殺することが役に立つのだろうか、という意味の声明を発表した。しかしこの事件は、二〇〇二年十月の議会と行政府の停止以来、ＩＲＡが下さなければならなかった不可欠の決断を前面に押し出したのである。

そして第三者が役に立てることがここにもある。二〇〇二年の停止のあと、私はベルファストに行き、北アイルランド問題について一九九七年五月以降最も重要な演説を行った。この演説は〝完結の行動〟演説として知られるようになった。私が述べたのは、基本的には次のようなことである。創造的曖昧さは最初の段階ではわれわれの味方だった。それはキャラバンが動き始めることを可能にしてくれた。最初の諸段階にあった無数の暗礁を避けるのに役立った。しかし、これはもはや味方ではない。われわれの足を引っ張るものになった。なぜなら、いかなる形態の暴力も永久に放棄された――そしてもしそうなら権力が分担される――ことが絶対的にはっきりするまでは、これ以上の前進はできないからだ。〝創造的な曖昧さ〟の代わりに、過去が克服されたことを疑いもなく示す〝完結の行動〟がなくてはならない。

これは注意深く言葉を選んだ演説だった。そして同時に強い力をもった。率直で飾りがなかったからである。それ以降、私がジェリー・アダムズとマーチン・マギニスに絶えず繰り返したことは、ＩＲＡは拒絶主義のユニオニズムを持続させる以外に、もはや何の目的も果たしておらず、ＩＲＡは自分たちがもともと求めていたもの、すなわち権力の分担そのものを妨げている、ということだった。

同じことはもちろん、今日のハマスの軍事部門についても真実である。彼らは〝一国〟イスラエルの最良の友なのだ。彼らが暴力に固執することは、交渉の正当性ではなく、排除の口実を提供しているのだ。

しかしこうしたことに気づき、それを説き納得させるように説明し、その説明を和平プロセスを前進させるために利用するのは、主要な当事者のいずれかによるよりも、第三者によるほうが容易なのである。

6　両方の側にとって、紛争を解決することは旅、あるいはプロセスであって、出来事ではないことを理解しなければならない。両者とも、過去を葬るには時間がかかる。紛争は暴力によって特徴づけられた不一致というだけではない。それには歴史があり、文化、伝統、儀式、理論を作り出している。それには身体だけでなく精神と魂がある。それは永続しており、根深い。

これらすべてに挑むことは、大いなる野望と強烈な内省を伴う仕事である。人々は変わり得るが、それぞれのやり方で非常に凝り固まっている。変化を前進させるためには、これらの〝やり方〟を巻き戻さなくてはならない。私が初めてジェリー・アダムズとマーチン・マギニスに会ったとき、二人はたんにためらいがちで互いに不信感をもっていただけではない。二人は敵として座っていたのである。初めのうち、数えきれないほどの会合でマーチンは交渉しようとしたがらなかった。なによりも彼は自分の側の目標、苦痛、怒り、期待を説明したがった。彼が私をパートナー、ましてや友人と認めるようになるには時間がかかった。彼にとってさえそうであれば、それが普通のＩＲＡ志願兵にとってはどんなことであるか想像にかたくない。イギリス兵士やＲＵＣの警察官によって個人的にひどい目にあった者、あるいは家族がつらい目にあったり、それが悪者によって意図的に犯された不正義であると信じ込まされて生まれ育った者にとっても同じである。

両者はめったに相手の苦痛を理解しようとはしなかった。私の知っている最も進歩的なイスラエル人ですら、検問所で家族の前で若いイスラエル兵士から身体検査を受けている（いつも模範的な丁寧さで検査されるわけではない）中年のパレスチナ人の屈辱感をめったに理解することはなかった。パレスチナ人が最近のイスラエルの攻撃で犠牲になった無辜の犠牲者の死を悼むのは正当なことだが、パレスチナ人の自爆テロで命を失ったイスラエルの子供の親に同情することはまったく難しいのである。

そこには、われわれにとっては馬鹿げた、滑稽にすら見える態度があるのだが、彼らにとってはそれは立場をはっきりさせることなのである。一九九七年の総選挙の前、ある有力なオレンジ党員が私に向かって、私は総理大臣にふさわしくない、なぜなら私の妻シェリー（カトリック教徒）はローマに忠誠を誓った恥知らずの女だから、と言ったことを憶えている。最初それを聞いたとき、何のことかわからなかった。それは私がローマをカトリックの総本山バチカンではなくイタリア政府の所在地のことだと取り違え、いったいシェリーがイタリアのロマーノ・プローディ首相に何を言ったのだろうかと不思議に思ったからである。

時が経てば和平が生まれる瞬間が来るという考え方は間違いである。和平は、成熟させ、それ自身の根を根づかせて紛争の根を追いやり、時間をかけて新しい態度が形成され、影響力をもつようにさせなければならないのである。

私はこうした過程を表現するのに次のたとえを使った。それは衝突現場から走り去る自動車のようなものである。残骸の光景はすぐには消え去らない。時が経つにつれて大きくさえなる。目は前方を見据えようとするが、バックミラーには衝突の光景がずっと残っている。乗っている者たちは動顛し、その思い出は、将来はもっといいことがあるだろうという希望と心の余裕を競い合う。苦痛からただちに解放されることはない。それは広く深く続き、最終的に消え去るまでは徐々に減少していくだけなのである。

これが和平プロセスにとって意味することは何か。それは双方の側に、相手が道中で見せるおぼつかない足取りは、信頼の欠如や和平に関する考えの変更から生じるのではなく、これまで経てきた経験の自然な結果だということを説得するよう努めることなのだ。これは紛争解決の不可避的な特徴である。

7　和平への道のりは、紛争が継続されなければならないと信じる者たちによって妨害されるだろう。こうした妨害に備えなければならない。それによってくじかれてはならない。人々は北アイルランド紛争の歴史における最悪のテロが聖金曜日合意の前ではなくあとに起こったことを忘れてしまいがちだ。ありがたいことに、それは最後のテロでもあったが。

一九九八年八月十五日、土曜日の午後三時十分、オマーの町の市場で巨大な爆弾が爆発し、二十九人が死亡した。負傷者も多数にのぼった。一生心に傷を負った人たちもたくさんいたことだろう。死者のなかには双子を身ごもっていた女性がいた。彼女の母親と娘も死んだ。交換訪問でスペインから来ていた四人の若者とその付添役も犠牲になった。爆弾はリアルＩＲＡというＩＲＡの過激派不満分子の仕業だった。彼らはシン・フェイン党が和平プロセスを受け入れたことに抗議して結成されたものだった。この事件では、犠牲になったカトリック教徒はプロテスタント教徒を上回った。テロリストたちは警告を発していたが、場所が間違っており、警察はそれと知らずに群衆をまさに爆弾のある通りに誘導したのである。

このとき、私はフランスの南西部で休暇中だった。ミラドゥという小さな村にいた。私たちは友人のマギーとアランと一緒だった。アランはPLPの秘書役を務めており、マギーは古い友だちで、新婚の私とシェリーが最初の家を探しているあいだ、ロンドンのストークニューイントンにある彼女の家に居候させてくれたことがあった。

私には午後三時半に知らせがあった。五時には攻撃の残酷さがはっきりしていた。私は警備関係者から借りたスーツを着て、村の教会の階段の前で報道陣向けの声明を発表した。この事件に対するショックと、これが和平プロセスに及ぼす影響への懸念が入り交じった気持ちだった。

翌朝、北アイルランドに飛び、負傷者を見舞った。このことは今もって涙なしには思い出すことができない。視力を失った女の子がいたが、彼女は残りの人生を最善を尽くして生きる決意を固めていた。そしてその後そのとおりになったのである。妊娠していた女性の父親にも会った。もし被害者家族が怒っていて、「あなたが和平プロセスを始めなければ、皆は助かったのに」と私に食ってかかってきても――そういう感情を口にする人もいた――私は冷静さを保つことができただろう。私をすっかり参らせたのは、彼らの沈黙の威厳だった。もう見ることも、抱くことも、話すこともできない、愛する者に対する限りない悲しみだった。

理解を絶した邪悪さによってもたらされた最大の人間的悲劇のこの時点においてすら、私は政治的に考えなくてはならなかった。われわれは選択を迫られていた。恐怖のあまり両手をあげ「この連中は決して和平に応じようとしない」とさじを投げるか、それとも恐怖を逆手にとる理由ととらえ、「この連中は和平プロセスを止めようとしているが、われわれの対応はそれをもっと速く、もっと遠くまで推し進めることだ」と言うかだった。

結局、すべての関係者のおかげで（とりわけクリントン大統領が再度公式訪問してくれたことが助けになり）、和平プロセスの主要な参加者は後者を選んだ。後退するかもしれなかったことが、反転の場となったのである。リアルＩＲＡは決して復権することがなかった。ジェリー・アダムズとマーチン・マギニスはこの攻撃をはっきりと非難した。デービッド・トリンブルも立ちあがった。他のほとんどの人も同じだった。遺族の一人が、妻の死を悼みながら、私にこう言った。「これで思いとどまらないでください。前に進んでください。今日の私のような思いをする人がふたたびないように、私の妻の追悼を北アイルランドの永続的な平和にしてください」

このような態度は中東と対照的である。不幸なことに、中東ではテロ攻撃が起こると、これと反対のことが起こるのが普通なのだ。そこでの反応はテロリストとともに和平工作者を疎外するような弾圧の強化であり、ある一派による暴力が、その一派に属さない人と和解することの無益さを示すことになるのである。問題はそのような経緯がとられた瞬間、和平プロセスのカギはテロリストの手に握られてしまうことだ。彼らの目的はプロセスを封じ込めてしまうことだった。それがテロの背後にある病んだ理論的根拠なのである。ひとたびそのカギがテロリストに渡ってしまえば、主導権は彼らのものになってしまう。カギは和平工作者の手に握られていなければならない。

テロは進展を阻もうとする極端な手段の最もあからさまな例である。しかし、和平プロセスを封じ込めようとする圧力は、双方の側のまったくまともで民主的な分子からも起こる。これらの分子は自分の党が節を曲げていると言って非難するのである。デービッド・トリンブルはＤＵＰその他からの容赦ない嵐にさらされた。彼らはいずれの譲歩も裏切りであり、和平プロセス全体が自分たちの社会への裏切りであると見たのである。外部の者にとっては、非難は理不尽で説得力がないように見えた。しかし内部の者にとってはそうではなかった。私には、デービッドは私があまり助けてくれなかったと思っていたように感じた。私は、彼が積極的な線に十分歩み寄らなかったと考えていた。むしろ、ユニオニストに対する策略や陰謀を嗅ぎつける彼らの性向を共有し、それに共感しているようだった。しかし彼が手にしていたのは切るのが驚くほど難しいカードだったのであり、彼は私だったらこうしただろうというふうにはカードを使わなかった。それでも、ノーベル平和賞を受賞したのも納得できるような使い方はしたのである。

8　重要なのは指導者である。どんな和平プロセスにも政治的リスクがつきものだ。だから政治的な冒険のセンスと政治的な勇気、ときには個人的な勇気さえもが必要になる。リーダーシップの質が問われる。それは不可欠である。

要はこういうことだ。どんな紛争の当事者にとっても一番簡単なことは、出来あがった位置に踏みとどまることだ。紛争をめぐってはイデオロギー、いや一種の神学さえもが出来あがっている。それは紛争の党派性を反映するものだ。すべてはそのように構築された党派的なイデオロギーのプリズムを通して見られる。それに固執することは、なじみある道を歩むことであり、結局それではどこにも行きつかないかもしれないのだ。それでも道の表面は踏みならされており、道標もすぐ目に入るし、リーダーについてくる者にとっても一番楽に感じられるのである。

それと対照的に、イスラエル人を率いたモーゼのように、目的地がはっきりせず、障害物が巨大で見慣れないような方向を切り拓くことは非常に困難を伴う。ついてくる者のなかにリーダーを裏切り者だと言って非難する者がいるときはとりわけそうだ。このようなときには最善の政治的リーダーシップを発揮させるような特質が必要になるのである。すなわち、善を成し遂げようとする欲求である。

われわれはリーダーシップの質を得ることができて幸運だった。デービッド・トリンブルは重要な役割を果たした。彼は和平プロセスが不可能に見えたときにとりかかり始め、それが最も困難なときに根気よくねばり、最終的な政治的対価を払ったのである（もっとも私は、歴史における彼の評判は十分に保証されていることを疑わない）。

さらに、イアン・ペイズリーが和平プロセスを引き受け完成させるうえで、最も思いがけない役割を果たした。彼は和解を求めるユニオニストのなかにあって、長年にわたりぶち壊し屋、妨害者、誰にも勝る批判者だったのである。

イアン・ペイズリーはまったく不思議な政治家だった。北アイルランドの政治状況の特異なかたまりだった。彼は本物の献身的なクリスチャンで、真に神を恐れる人間だった。情熱的なユニオニストだった。賢明で、抜け目なく、ときには狡猾ですらあった。戦略と戦術をしっかり把握しており、両者の違いを見極めることができた。

答えのない問いは、イアン・ペイズリーが変わったのか、状況が彼を変えたのか、ということだ。彼は後者だったのだ。ＩＲＡが暴力を放棄するならば、和平につねに応じる用意があったと言うだろう。しかし私は二つの出来事が彼を変えたのだと思う。第一に、衰弱を伴う長い病気のあと、彼は政治的にも個人的にも、やがて来る死の意識をもつようになり〝降参しない〟という以上の、なにか深く永続的なものを残したいと思うようになった。彼はいつも病気には負けないと言っていたし、事実助かった（彼の願いが間違いだったらよいと思った人が多かったのだが）。二〇〇六年十月のセント・アンドルーズにおける会談のあいだに、ある真に感動的な瞬間があった。彼と妻のアイリーンが結婚五十周年を祝うことがわかったのである。会談が終わったとき、ちょっとした式があり、ジェリー・アダムズを含め皆がお祝いを言い、バーティ・アハーンがボイン川の戦い（一六九〇年、カトリックの王ジェームズとプロテスタントの王ウィリアムズがイングランド、スコットランド、アイルランドの王座をめぐって戦った）の戦場に生えている木からとった一片を彼に贈呈した。彼は丁重に優しくそれを受けた（彼はお祝いを言われているときですら、こうした表情を見せないことが完璧にできたのだが）。そして私には、イアンが自分の魂の内側に目を向け、それまでと違った思いにとらわれているように感じられた。彼は成熟しきったというわけではなかった。しかし、なにか筆舌に尽くしがたい意味で人間が広がったのである。

もう一つの変化は、イアンは人々にこのうえなくしっかり耳を傾けていた政治家だったということだ。二〇〇六年の終わりから二〇〇七年の初めにかけて、彼は人々が今こそ和平のときだと言っているのを耳にした。とりわけ彼自身が和平に乗り出すべきときだと。こうした会合で、繰り返し前に進みたがったのはイアンだった。創造的な解決を求めたのもイアンであり、ドアを開いておくようにつねに気遣ったのもイアンだった。彼とは官邸の私の私室で二人だけでよく会った。ジョナサンは私が二人の話の様子を説明するといつも非常に興味を示した。われわれの会話はいつも、世俗的なことよりも精神的な問題にかかわるものだった。たしかに、二人とも宗教への信仰、信仰心をもつ人間であることに魅せられていた。彼は私の息子のリオのために小さな祈祷書をくれた。

あるとき、終わりのほうになって彼は私に、神は自分に和平プロセスをまとめるように手を打たせたがっているのだろうか、と尋ねた。私はそうだと言いたかったが、躊躇した。神が平和を望んでいることはたしかだと思ったが、神は交渉者ではなかった。そうだ、というのは間違いで、ずるいことのように感じたのだ。そこで私はその質問には答えられないと返事した。イアンだけがそうすることができるのであり、私は神が彼をそのように導くことを望んだのである。

私がどれほど彼を気に入っていたかを話すと、誰も理解できないと言った。しかし彼が好きだったのである。私のおばあちゃんが彼に敬意をもっていたことが、私にも親近感を抱かせることになったのだろう。ナショナリストの側にも相当の人物の指導者がいた。ジョン・ヒュームはかつても今も、偉大な政治家であり、真の巨人である。ほかの人たちがまったく事情が飲み込めないときでも、彼にはビジョンと創造力と先見性が備わっていた。SDLPの指導者であるシーマス・マロンとマーク・ダーカンは穏健で話のわかる人間だったが、彼らはそのような資質が自分に不利に働くことを感じていた。二人はいつも難局に置かれていた。問題はシン・フェイン党を孤立した状態から引き入れなければならず、必然的により多くの時間とエネルギーと関心をシン・フェイン党に集中させなければならなかったことである。これは多くの恨みを買った。しかし和平を達成するためには、不幸だが避けることのできない帰結だった。そうは言っても、シーマスもマークも彼ら自身立派な人物だった。ちなみに、ＳＤＬＰがこうした訓練をする教習所を持っているのかどうかは知らないが、二人ともテレビカメラの前での発言は見事だった。本当に一級の話し手で、北アイルランドの外でならどんな政党の主要人物にもなれただろう。

バーティと彼の貢献についてはすでに述べた。そして、ジェリーとマーチンがいた。彼らは驚くべき二人組だった。時が経つにつれて、私は二人が好きになった。本当のことを言えば、好きになってはいけない以上に好きになったと言うべきだろう。彼ら二人もまた、どんな政治にあっても大物の政治指導者になれた。彼らは理解力が優れていただけでなく、戦術と戦略の見分けが素晴らしかった。彼らは目的地を知っており、ついてくる者を、少なくともその大部分をそこに連れていく覚悟ができていた。

暫定軍事評議会、そのメンバー、そしてＩＲＡとの関係についてはたくさんのことが書かれている。イギリスの情報機関の大部分も含め、多くの人たちはシン・フェイン党とＩＲＡは見分けがつかないものと考えていた。ジェリーとマーチンが何かについてＩＲＡと相談しなければならないと言うと、鏡に向かって話せばいい、というのが決まった冗談だった。

私はいつも両者の関係はそれよりももっと複雑だと考えていた。シン・フェイン党がＩＲＡに指令を出せば事足りるという見方は正しいとは思えなかった。多くの場合、シン・フェイン党とＩＲＡの違いは戦略であって、戦略的な理由で用いられた分断だということを疑わなかった。両者は抜け目なく、狡猾であり得ることがわかっていた。私の感じでは、両者は互いを説得し、互いと交渉していたのであり、命令を下していたのではなかった。私はシン・フェイン党とＩＲＡの関係は、多少、労働党指導部と労働党全国執行委員会（ＮＥＣ）の関係のようなものだと見るようになった。たしかに指導部には力があり、普通は言い分が通る。しかしいつもそうだとは限らず、多くの説得と交渉なしにすむことはめったになかった。

この間を通じて、ジェリーとマーチンは分裂を恐れていた。かつてリパブリカンのあいだに分裂が起こったときは、壊滅的な結果を招いたからだ。このことは人々を一歩一歩慎重に扱わなければならないことを意味した。彼らを率い、おだて、また目的地が何であるかについてはつねに完全に率直だとは限らないことでもあった。非常に難しい仕事であり、それを実行するには大きな力量を必要としたのである。最終的に、シン・フェイン党はＩＲＡの存在が公正な決着への道ではなくなり、逆に障害になってしまったことを理解した。この洞察を実行するには真の政治的勇気が必要だった。彼らを好むと好まざるとにかかわらず、そして彼らの過去の行動をどれほど強く否定するにせよ、彼らは勇気に満ちあふれていたのである。

さらに弱小政党のリーダーたちがいた。紛争のなかにあっては変わり種であることが多かったが、何の役にも立たなくても、彼らのリーダーシップは士気を鼓舞するものだった。進歩統一党のデービッド・アーバイン、同盟党の指導者たち、北アイルランドにも正常な人がいるのだということを思い起こさせてもらうために会った女性連合のような人たちだ。

ロニー・フラナガンとヒュー・オードもいた。私が接した二人の警察の長で、北アイルランドにおける警察の長としての特別の地位は、彼らには果たすべき非常に重要な役割があったことを意味した。彼らはその役割をあからさまな政治的な仕方では果たさなかったが、政治的な意識はもっていた。

少なくともこのような状況下では、任命しなければならない人材には恵まれたと思う。国務相と閣外相は非常にうまくやってくれた。彼らは互いに非常に異質な人たちだった。モー・モーラム、ピーター・マンデルソン、ジョン・リード、ポール・マーフィー、ピーター・ヘインは本来並はずれた人たちだったが、実際に技量に恵まれ、各人とも重要で欠くべからざる貢献をしてくれた。

初めからそこにいたか、あとになって任命されたかを問わず、リーダーは重要だった。すべての一歩は複雑な意思決定と鋭い政治的感覚を必要としたのである。しかし重要だったのは、主要な当事者にとっての内輪の決断だけではなかった。外部環境もまた整っていなければならなかったのである。

9　外部環境は和平に好ましいものであるべきで、妨げになるようなものであってはならない。私はすでにアイルランド南部での変化がいかに前進に好ましい状況を作り出す助けになったかを説明した。このような変化はいかなる紛争においても例外なく重要である。これらの衝突は、紛争の間近な地帯だけに強い感情を引き起こすのではない。カシミール、スリランカ、コソボ――これらのいずれのケースでも外部の関係者に、よきにつけ、悪しきにつけ、果たすべき役割があるのである。
典型的な例がイスラエル－パレスチナ紛争だ。その影響は地域全体、世界全体にさえ及ぶ。外部関係者、とくにアラブ世界の関係者は重要である。実際のところ、和平に対する彼らの態度には潜在的な変化が見られる。長年にわたって、パレスチナの大義が利用され、しばしば濫用されてきた。しかしいまや彼らは、イスラエルもそうだが、イランとその中東における影響力を恐れているのだ。

二〇〇二年、サウジアラビアのアブドラ皇太子の和平イニシアチブを契機に、アラブ諸国はもはやイスラエル－パレスチナ紛争を食い物にしたいと思っておらず、それを解決したがっている。これはイスラエルには非常に大きな機会を提供するものだ。同じように、イスラムの悪用に基づくグローバルなテロリズムに悩まされ脅かされている世界も、紛争の解決を必要としている。今日、客観的な状況は良好である。和平の可能性をつかみ、和平に向かって前進することが正しいのが自明なのはそれが理由である。しかし、それには忍耐強さがいる。それゆえに私は次のように考えるのである。

10　決してあきらめてはならない。単純だが緊要なことは、和平への作業を決して止めないこと、見込みがないと放り投げてしまわないことだ。これはたんに、紛争をよく理解し把握するということではない。敗北を受け入れることを拒絶するということなのである。私は北アイルランドでよくこう言った。紛争を解決できなくても、解決できるまでしがみついていることだ。逃げ出して、ほったらかしにしてはいけない。和平プロセスは一瞬たりとも静止することはない。前進するかと思えば後退する。他の人たちがそう思わないときでも、世間の通念が反対するときでも、紛争に最も緊密に関係する者、すなわち紛争当事者自身が望みを失ったときでも、自分だけは解決が可能だと信じなければならない。憶えておくべきことは、何もしないよりも、試みて失敗するほうがましだということだ。

以上が私の十の原則である。これらは多かれ少なかれ、北アイルランドに適用された。まったく絶望的に見えるときがあったのは確かだが、幸いなことに何かが、誰かが希望を生きながらえさせたのだった。

歴史的な日は二〇〇七年五月八日にやってきた。聖金曜日合意からちょうど九年後だった。その日私はストーモントに赴き、北アイルランドの新しい行政府の復活を目の当たりにした。イアン・ペイズリーが首相になり、副首相はマーチン・マギニスだった。

この日、皆が十年前に予想したことが現実になった。人々は笑っただろう。たぶん苦笑いだったろうが、それでもともかく笑ったのである。私はバーティ、ピーター・ヘイン、イアン・ペイズリー、マーチン・マギニスの五人で会合をもった。ペイズリーとマギニスの二人は冗談を言い合っていた。残りの三人はやや唖然として、これは夢ではないかと思いながら座っていた。バルコニーでは式典がとり行われ、かつては不倶戴天の敵だった者同士が席をともにして社交辞令を交わしていた。まるで過去数十年はなかったかのようだった。互いを殺したがっていた者同士が、いまやともに働きたいと思っていた。驚くべき、感動的な、満足のいく瞬間だった。

ストーモントの門ではまたもや抗議があった。われわれが北アイルランドに足を踏み入れるときにはいつも、大きな、小さな、平和的な、暴力的な、ユニオニストによる、あるいはリパブリカンによる抗議が起きた。それは北アイルランドの政治が他のどこよりもいかに分裂していたかを示すものだった。しかしあの日、初めて北アイルランドに関するものでない抗議があがった。イラクに関するものだったのである。それを目にしたとき、私は北アイルランドがやっと外の世界と一緒になったのだと感じた。

第7章 〝統治は散文でやる〟

「選挙運動は詩で、統治は散文でやる」。元ニューヨーク州知事マリオ・クオモはかつてこう言った。一九九八年の夏、首相就任からちょうど一年経ったころ、私は不安な気持ちにとらわれていた。

私は、労働党の最大の敵は党自身であると信じて政権についた。その一世紀にわたる存在を振り返り、労働党は本質的に女王陛下の忠実なる野党（野党第一党）であると見た。政権にあった期間は断続的だった。その心理は決断する者の心理ではなく、抗議する者の心理だった。

しかし、われわれは信じられないような変革の旅路にあった。労働党は、わずか十年前には想像すらできなかったようなことを受け入れていた。私はいつも、真正面から、大胆に長続きする前進に打って出れば、人々は指導者についてくるものだと思っていた。そして実際そうだった。それはたんに十八年間の野党暮らしの産物ではなかった。ニューレーバーを本能的に、感情的に、知的に信じ、理解する党幹部が存在した。だが彼らの数は少なく、影響力も不確かで、いまだに手探りの状態だった。ある意味で私もそうだった。

労働党の本体、とくに老年世代は、全部とは言わないまでも大半が、一九四〇年代の流儀から近代化された労働党の支持者だった。しかし近代化世代は、一九六〇年代あたりで止まっていた。ロイ・ハターズリーがこのグループの典型だった。ロイはミリタントには断固反対で、公的部門と並び民間部門を支持し、労働党は国防問題について良識的でなければならないことを知っていた。言い換えれば、彼とその他多くの者にとっては、労働党は極端さを放棄し、まともな考え方に立ち戻らなければならなかったのである。これは一九八〇年代の労働党の混乱の破壊的な無意味さからは距離をおく思想ではあったが、世界の変化についていくという意味からすると、ほど遠かった。極端さを放棄することは必要だったが、それでは不十分だったのである。

老年世代のほとんど――古い右派であれ古い左派であれ――にしてみれば、ニューレーバーがわれわれを野党の暗闇から抜け出させたことで十分だった。彼らはニューレーバーを心から信じていなかった。実際、ニューレーバーに信念があるとは思っていなかったし、ニューレーバーは本質的にはマーケティング活動が作り出したもの、PRの産物だとする保守党系新聞の月並みの論調に与していたのである。つまり、心のない頭のようなものだと。見出された勝利の方程式は巧みなだけで、誠意がないと見ていたのだ。

私が党の裏をかくためにしたのは、自分自身と大衆のあいだに同盟関係を築くことだった。一九九四―九七年、そしてたしかに政権当初、この同盟関係は堅固で揺るぎないものだった。党はそれを受け入れる以外に選択肢はほとんどなかった。少しでも規律に欠けるような兆しは、野党時代の日々の記憶を思い起こさせた。われわれは上り調子で、どうして逆戻りする必要があろうか。これが党をまとめるための単純で、ありのままの、選挙戦略のうえでも完全な議論だった。それは私が枝先まで進み出ても、世論のしっかりした幹の支えがあるから大丈夫、ということを意味していた。

とはいえ、危険も大きかった。時が経てば枝は長く細くなり、幹は一段と揺れ、強さを試されるだろうことが私にはわかっていた。

私の不安の根源の一つは次のようなものだった。野党ならば大衆は大胆な決断をするリーダーを支持する。なぜならば、その決断はリーダーの党に関してなされたものであり、大衆はある程度観客にすぎないからである。しかし政権にあると、決断は国民に関してなされる。国民は観客ではなく、参加者である。自分たちの生活がかかっているのだ。

私は労働党の歴史を詳しく勉強した。そして勝つためには、党は党を乗り越えて進まなければならない、党首は党首以上のリーダーでなければならないという結論に達した。と同時に、すべての進歩主義政党が直面する危険も痛感した。それは同盟が党首と大衆のあいだではなく、党首に対峙する党と大衆のあいだで結ばれるときである。

それがなぜ危険なのかと読者は思われるかもしれない。たしかに党は簡単に党首をクビにし、大衆の求めに応じた者にすげ替え、選挙での勝利をめざして進む。危険なのは、党と大衆が党首に対して共通の反対の立場に立てるにしても、その理由は多様だということである。進歩主義政党に対して、大衆はあらゆる理由で幻滅を味わう。われわれの場合だと、おうおうにして中道右派の関心事である公的サービス、燃料費、税、犯罪と移民などについての歩みが十分に速くないということだった。しかし進歩主義政党は、なによりも自らに幻滅しがちである。というのも、自分たちの指導者が伝統的な左派の基準では十分に急進的でないと考えるからだ。歳出も課税も少なすぎる、大事にしてきた立場や原則を犠牲にしている、中産階級に手厚く、貧しい人々には十分なことをしない——等々である。しかしながら党は、大衆の不満が党自身の不満の正しさを証明していると思い込むのだ。結果は、選挙の勝利ではなく惨敗である。

私は一九八〇年代初頭のころを思い出す。国会議員候補になろうとして何度も辛酸をなめたときのことだ。労働党が一九七九年の総選挙でなぜ敗北したかについて、ある質問者から熱弁をふるわれた。彼の基本的な言い分は、われわれは右に日和った、われわれ労働者階級を裏切った、左派のルーツを忘れた云々というものだった。私は懸命に自分を抑えた。こうした主張に反論することは、党の基準から言って正気の沙汰ではなかったからだ。とはいえ、一般大衆の基準からすれば、こうした主張こそが正気の沙汰でないことがわかっていたのだが。私はなにか曖昧でなだめるようなことを意気地なくもぐもぐと言った。もう一人がまた始めた。さらにもう一人。私は我慢できなくなり怒りを爆発させ、「もし大衆が労働党は十分に左でないと思うのなら、いったい彼らはなぜ保守党に票を入れるのですか」と言った。「彼らは愚かなのですか。彼らはマーガレット・サッチャーのもとでの保守党のほうがジム・キャラハンのもとでの労働党よりも左派になるとでも思ったのでしょうか。皆さんは大衆がそれほどまでにまぬけだと言っているのですか？」。もちろん彼らは本当にそう言っていたのである。

一九九八年央に包括的歳出見直しを完了したときも、私は気がかりだった。この見直しで一九九七年以降の最初の三年間に実施した、自ら課した厳しい公的支出抑制を終わらせる段取りになっていた。私が不安だったのは、われわれの統治の仕方に不適切な点があったからだ。投資と改革という論理も、知的な分析もよかった。福祉に関してはバラマキでなく、福祉から脱する努力をさせた。教育においてはだめなものを排除し、よいものに報いた。国民健康保険制度（ＮＨＳ）における順番待ちのリストを短縮した。だが、改革論理の質と改革そのものの質にはギャップがあった。

そのリストにはまだ百三十万人の入院患者が待っていた。大方、六カ月以上も待たなければならなかった。しかし待つといっても、入院患者としてではなく診療予約をとることから始めなければならなかった。当時、医師に診察してもらうまでのプロセスには最低基準がなかった。医師のあと、コンサルタントの外来リストに載ることから順番待ちが始まるのである。それに数カ月かかることもあった。外来患者のリストに載ってさらに待ち、やっと入院患者のリストに載るのである。六カ月待つと言っても六カ月ではすまないことが多かった。十二カ月にも、十八カ月にもなり得た。

ＮＨＳは、緊急時や慢性病の患者への対応には優れていて、思いきったものですらある。しかし制度としてはむらがあり、よいときはよいが、悪いときは本当にひどかった。明らかに財源不足だったが、お金の問題だけではなかった。したがって、金をもっとつぎ込めば完全に解決する問題でもなかった。

あらゆる面でこんな状態だった。われわれは幼児教育の一クラスあたりの定員を減らした。それが約束だったから、実行に移したのである。追加の資金が学校の校舎に回されていた。ところが実際は、十一歳の児童の四割がちゃんと読み書きする能力のないまま卒業しているのが実情だった。教育相のデービッド・ブランケットの読み書き計算能力向上戦略が根づきつつあり、ここでも成果が出ていた。しかし、私たちは二人とも真の課題は中等学校にあることを見抜いていた。ロンドンには中等教育修了資格試験（GCSE）において五つの科目で合格点数をとった生徒が七割以上いる中等学校は三十校しかなかった。私は心底、自分の子供をインナーシティ（貧困者の多い都心部の過密地区）の中等学校には通わせたくなかった。しつけはまちまちで、ときにひどいものだった。驚くことではないが、教員はやる気がない者が多かった。たいていの場合、しっかりした正規のカリキュラムに組み込まれた学内でのスポーツ活動もなく、学外に少しあるだけだった。

福祉の分野では、人々を生活保護から抜け出させようとしていた。経済がまずまず好調な状態で、イングランド銀行の独立後でもあり、長期的にはマクロ的安定の雰囲気があった。したがって当然のことながら、失業率も低下していた。われわれはこうした兆候を、従来より厳しい福祉政策が機能している証と受けとった。しかし私はここでも、実際の政策よりも論理が先走っていることを感じていた。

一九九八年夏のこのころ――まだ平穏な幸福な時期――、頭から離れないもう一つの問題があった。その問題には、高まる不安と苛立ちを感じながら何度も立ち返った。それはわれわれの社会分析の質に関するものだった。私には、社会が伝統的な中道左派の理論に逆らう要因に分解されつつあることが見てとれた。たしかに中産階級は存在した。そして増大していた。事務弁護士や銀行のマネジャー、企業の中級幹部がそのなかに含まれていた。さらに高度技能労働者、技術者、新しいコンピュータアナリスト、クリエイティブ産業の中堅層も加わりつつあった。

しかし〝労働者階級〟という表現は奇妙に思えた。間違いではないが、なにか理解しにくかった。この言葉の定義は、最低賃金で働いている人、不定期あるいは臨時労働者、さらには低賃金の看護師、工場労働者などを包含するものだった。と同時に、底辺にいる人、〝非労働者階級〟と言ってもよいが——政府の用語では〝社会的排除層〟——を意味するのにも使われたのである。

やがて私はこの二つのカテゴリーをひとまとめにすることはできないし、すべきでもないと実感し始めた。「下層階級」という右派の表現は汚い言葉だが、正確な表現だった。これら最下層の人たちは役に立たない労働生活を送っているのではなかった。生活そのものが機能していなかったのだ。彼らの子供は学校で問題児だった。それも通学していればの話だったが。こうした子供の両親はたいがい離別しており、子供を虐待するなど、そもそもどうしようもなかった。

こうした状況は犯罪や反社会的行動となって顕在化した。すでに書いたように、私が注目されるようになったのは、一九九三年のジェームズ・バルガー殺人事件（第2章「見習いリーダー」参照）が起きたころだった。そのとき私は、われわれの社会は崩壊しているという、安易でよくよく考えると欠陥のある結論を口にした。もちろん、われわれの社会全体が崩壊しているわけではなく、一部が崩壊していたのである。私が正しい結論を得ることができたのは、まさに任期終了間近だった。このような階層の人々には一般的な社会政策ではなく、目標を定めた具体的な行動が必要だったのだ。一九九八年の夏、私はそのような崩壊の兆候を学校で、街頭で、法と秩序に関する統計ではっきりと見ることができた。

それだけではなかった。政権についたとき、われわれは移民や亡命に対してかなり伝統的だが独りよがりな見解をもっていた。内相のジャック・ストローはイスラム教徒が多い地元ブラックバーン選挙区の影響を大きく受けていた。そこでは移民とか亡命が現実の生々しい問題だった。その半面、ジャックは思慮深く、法を破る者に対しては厳しかった。亡命申請が爆発的に増えた一九九八年から一九九九年にかけて、われわれにはまだ準備ができていなかった。政権就任からの三年で、亡命申請数は三倍、四倍にまで増えた。われわれはかなり厳しい仕組みにしていると思っていたが、たやすく亡命ができるような印象を与えてしまい、経済の好調と英語という言葉の便利さがあいまって、亡命申請者の流入を招いたのだった。加えて、移民の流入が世界的に増大していた。移民の流入問題を抱えるのはイギリスだけではなかった。しかし、移民に関する、大まかに言っても正確な統計をもっているのは事実上わが国だけだったから、瞬く間にヨーロッパの亡命の都になってしまったのである。亡命者数はなんとか管理できる年三万人から十万人に急増した。さらに、亡命待機者が恐ろしい数にのぼっていた。現存の制度では、こうした申請者にまったく対応できなかった。

基本的には、イギリスは他のヨーロッパ諸国と同じように、亡命に関しては第二次世界大戦後の、ホロコースト後の制度と感情を引き継いだ。ヒトラーとナチから逃れてきたが受け入れを拒否された難民の苦痛に満ちた物語は、当然のことながら大きな反響を引き起こした。亡命を求める人は迫害された人であり、追い払わずに受け入れなければならないというのが通念になった。ホロコーストのような恐怖のあとでは全面的に理解できる感情だった。

しかし残念なことに、これは二十世紀の終わりにはまったく非現実的なものになっていた。先のような想定は明らかに間違っていたのである。というのも、ほとんどの亡命申請は本物ではなかった。しかし、偽造を見抜くことは不可能だった。リベラル志向の裁判所、誰かを安全でない地域社会に送り返すことについて絶対主義的な考え方をとる欧州人権条約、一九三〇年代のドイツを強く反映する国連難民条約――これらの意味することは、誰かがいったんイギリスに入国し、亡命を申請するならば、もとの国に送り返すことは時間を要する難しい仕事になるということだった。

そしてもちろん、国外退去に踏み切るのは本当に難しいと多くの人が考えた。一九九八年、法を強化する初の試みはヒステリックな反応を引き起こし、困難をぬってなんとか成立させるためには妥協点を見出さなくてはならなかった。

しかし現実は、亡命制度は破綻して機能不全になり、嵐の海を漂流しているような有様だった。もっと万全な手段が必要だった。これをまっとうなものにする責任者である官僚機構は、制度が必要とする抜本的な行動をとることにあまり乗り気でなかった。

ここにも溝があった。われわれが考えた官僚機構の問題点と、その実際の姿とのあいだの溝である。労働党の神話では、官僚機構は人知れぬ保守党員から成り立っており、世間知らずの労働党の大臣を待ち伏せし、その急進的な政策が実行される前にひねりつぶしてしまう、統治の草むらに潜む蛇だった。この幻想によれば――それは本当に幻想だった――、官僚は体制派イデオロギーの信奉者で、体制派とは保守党であり、保守党こそが真の統治の党であり、古い植民地時代のイギリス、貴族階級、キツネ狩りに興じる連中の古臭い受け皿だったのである。このシナリオでは、高級官僚は労働党政府が実行したいと望む進歩的な政策を打破し、右派の憎むべき策略を前進させようと永久に身構えている者たちだった。

とんでもない話だった。実際、官僚たちは襲いかかろうとか、妨害行為に走るとか、行動に打って出ようなどと身構えてはいなかった。最初に示したように、彼らの問題は惰性だった。彼らは既得権益に、現状維持に、あるいは物事を管理するのに一番安全な方法に、なんにでも屈服する傾向があった。要するに何もしないということである。

神話とはまったく逆で、官僚らはとりわけ右派体制派の虜というわけではなかったのだ。彼らはどの点から見ても同じくらい左派体制派の虜でもあった。あるいはもっと正確には、過ぎ去った時間、方法、秩序の虜、すなわち過去百年間の歴史の産物だったのだ。

テレビの連続コメディ番組〈イエス、プライム・ミニスター（かしこまりました、首相）〉に登場するサー・ハンフリーなる人物はパロディでありフィクションだったが、彼は真実に最も近いと言えるパロディだった。サー・ハンフリーは左派でも右派でもなかった。彼は波風を立てずに管理すること、物事を揺らがないように維持すること、ひたすら現状がいいのだと信じていた。彼らが現状（status quo）を大事にしたのは、状況（status）よりも、そのなかにあるもの（quo）のゆえだった。彼らが知っていて理解しているもの、そこから離れることがリスクであるようなものである。そしてリスクこそ、彼らがなんとしても避けたいものだった。

この官僚組織はかつても偉大な強みをもっていたし、今ももっている。それは昔も今も偏らず公平である。うまく指揮されれば強力な機構となる。危機に際しては見事な働きをする。官僚たちは知的であり、勤勉で、公共への奉仕に献身している。他のものと同様、時代遅れになっていただけだ。大きな課題に直面したとき、小さな思考しかできなかった。組織が跳躍を求められていたとき、少しずつしか頭を働かせなかった。

彼らはニューレーバーを左寄りすぎるとは考えなかった。それどころか、あまりにも右派だと考えることがあった。しかし重要なのは、彼らが組織内の重要ポストの守り手であり、継承された知恵の神殿であると自認する一方、われわれをたんに因習打破的であるだけでなく、無謀にそうであると見ていたことだ。彼らはまた、裁判官もそうだったが、反社会的行為、家庭の崩壊、亡命などに関するニューレーバーと私自身の強い関心を、権力を維持するために必要な大衆迎合主義《ポピュリズム》に対する強い欲求から生まれたものだという見方を信じ込んでいた。それが、人々の暮らしを改善しようとする古い方法が機能しない世界で、そうした改善への真の願いから生まれたものだということを見なかった。

そこで一九九八年、私は新官房長官のサー・リチャード・ウィルソンとともに、官僚改革に着手した。

公平のためにはっきり言うが、彼はこの改革を全面的に支持した。しかし――これは彼や官僚制度ではなく私自身に関する批判なのだが――、この改革は他の多くの改革と同じだった。議論は正しいのだが、真に抜本的な措置には及ばなかったのである。

そしてこの事態は私を不安にしていた。変化を必要としている政党と対決するのはたやすいが、こうした非政治的利益集団や世論と対決するのは難しく、しかも必要だという思いが強まっていた。

私は大急ぎで学習していた。学んだことは非常に興味深かったが、同時に気の遠くなるようなことだった。問題は根深く、制度全体にかかわることだった。一九九八年の冬休みのあいだ、さまざまな危機に対応しながら、一九九七年のマニフェストを取り出し公的サービスと犯罪に関する公約を読み返してみた。それらが控えめなのに笑った。難題は公約に対応していなかった。課題は、だからどうするのか、ということだった。十万人の順番待ちのリストに記載された患者のなかで処置された者の数が増えたといっても、リストそのものが減ったわけではなかった。処置された患者の数が増えただけの話だった。幼児教育のクラスの人数を三十人以下にするといっても、すべての年齢ではなく、五歳児、六歳児、七歳児に限られた。未成年犯罪者を裁判所に出廷させるのにかかる時間を半分に短縮することも、すべての未成年犯罪者ではなく、少年に限られた。それも歴史的な高水準から下がったというだけのことだった。「ニューレーバー、ニューブリテン」だって？　お笑い草だった。

しかしもう少し掘り下げてみると、制度変革に着手することは、政治的かつ実務的な課題としては別次元の仕事だった。制度を少々調整したくらいでは、人々はほとんど気がつかない。ところが制度を変更すると、その制度が維持している利害があらゆるチャンネルを通じて姿を現すのである。

こうして書きながら当時を振り返ってみると、演説でも集会でも何かが欠けていた、何かの側面を理解することはおろか、ほとんど目を配ることもなかったのではないかという不安に襲われる。これらは重要というよりも、不可欠なことでさえあったのだ。もちろん今となれば、何が間違っていたかわかる。しかしあのころは、あたかも雲を通して見ているようなものだった。

これが際立って見られたのは一九九八年の党大会演説だった。それに先立つ二、三週間前、遠出して閣議をチェッカーズで開いた。フィリップ・グールドから通例の世論調査結果と保守党の完全な無能力さについての報告があった。政策の実行に関する懸念が噴出し始めていた。私は一同に向かって、一九九八年五月にある人から受けとった不平の手紙について語ったことを記憶している。「貴殿は政権についてすでに何年も経っています……」。苛立ち始めていたのだ。その苛立ちは私が共有するものでもあった。

フィリップが保守党について熱をこめて話している最中、私は部屋を見回していた。われわれがいたのは二階の大応接間で、オランダの木で羽目板張りになっており、大きく立派なマホガニー製の食卓のある一種の居間でもあったが、そこが食事のために使われたことは一度もなかった。首相が座る大きな椅子の後方の壁上部にはダウニング街の官邸の閣議室の同じ位置にかかっているロバート・ウォルポール（一六七六－一七四五）の肖像画があった。ウォルポールは初代首相であり、そして在任が最も長かった（ほぼ二十一年間）。彼は王の気まぐれで首相の座にあり、嫌われることが多かったが、非常に有能でもあった。肖像画の彼の笑みをうかがわせる表情はいつも、私にジョン・スミスのことを少しばかり思い起こさせた。ジョンは寛大だったが、機嫌が悪いときは別で、それは危険なときだった。

私はこの部屋の歴史に思いを馳せた。ネヴィル・チェンバレン（首相在任一九三七年五月－四〇年五月）のことを思った。彼はチェッカーズのバラ園を自分で手入れするのが好きだった。彼の日記がまだ棚に置いてあった。チェンバレン――彼は歴史に公然と非難された人物である。チェンバレンと比較されることは、イギリス政治においては最悪の侮辱の一つである。では、彼は何をしたというのだろう？　彼自身の近親者や友人を含む何百万人もの犠牲者を生んだ第一次世界大戦のトラウマにまだ苦しめられている世界で、彼は悲嘆に暮れた。そしてその悲嘆のなかで、このような戦争をふたたび起こさないように誓った。それは悪い野望ではなかった。いやむしろ高貴な野望だった。

ある日、なんとはなしに書棚に目を通しながら、チェンバレンの日記を取り出し、ミュンヘン協定(一九三八年に結ばれ、ヒトラーに対する融和政策の頂点と言われる協定)に先立つ彼とヒトラーとの有名な会談の記録を読み始めた。会談は、バイエルンの山中高くにあるベルヒテスガーデンという町の家で行われた。チェンバレンは、挨拶のあとヒトラーが彼をシャレーの一番上に案内した様子を書いている。そこには彼ら二人と通訳のために用意された三つの簡単な木製の椅子以外、何もない部屋があった。彼はヒトラーが理性的になったかと思えば、怒りに満ちた不平をまくし立て、部屋を行ったり来たりした様子を描写している。理性のヒトラーはベルサイユ条約とその不正義に対する不満を語り、怒りに駆られたヒトラーはチェコ人、ポーランド人、ユダヤ人、ドイツの敵についてほとんど叫ばんばかりにまくし立てた。チェンバレンは狂気の人間、本当に悪を実行する能力をもった人間に出会ったことを確信してその場を去った。これは私の興味を引いた点である。われわれはチェンバレンはだまされやすいカモであり、ヒトラーの魅力に取り込まれた愚か者だと教えられてきた。しかし、彼はそうではなかった。彼はヒトラーの邪悪さに完全に敏感だったのである。

私はチェンバレンになったつもりで、彼のように考えてみようとした。彼はこの男が邪悪な人間であるとわかっているが、その邪悪さがどこまで広がるかを予知できなかったのだ。挑発されたとき、ヒトラーが何をするかを考えてみよう。そこで、挑発する代わりに彼を封じ込めよう。ドイツは正気を取り戻し、状況は変化し、運がよければヒトラー氏も変わるだろう。

このように見てみると、ミュンヘン協定はだまされた指導者の産物ではなく、状況の変化を期待して、引き延ばし、いずれ押し戻そうという戦術を探っていた指導者のそれだった。なによりも、戦争の流血と嘆きと悲惨を避けたいという、最も重要な抑えがたい願いをもっていた指導者の産物だったのである。

おそらくミュンヘン協定のあと、あまりにもほっとしてしまい、チェンバレンは有頂天になって、その瞬間を戦術的なものでなく戦略的なものに見えることを許してしまったのであろう。無理からぬことだった。ミュンヘン協定に調印したあと、チェンバレンが飛行場からの道をうねうねと進んだとき、沿道には群衆が立ち並び、彼を英雄として出迎えたのである。あの運命的な文書がこれ見よがしにみせびらかされ、(チェンバレン自身はほとんど気づかなかったが)その文書とともに彼を歴史のなかに位置づけたのだった。その夜、ダウニング街では、群衆が官邸の窓の外に群がり、彼の名前を叫び、歓声をあげ、ついに彼は未明に外に出て解散するよう語りかけなければならなかったのである。あれは警備用の門が設置されるはるか前のことで、人々は好きなようにダウニング街に出入りできた時代だった。

チェンバレンは善良な人物で、正しい動機に従って動いていた。そうなら、何を間違ったのだろう？過ちは根本的な問題を認識しなかったことにあった。ここにリーダーシップの難しさがある。最初に根本的な問題を見極めなければならないのである。それは馬鹿げたことのように聞こえる。たしかに当たり前のことだが、ちょっと時間をかけて状況を分析してみると、そうではないのだ。

問題はこうだったと思われるかもしれない。ヒトラーを封じ込めることはできるか？　チェンバレンが考えたのは、まさにこれだった。そしてすべてを考慮して、彼はできると考えたのである。理性的に言うならば、彼は正しかったと言えるだろう。ヒトラーはオーストリアとチェコスロバキアを併合した。彼はドイツでは最高権力者だった。なぜそれで満足しないのか？　一線を越え、戦争を不可避にするとはまったく正気の沙汰ではないではないか。

しかし、これは根本的な問題ではなかった。根本的な問題は、ファシズムはあまりにも強く根深いものだから根こそぎにし、壊滅させなければならない勢力を代表していたのか、だった。このような観点から見たとき、対決はたしかに不可避だった。唯一の重要な問題は、いつ、どのように対決するかだった。

言い換えれば、チェンバレンは狭く、分割された見方をとったのである。ヒトラーは指導者である。ドイツは国である。一九三八年は時代の一時である。彼を抑え込めないだろうか？

実際ヒトラーは、いくつかの国（ドイツはそのうちの一つにすぎない）を支配したイデオロギーの産物であると同時に、その設計者でもあった。一九三八年には、ついにファシズムはチェンバレンの理性の規範に従って動くものではなく、イデオロギーの感情に従って動く力へと変貌していた。チェンバレンは問題を誤解し、答えを誤った。

しかし、それはなんと安易だったことか。対照的にウィンストン・チャーチルは問題を正しく見抜き、それに正しく答えたのである。チャーチル――彼は多くの人々から嫌悪された。あまりに不信感をもたれたので、王は彼をボールドウィン内閣に入れたがらなかったし、第一次世界大戦中のダーダネルス作戦と一九二〇年代の金本位政策における失敗を非難された。一九四〇年代には首相就任まであと一歩のところまでいき、ハリファックスが首相になることを拒否したためにやっと首相に任命された。

そして彼はチェッカーズのこの同じテーブルに陣取り、ときどきラジオで声明を放送した。彼はチェッカーズが好きだった。まともなスープを作らないと言って料理人をクビにした。絵画が展示してある長いギャラリーで映画を上映した。しばしば昼ごろまで寝床にいて、秘書に大声で指示を与えた。晩飯を十時ごろ始め、大量のシャンパンとブランデーとともに胃に流し込んだ。仕事を午前二時に終えた。休暇を楽しんだ！

このようにして私はチェッカーズでの遠出の閣議に臨んでいたのである。記憶が詰まったこの名高いテーブルと、多くの言葉と会合の宝庫を囲んだ同僚たちの顔を見つめた。そして戦争のことではなく――このときは――自分が感じている不安が、正しい根本的な問題に自分が向き合っていないのではないかと思案していることに関係しているのではないかと考えていた。私は、党をいかに力強く引っ張り続け、中央にしっかり根づかなければならないかがわかっていた。話の焦点は、世論調査や保守党のことではなく、近代化が最優先の必要事項であること、とりわけ公的サービスにより多くの資金を投入することばかり提唱するわけにはいかないことにほぼ集中した。

不安とはこのようなことだった。たぶん本当の問題は、党が近代化を受け入れないことではない。少なくともそれだけではない。本当の問題は、おそらく国民が近代化に心から納得していないことだった。もし私が党ではなく、大衆――私の同盟者、私の乗っている枝を支えている強い幹――に喧嘩を挑んだなら、どうなるだろう。こう考えると気が休まらなかったのである。

われわれは好調の波に乗っていた。国民は待ちきれない様子だったが、基本的には支持をしてくれた。保守党はどこにいるのかわからなかった。われわれは政治的には誰にも負けていなかった。ではなぜ、あえて危険をおかすのか？　そう、たしかにわれわれは改革を進めなければならなかった。しかし、大衆を混乱させたり、不安定にさせたりするまで、あるいはそれほどのスピードですべきではなかった。真実を言うと、われわれはまだ学習中だったのだ。一九九八年三月、われわれは福祉改革緑書（グリーンペーパー、一般市民から意見を求めるために政府が提案、構想を発表する刊行物）を発表し、税額控除を開始し、児童のためのシュアスタート（就学前児童の子育て環境整備）計画を始め、最低賃金、読み書き計算能力向上戦略、インナーシティに教育行動ゾーンを導入した。NHSダイレクトという電話サービス（二十四時間体制で健康相談にのる）を創設し、初めての反社会行為立法が成立した。こうした一連の行動がとられ、効果をあげ始めていた。

それでもなお、私は各項目についてまたもや不満を感じていた。われわれは一九九七年のマニフェストで約束した非常に限られた公約を上回る小規模だが価値ある政策改革を実現していた。しかしそれは小規模改革であり、それ以上のものではなかった。小学校での読み書きと計算の授業は前進していた。しかし、国家教育制度の本当のアキレス腱である、とくに都市部での総合中等学校《コンプリヘンシブスクール》の成績低下はどうなのか？　さらに地方教育当局の失敗はどうなのか？　また、教職は？　税額控除、福祉改革緑書に含まれているいろいろな施策――既存の国家年金に上乗せして、保険料を低額に抑え雇用者によって被雇用者に提供される新たなステークホルダー年金（確定拠出型の個人年金制度）、また生活保護を脱して労働に向かわせる「福祉から就労へ」新政策、失業者に対する特別支援を目標にする新〝雇用ゾーン〟、従来の雇用サービス庁と給付庁の統合――はいずれも軌道に乗っていた。だが、職探しの意欲がほとんどないまま一生涯有効な就業不能証明書を医師に出してもらい、就業不能給付金で暮らしている者が百七十万人おり、しかもその数が増えている状況はどうしたものか。われわれは失業者数の劇的低下について語ったが、それは保守党のもとで急増し、われわれの政権になっても増え続けていた就業不能給付金受給者を隠していた。そして緑書は、この重要な分野に関して目先を変える程度の変革しか提案していなかった。

同じように、NHSダイレクトは将来のための発想で、がんその他の慢性症状を追跡し、このための専門の医師や看護師とともに医療サービスに改善をもたらしつつあった。だが、長くなる一方の治療順番待ちのリスト、病院での長い診療待ち時間、時代遅れの就業慣行、患者にとって無意味な選択といった、NHS内独特の慢性的な問題に対する部分的な答えにしかならなかった。NHSの状況はあまりにも深刻になったので、〝冬の危機〟（寒さのため年金受給者に死者が増えること）という例年の悪夢はわれわれに息を潜めさせ、一九九七年以降の冬の数年間はNHSが完全破綻しないことを望むばかりだった。そして刑事司法制度は、犯罪者の権利をさらに強化し、官僚システムのせいでますます警察と裁判所の邪魔をするようになり、改革は実をあげていなかった。

改革と願望のギャップを埋めるために、これら断片的な改革に並行して一連の到達目標を掲げ、病院での最長待ち時間を短縮し、学校での読み書き計算能力および中等教育修了資格試験（GCSE）の点数の向上などをめざすことにした。さらに、全国コミッショニング制度（コミッショニングとは医療サービスの提供、利用を効率的に行うプロセスのこと）、NH

Sの国立医療技術評価機構、全国読み書き計算能力向上戦略、教育水準向上をめざすため新任教頭を対象に指導資質の向上を義務づける国立校長養成大学など、改善を促進するための新しい全国機関と制度を設けた。これらは追加資金投入の責任の所在を改善し、関係各省とその機関をより大きな努力に駆り立てるのに有用な政策だった。われわれはさらに歩を進め、後述するように、二〇〇〇年七月に完全な「NHSプラン」を発表することにしていた。職員の柔軟性と分権の拡大、待ち時間の短縮を主たる重点項目として強調された。これらはNHS支出の制度変更、直近の包括的歳出見直しによって始まったNHS保有不動産の再編成と並んで達成されることになっていた。

しかし、断片的な改善のために馬にあてる鞭を強めたが、設定した目標を通じて断片的なトップダウン方式の改革で改善を中央から図ったところで、それなりの成果しかあげられないことが明白になった。巨額の特別財源が投入されたにもかかわらずである。私がますます注目したのは、中央集権的制度そのもの、前線にいる管理者からの権限の剥奪、中央集権的制度と管理者の権限に起因する利用者の選択の拒否などで、これが問題の根本的な部分だった。私は、自治体による自己統治という考え方を採用し、分散化した運営を全国の医療・教育制度全体に広げる代わりに、NHSにおける全面的な一般開業医への権限附与を廃止し、教育面における国庫補助金維持学校を廃止したことが正しかったのかどうか悩んでいた。ただし、われわれが引き継いだ保守党による資金不足の改革に内在する不平等がないとしての話である。以上のような考えはポリシー・ユニット（首相官邸の政策室）の新顔で急進的なメンバーの幾人かのあいだで共有されていたものの、党内、とりわけ閣僚の大多数にとっては異端的なものだった。

有能なボランティアや民間部門のサービス提供者と話してみると、これらの人々は公的分野にサービスを提供したくてたまらないのだが、妨げられていることがわかった。私がとにかく苛立ったのは、健康、教育、その他の公的サービスでしっかりした仕事を根づかせようとしている優良な独立業者の邪魔をする規制の存在だった。これは一世代にわたって左派につきまとっていた手段と目的のあいだの混乱の典型例に見えた。そして、これを克服することがニューレーバーの使命だった。公的サービスが公平で、しかも利用者にとって無料であるためには、すべてが公的部門内の独占体制によって提供される必要はない。こうした公的部門は国や地方政府の官僚によって硬直的に管理され、官僚たちはおうおうにして革新や真の地方自治に強く抵抗するのである。

端的に言えば、われわれのスローガンは〝投資とともに改革を〟だった。言葉のうえでは大きな違いがニューレーバーとオールドレーバー（改革なき投資）のあいだに、そしてニューレーバーとサッチャー主義の保守党（投資なき改革）とのあいだに存在した。だが、出現する投資の規模に見合うだけの規模の改革はどこにあったのか？

福祉や、法と秩序でも、私には同様の不安があった。スローガンの〝権利とともに責任を〟は結構だったが、それを下支えする包括的な政策の推進力がなかった。これはたんに給付制度の問題ではなかった。また、私のもう一つの強い懸念は、反社会的行為だった。自治体の公営住宅団地で、多くの人の生活を惨めなものにしていた多発する軽犯罪を撲滅するために、そして世代から世代に受け継がれていく失業の影響を断ち切るために、実際に何をしていただろうか？　警察官の増員と警察の近代化は部分的な対応でしかなかった。これらの措置には、もっと焦点を絞った地域治安業務を遂行できる補助地域支援要員の導入とあいまって期待をかけていた。警察は任務を果たすためのもっと有効な即効性のある手段を必要としていた。制裁である。これには刑事司法制度の大改革が不可欠だった。理念から政策に移行しなければならなかった。移行はしていたが、それは断続的で苦痛に満ちたものにすぎなかった。

私はニューレーバーと、われわれが引き継ぎ、持続し改善することを約束した福祉国家との関係についてもっと体系的に考え始めていた。われわれの認識では、福祉国家と公的サービスは第二次世界大戦という混乱に満ちた出来事のあとに作り出されたものだった。しかしこれらの起源は、ロイド・ジョージ（首相存在一九一六−一九二二）の初期の予算に、ケインズの革新的な経済学に、ベバリッジのビジョンと細部に至る掌握の組み合わせのなかに、すでに存在していた。

資本主義は産業革命を推進した。規制されることも、抑制されることも、飼い馴らされることもなく、資本主義の巨大な車輪は膨大な群衆を踏みつけながら回転し、彼らから労働と利益を搾りとった。しかしそれは同時に、彼らを団結させ、自分たちが個人としてではなく集団的な機械として労苦を強いられ汗水を流させられたことを自覚させた。それも自分たちのためではなく、資本の所有者の利益のために。

そのような共通の苦闘のなかから労働組合や協同組合が生まれた。それらは集団的精神の巨大なエンジンであり、資本主義の過酷な車輪と対決するようになったのである。その対決は、ある者にとっては資本主義を消滅させることが目的であり、またある者にとっては資本主義をもっと公正なものにすることが目的だった。

この闘争のなかから生まれたのが、社会を変えるためには政治的組織がなければならず、民主主義でなければならないという思想だった。大衆が多数派だった。彼らが国の法律を支配しなければならない。多くを持ちすぎる者は、あまりにも少ししか持たない者に譲らなければならない。資本を用いて利益をあげる者は、労働によって利益を作り出した者に譲らなければならない。

この思想から国家の概念が生まれた。究極の権威としての国家という意味ではない。前述の集団的意思の政治的かつ社会的な表現という意味である。「偉大な国事」という言葉に使われる国ではない。後援者としての国、自活できない人を養う機関としての国である。

こうして国は大きくなっていった。まず年金と国民保険の分野で、次に教育で、そして最後に戦後のNHSにおいて。国は規制も行った。医療と安全の法律、鉱業、児童擁護、一九六〇年代から七〇年代にかけての余剰人員解雇と不当解雇法などである。国は人々を守る。その力は資本の力を規制し、抑制し、飼い馴らす。

しかしやがて、進歩的政治にとって重大な影響を及ぼす二つのことが起こった。イギリスだけでなく同じような変化の過程をへた国ではどこでもそうだった。第一に、国が国民の生活状況を改善するにつれて、分裂がいちだんと鮮明になった。資本主義をもっと人間的にしたいと思う人たちと、資本主義を消滅させたいと思う人たちの対立である。この対立が五十年以上にわたって労働党をにっちもさっちもいかない状態にした。この意味するところは、分裂は手段だけでなく目的にかかわり、党の本質を致命的なまでに支離滅裂な状態にしたということである。第二に、改革とより大きな影響力を目的として、国が大きくなったのだ。そして大きくなるにつれ、国の成功自体が問題になったのである。突然、資本の既得権益と並んで国の既得権益がその姿をはっきりと現した。官僚制度は国民によって維持される。国民には利害関係がある。そして、市場は変化を強いるが、公的部門には似たような強制力はない。国はその仕掛けに任せておけば、大きくなる。政府はその流れを変えることができるはずなのだが、政府は公的部門を利用し、公的部門に依存し、その一部となっているのである。

さらに、部分的には国が達成したことの結果であるが、繁栄が広がるにつれて、国から利益を得る者は、納税を通じて国への資金提供者にもなるのである。

一九三〇年代、国の力が完全に発達する以前、そして大多数の国民がまだ〝下層民〟だったころ、政治における中道は定義しやすかった。中道は資産を所有し、公正のために規制を行う公的部門であり、それが適切に抑制された民間部門と併存していた。ハロルド・マクミランの一九三六年の著書『*The Middle Way*（中道）』は当時としては驚くべきものだった。この本は、社会民主主義政治がどこにあるべきかを正確に反映していた。しかし、そのような政治がそこに到達したのは一九六〇年代になってからだった。

そして、そこが重要なポイントだった。一九六〇年代までに、われわれはやっと一九三〇年代に追いついたのである。アンソニー・クロスランドの著書『*The Future of Socialism*（社会主義の将来）』は、労働党を一九五〇年代の社会の現実に引き合わせた素晴らしい論文だったが、われわれがその内容を本当に受け入れ消化するのには、一九八〇年代の終わりまでかかった。

一九八〇年代のサッチャー改革の民間部門に対する影響がいかに巨大なものだったとしても、われわれが引き継いだのは総じて改革の行われなかった公的部門だった。われわれは本能的に公的部門の改革に尻込みしていた。国はまだ一九四五年のままだったのである。事実、クレメント・アトリーが一九九八年の地球に現れ、近代的なイギリスを調べたならば、多くのことに仰天しただろう。しかし彼は福祉国家には、むしろホワイトホール（官庁街）と同じように、昔ながらの友人として挨拶しただろう。

私が鋭く意識していた、さらなる政治的複雑さがあった。そしてそれは改革の問題と私が感じていた不安に直接関係したのである。先に述べたとおり、今日の国民は福祉国家と公的サービスの受益者であると同時に資金提供者でもある。不幸なことに、これが意味するのは、国民はなるべく多くの恩恵を受けたいと思う半面、支払いはできるだけ少なくしたがる。さらに不幸なことに、人々がこのように明らかに矛盾した心理をもつことは、完全に権利の範囲内のことなのである。

またこれによって人々は、サービスを受けながら、改革は損害をもたらすだろうと主張する人に強くからめとられてしまうのだ。NHSに関する医師の意見がどれほど尊重され信頼されているか、それに反して政治家の意見がいかに軽蔑されているか（一九九八年にはイギリス医師協会はわれわれを初めて攻撃した）を示す世論調査がもち出されるたびに、私は大笑いしたものだ。あるサービスを運営している者は公共の利益に加え自分たちの利益にも奉仕しているのは明らかであり、そしてほとんどの政治家にとっては公共の利益以外に関心をもつ理由はないからだ。

そんなわけで私にはこうした事情が皆わかっていた。そして正直に言えば、私はわれわれがしようとしていることの真の急進性についての自分自身の疑念を徹底的に探るのを躊躇したのである。そのときまでにわれわれがしていたことは、政治的にはうまくいっていた。とりわけ現場ではうまく事が運んでいた。NHSでは、われわれは制度自体を改編し始めていた。コミッショニング（NHSによる医療サービスの提供委託）の権限はプライマリーケア・トラスト（PCT）に移譲されつつあり、プライマリーケア・トラスト自身GP（一般開業医、かかりつけ医）によって運営されていた（プライマリーケアとは患者が最初に接する医療の段階を指し、GPが担当する。イギリスのプライマリーケア体制はGPと地域医療の供給や運用に責任をもつ地域公益法人であるプライマリーケア・トラストからなり、NHS予算の七五パーセントはプライマリーケア・トラストに回される）。プライマリーケア・トラストが予算を確保することが多くなり、信託病院（ホスピタル・トラスト。NHS内で二次医療サービスを提供する病院）と交渉するようになっていた。だが実際には、サービス委託の大部分は、緊急入院の確保、手術、診療相談の予約などですでに占められていた。そしてプライマリーケア・トラストは、信託病院以外にはそうした医療サービスについて頼るところはなかったのである。同様に、GPたちも完全な独占体制を維持していた。競争はどうにもならないほど低質なサービスにおいても文字どおり禁じられていた。したがって異なる関係当事者機関同士で交渉できたとしても、不満足に終わればやれることは少なかったのである。

もちろんわれわれは投資を増やし、追加のスタッフを採用するなどの対処をした。しかし一つの雇用者としてはヨーロッパ最大規模のNHSという巨大な組織のなかにあっては、目にとまるほどのアクションではなかった。

GPファンドホールダーと普通のGPといういわゆる分裂した内部市場を除去することが、われわれの公約だった（ファンドホールディングとはGPが患者の代理人として病院のサービスを購入する仕組みで、そのような資格をもつGPをファンドホールダーという）。これは限られた市場実験だった。この試みを歓迎したGPもいれば、嫌ったGPもいた。この仕組みはたしかに二層構造をもたらしていた。グラマースクールと同じである。この批判の難点は、改革されないシステムにおいてもやはり階層があったということだ。中産階級はつねにこうしたシステムが機能するような方法を見つける、あるいは少なくともなんらかの形で自分たちに答えてくれるようにする。したがって、よい学校は総合中等学校であるか否かを問わず、よい環境の地区に存在するようになるのだ。

そこで、おおむね一九九八年三月から一九九九年十二月までの期間、白書や緑書を相次いで刊行し、政策の車輪が回転し、官僚が汗をかくなかで、われわれは大規模な政策反省作業を実施した。私は政策専門家、シンクタンク、そしてデービッド・ミリバンド率いるポリシー・ユニットなどと議論を重ねたが、すでに述べたように、われわれの取り組み方は正しくないという予感が徐々に大きくなっていった。間違っているとか効果をあげていないということではなかった。効果はあげていた。とはいえ、それはよく言っても不完全で周辺部分にすぎず、核心的な次元には届いていなかったのだ。

ここで驚くべきことが一つあった。それは支柱を支える外部の組織、研究所、学習センターのようなものが一切なかったことである。一つの例外は、ニューディール政策についてロンドン・スクール・オブ・エコノミクスのリチャード・レイヤードがわれわれのために行った研究だったかもしれない。私はさまざまな評判の高い学識者からの提案を熟読した。しかし実務に役立つことは何も見出せなかった。困ったことに、学者は基本的に改革問題の背後にあるイデオロギーについて論じたがった。彼らは奇妙な方法で政治に焦点をあてた。しかしそれは私が必要としている助けではなかった。私は実際的な答えを知る必要があったのである。私にとってはNHSを攻撃するかどうかは政治的あるいはイデオロギー的な問題だったが、待機リストをできるだけ早く短縮することは政治やイデオロギーの問題ではなかった。

解決――「大事なことは効果をあげることだ」――を打ち出そうとしていたときに考えさせられた事実は、福祉と公的サービスは恐ろしく複雑な制度だということだった。「何が効果があるか?」は私が口にし続けたことだが、外部から大きな知的支えが提供されることはなかった。したがって、われわれはすでに採用していた取り組み方を続けた。中道から動くということだったが、制度全体の深部に達する変革をためらった。結果は、自動発生的な、自立的な変化を生み出せず、中央からもたらされ、維持された変化だけだった。

しかしながら一九九八年の党大会での演説はよどみなかった。古い左派でもサッチャー流の右派でもない、〝第三の道〟を打ち出した。われわれには物事が変化しつつあることを示す十分な勢いがあった。公平に見れば、基本的なメッセージは絶え間ない挑戦だった。少なくとも党に対してはそうだった。党大会演説は対内的には分権を強調し、対外的にはヨーロッパとアメリカとの協力関係を強調した。テーマはすべて適切で、正しい選択をしていた。そして全体として正当な反響を呼んだ。

その後、ジョナサン・パウエル、ピーター・マンデルソン、アリスター・キャンベル、アンジ・ハンター、サリー・モーガン、ピーター・ハイマンら私の親しい政治一家と一堂に会したとき、私はまだ旅路のスタート地点にいることがわかっていた。学ばなければならないことが山ほどあり、その山を登らなければならないことを知っていた。私の感情は入り交じっていた。もどかしさと欲求不満が、達成したことと政治的成功への誇りとせめぎ合っている状態だった。そしてもちろん、言葉と現実が一直線でないという認識の兆しもあったのである。

もう一つの問題は、政策論議への関心がだんだん失われつつあることだった。保守党は多くの面で戦闘能力を失い、戦闘で負った傷をいまだなめており、ヨーロッパの問題を別にすれば、中道から統治し、保守党が方向性を定めることを難しくしている与党とあえて対決する気になっていなかった。

それに加え、メディアもだんだんと一つの風潮に落ち着いてきた。大きな論争も目につく焦点もなく、政策論争になど関心がなかった。たとえば、メディアは年金の込み入った議論よりも、社会保障担当国務相ハリエット・ハーマンと福祉改革閣外担当相フランク・フィールドのいさかいに熱中していた。この一連のいさかいはかなり世間を騒がした。ハリエットは本当の政策通ではなかったが、このポストはたくさんのガリ勉を要求したのである。フランクは政治的な鋭さに欠けていたが、彼のポストは多くの鋭さを要求した。

結果はひどいミスマッチだった。〝最悪の結婚紹介所〟がするような間違いだった。フランクは総括的な展望には非常に説得力があったが、現実的な政策に焦点を合わせられないように思えた。ハリエットは政策を支持しようと必死だったが、肝心の政策を作ることが自分の仕事であると理解していなかった。

フランクは、「考えられないことを考える」と言って自分のオフィスに閉じこもることがあった。しかし問題は、彼の思考は考えられないことよりも不可解だということだった。ハリエットはささいなことで大騒ぎし、くよくよした。二人が閣僚委員会（内閣のなかにいくつかあり、各分野を担当する）で意見が一致しないと、それはちょっと当惑するどころではなかった。結局、政策を官邸の外へと出そうとしてもできなかった。そしてもちろん、政策分野自体がきわめて難しかった。結果は満足のいくものにならなかったのである。

私はハリエットを七月の内閣改造で更迭した。彼女のために言えば、彼女はこれを素直に受けた。フランクを国務大臣にすることを拒絶すると、彼は辞任した。これには当惑させられた。私は真に自由で独立心旺盛なフランクが好きで尊敬していたのだが、彼が辞めてほっとした。職務に合致する者もいればそうでない者もいる。フランクはそうではなかったのだ。そんな単純なことだった。

党大会のあと、われわれは女王演説（女王が議会の開会式で上院である貴族院で上下両院議員に対し、今後の政府の方針を発表する演説）の準備にとりかかった。私はすでに説明したような理由で福祉改革方針案に完全に満足ではなかったが、これが演説の最重要点になることになっていた。国会の前会期が法案でいっぱいだった影響でもちこされ、演説は例年より遅い十一月二十四日に決まったが、それに先立つ数週間は一つの教訓となった。それは、重要な政策課題がいかにして重大もしくは些細で、とにかく少なくともセンセーショナルな出来事によってハイジャックされてしまうかということだった。

十月二十七日の朝、ジョナサン・パウエルとアリスター・キャンベルがたくさんの通例会議を突然中断し、私を官邸の食堂に引き入れた。二人が一緒ということはいつもトラブルを意味した。二人の話を聞くにつれて私の目は驚きで見開いていった。それは笑い、しかめ面、息を呑む声、悲惨――のよくある話の一つだった。

ウェールズ担当国務相ロン・デイビーズがクラパムコモン（南ロンドンにある三角形の緑地公園）で黒人の男娼から強盗にあっていた。私はかなり動顛していた。私たちはロンに官邸に来るよう告げた。

「簡単に説明できることですよ」と彼は言った。「週末はウェールズにいて、ロンドンまで車を運転してきました。脚を伸ばしたくなって真夜中ごろクラパムコモンを散歩することにしたんです」。聞いている者の顔には不可解な表情が浮かんだ。「このラスタというやつに出くわして、話し始めたんだよ。わかるでしょう。誰でもすることだ」。皆はさらに眉をつりあげた。「やつがこう言いました。カレーでも食べにいこうよ。私はいいねと言って、彼の車に乗り込んだ」。皆の口があんぐりとあいた。「すると、彼の仲間が何人か現れて、私は突然襲われて盗まれたんだ。誰にでも起こり得ることですよ」

呆然とした沈黙。そしてほとんど声をそろえて「えぇ、そんなことないだろう、ロン」

すべて馬鹿げたことだとわかっていたし、このように話されるとまるでマンガだった。しかし一人の人間のキャリアと人生が排水管に流されて消え失せようとしていたのだ。政治生命において信じられないほど残酷なのはこのようなことだ。もちろんこれは最も愚かなことだった。私が起草を手伝ったロンの声明のなかで、私はこれを「魔が差した一瞬」と表現したが、彼のキャリアが台無しになったことはわかっていた。問題はセックスに関するか否かではなく、判断ミスで生じたということだった。私は一九八三年に一緒に国会入りして以来、ロンを知っていた。才能のあるやり手だった。もっとも大方の人は、才能がありすぎる策士で安心できないと感じていた。しかし、自分の才能に本当に報いられる人間はいないものだ。そして当然であるが、それは、私がそれまでに対処しなければならなかった辞任劇とまったく同じ道をたどった。初め当事者は了解し、言うことをきく。だが、事の重大さがわかると反抗し、ついには恨みをもつ。ロンはまさにこのパターンをたどった。そしてもちろん、しつこく追い回されることは、自分自身と家族にとって途方もないプレッシャーとなる。ロンの辞任は必然的なことだった。

しかし時が経つにつれて、私は辞任の強いられ方について憤慨するようになった。非常に多くのことが、真相の暴露のされ方に左右されたのである。

信じられないことだが、ロン辞任の数日後、《ニューズ・オブ・ザ・ワールド》紙がニック・ブラウンを罠にかけた。七月の改造で院内総務から農務相に異動させたばかりだったが、同紙によるとニックは男娼と関係があるということだった。アリスターがそのことを話したとき――無邪気なことに私は、ニックが同性愛者だとははっきり知らなかった――、部屋中が少し動揺した。一週間のうちに二度も同性愛のスキャンダルである。そこに私もいたのだが、私は同性愛者と異性愛者のあいだには完全な平等を認めている。同性愛者であることを勇敢にも初めて公にした閣僚は、クリス・スミス（ブレア政権下で文化相）だった。ピーター・マンデルソンが同性愛者であることは皆知っていた。私は大衆がささいなことでもなんでも目を丸くすることにあきれ気味だった。

公正を期すために言っておくと、《ニューズ・オブ・ザ・ワールド》紙は問題の記事を日曜日に掲載するのに先立って木曜日にわれわれのところにやってきた。そしてアリスターはニックが同性愛者であることを報じるよう、同紙を敢然と説得したのである。その結果、この話は汚らしいスキャンダルから正直な告白に一転し、ニックは救われたのだった。

ニックは院内総務をはずされたことに怒っていた。そして私は、彼が多かれ少なかれ私に反抗し継続的にゴードンのために動いていたことを知っていた。たぶん実際にはずっとそうしていたのだろう。しかし、この一件が明るみに出たとき、彼は救われた。彼が院内総務でなかったからではなく、私たちが彼を救おうと努めたからだった。そしてリーダーとして感情を害してはいけないのはこういうところである。ニックは感謝すべきだと読者は思われるだろう。しかし少しも感謝していなかった。自分は不当に扱われ、私が自分を陥れようとしたと信じ続けたのである。もちろんあのとき、私は即座に彼をやりこめて政治生命を終わりにしてしまうことができた。だがそうしなかった。なぜなら、私たちはそういう人間ではなかったからだ。実際には十分な、場合によってはありすぎるほどの同情心があるのに、このように信じられないほど無慈悲な組織と評されることにいつも不思議な気持ちだった。

一九九八年のクリスマスの直前、重大な辞任劇が起こった。その辞任について私はその後痛烈に後悔するようになったし、いまだに自分自身を責めている。しかし、この件に関するアリスターの日記を読み、メディアの過熱ぶりがどれほどだったかの正確な記録を読み直してみると、あの苦境をどうやって切り抜けられたのか、わからない。

簡潔に言ってしまえば、ピーター・マンデルソンは国庫局長官のジェフリー・ロビンソンから家を買うためのお金を借りていたのだ。当時としてはたしかに金額は大きかった。三十七万三千ポンドである。ピーターは産業相だったが、同省はジェフリーの商取引について調査をしていた。この調査は保守党の訴えによって設置されたものだが、ピーターがジェフリーから借金をしてからだいぶ経っていた。ピーターは借金のことを省の秘書室に報告していなかった。報告すべきだったのに。この事実は疑いなく、彼が不正直だということとは関係ないと私は思っている。事実、ピーターはジェフリーに対する調査とは何のかかわりもなかった。かかわりをもとうともしなかっただろう。彼がこの件を開示していたら、事態をまるくおさめることもできただろう。しかし、メディアが借金だけでなく、洗いざらい書き立てるとなれば話は別である。

私は例によって当時の〝スキャンダル〟には、二人のよき科学捜査の精神の持ち主、大法官（上院議長を兼ねる最高司法官）デリー・アーバインと、つい先ごろまで法務次長だったチャーリー・ファルコナーを引き入れた。しかし、二人ともこれは非常に厄介なケースだと考えた。

私はこの問題をなんとかしようと、さらに二日粘った。しかしいかんせん、私は当時アメリカによる対イラク軍事行動の提案に強く心を奪われていた。ピーターの件をまずすっぱ抜いたのは《ガーディアン》紙で、各紙がそれに続いた。その報道であふれ返るほどの大騒動になった。閣僚の何人かは絶望的な状況だと電話をかけてきた。農務相から内閣府担当国務相になった善良な年輩者ジャック・カニンガムはピーターの地位を守ろうと努力したが、彼にも難しいことがわかった。少なくとも国会が会期中でなかったことが救いだった。

十二月二十三日には、これ以上もちこたえられないと感じた。私は心を鬼にしてピーターに告げた。彼は私の決定を驚くほど潔く受け入れた。私はジェフリー・ロビンソンも辞めさせた。そしてゴードンに、彼のスポークスマンであるチャーリー・ウィーランも辞任しなければならないと告げた。

私は怒りを通り越し、一段の真の悲惨、破滅の感覚だった。ゴードン陣営の誰かが話を漏らしたのかどうかはわからない。真相は決してわからなかったが、借金の取り決めは当事者の二人だけで、ピーターが誰にも話さなかったのは絶対たしかだった。彼は私にさえ話さなかったのだから。そして話が伝わったのは《メール》紙でも《ニューズ・オブ・ザ・ワールド》紙でもなく《ガーディアン》紙だった。したがって、チャーリー・ウィーランのような党内の情報源《ソース》がありそうだった。なぜなら、当時の《ガーディアン》紙は多かれ少なかれ党内紙だったからだ。

一つだけ確かなことがあった。情報源が誰だったにせよ、この一件は完全に計画的な悪意をもって行われたものだった。たんなるお話ではなく、ピーターを破滅に追いやるために実行された政治的暗殺だった。それはまた私に打撃を、それもひどい打撃を与えるために、政府にどのような衝撃があるかなどおかまいなく行われたものだった。

私はあのクリスマスの日、チェッカーズで思いをこらした。ピーターは抜群に優秀な国務大臣だった。真の情熱と想像力に恵まれ、自分の省から愛されていた（信じてほしいのだが、これは非常にまれである）。彼は政府の重要人物でニューレーバーにとって不可欠な存在だった。これで彼の経歴は終わるだろう。それをすべて承知で誰かが《ガーディアン》紙にリークしたのだ。そのような人物の心理はどんなものなのだろうか？　それは断固として復讐心に燃え、邪悪に近いものだ。それが意味し得ることを思うと、私は恐怖に襲われた。人々は政治家というものは、空港の売店で売っているジェフリー・アーチャーやマイケル・ドブズの大衆小説に出てくるように互いに対して振る舞うといつも考えるが、私の経験では、政治家はそのような振る舞いはしない。抗争もあれば、陰口もあるし、脅しもある。しかし、本当に邪悪と言えるものはほとんどない。だが、この一件はそうだった。

チャーリー・ウィーランをクビにするのはある意味で不当なことだと承知していた。すでに述べたように、彼に本当には責任があったかどうかわからなかったからだ。そして公平のために言うと、チャーリーは否定した。しかし私はまた、彼をクビにしなかったら、おそらく重大な影響を伴う恐ろしい教訓を長い期間をかけてじっくりと学ぶ羽目になるかもしれないということに気づいていた。そのようなわけで、彼は少しばかり逡巡したあと、去っていった。

あのとき私は、ピーターは辞任しなければならないと確信していた。今となっては、それほど確かではない。問題は、過熱した報道合戦のさなかにいることがどんなものかは、自分で経験してみないとわからないということなのである。

メディアは誰かにねらいを定めると、なんらかの話を始める。その話は真実かもしれないが、次には潤色される。もし抵抗にあえば、熱狂ぶりがジャーナリストの甲高い苛立ちの声になるまで圧力を高める。抵抗が続くなら、メディアは基本的にはこう言うだろう。そうかよし、こいつが辞めるまで記事を書き続けるぞ。こうなると問題は話そのものではなく、政府の政策も道づれに完全に水没するのである。物事は一切進まなくなる。

これをやり過ごす準備をしておくことは非常に難しい。本当だ。私の首相在任の終わり近く、ついに警戒心を捨て破滅的な影響力を受けて立ったとき、それに耐えた（テッサ・ジョウェルとジョン・プレスコットの辞任要求が出たときである）。しかしそれはぞっとするような権力闘争であり、首相として党首として巻き添えが出ないよう心を砕き、それを回避する責任を感じるのである。

とはいえ、私は今でもあのときがんばり通していたらよかったと思う。メディアとやり合う最初の力試しで、私は負けて引き下がってしまったのだ。公平に言えば、ピーターが事務次官に話をしなかったのは愚かで間違っていたとも感じた。そのあと、二〇〇一年の辞任のときも同じだった。彼のやり方はいつもお粗末だったのである。しかし意外にも、結局これは大きなポイントではない。実のところ要点は友情とか忠誠に関することではなく、国に関することなのだ。政治の人材プールは限られている。特別の才能――ピーターは特別だったし今もそれはまったく変わらない――は国に奉仕するために確保されるべきなのである。私のあとゴードンが首相になったとき、ピーターは政府の仕事に戻るべきかどうか私にアドバイスを求めた。私は躊躇することなく肯定的な返事をした。彼が私の政府から去ったことは、大きな損失だった。彼の存在はどんな政府にとっても大きな資産である。それほどわかりやすいことなのだ。政権について学ぶことは政策についてだけではない。

ボクシングデー（贈り物の日、クリスマスの翌日）に私はセーシェルに行った。気の毒だったのはアリスターだった。彼は電話をしてきて、報道陣がひどい、私が酷評されていると報告した。私はと言えば太陽を浴びたり、釣り船に乗ったり、警備チームや地元の人とフットボールを楽しんだり、すっかりリラックスしていた。それがアリスターを憤慨させた。私が〝気ままにぶらぶらしている〟あいだ、彼が攻撃の矢面に立っていると感じたからだ。しかし彼は私の状態や私の休暇の意味をまったく理解していなかった。実のところ、私はうんざりしていて、陽光を求め、ウェストミンスターやホワイトホール、ダウニング街、フリート街（一九八〇年代まで新聞社が集まっていた通り）から想像できる限り、かけ離れた環境を必要としていたのだ。アリスターはチャーリー・ウィーランの件の詳細を片づけるために何度か電話してきたが、しまいにはいらいらしてあきらめてしまった。私はウィーランは辞めなければならないと言ったのであり、細かいことに煩わされたくなかった。彼は辞めることになっていたのだ。

　私がうんざりしていた理由は辞任の続発だけではなかった。一九九八年の十一月と十二月はまたしてもイラク一色だった。十一月十一日、私は国防相ジョージ・ロバートソン、外相ロビン・クック、国防参謀総長サー・チャールズ・ガスリー将軍と会談していた。サダム・フセインは武器査察団を国外に放逐していた。査察団は大量破壊兵器に関する現状の問題とその開発計画に対するサダムの野心が持続していることについてのっぴきならない報告書を書いていた。アメリカのビル・クリントン大統領は武力攻撃を考えていた。チャールズは選択肢と、われわれが攻撃に参加した場合に想定される損害について私に冷静に一通りの説明をした。彼は相変わらず率直で、明快で、力強かった。翌日、私は閣僚全員にそれを説明したが、ジョージ・ロバートソン国防相はこれは湾岸戦争以後、サダムに関わる最も深刻な動きだと警告した。

　十一月十四日、土曜日の午前、われわれは首相官邸でふたたび会合を開いた。午後四時に空爆を開始することになっていた。クリントンがしばらく動きを止める決定をしたというニュースが突然入ってきた。サダムが武器査察団の再入国を認めるという新たな手紙を送ったからだった。それから、われわれも手紙を受けとった。それは抜け穴だらけで、典型的なサダムのたわごとだった。次の十八時間、日曜日の午前四時半まで、私はビルと絶え間なく連絡をとり合った。行動は一時停止され、攻撃計画を憂慮していたロビンは大いにほっとした。私は重大なときにアメリカとの同盟を無傷のままで、かつ機能できる状態に維持しようと決意していた。

武器査察団はイラクに戻った。しかしサダムがふざけていることは明白だった。査察団の報告が十二月半ばにやっと提出され、それはまたもやイラクを非難する内容だった。今回ばかりはビルもアメリカとイギリス両国は行動しなければならないと肚を決め、〈砂漠の狐〉作戦で四日間にわたる空爆を実行した。それは神経のくたびれる時間だった。作戦は一部成功したものの、サダムはふたたび逃げおおせたというのが一般の気持ちだった。

第8章　コソボ

野党から政権党への変化の自覚は、意思決定の厳しい本質のなかに存在する。野党にあって十分に巧みなら、矛盾を覆い隠し、選択を明かさず、相違点をぼやかし、不一致なとげとげしい不快な決定には曖昧な一見合致の隠れ蓑をかぶせることができる。だから一見スムーズである。ところが政権につけば、すべては鋭い歯並びの刃である。選択をし、その選択に従って行動し出した瞬間、その刃が切り込み始める。

私の国内問題に対する覚醒は時間をかけてじわじわと起こった。おそらく、国内改革に対して自らの意見を完全に自覚するようになったのは任期の後半である。対照的に、外交政策に関する覚醒は唐突だった。それはコソボ紛争をめぐって起きた。

政策を国外と国内に二分するのはいつもどこか間違っていた。国外の危機が国内に深刻な影響をもたらし得るのは明白である。今では、両者の相違は以前にもまして誤解を招きやすい。第一に、世界ははるかに溶け合っている。したがって、国内・国外は区別がなくなる傾向がある。第二に、グローバルなメディアが発達するにつれて、国外の危機はわれわれのテレビスクリーンで生々しくリアルタイムで報じられるようになる。国外の危機は瞬く間に国内の問題になる。というのも、世界経済や移民と同じように、国内生活にインパクトを与えるからだけではなく、人々の共感や感情を巻き込むからである。たとえば、イスラエルがガザ地区を攻撃すると、戦争の鮮明な姿とそれに伴う苦悩は、イギリスの一番辺鄙《へんぴ》な場所にある家庭でも即座に目にすることができる。ある意味でわれわれがかかわっているのは、人々を目覚めさせるにあたって、数十年前だったら一種のミドロシアン運動（十九世紀の終わり、グラッドストンがイギリスのオスマントルコに対する強硬政策を要求して起こした運動で、彼の選挙区スコットランドのミドロス地区の名前からこう呼ばれた。グラッドストンはこの運動にかなりの時間と労力をかけ、ついに保守党ディズレーリ首相を選挙で破り、首相になった）を必要としたであろうことなのだ。

しかしこうした言い方ですら、現在起こっていることをほとんど矮小化させる。人々は目にすることから影響を受けるだけではない。他者を気にかけるようになったのだ。その思いは本物である。アフリカの飢餓に苦しむ子供たちを見れば、行動したくなる。不義を見れば、政府が正す手助けをするよう期待する。人々は、国境内での出来事に主たる関心を払うかもしれないが、国境を越えた悲惨にも無関心ではない。

こうしたことが頂点に達するのは、世界が経済的あるいは自己利益のためだけでなく、かつてないほどの力強さをもって感情的に――ということは頭だけでなく心でも――相互に連結されるときである。相互依存的世界について語るとき、それが意味するのは、われわれがつながっていること、難題も解決も共通の傾向にあること、世界のある場所での問題が容易に他の場所に連鎖し得ること、しかしまた、以前なかったほどに国境を越えたレベルで結びついていると感じることである。われわれが生きている空間は、より共有され、共通に保有されているように感じられる。旅行、マスメディア、インターネットと近代的な通信手段はすべて、われわれを一つの方向に引っ張る。皆一緒という方向だ。個人的に、私はこの傾向が気に入っている。いよいよオープンになり、経験を共有し、互いをもっと学び合うことのできる世界に、私は満足しているし、いやそれ以上に興奮している。だが、たとえ私がそのような世界を疎ましく思ったとしても、それをおそらく近代政治の事実として受け入れなければならないだろう。

このような具合に、外交政策と国内政策は相互に作用し合い、重なり合うが、われわれはまだそうでないようなふりをすることに意を多く用いている。私は首相になる前、広範な読書を通じて歴史について多くの知識を得た。しかし、現代の外交問題に関する知識は皆無に近かった。一九九七年の選挙運動はもっぱら国内政策が争点だった。もしあの明るい五月の朝、目をぱちくりさせながらダウニング街入りしたとき、自分がイギリスを四つの戦争に突入させるようになるだろうと聞かされていたら、うろたえ、恐怖に震えただろう。

そういうものなのだ。ホワイトハウス入りをめざして外交政策を選挙運動のテーマにしたアメリカの大統領を思い浮かべることもできなければ、政権についているあいだ、外交政策で頭がいっぱいにならなかった大統領も記憶にない。外交政策を選挙運動の基盤にすること、あるいは外交政策に没頭することは大失敗であり、終わりの始まりだというのが、すべての政治戦略家のあいだにある通念である（自分でも思い知ったとおり、これは大いに真実である）。つまり大衆は、外交政策は重要であると同時に自分たちの日々の重大関心事からかけ離れていると考えるからだ。

したがって、ある水準では大衆は、国際情勢の大局的見通しの必要性を理解する。別の水準では、それはサミットに次ぐサミット、晩餐会、政治的な合宿なのである。それは非常にかけ離れて見える。「いったい、われわれと何の関係があるんだ？」という叫びである。リーダーになって実感するのは、この感情は理解できるが、間違ってもいるということだ。相互依存の本質そのものがそうさせるのだ。グローバリゼーションは人々を一斉に前進させる。困難に一斉に立ち向かわせ、その解決は、部分的にせよ、一緒に見出さなければならない。したがって、A大陸での問題が相当に深刻なら、B大陸での難題にならないということはありそうにない。〝グローバル・コミュニティ〟は常套句になってしまったが、真実でもある。それが、今日のわれわれの生き方なのだ。

外交政策と国内政策の相互関連にはもう一つの成り行きがある。外交政策自体がこれまでと違ったやり方で遂行されなければならないということだ。グローバルな問題はグローバルな解決を要求する。グローバルな解決はグローバルな同盟を要求する。グローバルな同盟は、狭い国益を基軸にして構築することはできない。共有されたグローバルな価値観に基づかなければならない。

　気候変動を例にとろう。これこそグローバルな問題である。その解決はグローバルな合意である。その合意は、発展途上国と先進国――中国、インド、アメリカ、ヨーロッパ――が合意することを要求する。これら諸国の国益は、集団的な取り決めに存在する。取り決めは、異なる経済発展段階にある国々にとって公平なものでなければうまくいかない。このように考えるならば、国益は多国間の同意に依存しており、その同意は公平さに関して共有された認識に基づいている。

　こうしたことの影響は、国益の狭い分析と、国益が直接かかわらない場合の無関心を基礎とする伝統的な外交政策観を、欠陥のある、時代遅れなものにしてしまうことである。グラッドストンが実行したような、こうした外交政策観は私は不道徳だと思う。仮にそうではないとしても、それでは確実に二十一世紀初頭には通用しないと思う。

　もちろんこのことは、私の首相就任中、外交政策をめぐる支配的な議論となった。最終的に、この考え方が軍事行動に帰着したとき、残念ながら私は少数派になった。だが、経済や環境、その他の問題になると、少なくとも理論上はもっと広く受け入れられた。それはまた、左派と右派をすっかり混乱させ、自由民主主義の強制を支持することが〝ネオコンサーバティブ〟（ネオコン、新保守主義）になり、他国の問題への不干渉が〝進歩的〟とされるところまでいったのである。ただし、これについてはあとで論じる。

　一九九八年末にコソボ問題が浮上し、一九九九年の最初の数カ月間に武力紛争が勃発したとき、外交政策と意思決定の鋭い刃はすぐさま苦痛をもたらした。

　基本的には、ベルリンの壁崩壊に続くユーゴスラビアの分裂によって生じた問題がいまだ波紋を投じていたのだった。ボスニア紛争の傷は完全に癒えていなかった。とりわけセルビアはスロボダン・ミロシェビッチの独裁下に依然としてとどまっていた。宗教的、民族的、ナショナリズムの緊張で満ちていた。ヨークシャーかコネチカット規模の小さな地域で、百万人の住民の大半がアルバニア系イスラム教徒であるコソボは、キリスト教正教の国セルビアの一部にとどまっていた。支配者のセルビア人とその支配下にあるコソボ人の関係は最悪だった。

ボスニア紛争の結果、旧ユーゴスラビアは、一九九五年末のデイトン合意（アメリカ、オハイオ州デイトン近郊で成立した「ボスニア・ヘルツェゴビナ和平一般枠組合意」で三年半にわたったボスニア・ヘルツェゴビナ紛争を終わらせた）によって複数国に分割されていた。デイトン合意は、アメリカの外交官リチャード・ホルブルックのエネルギーと創意によって成立したものだった。西側諸国が介入するまでには二年の歳月がかかり、その間に二十万人の命が失われたが、介入が実現するとユーゴ分割は一種の平和をもたらした。

一九九八年十二月、パディ・アッシュダウン（デイトン合意に基づき和平遂行を民生面で担当するため設けられた上級代表事務所代表）は訪問先の地域から私にメモを送ってきた。パディの報告によれば、状況は全般的に改善しつつあった。だが、コソボに関しては悪化していた。ＫＬＡ――武装組織コソボ解放軍――は、侵略のように見えたセルビアの軍事的準備に直面して再武装していた。一九九八年末のイギリスの情報機関要員からの報告によってパディの不安は高められていた。その報告によれば、ミロシェビッチがセルビアによる大規模な攻撃を許可しようとしている明確な証拠があるというものだった。すでに過去数カ月にわたって数十万人の民間人が居住地を追われ、約二千人が死んでいた。

一九九八年十月、暫定協定が成立し、国際社会から安全のお墨つきを得て帰還した民間人もいた。ところがその後も、強制退去と殺戮は続いた。

これは民族浄化だった。しかもヨーロッパの国境で起こっていたのだ。一九九九年の最初の二カ月のあいだに、国際社会は行動を強化し始めた。合意を仲介しようと、フランスのランブイエで会議が開かれた。決議が可決され、声明が発表され、ミロシェビッチの行為は受け入れられないとする宣言が毎日のように出された。しかし、殺戮と浄化は続いた。一月十五日、コソボの寒村ラチャクで四十五人の民間人が惨殺された。さらなる激しい非難が表明された。浄化は激化するばかりだった。何千人もの人々が死につつあった。

三月、ついにミロシェビッチの軍勢に対するNATOの攻撃という形で、軍事介入に踏みきった。軍事介入は、地上軍投入――少なくともアメリカとイギリスによる――の可能性に直面してミロシェビッチが混乱のなかを退却した一九九九年六月まで続いた。この敗北はミロシェビッチの権威を損ない、やがて彼を権力の座から追い払うことになった。およそ七十五万人の難民が帰還した。

コソボ紛争は、政府について、リーダーシップについて、そして私自身について多くのことを教えてくれた。今資料を読み直し、当時の状況に思いを致してみると、私は感嘆する。コソボ紛争はまた外交政策に関する私の態度を一変させたのである。

非常に多くのことが際立った。第一に、国際社会の一時的な本能は疑いなく行動することだったが、それは非常に限られた範囲内でのことだった。そしてできることなら、問題が新聞の見出しから姿を消すような協定――事実上どんな協定でもよいから――をまとめることだった。この事態を解決するのではなく、平穏にしたいという願望があった。

第二に、当初から私は異常なほど積極的に軍事的解決を提唱した。振り返ってみると、私は終始、和平工作よりも問題解決を全面的かつ頑なに主張していたことがわかる。それは同盟国の多くを苛立たせ、われわれの体制の大部分を非常に驚かせた。

第三に、この種の状況に対するヨーロッパの強みと弱みが容赦なく露呈した。意図の力強い表明は立派だが、その実行後の帰結がはっきりすると、完全に立ち消えてしまうのだ。こうした実態を観察することは、私に強いヨーロッパのリーダーシップ、適切なヨーロッパの防衛戦略の必要性を確信させた。

加えて、私はビル・クリントンとの個人的関係に途方もないほどの緊張を生じさせた。この一件は、彼がどのような人間であるかを物語ってあまりあるものであり、彼の本当の公平さのために言っておかなければならない。ビルはそのようなプレッシャーを私が強いたようなやり方で引き受けたのである。それはまた、いざという瞬間にその重大さと行動の必要を認めるアメリカとその備えについても多くを語るものである。

コソボ紛争はアメリカの世論にとっては非常に厳しい問題だった。その後起こったイラクやアフガニスタン紛争と違い、アメリカの直接の利害を説明するのが非常に困難だった。国民や政治家のあいだにはどんな行動に対しても真の意欲はなかった。ましてや、地上軍を投入する大規模な軍事介入などとんでもなかった。アメリカの見解はこうだった。これはアメリカから何千マイルも離れたヨーロッパの国境地帯における、多かれ少なかれヨーロッパの問題であり、ヨーロッパ人自らが対処する意思を奮い起こすべきである、と。

関係当局者と軍との討議で、私はたちまち、これは外交だけでは解決せず、軍事力が必要だろうと悟った。われわれがボスニアに介入することに失敗し、サラエボの惨劇が起きたあと、ミロシェビッチは、西側には強い行動に訴える意思があるとは感じられず、多かれ少なかれ自分の思いどおりにできると思ったのである。驚くべきことではなかった。この結果、私が得た教訓は、少なくとも軍事行動の脅威——しかも現実味のある——がなければ、残酷さと弾圧の恐るべき惨状を終わらせる可能性はほぼ皆無、ということだった。それでもなお、ミロシェビッチはわれわれの決意を試し、武力行使するかどうかを見極めようとするだろう。

一月の初旬から、私は軍事行動のための合意に向け努力を開始した。基本的に私の作戦は、一連の強い宣言文を発表し、外交交渉も進めるが、こうした努力が実を結ばない場合には武力を行使しなければならないと明確にすることだった。

なぜ私は行動に熱心だったのか？　これを基本的にモラルの問題と見ていたからだ。そしてある意味でそれが、外交的・軍事的介入に関する私の見解を規定するようになっていた。また、これは開明的な自己利益の行動だと見ていた。なぜなら、問題が悪化するまま、あるいは民族浄化を手をこまぬいて見ていれば、最終的にはヨーロッパの他の場所にも波及すると思ったからだ。

しかしながら、私の主たる動機は起こっていることに対する怒りだった。普通の市民が住まいを追われて難民になり、殺害され、性的暴行を受け、残忍さとしばしば残酷な仕打ちによって暴行され、一家全員が屈辱を受けて消滅してしまう。まったく、われわれはヨーロッパの歴史から何も学ばなかったのか？これはショッキングだった。だがもっと腹立たしかったのは、たしかにそう、ショッキングではあるが、われわれはこの問題に本当にかかわりたいと思うのか、という主旨の発言をする人たちがいたことだ。

その後、マケドニアの難民キャンプを訪れ、傷心と悲惨な身の上話を耳にしたとき、私はわれわれの行為を誇りに思った。これら難民は故郷に帰ることになっていたからだ。とはいえ、われわれが彼らを見捨てる寸前までいった事実を考えると落ち着かなかった。

今振り返って、ほとんどの人はこう言うだろう。そう、もちろん彼らを見捨てることはできなかった。実際には見捨てる寸前だったが、それは躊躇した政治指導者が悪人だったからでも、弱い指導者だったからでもなく、あるいは困難や残酷さについて私ほど強い思いをもっていなかったからでもなく、一九九九年初頭になし得たことを考えれば、事は単純ではなかった。コソボはセルビアの一部だった。セルビアは評判の、強い軍隊をもっていた。戦争を始めるのは比較的やさしいが、終わらせるのは難しい。無辜の人々が死に、意図しない事態が起き、悪い状況に拍車がかかる。不確実性とあとになってみなければわからない――それでは遅すぎるのだが――明確さの欠如のせいで、リーダーシップの発揮が妨げられるのだ。

私はコソボを通じて一つの見解――正しいか、あるいはイラクの場合のように間違っていると思う人もいるかもしれないが――に達した。このような不確実な状況下で、方向性を見出すためには、まず道徳的な問いを投げかけてみるに限る。このような事態は許されるのか？　この政権は権力にとどまるべきか否か？　無辜の人々は不正義に苦しみ続けるべきか否か？

もし答えがノーだったとしても、軍事的解決をすぐ求めるわけではない。それ以外のあらゆる手を試してみなければならない。軍事的行動が可能か、実際的かを問う必要がある。人々は私によくこう言った――シエラレオネのギャングたち、ミロシェビッチ、タリバンやサダム・フセインを排除するのなら、なぜジンバブエのロバート・ムガベ大統領を追放できないのか？　答えはこうだ――できたらそうしたかった。けれども現実的ではなかった（ムガベの場合、私にはどうしても理解できない理由で、周辺のアフリカ諸国が彼をいつまでも支持し続け、どのような行動にも強く反対しただろうからだ）。

道徳的な疑問を提起し答えることが、否応なく軍事行動につながるわけではないが、そうなり得る枠組みを設けることにはなる。そしてその枠組みは、伝統的な外交政策の出発点、すなわちこれはわが国の利益になるだろうかというものとは明らかに違った構造になる。

もちろん、グローバルな相互依存の理論に基づくならば、この道徳的問題は国益の一部であるというのが、広い意味での私の主張である。しかし歴史的には、そのような広い見解は不信の目で見られてきた。それは狂信、客観的でなく主観的な判断基準、心と頭が均衡を保たず心が頭に優先する状態をもたらすとみなされてきた。そうした見解にもある程度の正当性はあったし、私はそれになにがしかの共感ももつ。私の意見に対する反対論は、道徳的無能の産物ではなく、しごくまともな懸念から発している。それは道徳的な動機による介入の、予見できない結果に対する懸念だった。私の論点は、そのような見解の道義的限界をけなしたり、厳しく非難することではない。非介入にも予見できない結果が存在すると言いたいのだ。一九九〇年代初めのボスニアに対する非介入は、当時としては賢明に見えたかもしれないが、振り返ってみればそうではなかった。そしてもちろん、この非介入がミロシェビッチにコソボで何をしてもかまわないだろうと思わせたのだ。

一九九一年と一九九二年のあいだ、民族浄化は政策として遂行された。ミロシェビッチが仕切り、ユーゴスラビア国軍が極端な残酷さで実行した。わずか四百万あまりの人口のうち二十万のボスニア人が殺害され、同数の人が負傷した。性的暴行と略奪が二十世紀末の比較的発展した国としては信じられないほどの規模で行われた。国連はなす術がなかった。戦闘が始まると、サラエボの国連軍は退却し、同市の民間人は見捨てられ、一万二千人が死んだ。クロアチアでも数千人が死に、数十万人が全域で居住地を追われた。和平が成立したあとですら、ミロシェビッチはなんのお咎めもなかった。要するに平和になっても、問題解決には至らなかったのである。一九九九年の初め私は、どうしたものかとじっと座って思案しながら、一九九〇年代初頭にわれわれの態度を特徴づけたためらいがそのまま残っていることを意識していた。

私には二つのグループが念頭にあった。アメリカ人とヨーロッパ人である。後者に対して――基本的にはフランスのジャック・シラク大統領とドイツのゲアハルト・シュレーダー首相、そして戦闘がイタリアに近いことからイタリアのマッシモ・ダレマ首相も密接にかかわっていた――私は関心を掻き立てようと、この問題を解決しないことにはさらなる災難を招くだろうという線で押そうとした。非常に早い段階では、彼らはこの事態に嫌悪の情を示し、戦闘停止を要求する心構えでいた。ところが、いかなる軍事的威嚇も地上軍投入の可能性ははっきりと排除するよう言い張った。

当然ながら、ミロシェビッチ相手にこの交渉戦術ではまったく望みがもてなかった。これは、われわれの意図の真剣さには限度があること、ミロシェビッチは空爆に耐えさえすれば生き残れることを初めから示すものだった。国際問題で使われる威嚇は信頼に足るものでなければならないという事実の重要性を人々が見逃すのには驚く。信頼性がなければ、現実に対決の可能性を大きくするばかりである。威嚇を受ける側は、その威嚇を真に受けず、そのままやり続ける。すると、回避しようとしているまさにその選択——戦争をするか否か——を、結局せざるを得なくなるのだ。われわれはこの同じお粗末な事態をイランをめぐって目にしようとしている。要求を信頼性のある威嚇で裏づければ、その要求が満たされる可能性は高まる。要求をどこまで強要するかについて確信がないように見えれば、対決はほぼ不可避になる。

そのようなわけで、私は初めからヨーロッパ側ではいくぶん孤立していた。公平を期すために言えば、ゲアハルトは、軍事行動への参加について国内的な、かつドイツ特有の真の懸念を抱えていた。理由は言うまでもない。ドイツは憲法と国内政治によって、いかなる軍事力の行使にも同意にあたっては厳しい制約が課される。しかし時が進むにつれて、ゲアハルトはどんな状況下でも地上軍、ドイツ軍だけでなく、どの国の地上軍も投入すべきでないと強調し続けた。これは私と彼の関係における初めての真の不和だった。私は彼の抱える問題を理解した。しかし彼は聡明な男であり、われわれの問題がたしかにわかったはずである。もし地上軍投入だけが問題を解決できることがはっきりしたのなら、地上軍を投入するか、問題の解決を放棄するかのどちらかである。民族浄化の再開は許さないというわれわれの保証に基づいて、一九九八年の夏から秋にかけて何十万人もの難民がコソボに戻っていた。

われわれがNATOによる攻撃に関する討議を開始すると、もう一つのことが非常に明瞭になった。もしわれわれが空爆だけを行う場合、使用される資産の八五パーセントはアメリカのものだということである。実際のところ、アメリカ抜きなら、軍事介入は忘れてしまえ、ということだ。何事も起こらないだろう。これがヨーロッパの無能さの全貌だった。

私は軍事行動の可能性をめぐってアメリカのビル・クリントン大統領を引き入れ始めた。空爆のみならず、必要とあれば地上軍の投入にも踏みきる軍事行動である。このときまでに、彼との関係は親密になっていた。私たちは政治的に相性の合う者同士だった。私たちは進歩派政治の弱点に関して同じ分析をかなり共有していた。二人とも完璧な近代化推進者で、形式的なスタイルにこだわらず、年のわりに考え方が若かった。そしてある面でのんきだった。しかし、根底には、強固な地盤が十分にあったのである。

ビルは、それまでに出会った誰よりも手ごわい政治家だった。ところが、政治の実務での専門的技能と並はずれた能力のために、明確で考え抜かれた政治思想と政策を身につけた、素晴らしい思想家であるという事実がぼやけていた。彼を苦しめた神話は、彼が選挙に勝てるというものだった。この点でも、ニューレーバーの苦しみと似ていたのである。

私たちがともに信奉した第三の道の哲学は、右派と左派の相違を巧みに分けたものではなかった。最小公分母的な迎合主義でもなかった。進歩主義政治を再定義しようとする、真の、一貫した、実際に成功した試みだった。進歩主義政治を時代遅れのイデオロギーから解放し、その価値観を新しい世界に新たに適用し、政府と国家の役割を改善し、市民と社会の責任のあいだに近代的な関係——強い社会の基盤として、福祉、機会、責任に関して与えられるよりも自ら参加するような関係——を築く試みである。それは小さな国家、〝社会には役割はない〟式の共和党のイデオロギー、民主党の伝統的な基盤を形成していた、大きな国家、反企業的イデオロギーを超えるものだった。経済をうまく運営しなければならないのはわれわれ自身だったし、犯罪の問題を理解したのは国民自身だったし、大望を抱き、それに共感したのは人々自身だった。

ビルは当時の左派の一部に大いに気に入られていた虹の連合《レインボー・コアリション》（アメリカ黒人指導者ジェシー・ジャクソンが呼びかけたさまざまな少数派集団の団結）の政治からは完全に尻ごみしていた。白人に対する敵意を説いた黒人活動家に反対した有名な演説で、彼はそれを容認するつもりがないことを遠慮なく彼らに告げた。そして、この演説は少数派集団の過激主義に借りがあるという民主党党員のイメージを一瞬にして変質させた。

やがて右派は、国民がクリントンに投票したのは彼が実に抜け目のない政治的策士だからだという素晴らしい伝説を作り出した。そしてもちろん左派の多くも同じ声をあげた。実際、国民は賢かったからクリントンに投票したのだ。有権者は、口がうまいだけの政治家ではなく、賢明で、近代的で、よく準備された政策を買ったのである。その政策は、二十世紀末の世界にとって、従来の政策よりもはるかに意味のある哲学に基づいていた。

私とビルは性格的にも人々がしばしば思っていたほど違わなかった。しかし、私は政治の達人として師匠のビルに敬意を払っていた。彼にはすべてが備わっていた。抜群の知性は振る舞い方によって隠されていることが多かったが、彼には驚くほどの分析能力があり、心から政策論争に——ときにはおそらくあまりにも——関心をもっていた。そして、絶えず新しいアイデアを探していた。

ビルは機転がきいた。首相質問（PMQ）でも輝いただろう。私の選挙運動と彼の再選の直前の一九九六年、私は彼をホワイトハウスの大統領執務室《オーバル・オフィス》に訪ねた。畏敬の念に打たれながらそこに座り、誰でもそうだろうが、私は会談があまりにも短く終わらない（「ブレア、冷たくあしらわれる」という見出しにならない）よう願っていた。予定よりも長びくことを祈っていた（「ブレア、歓迎される」）。どちらにせよ、大失敗に終わることは是が非でも避けたかった。ロナルド・レーガン大統領時代に労働党党首のニール・キノックがワシントンを訪問したことがあった。そして会談の内容（レーガンは労働党の一方的核軍縮政策は馬鹿げているとにべもなく言った）と、レーガンがニールに同行していた影の外相デニス・ヒーリーをイギリス大使と誤解した一件によって大打撃をこうむった。私にとってホワイトハウス訪問はスリルであり、終わったときにはほっとした。しかしビルはこれ以上ないほど親切に歓待してくれ、会談時間は予定を上回った。

大統領が本格的な記者会見をしなくても——他国の野党党首と臨むのは適当ではあるまい——、ビルは

本腰をいれて仕事にとりかかる。右から順に、ゴードン・ブラウン、チャーリー・ウィーラン、ピーター・マンデルソン、アリスター・キャンベル。1997年7月10日、官邸で。

側近たち。（上から時計回りに）ピーター・マンデルソンは、この先、国民が何を考えるかがわかった。アンジ・ハンターは天性の政治的な直観を備えていた。ジョナサン・パウエルは、内閣運営の重要な任務にあたっていた。サリー・モーガンは労働党に見事にとけ込んだ。フィリップ・グールドは、世論調査主任であるとともに、戦略の要だった。

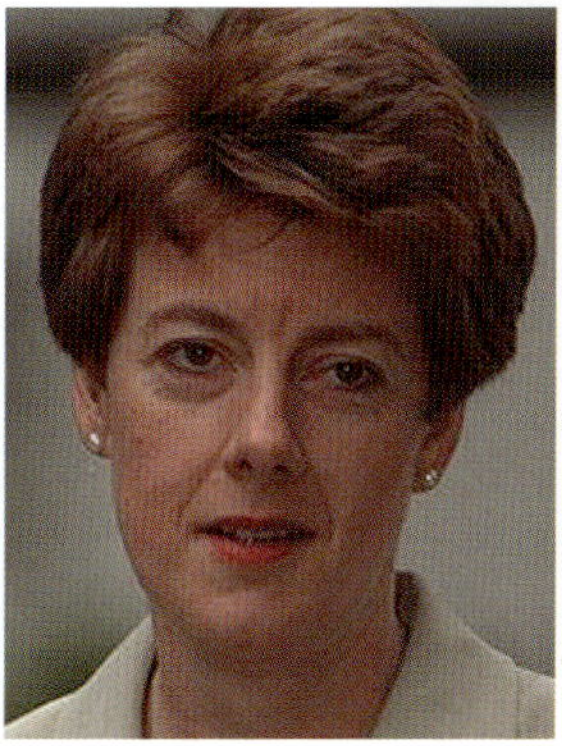

1997年5月の末、アメリカのビル・クリントン大統領と官邸中庭で陽射しを浴びて。

コロラド州デンバーで開催されたG7サミットでの国際舞台。ビル・クリントン（アメリカ大統領）とヘルムート・コール（ドイツ首相）。

1997年7月1日、香港の中国への返還式典で。チャールズ皇太子と私は最後の香港総督クリス・パッテンの両側に並んだ。

1997年７月に開かれた北大西洋条約機構（NATO）首脳会議で各国のリーダーたちと。
ヘルムート・コール（ドイツ首相）が私に何かを主張している。左から右へ順に、ジャック・シラク（フランス大統領）、私、ジャン・クレティエン（カナダ首相）、ジャン＝クロード・ユンカー（ルクセンブルク首相）、ヴァルター・ノイアー、ロマーノ・プローディ（イタリア首相）。

同日、ビルとヒラリー・クリントン、シェリーとともにタワー・ブリッジにて。

クリントン夫妻が官邸で私の家族と会う。

左下・下）「第三の道」の推進者同士としてビルと私は自然な絆で結ばれていた。

1997年7年6日、チェッカーズ（首相官邸の別邸）滞在中、キャスリンと談笑するダイアナ妃。

ダイアナ妃の死について、国民に語りかけることになった。1997年8月31日、トリムドン教会の外。

ダイアナ妃の柩のあとに続く、チャールズ皇太子、ヘンリー王子、スペンサー伯爵、ウィリアム王子、フィリップ殿下。柩は近衛歩兵第1大隊（ウェルシュ・ガーズ）によって運ばれた。1997年9月6日。

ダイアナ妃の遺体はフランスから移送された。ロンドン北西部にあるノーソルト空軍基地の臨時滑走路で遺体を迎えるチャールズ皇太子。

首相質問は、私の首相人生で、最も神経をつかい、恐怖を引き起こし、勇気を失わせるものだった。1997年6月6日、スコットランド、ウェールズへの分権政策の議論中、ジョン・メージャーを筆頭に最前列に座る保守党員の面々と対峙する。

1998年の討論中、やりとりを見守るジャック・ストロー。

私と対峙したその他４人の保守党指導者たち。左から、ウィリアム・ヘイグ、イアン・ダンカン・スミス、マイケル・ハワード、デービッド・キャメロン。

北アイルランド、ベルファスト市ストーモントで。交渉の数日後、北アイルランド和平合意、「聖金曜日合意」を発表した。モー・モーラムとポール・マーフィーが見守っている（左上）。合意にあたってのそのほかの重要人物は、（右上）イアン・ペイズリー、（右）シーマス・マロンとジョン・ヒューム、（右下）マーチン・マギニスとジェリー・アダムズ、（左下）ジョナサン・パウエル、（左）バーティ・アハーン。

デービッド・トリンブルとジョン・ヒュームとともに和平合意に関する住民投票での賛成票を求める。1998年5月21日、アントリム州にて。

3カ月後、北アイルランド西部のオウマで爆破テロがあり、29人の死者と多くの負傷者が出た。この恐怖のときに、アメリカのビル・クリントン大統領はすばやく現場を訪れた。1998年9月3日。

1998年6月、カーディフで行われた欧州理事会の会議でネルソン・マンデラ南アフリカ大統領と。

1999年5月３日、シェリーとともにマケドニアでコソボ難民の家族と面会。

1993年5月3日、ユーゴスラビアとマケドニアの国境を視察したあと、プレスに向けて談話を発表する。

同日に訪れたマケドニアの首都スコピエ近くのイギリス軍本部にて。サー・チャールズ・ガスリー将軍（左）とマイク・ジャクソン将軍（右）。

2000年1月1日。ロンドンのエンバンクメントで夜のミレニアム祭にて。花火は計画どおりに打ちあがらなかった。

2000年1月1日、ミレニアム・ドームにてエリザベス女王とフィリップ殿下が〈オールド・ラング・サイン〉（〈蛍の光〉の原曲）を歌う。

写真を撮るために列をなしている報道陣に向かってオーバル・オフィスで即席のコメントを出す。二人してそこに座り、カメラが回っているあいだ、誰か（《タイムズ》紙のコラムニスト、ピーター・リデルだったと思う）がビルに「今、次期イギリス首相と席をともにしていると思いますか？」と聞いた。巧みな質問だ。「私が答える質問じゃないね」と言えばちょっと冷たく見える。「イエス」と言うのは外交的に考えられない。ここでビルはとっさに機転をきかせて「そうだなあ。彼が次期アメリカ大統領の隣に座っていることを望むばかりだよ」と答えた。

ビルにはまた真似ることのできない強靭さがあった。ビルがあの弾劾決議騒ぎ（ホワイトハウス研修生モニカ・ルインスキーとの性的関係疑惑）を切り抜けたことをつくづく考えると、私は座り込んでしまう。あまりのことだったからだ。彼はどうやって乗りきったのか、乗りきることができたのか？　ともかく彼は生き延びた。しかも六〇パーセントという支持率を維持して任期を終えたのだ。

ビルがあの騒動を乗りきれたのは、まずなによりも、メディアが実際あの事件一色になっていても、そのことで大統領職に関する彼自身の見解を押しつぶさないようにしたおかげだった。ここにこそ、彼の成功と生き残りを支えた本質的な強靭さがあったのだ。彼が私に語ったところによると、毎朝目が覚めるたびに、国を治め続けるのだと決意を新たにしたのだという。皆はモニカ・ルインスキーの話題でもちきりだろう。けれども自分は医療政策を打ち出す。皆は彼が大統領にとどまることは不可能だと延々と論じているだろう。しかし彼は依然としてとどまり、新しい福祉計画を提唱する。皆が彼に対して何をしようとも、彼は人々のためにできることを実行し続ける。彼は起きあがり、やり続けた。

第二の理由は、すでに示唆したように、一般の人たちは政治家の性生活について、それをとりまくメディアの過剰な反応よりももっと控えめで人間的な見方をすることである。人々は理解を示すし、共感する。そしてある程度は楽しむ。それを容認はしないにしても、非難は抑制される。彼ら自身も面目を失墜するし、間違いを犯すし、許しを必要とすることを知っているから、彼らの大統領に対する失望感は、それほど激しくはならないのである。政治指導者はこのようなことで非難されてはならないという見解をもつ人もいれば、政治家を判断するにあたっては、国のために身を捧げているか、といったもっと大事な基準があると考える人もいる。

したがって、ビルが「本当のことを言わない」としても、彼が家族を困惑させないようにしているのだと人々は理解した。そしてまた、彼を糾弾した人たちも己の立場を過信して行動しすぎたために、最後はビルと同じように世論の批判を受ける羽目になった。私は、彼の行動は人間に対するとてつもない関心と好奇心から引き起こされた部分も多分にあると確信している。それは、男性に対しては友情で表され、女性に関しては潜在的に性的な要素があった。その点については、ビルが大半の男性群と大きく違うとは思わない。

ビルは集中砲火を浴びても並はずれて冷静だった。まったくの偶然だったが、あの騒動の重要な部分が表ざたになったとき、私は彼と一緒にいた。最初は一九九八年二月、モニカ・ルインスキーからの主要な暴露があったときで、私はホワイトハウスにいた。二人で記者会見をしなければならなかった。会見場のカーテンの裏で雑談をしながら会見時間まで待っていた。私はやや緊張していた。全面的に彼を支持しようということ以外、一瞬たりとも念頭になかった。彼は偉大な男であり、よい大統領であり、なによりも友人だった。私はちょっと度がすぎるくらい友人には忠実なのである。

それは政治における超現実的な瞬間の一つだった。記者会見には、あらかじめ発表されたトピックがあった。信じられないかもしれないが、実のところそれはサダム・フセインと大量破壊兵器についてだった。サダムは国連の査察団をふたたび妨害しており、国際社会はそれに備えていた。われわれは軍事攻撃が真の可能性だと考えた。ここには切迫した生死にかかわる重要性を帯びた問題があった。一方で、メディアが飛びつきたい問題、すなわちモニカ問題がある。当然、どちらがより興味をそそるかということだった。
私たちが壇場に進み出る直前、当時ビルの上級顧問だったラーム・エマニュエルが言った。「ヘマをしでかさないでくださいよ」。ヘマはしなかった。ビルには威厳があった。私は彼を支えた。あの状況下では、結局あの会見は勝利だった。

その後、また別の催しがあった日のことだ。第三の道の進歩主義政治に関するセミナーで、ビルと私はブルガリア大統領（ペータル・ストヤノフという親しみやすい男だった）とイタリア首相ロマーノ・プローディ（奇妙な組み合わせだった）とともに演説する予定になっていた。そのとき、意外な新事実が発覚した。スター（ルインスキー問題の特別検察官）によるインタビューのテープである。何から何まで洗いざらい暴露したものだった。ビルに対する圧力は高まり、攻撃は悪意に満ちみちていた。敵対者はビルの弱みを握り、つけ入ろうとしていた。

あとで明らかになったとおり、テープは当初期待され、恐れられていたほど衝撃的な内容ではなかった。だがこの日は、前回よりももっと超現実的だった。セミナーのために会場入りすると、ビルとヒラリーが私を小さな部屋に招き入れ、三人で話をした。そこで、ヒラリーの断固とした決意、精神力、強さを目にした。ビルが大統領まで上り詰めるうえで彼女の存在がどれほど重要だったかを知ったのは、あの日だ。彼女は怒り半分、傷心半分で、そのどちらもが大きかった。それははっきりしていた。しかし彼女は、この一件で彼女と彼が築いてきたものが台無しになることなど許さなかった。また、彼に対して怒る権利をもっている者がいるとしたら、それは誰でもない彼女だった。

人は私によくクリントン夫妻の関係について尋ねた。他国のリーダーも含め多くの人には、二人の結婚が便宜上というのは正確ではなく、政治的パートナーシップであるという共通の想定があった。だから、あのような騒動があったにもかかわらず二人は一緒にいるのだと。私はこう言ったものだ。私がこの件についてどう思っているかわかりますか？　二人は愛し合っていると思う。それが真実です。たしかに政治的パートナーシップであり、互いの野心によって補強されています。しかし結局、野心は雨よけであり、その下では真実の愛が守られており、愛が野心を守っているのではないのです。

三人でそこに座りながら、私には何を話せばよいのかまったく見当がつかなかった。ヒラリーは静かに力強くこう説明した。この一件で彼は追い出されはしない。とどまり、戦い、勝つのだと。私たちはそのことについてしばらく話をしてから、セミナーに向かった。ビルはもちろん的確で、面白く、リラックスしていた。彼の度胸に敬服した私は、ときどき口をあんぐり開けて見ていた。

その日、セミナーを終えて私とビルはワシントン郊外のモントゴメリー・ブレア高校の生徒たちとの会合に出向いた。教育政策について話すことになっていた。着いてみると、体育館には何千人もの生徒たちがいた。まるで集会のようだった。生徒たちは叫び、足を踏みならし、歌っていた。私たちは用意した筋書きを投げ捨て、一同と交流した。二人の昔のミュージックホールのクイーンさながらだった。ビルは熱狂的な歓迎を受け、すっかり元気になった。

そのとき——一九九八年九月——までに、コソボの存在が意識されつつあった。一九九九年初めになり、私が成功するためには何が必要か気づいたとき、すべては私と彼の関係次第だということを悟った。もし彼が説得されるならば、われわれにはチャンスがある。そうでなければ、ヨーロッパ人は自ら決して行動しないだろう。ボスニアの誤りから学ぶどころか、二の舞を演ずるだろう。

一月と二月、ビルと私は定期的に話し合った。外交攻勢は続いていたが、コソボのイスラム系住民（アルバニア人）に対するミロシェビッチの攻撃も続いていた。伝えられる残虐行為の描写は痛ましかった。ラチャク村が最も報道されたが、そこが例外的にひどいというのではなかった。恐ろしいことだった。宗教が違うというだけの理由で、ある民間人の全住民がゆっくりと土のなかに引きつぶされていたのだ。コソボ人の指導者イブラヒム・ルゴバが私に会いにきた。咽喉がんを患ってやせた元気のない男だった。彼は助けを乞うた。「彼らはわれわれを殺しているんです」と彼は言った。そしてプレゼントをくれた。紫と白のコソボ産水晶の小さな一片だった。「私には贈るものがないのです」と説明した。私はそれを官邸の執務室の私のデスクの上に飾っておいた。

ビルと私はＮＡＴＯによる一連の空爆という形で軍事行動をとることで合意した。最初に、私の強い懸念をよそに、地上軍を投入しないことが明白に表明された。その声明がなければ空からの行動もない。そこで私は、それに合意する価値があると考えた。それをどう反故《ほご》にするかはおいおい解決できるだろうと思っていた。

準備は整った。三月の末になって突然、イスラム系コソボ人の強制退去、民族浄化、殺戮に勢いがついた。つねに前兆のあった軍事作戦をミロシェビッチが開始していたのだ。いまやわれわれも行動しなければならない。イギリスの軍用機も参加して空爆が始まった。私は下院で声明を発表し、超党派の広い支持を得た。パディ・アッシュダウンは一月に自民党党首を辞任するつもりであることを表明していたが、この時点ではまだ党首にとどまっており、強い支持を与えてくれた。加えて、地上軍が必要になるだろうとのメモを私に送ってきた。

私にとって初めての、本格的な軍事作戦がこうして始まった。基本的にコソボは、人命を失うことをほとんど気にしない決然たる敵に対して、空軍のみの軍事作戦を展開したところで、根本的で不可避的な、どうすることもできない限界があることを示した。そのような作戦ではいまやおなじみの道をたどったのである。空爆は本当の打撃を与え、視覚にも強く訴える。敵の基幹施設を弱体化させ、軍隊や民間人の士気を完全に失わせる。抑止し、抑制し、制約する。だが空爆には、損失をこうむることをいとわず、終わるまで耐えて待つ意志のある敵による、あくまでも根気強い占領を終わらせることはできなかった。

最初のうち、空爆の攻撃目標はいくらでもある。近代的なテクノロジーと武器を用いれば標的などたちまち破壊できる。しかし、それからが問題だ。このあとどうするのか？　攻撃目標はますます民間人の居住区域のなかに散在するようになる。〝付随的被害〟（戦争の巻き添えで民間人がこうむる被害）――私はぞっとするようなこの言葉を禁じようとした――が増え、誤爆が起きる（このときは民間人だけではなかった。ベオグラードの中国大使館で恐ろしい事故が起こった）。敵は打撃をこうむるが、負けはしない。純粋に空からだけの攻撃に対する不満が高まる。少なくとも西側諸国のあいだには不公正さの意識も高まる。「航空機対兵士」は公平だとは考えられない。こうしたことすべてが政治指導者への圧力を増大させる。用心しないと、侵略者は犠牲者のごとく装い始める。

この場合、さらに悪かったのは、数日後、この作戦の遂行にあたって、NATO自身に厳しい限界があることが判明したことだった。攻撃目標を許可するのに、どうしようもない、滑稽なほど煩雑な委員会手続きが存在した。このため決定がたびたび遅れた。NATO軍事作戦の責任者である欧州連合軍最高司令官のウェス・クラークは熱血漢で、意欲十分、任務に傾倒していたが、このような世界のニュースを独占している作戦に必要な、メディアとの意思疎通をはかる基礎的体制を欠いていた。NATO事務総長ハビエル・ソラナも一級の人物だったが、彼の上にいる政治的ボスたちのあいだの見解の相違（言うに及ばずエゴ）に翻弄されていた。

あげくの果てに、いまや数十万人もの難民が国境を越えて流出し、周辺国、とくにマケドニアにあふれていた。二週間後、私はもうたくさんだと思った。このような進捗状況を放置などしておけない。大惨事になろうとしていた。

私は決断した。政権に就任して十八カ月しか経っていなかったが、すでに辞めざるを得ないかもしれないと熟考し始めていた。アリスター・キャンベルとジョナサン・パウエルに話し、側近チームを呼び寄せた。そして言った。私はこのことで失職してもかまわない。だが、われわれは全力を尽くす。コソボでリーダーシップを発揮し、勝つことに賭ける。この途方もない、許しがたい残虐行為への反応は、それまでのところ情けないものだった。われわれは現状をしっかり把握しようとしていたし、私は八方手を尽くしてクリントン大統領に地上軍の投入を政策に入れることを約束させようとしていた。

私のチームはこのようなときほど素晴らしかった。イギリス国内の公的サービスの改革と失業者の削減を約束した政府が、その存続をバルカン諸国での軍事的冒険の方向に賭するとは少しというより相当おかしいのではないかと考える者もいた。だが結局、全員一致で賛成した。

まず私はNATOに接触し、ウェスとハビエルと話した。驚いたことに、彼らは支援をいやがるどころか、諸手をあげて歓迎した。われわれはNATOに赴いた。アリスターを同行させた。私についてきている報道陣ではなく、NATO担当記者に対応するためだ。ウェスのオフィスを訪ねたことを憶えている。突然、彼の携帯電話が鳴った。軍事作戦について尋ねるジャーナリストからだった。彼は手短に話を切りあげると、われわれとの会話に戻った。「こういうことはどれほど頻繁にあるのです？」と私は聞いた。「いやあ、しょっちゅうですよ」と彼は答えた。彼は軍事的側面では手抜かりなくやっていたが、政治的な一貫性と責任の欠如に不満を募らせていた。彼は私に対して、どちらかと言えば如才なく親切に——と私には思えたが——すべての指導者が私のように感じていると考えないほうがよいと警告した。アリスターは彼一流の魔術を発揮して、適切なコミュニケーション体制を構築した。ウェスはアリスターに、私を守るべきだと言った。こう言ってくれたのはウェスの親切心からだったが、私はすでに自分が孤立していることを知っていた。

それから私は将軍たち、とくに空爆の責任を負っている礼儀正しいドイツ人たちと話をした。非常に有能なわがルパート・スミスを含め将軍たちは、空からの作戦だけでは勝つことはできないとの意見で一致していた。

パディ・アッシュダウンはふたたびバルカンに足を運び、われわれが勝利をおさめていないことを確信して戻ってきた。彼が言うには、三十日経っても、われわれはミロシェビッチがコソボ人に対するしたい放題をやめさせられなかった。難民は増え続け、攻撃目標は縮小していた。マケドニアの首相はパディを通じて私にメッセージを伝えてきた。「わが国民は、NATOには計画があるのに、その計画を知らされていないと脅えています。私はNATOにはまだ計画がないことを知っているので、もっと脅えています」

私はもう一度、クリントン大統領と話し、加えて個人的なメモを送った。私は協調の改善、攻撃目標決定手続きの変更、メディア対策の変更などを提案した。

一週間後、さらにメモを送った。その間に難民キャンプの一つを訪れた。このような訪問はどんなに見かけ倒しだとしても、私がより大きな権威をもって語ることを可能にしてくれた。この二つ目のメモで、私は再度地上軍の問題に触れた前夜の電話のことを説明した。驚くにはあたらないが、ビルは反対意見を繰り返した。そのような計画をすること自体に反対だった。なぜなら、計画の事実は必ず漏れるからである。メモのなかで私は、詳細な計画をすぐに始める必要性を強調した。地上作戦が実施までに数カ月を要することを考えれば、冬が来る前に何かするにしても遅すぎるからである。

私はそれから実情を徹底的に調べた。イギリス軍を見た。すでに述べたように、国防参謀総長チャールズ・ガスリー将軍は私が本当に好きな人物で、彼を尊敬し、頼りにしていた。彼は私と同じ見解だった。しかし私は彼にこう言った。もし地上軍による攻撃が必要なら、アメリカに十万人から十五万人を用意してもらうとして、イギリスは五万人を提供する用意がなければならない、と。他のヨーロッパ諸国が参加するとは考えられなかったし、結局われわれはアメリカに頼るほかなかったのである。無理もないことだが、アメリカ人はこう言うだろう。わかった。あなたたちにそれほど熱意があるのなら、自分ではどのくらい兵力を投じる意思があるのか？　こう言われてチャールズはまゆをあげた。これは大きすぎる賭けだった。そしてゴードン・ブラウンも、無理からぬことだったが、出費を懸念し始めていた。

空爆は続いた。しかし日が経つにつれて、地上軍の可能性の排除が馬鹿げていることがはっきりするばかりだった。もちろん、兵士の数は誰をも驚かせた。だが、リーダーシップに関して興味深いのはこの点である。これらはリーダーの正体を明らかにする決断なのである。本物のリーダーか否かを分別するのだ。それが最高指令部の際立った特徴である。

それはこういうことだ。戦略目標があるとする。その達成に向けて動き始めたとしよう。障害にぶち当たる。障害を取り除くコストは莫大に見える。リーダーの席についていない者は誰でも議論ができる。コストが高すぎる、と言う者もいれば、目的が非常に重要だと言う者もいる。三人目の者は、賛否の対立があまりに大きいと言う。リーダーは、目的がコストに値するかどうかを決めなくてはならない。それだけではない。リーダーは正確にはコストがどれほどか、あるいは目的を達成できなかった場合の対価はどれほどかがはっきりわからなくても、決断しなくてはならないのだ。目的もコストも厳密でない知識によって判断し、測定しなければならない。リーダーの座にいない者は、コストか対価かどちらかを指摘できる。しかし、どちらをとるべきかは言わなくてもよいのだ。彼らの責任は重大だが、それは最終的な判断ではない。責任はリーダーにあるのだ。

ついでに言うと、こうした面では、不決断は決断でもあり得る。不行動は行動でもあり得る。不作為も作為もともに帰結を伴う。

そこで、そう、バルカンでの地上戦だ。気でも狂ったのか？　しかし、もしこちらが何もしないことがミロシェビッチの勝利だとすれば、広い地域における平和の対価は何だろう？　ＮＡＴＯの信頼性の対価は何だろう？　独裁者に対する抑止の対価は何だろう？

だからコストがどれほど高くついたとしても、ミロシェビッチに勝利を許すことの対価のほうがあまりにも高く、彼の勝利を容認することなどできない。これが私の決断だった。したがって、その対価を避ける唯一の手段が地上戦だとしたら、実行しないわけにはいかなかった。

ところが、それは少数派意見だったのである。

四月の終わりからだらだらと五月に入ると、私の不安は一段と強まった。ブリュッセルのＮＡＴＯ本部では問題がずっとしっかり把握されるようになった。少なくとも戦力を展開させるだけの深刻な状況だったのであり、戦力は事実展開されていた。しかし現実は変わらなかった。ミロシェビッチは健在で、退陣の兆しは見られなかった。外交努力は継続中だったが、それが受け入れ可能な結果に導かれるかどうかは少なくとも私にとって判然としなかった。そのときまでに私は、ミロシェビッチに有無を言わせず敗北を認めさせる以外に解決の道はないと信じるようになっていた。

だが、地上攻勢についてのヨーロッパ同盟諸国の熱意は高まらなかった。それどころか逆に、反対論が依然として根強かった。五月十八－十九日、私は二つの手紙を書いた。一つはクリントン大統領宛て、もう一つは仲間のヨーロッパの指導者たち宛てだった。

ビルへの手紙では、私は地上部隊を準備する必要性についてふたたび同意を表明した。そして、十五万人の兵力のうち、半分はヨーロッパ、残りの半分はイギリスが派遣することを提唱した。非常に大胆な提案だった。というのも、イギリスを別にしてヨーロッパがこれだけの兵力を提供するかどうか信じるに足る理由などなかったからだ。しかし、もしアメリカが兵力の提供を約束すれば、そしてとりわけイギリスが最大の人員を投入するのなら、ヨーロッパも恥じ入って支援に応じるだろうと私は賭けていた。

さらに私は、イタリアのマッシモ・ダレマ首相が提唱していた四十八時間の空爆停止を修正しようとしていた。空爆停止の目的は、ミロシェビッチが取引に応じるかどうかを見極めるためだった。私が真に心配していたのは、この提案に簡単に応じた場合、ミロシェビッチがまさにほしがっているものを与えてしまうことだった。そこで私は、空爆停止と並行してミロシェビッチに最後通牒——承諾か拒絶か——を突きつける国連安保理決議（ロシアは空爆停止があればこれを支持する気配があった）があるべきだとの提案をした。承諾か拒絶か。もしミロシェビッチが拒絶したら、地上作戦開始の可能性を秘めて安保理をただちに再招集するというものだった。

ビルへの手紙は、地上軍の投入を頼み続けることに関して言い訳がましい調子だったが、この問題と対決する必要性については譲らなかった。ミロシェビッチは引き続き懲罰に耐えていたが、われわれが攻撃目標を定めるのは難しくなるばかりだった。民間人の車列が攻撃され、われわれの作戦に対する批判が高まった。これがどの方向に向かっているかがわかった。私がなんとしても避けたかった厄介な妥協が濃厚になっていた。

ヨーロッパ勢に向かっては、問題点を明確に主張した。最終的な着地点は「NATOは負けてはならない」なのか、「NATOは地上軍を使ってはならない」なのか？　もし前者なら、軍事的アドバイスが空爆作戦だけでは勝利を保証できないと主張しているのに、どうして地上軍を除外できるというのか？

二通の手紙は電話をかけて補強した。ビルとの通話は非常に気まずい雰囲気で始まった。一連の新聞報道が、アメリカは私によって地上軍の派遣を約束するよう圧力をかけられており、私がビルを強硬派にさせようとしていると指摘していた。彼は私の報道操作を非難した（もちろん、どこにいってもアリスターが独りでニュースを操っていると誰もが思っていた）。ビルは怒り心頭だった。私は懸命に（そして正直に）情報操作を否定した。しかし、その誤解が彼の頭のなかから消えて、会話が本来の問題に戻るまではやや険悪になった。私はそのとき初めて、彼が地上作戦の支持に向けてアメリカ側で策略をめぐらせていると感じることができた。それは大きな前進だった。私は、そうした策略が彼にとってどんなに困難なことであるかにも気づいた。実質的には、誰も彼にこのコースをとるよう促しているわけではない。そして共和党が、どちらに転んでも彼を攻撃しようと態勢を整えていることが十分にわかっていた。弱腰か、無謀か。

私たちの関係には、政治的なご機嫌とりとご機嫌とり屋の〝関係の終わり症候群〟と私が呼ぶものを克服するだけの十分な強さがあった。私が非常に頻繁に出くわしたこの現象は、まったく不毛で大きな損害をもたらした。

総じて、政治家というものはサイほどの固い皮ととても柔らかい組織を合わせもっている。彼らは日々を過ごすために分厚い皮を必要とする。痛烈な批判の石や矢は、多かれ少なかれ日常茶飯事だからだ。しかし別の次元では、彼らの生来の不安感は、自分たちがどう見られているか、政治家仲間からしかるべき敬意を払われているか、誰が自分を困らせようとしているか、誰が支持してくれているかを強く意識させる。この事実は信じられないほど簡単に忘れられてしまう。他の指導者についていろいろなことを何の気なしに書いたり言ったりすることができるが、それは結局自分に返ってくる。そして関係は一瞬にして悪化する。私がいつも言うのは、政治において本当に必要な場合以外には、意図的に敵を作ることは避けるべきだ、なぜなら非常に多くの敵をまったく偶然に作ってしまうからだ――ということである。

この過程で〝関係の終わり症候群〟が大きな役割を果たす。指導者たちは周囲にチームを従えている。そのチームのメンバーは自分の地位を指導者に負っている。ほとんどの場合、彼らは指導者に忠実である。ときには熱烈に。軽視されていないか絶えず見張っており、新聞にすみずみまで目を通す。もっと陰険な場合には、指導者の内に秘める恐れと不安をも知っており、それらを操るのに長けていくのである。

私は素晴らしいチームをもっていた。とくに幸運だったのは、アンジもジョナサンも、どんな批判や動きの背後にも疑念や陰謀を見ようとしない準備が十分にできていたことだった。しかし、次のように言わなくてはならないことが覚えきれないほどあった。誰がこの話を外に出したのか誰も知らない。私も知らない。もっと言えば、決してわからないだろう。だからこのことを気にするのはやめよう、と。だから私は、大半の人よりも〝関係の終わり症候群〟にずっと悩まずにすんだ。だが他の指導者や、実は閣僚の周りでもそれが絶えず起こっていたのを目にした。内閣改造の最中かそれが近づいたときが最悪だった。憶測が飛び交い、誰かの名前が新聞に出ると、当然〝官邸筋〟からの情報だと想定された。

この最も奇妙な例は二〇〇四年、当時の雇用・年金相アンドルー・スミスをめぐるものだった。アンドルーは有能な大臣で、立派な男だったが、とても財務大臣になる器ではなかった。それでも勤勉で能率がよかった。私が彼を辞任させるつもりだと新聞が書いた。ゴードン陣営の者が新聞かアンドルー本人にそんな類の話を吹き込んだ可能性は大いにあり得たが（わかってもらえるだろうが、ここでは私が例の症候群の犠牲者だった。実際には私は本当に何も知らなかったからだ）。

いずれにせよ、アンドルーは自分がクビを切られると確信していた。彼は私に会いにくると、追い出される前に辞任するつもりだと言った。内閣改造は数日後に迫っていて、私はその輪郭を決めていた。彼を辞めさせる意図はなかった。実際考えたことすらなかったから、彼にそう告げた。しかし、彼は興奮しきっていて、明らかに私を信じていなかった。そこで彼は、いいえ、辞めますと言い、クビになる不名誉を味わうよりは辞任することを選んだ。こうして彼は去った。

おしゃべり、陰謀、〝陰で〟の画策が好きな人物によって、あるいは、本当に邪険に扱われていると信じきっている、きわめて善意の近しい側近によってすら、緊張状態に追いやられないようにつねに用心しなければならない。被害妄想は政治指導者を苦しめる最悪の状態である。

あの有名なブレア閥がビル・クリントンをひっくり返して、スタンドプレーをねらっているというささやきがどれほどビルの耳に入ろうとも、幸いにも彼は長いこと煩わされることはなかった。そして重要な決断について、正しい方向に、しかもかなりの勇気をもって動いていた。

二週間ほどすると、この問題で約束を果たそうとするアメリカの決意が固まったことが見てとれた。ビルは地上軍のオプションを準備し、必要なら実行するという決断に――少なくとも彼自身の心のなかでは――近づいていた。それにしても、こうしたことが組織内のすみずみにまで浸透するようにいかに速やかに伝わるかには驚かされる。そのような主旨の報道が流れ始めていた。

五月二十七日、私たちは再度話をし、加えてもう一つ個人的な覚書を送った。ビルは確信にまでは至っていなかったが、二人は軌道に乗っていた。私がもう一つ指摘した点は、ミロシェビッチに対して勝利をおさめることは、バルカン諸国の――それもヨーロッパ内部での――まったく新しい未来についての信号を送ることだということだった。

興味深いことに、六月一日、デービッド・ミリバンドがフロリダから私宛てに覚書を送ってきた。クリントン大統領のフロリダ滞在中に彼もそこにいたのである。デービッドは、クリントンは決意を固めており、問題は彼がどうやってアメリカ国民を説得するかだけだ、と詳細に書いていた。

われわれの決意が強まるにつれ、ミロシェビッチの決意は崩れ始めた。事態の収束に近づいていた。ヨーロッパの指導者たちが六月三日に会合し、フィンランドのマルッティ・アハティサーリ大統領率いる国連の交渉団がベオグラードに入った。ミロシェビッチは降伏する覚悟だった。それからの数日間、紆余曲折をへて基本的に終わりが来た。六月十日、セルビア軍がコソボから完全無条件撤退する合意が成立した。

ところが驚くべき結末が待っていた。次のようなことだった。合意の内容では、セルビア軍が撤退すればＮＡＴＯ軍がコソボの首都にあるプリシュティナ空港に入ることになっていた。六月十一日金曜日、朝目を覚ますと予定が遅れているという知らせが入った。そして突然、ロシア軍が同空港を占拠する意図であると告げられたのである。もちろん、一連の出来事のあいだ中、ロシアは軍事行動に強く反対していた。それが国連安保理決議を採択できない理由の一つだった。ロシアは言うまでもなくセルビア人と密接なつながりがあった。もしロシア人が空港を占拠すれば、すべてが水の泡だ。

ロシアの航空機はプリシュティナ空港に飛着するのに、ハンガリー上空を通過する空域を要求した。ロシアの戦車はボスニアから進行中だった。この時点で欧州連合軍最高司令官のウェス・クラークはロシア軍と事を構える覚悟だった。ウェスはNATO地上軍司令官のイギリス人マイク・ジャクソン将軍に、必要とあれば空港支配のために戦うよう命令を出したがった。ウェスはこのような目的に関してマイクの司令官だった。したがって非常に微妙なことだった。われわれはイギリス軍がロシア軍と戦うことを本当に望んでいたのか？　私はそう思わなかった。

ウェスがロシア人に腹を立てたのはしごく当然のことだった。ロシア軍の行為は作りあげてきた了解に完全に背くことであり、怒りを駆り立て、和平を脅かす行為だった。

私は、ある会合から出てくると無我夢中で関係者一同に電話をかけまくった。国防参謀総長のチャールズ・ガスリーは、あくまでも注意深くなければならないと考えた。指揮系統の決まりに反して、私は自らマイク・ジャクソンに電話した。幸い、マイクは非常に堅実な、頼りになる、無分別ではない勇敢な市民だった。だが、彼の立場は難しかった。ウェスは彼の司令官なのである。マイクは、命令は命令だと説明した。彼はどうすればよいのだろう？　アメリカ軍はまだ到着していなかった。現場にいるのはイギリス軍だけである。戦うのか、戦わないのか？　マイクはロシア軍と戦うのは明らかに正気の沙汰ではないと考えていた。私は彼に思いどおりにするよう、命令は無視し、冷静でいるよう告げた。彼はほっとした口調だった。

最終的に、二、三日ほど同じことの馬鹿げた繰り返しが続いたあと、ロシア軍はすべて間違いだったと認め、一件落着した。私はもしマイクに戦えという命令に従うよう言っていたら、どうなっただろうかと、何度も思い返した。考えるのもいやだった。

このころ、ロシア人は対応するのに非常に奇妙な人たちだった。ボリス・エリツィンは大いに勇気ある人物で、ゴルバチョフによる改革後の民主勢力に対するクーデターに逆らい、ロシアのために偉大なことを遂行した。しかし、私がエリツィンを知るようになったころは、言わば少しばかり気まぐれになっていた。コソボ紛争直後、ある国際首脳会議で彼に会ったことを思い出す。私たちにはコソボについてはかなりきつい言葉の応酬があったが、それはもうすんだことだった。それで彼は部屋を横切ってやってきて、あの有名な抱擁《ハグ》の挨拶をしてくれたのである。私は抱きつかれて嬉しかった。不和が過去のものとなり、今後はうまくやっていけることを示すものだったからである。ハグが始まった。最初の十秒間は素晴らしく友好的だった、と私には思えた。次の十秒はやや落ち着かなくなった。その後の十秒では呼吸が問題になった。約一分後、私はようやく解放され、よろめくように彼から離れて強い酒を探した。彼はそのハグで、言いたいことを言ったのだと思う。

ウラジーミル・プーチンはボリス・エリツィンよりもずっとよく知るようになった。とても気持ちよく関係は始まった。その後――イラクをめぐって、もっと言えばロシアとアメリカの関係悪化の結果――、関係は冷却したが、私は最初の温かさを決して忘れなかったし、何が彼をあのような人間に作りあげたのか、今でもそうなのか理解しようとすることを決してやめなかった。

一つだけ見まがうことなくわかったことがある。それは、ロシアがソビエト連邦だったとき、政治経済システムに間違いがあったとはいえ、力をもっていたということである。敬意をもって扱われ、恐れられもした。ソ連は枢要国だった。私は、グラスノスチ、ペレストロイカ、ベルリンの壁崩壊がいかにロシアを共産主義から解放したかを理解すると同時に、これらのことが世界におけるロシアの地位を失わせたように思えた。エリツィンはたしかに力があったが、ロシアの地位を取り戻すことのできる人物ではなかった。プーチンにはあった。彼は本質的にナショナリストだった。

偶然にも幸運な縁で、私にはプーチンとつながりがあった。共通の友人ストロッツィ夫妻は、妻のイリーナ側がロシア系だった。夫妻のトスカーナの別荘をよく訪ねた。非凡な一家で、夫はマキャベリと縁がある先祖をもつ教授、妻は強い意志をもった快活な人だった。二人の娘はいずれも五カ国語を話し、並はずれて優秀な才能に恵まれていた。イリーナの家族は、ボリシェビキ革命のとき、ロシアを逃れてフランスに落ち着いた。そこでイリーナと兄弟のウラジーミル（プーチンとは別人）は育てられたのだが、ロシアとの関係は続いていた。ウラジーミルの親友の一人が当時のサンクトペテルブルクの市長アナトリー・サプチャークで、プーチンの支援者でもあった。私は一九九六年、ストロッツィ夫妻の別荘でサプチャークに会った。そして二〇〇〇年二月、彼の早逝（自然死と伝えられている）の前にもう一度会った。

こうしてプーチンと縁ができた。彼は大統領選に出馬するまではエリツィンの下で首相を務めていた。首相当時プーチンは、チェチェン紛争を精力的に――残酷にと言う人もいたが――実行した。彼に対する批判はわかったが、私はチェチェン紛争がイスラム過激派を中核とする容赦のない分離独立運動であったことも事実だと思っていた。したがって私はロシアの観点も理解していたのである。

プーチンには大統領になる直前の二〇〇〇年に会った。そのとき、フランスのジャック・シラク大統領を含む他の指導者たちは、彼をなんとなく冷たくあしらった。もちろんそうした態度はそのうち変わり、彼らとプーチンとの関係は親密になる一方で、私と彼の関係は弱くなった。

当時、プーチンはロシアをヨーロッパ志向にさせたがっており、われわれの初会談はロシアで最もヨーロッパ的な都市であるサンクトペテルブルクで行われた。彼はアメリカを賞賛し、アメリカとの強力な関係を欲した。ロシアにおける民主主義と経済改革を追求したがっていた。私と彼は同じ年であり、同じ態度を共有しているように思えた。

われわれが会ったのはマリインスキー劇場で、ヴァレリー・ゲルギエフ指揮のオペラを観るためだった。プーチンはオペラの演目を注意深く選んだ。プロコフィエフの「戦争と平和」で、ナポレオンとヒトラーを風刺し、ロシア人のナショナリズムを鼓舞するために作曲されたものだ。それはきわめて特別な催しで、ロシア社交界に君臨する人々がすべて集まっていた。私がのちにいつも思い出す、ある出来事が起こった。プーチンと私はこの十九世紀の壮麗な建物の美しい廊下を歩いていた。イギリスで同じような状況だったとしよう。私は出会う人と挨拶をし、握手をするなど、親しみを交換するだろう。ところがプーチンが近づくと、人々があとずさりすることに気がついた。恐れているとかではない。ただ少しばかり畏怖と崇敬の念に打たれていたのだ。それは皇帝《ツァー》を前にしたような瞬間であり、私はこう思った。うーむ、ロシアの政治はわれわれの政治のようではまったくないな。

プーチンはその後、アメリカは彼にふさわしい地位を与えていないと思い込むようになった。さらに悪いことに、アメリカがロシアの国益に敵対的な西側支持の〝民主国家〟でロシアを包囲しようとしていると見たのである。

彼には、われわれがこれらの国々を支持するのは、彼らが民主主義を求めているからであって、ロシアを弱めるためでも、ロシアを包囲する戦略的な防波堤にするためでもなく、彼らがわれわれと同じ自由を求めるのなら、それを可能にして励ますためであることを知ってもらおうと努めたが、だめだった。私はロシアとの新たな協力体制も提案した（そしてＮＡＴＯによって承認された）。それはロシアをＮＡＴＯの意思決定にもっと関与させるものだった。

しかしやがて私の努力は水泡に帰した。次のような要因だった。まずイラク。そしてアメリカの国家ミサイル防衛で、ある意味で理解できなくもないが、ロシアはこれを自分たちを標的にしたとみなした。次に、ロシアと適切なパートナーシップを築こうとするアメリカの努力不足が目立った。そしてなによりも、ロシアはプーチンの指導のもとで非民主的で専制的・KGB（ソ連国家保安委員会）体制的な傾向を見せ始めたという西側の思い込みがあった。こうした要因が重なってプーチンは、ロシアを〝独立独歩〟（すなわち付き合いがたい）の地位を占めるほうがよいという、非常にナショナリスティックな外交政策を追求させる立場に向かわせたのである。

しかし私は、最初彼に対して抱いた気持ちは変わらなかったし、状況が変わるか違った組み合わせになれば、関係は発展し得るという考えも捨てなかった。そう、それが政治というものなのだ。

私とプーチンとの関係が難しくなったのにはもう一つ理由がある。それは、彼が私の介入主義的外交政策の考え方をよくて奇妙、最悪の場合は危険だと見たことだと思う。彼にとっては、大国たるもの国益は伝統的かつ現実的な方法で計算し実行するものだった。道徳的な問題をもち出すのは大きな間違いだった。それは安定がなによりも大事なときに不安定を醸成し、何が正しく何が間違いかをめぐって新たな論争を引き起こし、必要な政治力の発揮を邪魔するからである。

だがコソボは、そのような介入についての私の強い意欲を減じさせなかったように思う。コソボについては、解決が必要な問題を解決することは必須だと考え、強い道義的主張をすることができたからだ。

二〇〇〇年の初頭、シエラレオネでさらなる課題が浮上した。これは十年間にわたる私の首相在任中、最も議論の少なかった話だが、私が最も誇りに思うことの一つである。しかし大事なことは、そこからどのような教訓を学ぶことができるか、学ぶべきかである。

シエラレオネの物語は――そして私はこの話の今後の章がもっと明るいものであることを望むのだが――、アフリカで起こったことの象徴だった。同国首都フリータウンにあるフォーラーベイ・カレッジ（一八二七年創立の西アフリカ最古の英語系大学）は、私の父が教鞭をとったダラム大学と関係がある。同校はアフリカで最高の大学の一つで、どんなヨーロッパの大学にもひけをとらなかった。一九六〇年代に、父はフリータウンに教えにいくつもりだった。当時シエラレオネは植民地支配から独立し、統治機構も堅固で、一人あたりGDPはポルトガルに匹敵した。

その後、一九九〇年代の終わりにかけて、シエラレオネは負の連鎖に陥った。それは完全に避けられるものだっただけに悲劇的だった。われわれが政権についたころには、民主的に選ばれた政府が革命統一戦線（RUF）として知られる暴力的で無謀かつ加虐的な集団によって崩壊寸前に見えた。そして同国の豊かな資源──とくにダイヤモンド──は組織的に略奪されていた。国民は板挟みになっていた。

政府が国の将来は選挙によって決められるべきだと主張しようとすると、その支持者は中世のような残虐行為のキャンペーンにさらされた。この国が落ち着きを取り戻したあと私は同国を訪れ、車で村から村を回った。三人か四人に一人は、右腕の一部を失っていた。投票の呼びかけに対するRUFの反応は、人々が投票用紙に記入する手を、文字どおり切断することだったのである。

われわれが介入するまでは、交渉、合意、宣言、そして派閥間にもともと存在しない共通の土壌を見出そうとする試みの繰り返しだった。二年間にわたって外交努力がだらだらと続いた。国連軍が派遣されたが、例によって政治的にも実動的にも厳しい制約下に置かれた。

旧宗主国であるイギリスには特別な利害があった。われわれはシオラレオネの軍隊に監視団と軍事顧問団を派遣したものの、状況は明らかに悪化の一途をたどった。停戦が、実現しては破られた。二〇〇〇年五月、RUFが最後の停戦を放棄し、暴れ回り始めると事態は急激に悪化した。

アフマド・テジャン・カバー大統領は助けを求めて私を訪ねてきたところだった。彼は親切で品格のある人物だった。RUFがついに国全体を乗っとると脅かしたとき、決断は簡単だった。RUFを抑えられずにいる国連軍に任せるのか、それともわれわれが自ら動くのか？

いつものとおり、チャールズ・ガスリー国防参謀総長は毅然として明快だった。彼は言った――あそこにはすでに千人以上の兵力を送っています。もっと送ることもできます。戦艦も派遣できます。われわれにRUFの一掃をお望みなら、そうしましょう。指令が下された。

イギリス軍はルンギの首都空港を守っていた。彼らの任務は拡大され、数週間ののち、本当にRUFを掃討した。イギリス軍の行動のおかげで国連は軍事力を強化することができた。RUFのリーダーであるアフマド・フォディ・サンコーは逮捕された。そしてその後の数カ月でシエラレオネにおける国際的勢力の存在が大きくなり、反政府勢力は崩壊し、時間をかけて包括的な武装解除計画が出来あがった。元RUF兵士たちは、徐々にシエラレオネ社会に吸収され戻っていったのである。この国の民主主義は救われた。

この経験のあと、私はアフリカにには装備のよく整った常備軍が必要であると確信するに至った。できればアフリカ人で組織され、介入する権限を与えられ、シエラレオネのような状況で展開する実動常設軍である。アフリカの多くの地域での問題は紛争である。巨額の援助を供与できても、根底にある問題――資源や領土をめぐる戦い、脆弱もしくは腐敗した政府――に対処しなければ、援助はたんなる絆創膏にすぎず、いつでもはがしとられて傷がふたたび口を開ける羽目になる。私はそのような常設軍を提唱した。コフィ・アナン事務総長の後押しもあって、国連も最終的に同意した。それはまだ実現途上にあるが、能力は大きくなった。政治の現実に存在するこのような大きな欠点に取り組まなければ、すべての開発支援はわれわれの良心の痛みを和らげはしても、救済を必要としている国を本当に救うことにはならない。

コソボ紛争のさなか、シカゴ経済クラブで講演する機会を得た。一九九九年四月二十四日のことで、私は「国際共同体の原則《ドクトリン》」を提唱した。実は非常に単純な概念なので、ちょっと大げさなタイトルである。独裁体制を打倒するための介入は、われわれの利益に対する直接の脅威だけでなく、そうした体制の本質そのものゆえに正当化できる、というものだ。国益という狭い見方をはっきりと退けるだけでなく、グローバル化の影響という意味合いのなかで介入政策を打ち出すことである。

これは過去との決裂を意味するものだったから、ドン・キホーテ的な考えだと思われないように、この理論には限度を設けて言い抜けができるようにしておいた。それでも、外交政策を道徳問題にしたとして、予想どおりの批判を巻き起こした。興味深いことに、その後の軍事行動に照らし合わせて、共和党右派の多くがこれを問題視した。唯一の重要事、アメリカの国益に対する妥当で慎重な配慮に悪影響を与えると見たのである。しかしもちろん、私の主張したかった点は、この新しい時代にあってはその国益の輪郭をもっと広く定義しなければならないということだった。

私は介入を考えるときに考慮すべき五つのことを提唱した。

第一に、自分たちの根拠に確信をもっているだろうか？　戦争は人道的な苦悩を正すのには不完全な手段である。しかし、独裁者に向き合うために軍事力が唯一の方法であるときがある。第二に、すべての外交的選択肢を使い尽くしただろうか？　つねに平和には最大限のチャンスを与えなければならない。コソボでしたとおりである。第三に、状況の実際的な評価に従って、賢明に慎重に実行できる軍事作戦があるだろうか？　第四に、長期的な備えができているだろうか？　過去において、われわれは出口戦略にあまりに多くの議論を割《さ》きすぎた。しかし、責務を負った以上、戦闘が終わったらすぐに立ち去ってよいわけではない。多数の兵士を伴って同じ作戦を繰り返すために戻るよりは、ほどほどの数の兵士をとめおくほうがよい。そして最後に、国益がかかわっているだろうか？

振り返ってみると、以上の判断基準のイラクへの適用は、それがいかにうまくバランスのとれたケースだったかを示しており、私に同意しなかった人たちを愚かだとか意志薄弱だったとは決して思ったことがないのはそのためである。

しかし、私の理論そのものは外交政策に関する論議だけでなく、判断の問題に帰着する。政治全般を通じて比較的なじみ深い判断の問題、すなわち変化が必要な場合あるいは大いに望ましい場合、その変化を実現するにあたってどうするのが最善か、ということである。変化は進化によっても起こり得るし、革命によっても起こり得る。これはある国が自由に向かってどう進むかにおいても同じことが言える。一九一七年のロシアが適例だ。それはケレンスキーを通じ、段階的な社会民主的前進によって達成することもあり得たが、実際にはボリシェビキ革命によって起こった。これはまた、政治のもっとありきたりの分野においてもあてはまる。公的サービスや経済は漸進的な改革によって変化し得る一方、一九八〇年代の産業におけるサッチャー革命のように、急激に変化することもできる。

だが、ここに重要な点がある。もしシステムがうまく機能しないならば、漸進的か急進的かはともかく、変化は必要なのである。

抑圧的あるいは独裁的な体制の場合でも、正しい方向に動いていると認識できる進化の過程が存在することがある。改革は緩やかかもしれないが、方向は存在するのであり、しかも良性である。少なくとも脅威をもたらすようなものではない。

また、体制の本質そのものが抑圧にある場合もある。体制が自ら選んでそうなったのである。この場合は進化によっては変わらない。自分の意思によっても変わらない。なぜなら、その意思は抑圧に向けられているからである。そして長期にわたって、人民の意思によって変わることもない。人民は抑圧されているがゆえに、体制を転覆させる手段をもっていないからである。こうした体制の悪質な性格は深まるばかりだろう。

このような体制であっても、答えはつねに介入ばかりではない。その体制は外部や対外的な脅威をもたらさないかもしれないのだ。あるいは外交で簡単に抑え込むことができるかもしれない。あるいは、ムガベの場合のように、介入は政治上まったく実際的ではないかもしれない。

しかし対外的な脅威があって介入が実際的な場合は、判断を下さなくてはならない。変化が進化によってもたらされないときには、革命によって実現すべきだろうか？　介入するだけの軍事力をもつ者はその行使を考慮すべきだろうか？

危険は明白である。すでに述べたように、そのような態度は無謀な冒険を引き起こし、抑圧よりももっと悪い結果になる可能性がある。それがある人々がイラクのケースについて主張することだが、それについては後述する。しかし不介入もそれなりの結果をもたらす。これもすでに述べたとおりだ。私が遂行した各軍事作戦には、介入に先立って不介入の歴史があった。ミロシェビッチは一九八九年にコソボから自治権を奪い、緊張と苦しみがほぼ十年にわたって増大しつづけた。ボスニアは不介入思想、そしてその帰結の典型例だった。シエラレオネでは、あらゆる種類の急ごしらえの妥協を通じて、不介入あるいは穏健な介入が何年間も影響力をもっていた。別の言葉で言えば、進化は失敗したのだ。ただ一つ有効なことは、問題を宥めることではなく解決することだった。もちろんアフリカの他の地域、ルワンダという小国で不介入主義者は、大量殺戮を戦闘への呼びかけと受けとった者たちを引きとめることに成功した。

誰もバルカン諸国における問題が解決済みだとは言えない。アフリカの大部分と同じく、シエラレオネは依然として貧しい。ところが、一世紀以上にわたって不安定性の代名詞だったバルカン諸国はいまや、少なくともよりよい未来への展望をもっている。クロアチアはＥＵ加盟交渉を始めたし、スロベニアは完全なメンバーである。シエラレオネは民主国家だ。同国は流血を見ることなく政権交代を成し遂げた。隣国のリベリアは未来に向けてシエラレオネと同じく苦悩に満ちた、困難な旅路にある。そしてＲＵＦを支持した旧指導者は裁判を待っている。

革命が介入を通じて実現するとき、そしてその介入が自由と民主主義をもたらそうという願望に基づくものであっても、闘争はやはり険しく、挫折は数限りなくあるだろう。そのまま放置されていたらもっとよかっただろうと叫ぶ者が優勢になるだろう。しかもたびたび。しかし私は歴史が同じ判断を繰り返すことには疑問をもつ。仮に戦争の痛みによってもたらされたものでも、そのような革命のあとでは少なくとも抑圧の支配は打破されている。どれほど苦しかろうと、ちゃんとした進化が始まり得るのである。

これは心惹かれる主張である。二〇〇〇年九月、ニューヨークで開かれた国連安保理常任理事国五カ国の特別会議で、私はブラヒミ報告の採択を導いた。アフリカに平和維持のための国連常設軍を創設する提案で、これはシエラレオネへの介入成功の直接の結果だった。これはまた二〇〇五年の、「保護する責任」の原則の採択につながった。国家には自国民を大量残虐行為から守る義務があり、もし一国家がこの義務を果たせない場合には国際社会に介入の義務があるという考え方である。

しかしこれらがいくら私（そして他の人々）を魅了したとしても、イギリスの大衆にはあまり効果がなかった。

一九九九年を通じて、とりわけコソボをめぐって、政権が支持を失いつつあることに私は気づいていた。政府の焦点——私の焦点——はかけ離れたところにあるように見えた。医療、教育、犯罪を中心に国内でやらなければならないことが山積みだった。そして実際、これらに着手しようとしていたのである。しかし当然ながら、新聞の見出しは戦車、爆弾、飛行機であふれていた。

すべてが悪かったわけではない。労働党はスコットランド議会の最初の総選挙で勝った。政府が地方選においては得票数でリードしたのは、二十世紀になって初めてのことだった。これらを〝地方〟と呼ぶべきではなかろう。すべてのことが一種の革命だったのである。

統治権限をスコットランド、アイルランド、ウェールズに委譲しようという試みは、連合王国が成立して以来ずっと続けられていた。そして何度も何度も失敗してきた。それはおおざっぱに言えば、いつも同じ権限委譲の公約であり、十九世紀末の自由党を呑み込み、同党を壊滅間近まで追いやった。そして一九七〇年代に最後の労働党政権が行き詰まったのも（他のこともあったが）権限委譲をめぐってであり、当時いわゆるウエスト・ロジアン問題が議論を圧倒し、権限委譲法案が否決されたのである。

ウエスト・ロジアン問題は労働党下院議員タム・ディエルの選挙区名にちなんで名づけられた。彼がこの問題を提起した人物だったからである。問題そのものは非常に単純だった。もし権限委譲によって（スコットランドにおける）医療や教育問題をスコットランド議会に任せ、イングランドの議員はこれらの問題について発言権を失うのだとすれば、スコットランドの議員がイングランドにおける医療や教育問題について引き続き投票権をもつことは正当あるいは論理的か、というものだった。これはまったく理にかなった疑問であり、論理的な答えが存在しない政治問題の興味深い一例だった。

しかし、この問題に対する私の答えは、論理的ではないとしても、権限委譲の取り決めは一見したほどには不公正ではない、というものだった。実際のところ、イングランドの議員が予算や法律を成立させるイギリス国会を支配している。たとえば、スコットランドに対する予算配分を決定するにあたって、イングランドの議員はつねにスコットランドの議員よりも議席数で勝る。そしてもちろん、憲法のうえでは、理論上イギリス議会がどのような権限をスコットランドに与えようとも、それをいつでも奪えるのである。だから、ウエスト・ロジアン問題はもっともではあったが、それを問題として提起した権限委譲の取り決めは、連合王国内におけるイングランドとスコットランドのあいだのバランスと力の意味合いにおいて正当化された（少なくとも正当化できた）。いずれにしろ、答えがあるとしたら、これがまさにそうだった。

私は決して熱狂的な権限委譲論者ではなかった。これは危険なゲームである。ナショナリズムの感情が終わって分離派の感情が始まる分岐点がどこか、まったく確信できないのである。私は連合王国を支持し、思想としてのナショナリズムに不信感をもち、歴史書を読んではナショナリズムを克服できるかどうか不安に思った。とはいえ、ナショナリズムには熱がなくても、それは避けがたいものだと思っていた。グローバルな課題に対処するために、国民国家は多国間組織において一緒になって力を高めようとしている。だから、権限を下に向かって、人々がより大きなつながりを感じることができるところに譲り渡すよう、止めようのない圧力が存在するのである。

私は、スコットランドがこの選択を現状維持あるいは分離ととらえてほしくなかった。そしてそれがスコットランドに対するわれわれの政策要綱の柱だった。こうしたことすべてについて、スコットランド人の厄介さは悪名高かった。

私はこれにいつも驚きを禁じ得なかった。私はスコットランドで生まれ、両親はスコットランドで育ち、私たちはそこに住み、私はそこの学校にも通った。しかしどうしてか――そしてまさにこれが解き放たれたナショナリズムの感情の問題なのだが――彼ら（〝彼ら〟に注目）は、私に外国人であるかのように感じさせようと企んだのである。

言葉づかいには用心した。彼らは非常に神経質に、スコットランド議会が一地方自治体の議会になってしまう（決してそのようなことはなかった）ことを怖れた。スコットランドにおけるメディアの論調は、スコットランド人が低く見られているという恨みの心情に関する博士論文の観があった。彼らは眼鏡をかけないと見えない（もともとないから見えないのだが）汚点を見つけ出すことができた。一度私は、議会がなぜ増税の権限をもたなくてはならないかに関するインタビューに応じ、こう言った。「教区会（地方行政府の自治機関）ですら増税を決められるのに、なぜスコットランド議会ができないのか？」。すると、こんな見出しになる。「ブレア、議会を教区会にたとえる」。これは彼らの基準にしてもかなり誤った解釈だった。おかしなことだが、私は彼らが気に入ってしまった。彼らは扱いにくいが、同時に愉快でもあったのである。

イングランドの企み（あるいはそれは〝ロンドン〟による支配）に対するスコットランド人の慢性的な強迫観念の最たる例は一九九七年のマニフェストをめぐるもので、そこにはスコットランド議会を設置すべきかどうかに関する住民投票が盛り込まれていた。権限委譲法案の審議が国会でだらだらと行われているあいだ、私は歴代の政権が陥った罠を避ける唯一の道は、法案が貴族院（上院）によって妨害される可能性をゼロにすることだと知っていた。閣下諸侯は世襲貴族の廃止という改革に直面し、われわれによい感情を抱いていなかった。当時、貴族院は基本的には小文字の「c」（すなわち保守勢力）と、それが憲法改正を意味するために総じて権限委譲を嫌っていた保守党（Conservatives）、大文字の「C」の支配下にあった。彼らはそうすることが憲政上あるいは政治上、不適切とみなされない限り、権限委譲政策を頓挫させるためにどんな機会でもつかもうとしていることが私にはわかっていた。そして一九六〇年代と七〇年代にそうであったように、ウエスト・ロジアン問題が彼らに自分たちの立場を主張する正当な根拠を与えたのである。

野党党首だったとき、私は当時の影のスコットランド相ジョージ・ロバートソンの強い懸念を押しきって、権限委譲法案のあとではなく前に住民投票を行う作戦を考え出した。住民がまず原則について決定できるようにするためだ。戦略は明確だった。百年待たされた権限委譲に踏みきること。戦術は明白だった。国民にまずイエスと言わせれば、貴族たちはノーと言えまい。

これにはナショナリストやメディア関係者など雑多な人々から激しい抗議の声があがった。住民投票がすべてを台無しにすると確信していた。非民主的とまで言われた。住民投票の実施は、スコットランドが当然もつべき、本来の議会を拒否することではないのか?と聞かれた。これは私の発言やインタビューの内容と正反対だった。私はこう答えた。そう、でも投票をするのはスコットランド人だ。彼らはイエスと言うだろう。もしノーと投票したら？　その場合には、議会をほしがっていない。私はそう受けとる。こうしたやりとりが続いた。驚くべきことだった。

もし住民投票がイエスの場合、貴族院は法案の周辺部分に難癖をつけるだけで、核の部分を攻撃できないだろう。そして権限委譲は実現するはずだ。私はそれがなすべき正しいことだと思った。そうであることを希望した。

一九九九年の十二月初め、保守党下院議員のショーン・ウッドワードが会いにきた。彼は一九九二年の選挙運動では保守党のスターだった。賢明で、表現力に優れていた。一九八〇年代の労働党が馬鹿げていたから保守党に加わったことが明らかで、経済的にも社会的にもリベラルであり、とくに同性愛の権利に関する保守党の偏見を強く嫌っていた。ヨーロッパ——実際には近代世界に対する保守党の態度全体——について同党と歩調が合っていなかった。彼は保守党を離党したいと思っていた。

彼はまずシェリーに近づき、それから私と話し合った。彼は真摯だった。当然ながら、これは大きなクーデターだった。しかし、彼の加入はわれわれの陣営にとって大きなプラスになるだろうと考えた。彼に議席を与えることは大変だった（しかし、結局は与えられた）。寝返りは便宜主義になるが、勇気ある行動でもある。彼の場合は、勇気ある行動だと私は思った。例によってアリスターが手腕を発揮し、クリスマス直前に発表の運びとなった。

この一件はわれわれの中道的立場を強化し、演説ではできない方法で、わが党の門戸開放政策をアピールした。この国がサッチャー主義から離別しつつも、古い労働党に戻ることなく前進することを望む人たちに向けられた政策であった。これらは成功した人々、あるいは成功したいと思っている人たちであり、競争的な市場経済を支持し、社会的にはリベラルで思いやりのある人たちだった。伝統的な左派・右派の枠にとらわれていたメディアの関心はあまり引かないような傾向の思考だった。だが、支持は国中にあった。

とはいえ、人々がわれわれのビジョン、言葉、方向性に拍手を送ってくれたにしても、われわれが十分な速度で道を歩んでいるか、目的地に着くことができるのかを知ってもらう必要があった。私はそう意識していた。もっと急進的に取り組まなければならなかった。われわれは政治的には非常に成功していた。だが政治は目的あってのものである。私自身と周囲には不満が高まり始めていた。

第9章　保守主義の力

一九九九年九月の党大会で行った「保守主義の力」と題する演説は、分析が鋭くなり精神が強化されたことを示すものだった。私からあふれ出てくるのは、一貫してリードし、チャレンジする指導者でありたいという願望だった。外の世界に向かってはあまり変わっていなかったが、自分の内部では変化していることがわかっていた。

われわれが公的サービス、福祉、法と秩序などの分野で変革を推進し始めると、サービス事業の内部に変革に敵対する小文字の「c」、つまり保守主義の利益が多く存在することが明白になった。要するに膨大な既得権益である。公共の利益を守るといういい加減な口実で、恥知らずにも自分たちの利益を擁護していたのだ。

私は変化と前進、そして両者がどのように起こったかをじっくり考え始めた。そこには一つのパターンがあった。慣習的な考え方が支配しているが、その支配が緩和されるとかなり深刻な反動が起きた。そしてひとたび変化が起こり定着すると、今度はそれが世間一般の通念になる。私はこれをたんに改革だけでなく、人権、女性の権利、人種主義やアパルトヘイトの打破などでの進歩、そして左派にも右派にもあてはめた。それはよい主張であり、急進的でもあったが、ゼロ年（それまでの既成価値をすべてひっくり返す意味）の感覚がつきまとっていた。あたかも私が、ニューレーバー以前には価値あるものは何もなかったと言っているかのようだった。だから、主張は正しくても、その論調はわずかながら誤って解釈されていた。そして政治の世界では、そのちょっとしたことがどんどん大きくなるのである。

野党であることと政権にあることのあいだには、見まがうことのない明白な相違があるが、そのなかでも私にとって非常に大きな、まったく正当化できない驚きになったのは、公約と実行のあいだのギャップだった。決定をして、それを発表する。その影響力が完全に感じられるまでには時間がかかるにしても、結果はたちまち表れる。

保守党から引き継いだ歳出抑制の二年間は終わりを告げていた。一九九九年度の予算案でわれわれは諸般のことを緩和し始めていた。一九九九年十一月の公的借入れの要請でわれわれはかなりの額を発表していたが、それは水道栓をひねっても、ちょろちょろと水が出てくるのを目にするだけだった。われわれは一九九九年を〝実行の年〟と宣言していた。もっともこのフレーズはのちにわれわれに若干つきまとうようになった。実際、前進はしていたが、非常に少しずつの前進だった。資金が本当に流れ始めていなかっただけでなく、「保守主義の力」演説で示したようにカネだけでは解決できない構造的な問題があった。われわれは、学校、大学、NHS、法と秩序、刑事司法など全般にわたってまだ制度をいじくり回しているだけで、変革しているわけではなかった。私の演説は制度の批判であると同時に、実際には自己批判でもあった。一九九九年が終わり二〇〇〇年に入ると、改革の問題全般をどうすればもっと先まで、もっと速く推進できるかを検討し始めた。

しかしまず、二〇〇〇年は千年紀《ミレニアム》という記念の年だった。私は二十一世紀の始まりを主として二つのことで記憶しているだろう。ミレニアム・ドームとミレニアム・バグ（コンピュータ二〇〇〇年問題）である。一つはなくてもよかったものだが、出来てしまった。もう一つは起こるはずだったが、実際には起こらなかった。

私は〝Y2K〟、あるいはいろいろな専門用語で呼ばれていたコンピュータ二〇〇〇年問題に費やした時間、労力、パニックに駆られた準備作業を思い返すとき、あれほどの骨折り損はほかに思いつけない。唯一の慰めは、世界中がこの問題が起こると確信していたことだ。思い出してもらえばわかるが、基本的にあの問題は、コンピュータが二〇〇〇年への数字の移行をうまく処理できない可能性があると考えられたことだった。人々は、コンピュータは進歩が生んだ絶対に間違いを犯さない機械だと人類に思わせた不遜さをのろった。大惨事が予測され、危機対応会議が開かれ、地球全体が結局は起こらなかった災難に身構えた。当時、枢密院議長だったマーガレット・ベケットと私はこの問題について話をしたが、最後は専門家が言っていることはさっぱりわからないということで一致しただけだった。デービッド・ミリバンドが一度説明してくれたが、正直なところ、彼の言っていることがつかめず、再度説明してくれとは頼めなかった。

デービッドは、私が野党党首だった当時にビル・ゲイツと会談したときのショックから回復していなかった。そのころゲイツは時代を変えつつあったコンピュータの巨匠として絶頂期にあった。デービッドはテクノロジーに精通し先進的だった。私はこの方面に疎く、真のテクノロジー嫌いだった。デービッドはゲイツとの会談に先立って私に手解《てほど》きしてくれたのだが、私が「われわれは技術革命の最先端にいる」というニューレーバーのスローガンと合致した振る舞いをしないので不安に駆られていたのだ。

私はデービッドの期待を裏切らなかった。コンピュータ用語をでたらめに頭に詰め込んで、ビル・ゲイツに彼のメインフレームはどうとかなんとか、そのようなことを聞いた。この質問にスタッフ一同はくすくす笑いの混じった驚愕を示し、ビルは息を呑むような奇妙な声を発した。私がそんな質問をしたことは、デービッドとスタッフの若い〝先端的な連中〟にとって背筋の寒くなる話題だった。私は「メインフレーム」という言葉をどこかで耳にしたことがあって、自分の知識を見せびらかして一同をびっくりさせようと考えたのだ。たしかに彼らをびっくりさせはした。

それはともかく、Y2K危機は来ることは来たが、最終的には誰も本当に気づくことなく去っていった。唯一よかったのは、私がこの問題に多くの金を使うことに決して同意しなかったことだ。それは首相決定に関する奇妙な点だった。決定は物事を実行することでもあれば、同じように重要な決定は何かをしないことでもある。こうした決定はひっきりなしにやってくるから、これを決定と認識しないこともある。「ノー」を言うことが決定になることもあるのだ。

不幸にも、「イエス」と言ったことの一つが、ミレニアム・ドームとなって継続していた。肝をつぶすほどの悪い決定ではなかった。問題の一端は――そのことを決して言い訳にするわけではないが――、われわれはその決定を前政権から引き継いだことにあった。そして政権就任までに、すでに一億ポンドの投入が決まっており、計画を中止した場合のコストも相当額にのぼっていた。

実際のところ、もともとのアイデアも悪くはなかった。それを決めたのは元副首相のマイケル・ヘーゼルタインで、彼の多くのアイデアのように、大きく大胆でけばけばしかった。発想はアルバート公（ビクトリア女王の夫）の水晶宮博覧会と、戴冠式の年のロンドン博覧会――ジョン・プレスコットは憶えていた――に似たものだった。大イギリス展を開催し、場所はグリニッチのガス工場周辺の湿地の埋立地にするという構想だ。難点は、そこに何をもってくるかがいっこうにはっきりせず、われわれが望んだ未来的テーマは大雑把な設計段階ではよくても、細部になるとつかみどころがなかった。結局、未来、テクノロジー、演劇、科学、娯楽など盛りだくさんになりすぎてどっちつかずの結果になってしまった。何でもあるが、これといったものはなかったのである。

とはいえ、ひどいものではなかった。輝かしくなかっただけだ。ドーム担当チーム――最高経営責任者のジェニー・ペイジが率いていた――は一心不乱に働いた。そして夢の大きさを考えれば、全体としてはある意味で奇跡だった。入場者は六百万人に達し、その多くは楽しんだのである。われわれ一同——私、ピーター・マンデルソン、そしてとくにドーム担当国務相チャーリー・ファルコナーはドームについてだんだんとむきになった。周りの者の顔を鮮魚でたたく道化師がいるような馬鹿ばかしいことになっても断固としてこの事業を天才の仕事として支持しようというまでになったのである。

単純な事実は、この事業は現代において政府が行うプロジェクトではなく、千年紀がなんであるか十分に察知できる意味をもってなかったのだ。もしこれを前政権から引き継いだのでなかったら、おそらくわれわれは決して着手しなかっただろう。当時の《サン》紙の編集長デービッド・イェランドが言ったように、立派な新しい病院のほうが優先すべき政策としてはましだったろう。

公平のために言うと、ゴードン・ブラウンはずっと反対していたが、私は中止することの痛みが大きすぎると考えた。そして、いずれにしても進めるだけの価値があると思ったのである。ゴーサインを出した閣議でも、意見が二分していた。その日、副首相のジョン・プレスコットが采配をふるった。私は早めに退席しなければならなかった。ジョンが首相の席に座り議長を務め、彼流の一種強引なやり方でこれを通してしまったのである。私が賛成であることをジョンが知っていたことが大きな理由だったが、彼自身もこのアイデアには何かがあると感じていたことも多少影響した。たしかにそれはあった。しかしセンスが欠けていたのである。

ドームそのものは見事だった。設計はリチャード・ロジャーズで、もちろん今ではロンドンの文化財である。非常に目立ち、南東地区一帯が活気づいた。もちろんそれに加えて、土地を埋め立てて数千戸の住宅、診療センター、学校を建設した。さらに今では、イギリス、いやヨーロッパのどこにも負けないロックやポップスのコンサートといったエンターテインメントの開催場になっている。

振り返ってみると失敗だったが、このプロジェクト全体に対する過剰な攻撃は決して正当化できるものではなかった。それでも説明できるものではあった。私は一九九九年十二月三十一日の夜を決して忘れないだろう。私はずっと〝特別〟の日とか記念日は好きではなかった。本当はそうであるべきではないのだが、ともかく嫌いなのだ。誕生日はプレゼントを贈ったりもらったりする以上のことではなかった。クリスマスは昔も今も家族と過ごす素晴らしい時間だが、それが終わるといつもなんとなくほっとする。

私は大みそかの夜も仕事をしていた。たしかにそうだ。千年紀は大きな出来事だ。しかし私にはいつもの大みそかと変わらなかった。早めにベッドに入り、ぐっすり寝て、翌朝元気になって目が覚める。そして一年がまた過ぎ去ったことをのんびりと考えることができたら幸せだったろう。

それはともかく、わかってもらえるだろう。ミレニアムなど私にとってどうでもよいことだった。そこで新世紀の始まりの夜を、歯医者に行くときに覚悟を決めるような気持ちで待った。歯医者に行くほうがよっぽどましだったろう。実際には、思ったほど苦痛ではなく、静かで、ストレスもなくてすんだのだったが。

なによりも最初に、私はミレニアム観覧車に行って、それを始動させなければならなかった。始動とともに花火が打ちあげられ、大きな輪転花火が渦を巻く。私たちはダウニング街を歩いて出てきたのだが、気持ちが乱れ、いやな気分が高まっていた。このようなときには、シェリーが大胆で完璧な引き立て役になってくれた。彼女はこれからの出来事すべてにすっかり興奮していた。少なくともそのように見える演技をうまくやっていた。

ホワイトホールの群衆をかき分けながらエンバンクメントまで行くと、人々は非常に親しみにあふれ、祝賀ムード一色だった。そして私の気分も一時的に軽くなった。なんとかハンガーフォード橋の近くの地点にたどり着くと、ブリティッシュ・エアウェイズのCEOボブ・エイリングが、私が祝賀行事をスタートさせるのを待っていた。ボブはミレニアム祝賀行事の実行を引き受け、大変なプレッシャーのもとで立派な仕事をしてくれていた。

「私が始めると、何が起こるんだい、ボブ？」。私は騒々しいなかで声を張りあげて聞いた。

「そうですね、まだすっかり準備ができてないから、たいしたことは起こらないでしょう」と彼は言った。彼は落ち着いていた。私はそれが気に入った。私は大いにあわてふためいていたからである。ボブは注意を花火に向けた。「何が起こるかというと、総理がボタンを押すと、花火がテムズ川の真上に上がるのですよ」

それはよろしい、と私は思った。小さな演台にあがった。歓声をあげる群衆がいた。ちょっとしたスピーチをしたように思う。一般に言う意味のない、本当に「ちょっとした」スピーチだ。そしてボタンを押した。

いくつかの花火にぱらぱらと火がついたが、ミレニアム祝賀行事の全般を苦しめたツキのなさで、花火は期待されたように華々しく打ちあがらなかった。実際、こんな花火を見ているくらいなら、ガイフォークスの夜（十一月五日、国王がガイフォークスによる暗殺計画を免れた故事を祝う行事）に、イズリントンのハイベリー・フィールドで行われる陽気な催しのほうがましだった。

しかももちろん、ミレニアム観覧車はまだ動いてなかった。「今晩は重要でないと思いますよ」とボブは元気いっぱいに言った。

「でもミレニアム観覧車と呼んでいるのなら大事だろう？」と私は不機嫌に言った。いやな気持ちがまた戻ってきた。

しかし、むくれている場合ではなかった。ドーム・パーティが予定されており、エリザベス女王が臨席することになっていたのだ。

私たちは新しく延長された地下鉄ジュビリー線でドームに向かう手はずになっていた。地下鉄工事自体、ミレニアム記念事業の一環で、新しい駅もいくつか開業していた。これも、たいしたアイデアだ。そして新しい年が近づくにつれて、これがまたやきもきの連続のもととなった。建設業者の紛争、労働組合の紛争、さらに政治的紛争があった。問題は、それらがわれわれを窮地に陥れていることが周知の事実だったことだ。工期を遅らせるわけにはいかない。延伸線が完成しなければ、人々をドームに運べないからだ。われわれは万全を期した。私はスタッフと担当閣僚にどんな拷問も覚悟するよう告げた。「首相、幸運を祈る」というような気味の悪いユーモアがロンドン地下鉄経営陣から流れてくるのはいやだった。工事を間に合わせるのは難事だった。そしてジョン・プレスコットはちょっとした奇跡を演じて、人々の尻をたたいたのである。

しかし、ミレニアムの夜は地下鉄の初走行になっていた。電車を前にしたとき、最初の緊張の瞬間がやってきた。ちゃんと走るだろうか？　ドアは開くだろうか？　正しく停車するだろうか？

ともかく、電車は走った。乗車して下車することができた。そしてドームに入ると、大勢の人が押しかけていて騒々しかったが、大群衆とは見えなかった。大勢いることは確かだ。ぎゅうぎゅうか？　パーティができるくらいか？　そうではなかった。「みんなはどこにいるんだい？」とドームの案内係に尋ねた。「ストラトフォード駅からの連絡列車が故障したようです。あの駅は事実上閉鎖されています」

部屋中どよめいた。「なんだって？」。人々をドームに運ぶのにきわめて重要なストラトフォード駅の電気系統にお粗末な不具合が生じて、正常に機能していなかったのだ。そこで立ち往生している乗客やパニックが発生したときのことを考えた。「チャーリーに会わなければいけない」と私は言った。

ピーター・マンデルソンの辞任後、チャーリー・ファルコナーがドーム担当大臣になった。チャーリーはドームに関して、今にしてみれば想像以上の罵詈雑言を浴びた。彼はいつも立派だった。私は彼のことをたびたび酷評した。彼の体重や容貌や性格、話し方にまでとげのあることを言ったが、その後会うときはいつも「調子はどうだい、チャーリー」と親しみをこめて話しかけた。本気でそう言った。彼はいつも仕事が気に入っている、チャンスを与えてくれた私に感謝していると答えるのだった。そこには皮肉めいた調子などなかった。私は偉いと思った。ドームに関する彼の仕事ぶりは、自己犠牲の驚くべき偉業だった。

チャーリーを二階のＶＩＰ用レセプションで見つけた。「チャーリー」。私は言った。「ストラトフォードでいったい何が起こっているんだ？」。彼は故障のことを説明した。「なんということだ、チャーリー。どれくらいの人がそこで待っているんだ？」

「何千人になると思います。すみません」

私は彼を憂鬱な目で見た。「もし報道陣が嗅ぎつけたら、いったい何を言われるか」

「その、残念ながら、もう見つかってしまったと思います。記者たちが皆そこで待っていますから」

私はこのとき彼の胸ぐらをつかんだのではないかと恐れている。それでも私は彼が大好きである。

「何だって？　何だって？　いったいどうしてメディアがそこにいるんだ？　まさか、なんということだ、まさか。メディアを一般人と同じように地下鉄でここに連れてこようとしたんじゃないだろうね。頼むから言ってくれ」

「そうです。そのほうがより民主的だと思って」

「民主的だって？　なんて馬鹿な考えだ。連中はメディアなんだよ、勘弁してくれよ、まったく。連中は人について書くのが商売だ。普通の人と同じように扱われたいとは思わないんだ」

「それなら、彼らをどう扱わせたかったのですか」とチャーリーは言った。多少自己弁護すべきだという気持ちになったらしかった。「大型リムジンにでも乗せろとでも？」

「そうだよ、チャーリー」。私は怒鳴った。「男の子でも女の子でも、彼らの好みを選ばせて、シャンパンも飲みたい放題にさせるんだよ。少なくとも、われわれと同じ地下鉄で来させるべきだった」

あのとき私は声をあらげて、ちょっと長々と彼を怒鳴りつけたことを恥ずかしく思う。分別のある残りの人たちは、どう対処すべきかを考えあぐねていた。最終的に、全員こちらに向かっているという知らせが入ったが、たぶん真夜中には間に合いそうになかった。「皆が夜中の十二時までに着かなくてもたいしたことではないとは言うなよ、チャーリー。そんなことを言ったら、この場で打ち殺す」。私はこう言ったのを憶えている。結局、間に合った人もいれば、間に合わなかった人もいた。メディアの報道ぶりはあの瞬間から総じて変えることはできなかった。

その間に、もう一つ新たな心配の種が私をとらえた。われわれはエリザベス女王とフィリップ殿下にドームに来てイベントに出席してもらうよう説得していた。私には、フィリップ殿下がこの誘いをどう思ったかは正確にはわからない。しかし、活字にしていいとは思わないほうがよいだろう。女王陛下は同じ気持ちだったが、別の表現をしたのではないかと思う。しかし、私たちは嬉しそうな顔をしていなければならなかったのであり、女王は最高によくやってくれた。私たちは一緒に座って、プログラムを眺めた。

真夜中の前にアクロバットショーがあった。目を見張るようなものだった。ドームの高いところまで跳ねあがり、空中を飛び、驚くべき演技だった。色鮮やかな衣装をまとい、見た目にも、実際の動きも本当に素晴らしかった。

そこで、私はある恐ろしい思いに襲われた。そして腹のなかまで凍えてしまったのである。アクロバット演技は女王の頭上で行われていたのだ。「いや、すごいね」とフィリップ殿下が言った。少し楽しくなったようだった。「命綱なしでやっているんだね」。私には何が起こるかがわかっていたと言ってもよい。まるで自分が未来を見通せるシックス・センス映画の登場人物のように感じられた。六十フィート（約十八メートル）の空中から演技者の一人が宙返りの最中に落下、急降下して女王をぺしゃんこに押しつぶすのだ。新聞の見出しが頭に浮かぶ。「女王、ドームで空中ブランコ乗りに殺される」「イギリスのミレニアム祝賀、台無しに」「ブレア、計画どおりにいかなかったと認める」。イギリスのミレニアムは、本当に名高くなるだろう。そして私は歴史に永遠に名を残すだろう。

真面目な話だ。今では冗談も言えるが、一九九九年大みそかの午後十一時半、私は本当にそう思っていた。全部が終わったあのときほどほっとしたことはなかった。

それから〈オールド・ラング・サイン〉の陰鬱な合唱だ。ここでもう一つ決断があった。隣の女王と腕を組むか組まないか。女王と私は顔を見合わせた。私はどうすることもできずに思った。腕を組むのはおかしい。だが組まないのはよそよそしい。私は意を決して自分の両腕を伸ばした。女王は自分の選択をした。腕を一本差し出したのである。しかし、どうということはなかった。彼女は生き生きとしていた。それが大事なことだった。

その夜の残りははっきり記憶にないまま過ぎた。家に戻ったのは午前二時ごろだった。ベッドに倒れ込みながらシェリーが言った。「今晩はけっこう面白かったと思うわ」

「おまえ」と私は答えた。「今晩、神様に感謝することはただ一つ。こういうことが千年に一度ですむということだよ」

翌朝、日常の仕事という現実に戻った。われわれが政権をとってから、もう二年半が経っていた。政府運営の業務にとっては、瞬きほどの時間である。しかし、大衆の考え方において、それは永遠である。「保守主義の力」の演説はある意味で、この二種類の時間帯の釣り合いをとることができない自分への不満の表れだった。評論家や一般人からの批判には、疑いもなく不当なものがあった。しかしある批判――たしかに核心をつくもの、すなわち変革が遅すぎ、十分急進的でない――は、私自身もそう思っていたものだった。それであの演説が生まれたのだ。

私は多くのことを学びつつあった。公的サービスの諸制度がいかに複雑か、そこにかかる圧力がいかに多様か、要求がいかに膨大か、何がどのくらいの時間で実現できるかについての期待がいかに大きいか。ミレニアムは暦のうえでは例外的な時点だったかもしれない。しかし一九九九年－二〇〇〇年のNHSの〝冬の危機〟は、死亡と税に関するいつに変わらぬ予測とともにやってきた。そして人々は二年半のあいだに状況が改善していることを期待していた。

今振り返っても、そのような危機がどれほど不可避に見えたかを理解することは難しい。このときはインフルエンザウイルスだった。個人的な不運の悲しいケースが生まれた。それはメイビス・スキートという婦人に集中した。彼女は適切な治療を受けられずに亡くなった。当然、彼女の家族は怒った。各病院の集中治療室は対処しきれなくなっていた。受け入れを拒否された、移動式ベッドの上で処置を受けている、事故・救急部門（A&E）で何時間も待たされている——などの話が続発した。

一般的な症例やインフルエンザの流行とは別に、心臓病の手術を長いこと待たされているあいだに死亡してしまう患者もいた。私はある女性から手紙を受けとった。彼女の夫は、私が一緒に仕事をしたことがある《ノーザーン・エコー》紙のカメラマンだったと思うが、そのような状況のなかで亡くなっていた。この一件はひどく身にこたえ、責任も感じた。そして最悪だったのは、必要なのはたんに時間なのか、それとも医療サービスの運営方法に重大な問題が潜んでいるのか、という悩ましい疑問を感じたことだった。もし後者であれば、それに見合うだけの体制が出来ていなかったことになる。はっきり言って、答えがよくわからなかった。この意味において私は学びつつあったのである。

医療と教育についての私の懸念は大きくなるばかりだった。保守党による改革は実施の仕方も説明の仕方も悪かったのは確かだが、改革の基本方針は〝保守党によるもの〟とは関係がなかった。それは現代世界と関係していたのである。これらの改革は、支出されたお金に見合った結果を出し、サービスの利用者を運転席に座らせる、すなわち主役にするようなシステムを導入しようとするものだった。この改革はしばしば不和を生み、政策の細部に至っては見当違いだった。しかし総体的な取り組みは、民営化と減税に対する支持を生んだのと同じ社会的、経済的な流れから生じていた。

中央集権化された一枚岩的な構造の崩壊、新しく出現しつつある消費者の嗜好の重視、専門職の古い分類の破綻といった傾向を目にすることができた。そしてこの傾向は、政府がどう行動するかよりも、人々がどう行動するかに関係しているように見えた。民間分野の組織のされ方、運営のされ方における明確な変化は、公的部門が直面している課題に反映されているように思えた。それは不自然なことではなかった。

犯罪と福祉政策において、保守党は徹底的な審議を重ねておらず、政権末期になってやっと本腰を入れて考え始めたと私は判断した。しかしＮＨＳと学校の二点においては、状況は違った。これらの分野では、われわれが調べて学ぶ必要のある退けるべきでない改革に、彼らはすでに着手していたのである。

問題は、当時の労働党にはこうした思考に対する強い意欲が存在していなかったことだ。たしかに、そのこと自体、政権当初、私の理解がいかに不十分だったかを示している。実際、フランクは根っからの、これは異端だった。とりわけ、私はＮＨＳの長、すなわち保健相にフランク・ドブソンを就任させた。この人は公平を期せば、公然たるオールドレーバー（旧労働党）の人だった。多くの人がニューレーバーは勝つための賢い名案にすぎないとみなしたが、彼もその一人だった。ニューレーバーをあまり理解していなかったし、理解すればするほど反対したのである。

保健省とＮＨＳ内の支配層は、たしかに献身的で立派な官僚だったが、選択肢を用意する民間部門の概念と、制度としてのＮＨＳの基本的公平性は両立できないと信じきっていた。政策が原則になる、という昔からある問題だった。こうして、ＮＨＳの一九四八年の政策は、当時にしてみれば完全に適切だったかもしれないが、すべての時代を通じての神聖な原則になってしまっていた。

そこで私は一九九九年、これらについて熟慮し、最も近しく、親密な政治的同志と協議を始めていた。だが、問題が二つあった。一つ目はフランク・ドブソンであり、二つ目は資金だった。NHSへの投資不足は明白だったが、保守党はそのことを理解していなかった。あるいは理解したくなかったのかもしれない。ほかの似たような国の支出と比べても、格差は歴然としていた。資金が十分でなかった。しかし投資は必要不可欠だった。

冬の危機は問題の端的な表れだった。しかし、それだけではなかった。真の問題は、サービスそのもののなかに深く横たわっていた。つまり、資金と運営である。

医療専門家と一連のセミナーを開催した。これはあの優秀なロバート・ヒルが私のために企画してくれたものだった（彼は私の医療問題顧問で、NHSダイレクトの発案者だった）。セミナーは大成功だった。NHS内部には、平等の原則を全面的に支持しながらも、サービスをどう提供すればよいのか、実際の業務がいかに時代遅れか、制度の不備が実際問題としていかに不平等を招いているかなどについて、苛立っている人たちがいた。

私はゴードン・ブラウン財務相と一度ならず数度にわたって、NHSの財源問題について話をした。しかし予想どおり、ゴードンは大がかりな対処に踏みきることに断固反対した。もっとも、私はそのことを批判するつもりはない。財務相として財政一般を掌握し、いわば海賊を追い払うのが彼の役目だったからだ。

したがって、改革のためには資金を確保し、改革の正しさを信じる最善のチームを編成しなければならなかったのである。

私はまず型破りなやり方をした。毎年恒例のデービッド・フロストのインタビュー番組に出演することになっていた。

フロストはテレビ界ではまだ人気絶頂のインタビュアーだった。インタビューの相手を十分に嘲らないといって彼を批判していた人たちよりもずっとよかった。彼は無礼でも威圧的でもなかったが、インタビュー相手をその気にさせ、誘動し、魅惑して軽率な発言をさせ、会話をしているうちに新聞の見出しになるようにつまずかせてしまう驚くべき才能の持ち主だった。フロストとのインタビューのあと、アリスターから「いったい、なんであんなことを言ったんだ?」と詰問されたことが多々あった。「何が?」と私が聞くと彼が説明をし、私が「なるほど」と納得する次第だった。

さらに、フロストは自分の頭のなかに、聴衆は、質問者が何を言うかよりも、解答者が何を言うかを聞きたがっているという型破りな考えをもっていた。彼はこうした仕掛けで、インタビュー相手が意図している以上のことを引き出し、しかもより広範囲のトピックについて口にさせてしまうのだった。インタビュー終了後にはいつも、四つから五つのニュースを話してしまっていた。そしてもちろん、攻撃的ではなく執拗さによって、インタビュー相手が直接答えないわけにはいかないような心理にさせてしまうのだ。

いずれにせよ、このときは、私が不用意に何かを口にしてしまう心配をする必要はなかった。言うことをちゃんと決めていたからだ。NHSの支出をおよそEUの平均にまで引き上げることを約束するつもりだった。それが何を意味するかを計算するにはいろいろな方法があった。大勢の統計学者と会計士がそれに取り組み、それぞれ違った結論を出した。しかし基本的な点ははっきりしており、そのような公約が発する合図自体に決定力のあるインパクトがあった。

土曜日、ロバート・ヒルと私は予測可能なさまざまな組み合わせを検討した。そしてふたたびゴードンに話した。彼は頑として譲らなかった。だが、私は重大な政治的戦略問題として、決定はどうしても、今、下さなくてはならないという信念をもっていた。

さらに私はそれまでにも改革を成し遂げる機会があったことを知っていた。一九九九年末、アラン・ミルバーンがフランクに代わって保健相に就任した。アランはそれまで国務相だったが、大いに輝かしい実績をあげ、改革方針に完全に共鳴していた。フランクはロンドン市長選への出馬に集中するために辞任した。

このとき私がフランクを慰留しなかったことは認める。一つに、これは保健省の判断に任せるべきことだと思ったからだ。しかし結果として、市長選挙はわれわれにとって大きな問題に発展した。フランクが市長選で対立候補のケン・リビングストンを破る可能性は、ステップトウと息子（一九六〇－七〇年代のイギリスの人気連続ドラマに出てくる平凡な庶民の父と息子）の馬が障害レースのグランドナショナルで優勝する程度でしかなかったのが実情だった。この話のあとのほうになって、私は選挙中、一同の士気を高めようと、勇敢にもフランクは勝つだろうと言った。これに対してアンジ・ハンターは、「もしロンドンでフランク・ドブソンがケン・リビングストンに勝てると思っているなら、医者を呼ぶわ」と答えた。

そんなわけで、ロンドンでは混乱が次第に大きくなりつつあった。私がフロストの番組に出るころは、自分が何を欲しているかがわかっており、トップに据えたい者がわかっていた。

私はインタビューに出演した。フロストが喜んだことに、私に告白を引き出させる必要がなかった。私は例によって、完全に、おおっぴらに、さっさと断言したのだ。それは、ある考えを念頭において番組に出演し、そのとおり記録に残って終わった数少ない例の一つだった。

ゴードンとは数日戦ったが、彼もこれが不可避であることを了解し、結局政治の力がこれに反対することを不可能にした。それは明快な先制だったが、必要であり正当化できる先制だった。これによって私は計画のほかの部分に着手できるようになった。本格的な改革案をアランと煮詰めることである。

私たちは話し合い、今後数カ月でＮＨＳ改革の適切で本格的な案を作成することで合意した。多少どたばたがあったが、最終的にこれを十カ年計画とすることで合意した。目的はＮＨＳの運営方法を抜本的に変えることだった。一枚岩を分割する、民間部門との新しい関係を導入する、選択と競争の概念をとり入れる、看護師、医師、病院経営者など専門職との基本契約を再交渉する――などである。

最も重要な要素は、これが私の頭をずっと占めていた悩みの解決を示唆するものだったことだ。われわれは一九九七年、大事なのは「制度ではなく水準である」と言って政権についた。これは教育についての発言だったが、医療をはじめ公的サービス制度の多くの分野にもあてはまった。

言い換えれば、複雑な制度的改革は忘れよう、大事なのは改革が実効をもつことであり、それは結果を生むということを意味する。これは言葉づかいの一つとしては結構なことであり、政治の一つとしても確実に有益である。しかし残念なことに、われわれの考えを形成するための実験を始めると、政策の一つとしてはたわごとであることに気がついた。結局何が言いたいかというと、制度が水準を生むのである。サービスがどのように環境設定されるかが結果に影響を与えるのだ。

中央から管理された変革が一番有効だと信じるのでない限り、このとおりである。考え方の変革が、大きな政治的な、サービス上の影響をもたらすのはここのところである。ニューレーバーを作り出すのに用いられた思考過程の一部は、国家の性格を再定義することだった。

法と秩序を除けば、私は本来リベラルである。だからこそ私は、ロイド・ジョージ、ケインズ、ベバレッジをとりわけ賞賛したし、ロイ・ジェンキンズの精神に対しても敬意と親愛の情をつねに抱いていたのである。

個人が自己の生き方に関して昔よりもはるかに大きな支配と力を求めるようになった世界では、国家に関する近代的思想は、人に可能性を与えるもの、能力付与の源泉以外のものとは私には考えられなかった。それは、家父長的でも、分け与えるものでも、自分のことは自分で決められるはずの市民の利益を管理するものでもないはずだった。この直観すなわち勘は、当然国家の運営にとり入れられなければならなかった。実際それは、政策と思想のあいだの調和という非常に単純なことだったのである。

二〇〇〇年初頭以降、財政問題が少なくとも一般的には解決したので、私、アラン、顧問の緊密なチームで「NHSプラン」という十カ年計画にとりかかった。

一方、似たような趣旨の他の政策分野についても作業をつづけた。アンドルー・アドニスが教育担当顧問になった。彼がどういう経緯でわれわれのもとに来たのかはよく憶えていない。彼はオックスフォードの学者で、社会民主党の党員だったことがあった。彼はロイ・ジェンキンズの伝記を書くことになっており（仕事の重圧で完成できなかった）、《フィナンシャル・タイムズ》紙と《オブザーバー》紙のジャーナリストでもあった。彼の到着は偶然の産物だったが、素晴らしく生産的だった。彼はきわめて礼儀正しく、第一級の知性をもち、イデオロギー的な制約なしに考えることを恐れなかった。彼は完全にニューレーバーを〝体得〟していた。

もちろん、彼がかつて社会民主党の党員だったがゆえに恨みをもつ者もいた。ちなみに、デレク・スコットも似たようなことがあった。デレクは年金とマクロ経済政策について私に助言してくれた。デレクは実に決然としており、辛辣で、チームに新しい一面を加えた。ただし彼にはダーティ・ハリー（アメリカ映画に登場する刑事）のような外交手腕が備わっていた。財務省との会合は戦場さながらだったが、彼は並みのかんしゃく玉よりも早くかんしゃくを起こした。しかしおかしなことに、私は彼が身近にいてくれるのが好きだった。

対照的にアンドルーはどこまでも好人物で、根っからの社会民主党嫌いでも彼を嫌うのは難しかった。少なからぬ者が本当にそうしようとしたことは言っておかなくてはならないだろう。

デービッド・ブランケットは水準と制度について私と同じ思考をしていた。そしてもちろん、アンドルーはこの方針を強く促したのである。デービッドは彼自身の周りに強力なチームを築いていた。教育担当顧問マイケル・バーバー、教育・雇用省事務次官マイケル・ビチャードのような人たちで、ビチャードは最良の一人だった。こうして、われわれは医療と同じ原則に則って学校や大学改革についても再考し始めた。

刑事司法制度はこれとはまったく違った話だった。問題は当時も今も重大だ。時が経つにつれて、私は制度全体の本質、目的、構造、文化、道徳観、実践、特性など、あらゆるものの完全な再評価をすることになった。それは本質的に機能不全に陥っていたし、今もそうである。しかしこれについては後述するとしよう。

ここでは、二〇〇〇年に私が書いた長めのメモを引くだけで十分だろう。われわれは公的サービスと福祉国家についての戦後秩序全体に取り組むうえで、すべてにわたって、もっと徹底的、もっと急進的、もっと革新的である必要があった。

その年の前半を通して、われわれはとくにＮＨＳについて一所懸命取り組んだ。三月には下院でＮＨＳの近代化について声明を発表したが、それが七月の計画への道を切り拓いた。

同時に、市長選はまったく予想どおりの結果へと向かってゆっくり進んでいった。二つの段階があった。第一段階は労働党候補者の指名、第二段階は市長選挙そのものである。

第一段階に関してわれわれは、フランク・ドブソンの指名を確実にするために全力をあげた。当時われわれには並はずれた組織があり、それが並はずれた役割を果たした。上層部のあいだのケン・リビングストンに対する感情は信じられないほど強硬だった。それはもちろん愚かなことだった。私も例外ではなかった。ただ、ジョンやゴードンほど直情的ではなかった。私はむしろケンを特異なものとして目立たせた彼の流儀と風変わりなところ、そして彼のコミュニケーション能力を高く評価していた。また、彼の政策上の意見の危険さを大げさに見ていた。意図的にではなく、反対者の政治を表現するときの習慣の力からである。これはそうあるべきではなかった。誰かと意見が合わないとき、不一致を拡大させるというリスクが政治にはつきものである。色合いの違う二つのグレーが黒と白に、誤解された政策が破滅的なものになってしまう。

ケンを労働党候補に擁立することは、単純な理由から問題になろうとしていた。彼はジョンとゴードンが地下鉄計画のために描いた公的部門と民間部門の提携に真っ向から反対した。ロンドンの輸送問題は多くの面で市長の仕事を決めていたから、労働党の運輸政策の妨害に熱中している労働党候補を擁するのは難しかったのだ。

私はこの運輸政策を支持したものの、その近代化の性格については奇妙にもやや確信をもてなかった。また、ケンがニューヨークの交通の責任者として成功をおさめたボブ・キリーをロンドンの地下鉄運営のために招聘したがっていたことも、彼を推薦する理由になると考えていた。

しかしジョンは北部出身労働党党員として、ロンドンの労働党党員を軽蔑しており、ケンや成りあがりの者のニューヨーカーを信用していなかった。またゴードンも彼らを嫌っていた。さらに、ニール・キノックも彼ならではの方法で自分の気持ちを強く表した。いずれにしても言ったように、私は、フランクを慰留しようとはしなかった。そして、ケンが指導層の支持を得た候補者でないことは明らかだった。

やがて私は、成り行きに任せることを学び、大局が権力の委譲であるような状況下では、指導層の方針を押しつけることは、愚かであるどころか無駄であることを悟った。それは実際のところ、労働党に規律が欠如していた時代の遺物だった。決まった路線から逸脱することへの恐れがあまりにも強かったから、大局観が簡単に失われてしまったのである。したがって最終的には、フランクが市長になるのは不可能な状況下では、すべてを考慮した場合、ケンが無所属として勝利することが一番悪くない選択だろうと決心した。

しかし、党としての候補者を選任しなければならなかった。フランクが勝ったが、それは労働組合票のおかげだった。ニューレーバーにとっての大きな成果ではなかった。結果が判明する直前、私はケンとチェッカーズで会い、もしフランクが勝った暁には、忠誠を誓うよう求めた。ケンは同意したものの熱意はなかった。そして結果がわかったとき、彼が無所属で出馬すると発表したことに私は驚かなかった。私は彼を責めなかった。興味深いことに、私を支持していたがやや左寄りのロンドン労働党のメンバーのなかには、何があろうとケンに投票するという者がいた。彼らは私がケンに反対するのは馬鹿げていると言った。もし彼が出馬しなくても、フランクが市長になるとは思えないからだというのだ。フランクは市長になれないだろう。彼らはおそらく正しかった。

労働党内で候補者選挙が始まった最後の瞬間、私は土壇場で別の候補者に鞍替えしようとした。モー・モーラムが名乗りをあげるかもしれないといううわさが流れていた。これは様相を一変しまう事態だった。モーはケンと接戦になるだろう。私は彼女に本気なのかと尋ねた。そうだ、と彼女は言った。私は彼女の考えを受け入れた。私はフランクと妻のジャネットを官邸に招き、居室で一緒に飲んだ。アリスターも同席し、シェリーもひょいと加わった。私はフランクに、君が勝つのは難しいと思うと説明し、出馬をとりやめるつもりはないかを探った。答えははっきりしていた――そのつもりはない。私はその答えに驚きはしなかった。そして彼は、私がそもそもこの話をもち出したことに落胆したのだろう。ある程度、無理からぬことだった。

最終的には、モーもあくまでも出馬する覚悟はなかった。私の彼女との関係もかつてとまったく同じではなくなっていた。

政治における問題の一つは、もしリーダーであるならば――それはどんな組織でも同じだと思うが――

非常に危険をはらんだ人事決定をしなければならないということだ。最高ポストの数は限られているのに、それよりずっと多くの候補者や嘆願者がいるからだ。

内閣改造はまったく大変だ。人をクビにするのはいつでもとてもいやな仕事だ。しかし、人を自分で思っているような評価に従って昇進させないのも同じようにいやなものである。自身の能力の評価とこちらの評価とのあいだに大きな開きが存在することがよくある。

モーは北アイルランド省では素晴らしかった――状況がまさに必要としていたものだった。しかし私が一九九九年末に人事入れ替えを考えるようになったとき（いつものようにメディアで槍玉にあがるのをどうすることもできず、これまたいつものように首相官邸の策略だと考えられたこともどうすることもできなかったが、それはまったく嘘だった――私はモーにそのようなことは決してしなかった）、彼女と官邸のテラスで一対一の話し合いをした。

彼女は異動をいやがってはいなかったが、メディアの報道に苛立っていた。それは理解できた。ところが、彼女はこう言って私をびっくりさせたのである（そして彼女はこのうえなく率直だった）。私は政府で一番人気がある人間だ。ロビン・クックは人気がなく、評判を落としている。あなたは私を外相にすべきだ、と。私は完全に不意をつかれ、それはあり得ないととっさに示してしまったのではないかと不安である。

そして、ここに問題がある。自分が自覚している能力とこちら側のその人の能力に対する本音とのあいだに開きがあると、関係は修復不可能となる。

モーは当初から私の支持者だった。彼女には真の政治的センスがあった。一緒にいると実に楽しかった。自分の病気（脳腫瘍と診断されていた）に見事な尊厳をもって対処していた。たしかに内閣一の人気者だった。

私には〝モーらしさ〟としか表現できない彼女のユニークな個性は、北アイルランド省にとっては健全なカルチャーショックだった。私はある場面のことを決して忘れないだろう。かなり古くさいアイルランド人男性何人かを前に和平交渉をしていたとき、彼女が私の部屋に入ってきた。そしてかつらを脱いでテーブルの上にたたきつけるように置き、両足をデスクにあげ、大きなげっぷをしてから、意見を言った。「さて、この話は面白くないんでしょ。どう？」。そして本当は今もっとやりたいことがたくさんあるのにと言って、激しい情事の話から始まっていろいろなことを並べ立てたのである。彼女は一瞬にして、それまでイギリスの国務大臣の振る舞い方として認められていた固定した規範を変えてしまったのだった。しかし私は、このような態度が各国外相の繊細な感覚や油断ならない国際サミットを相手に丸出しになったときどうなるかと思うと、おじけづいた。外務省――パーマーストン（イギリス絶頂期の外相。一八三〇－四一）やグレイ（第一次世界大戦開戦時の外相）、そしてハリファックス（外相。一九三八－四〇）、さらにはピーター・キャリントン（サッチャー政権時代の外相。一九七九－八三）の精神が吹き込まれているあの堂々とした建物――が〝モーらしさ〟に備えができているとはとても思えなかった。だからモーが外相になるなどあり得なかった。

ちなみに、外務大臣の職に関して驚くべきことは、誰もがそれになりたがることである。外務大臣が〝国の枢要な職務〟の一つであるからだけではない。基本的に礼儀正しい人たちと現代世界の問題について接することや、世界を旅行して比較的熱心に耳を傾け受け入れてくれる人に向かって、多くの場合、善意と意見を説き聞かせて時を過ごすからである。燃料価格について荒らくれた手の労働者からいじめられたり、明らかに間違った動機によるあれこれのサービスに対する政府の支出拒否や、道路計画の詳細に関して苦情を聞かされたりする人向けの仕事ではない。外務大臣になる人はそのような些事にわずらわされるには高尚すぎるのだ。外務大臣の舞台は世界であり、論議は普通の人にとっては深遠すぎ、雄大すぎる戦略的国益に関するものだ。外務大臣の態度は、国内情勢のすったもんだとはまったく無縁のやり方で比較検討され評価され得るのである。下院は外務大臣が社会のありのままの姿に最も接近できる場所だが、その下院においてすら、外務大臣は平均的な議員がありがたそうにうなずきながら聞いていても、実はわかっていない事柄や場所について語り、名前をあげることができるのである。

それで誰しもが外務大臣になりたがるのだ。ジャック・カニンガムは一九八〇年代、九〇年代の労働党政治にも真面目な大人がいたという偉大な例だが、私が彼に多大な敬意を抱いた理由の一つは次のようなことだ。彼はジョン・スミスのもとで影の外相を務めた。私はロビン・クックを外相にするため、ジャックをはずした。ロビンはジャックが好まない人物だった。ジャックはその決定を受け入れ——恨めしく思ったかもしれないが、決して表に出さなかった——そしてうまくやっていったのである。このような人物はまれだ。

すっかり脱線してしまった。市長選挙が混乱するのは必至だった。そして、そのとおりになった。ケンは予想どおり無所属で立候補し、フランクに圧勝して市長になった。しかし私は選挙期間中、ケンを攻撃しすぎないよう気をつけ、コミュニケーションをいつでもとれるようにしていた。選挙後、私たちは驚くほどやすやすと適切な関係に落ち着いた。これについては彼のおかげだったことを本当に認めなければならない。

これら数カ月のあいだにあったさまざまなこと——ロンドン市長選挙、北アイルランドでの新たな揺れ、イスラム原理主義組織タリバンから逃れたアフガニスタン人によるスタンステッド空港での飛行機のハイジャック事件（将来の出来事に照らすと皮肉なことだった）、セノタフ（ロンドンにある世界大戦戦没者記念碑）を破損させたアナキストによるメーデーの暴動、そして通常のくだらない諸事——にもかかわらず、私は公的サービス改革の地熱を探っていた。

この問題にかかわる複雑さをときほぐし、再構築することは大変だった。この段階ではまだ手探り状態で、顧問、専門家、現場の人たちと数えきれないほどの会議を開いていた。私が得ようとしていたのは、変革をどのように形成し組み立てるか、そして最も重要なことはそれをどのように現場で、生きている人々の現状のなかで実行するかの感覚だった。

それは強い不満を引き起こすことがわかった。ときには、すべてのことを放棄して数日間を現場で過ごし、サービスを運用するのはどういうことか、現実の重圧は何か、通常の枠内で何ができるか、枠をどう変えることができるかについて勉強したいと思った。

さらに、どんな組織でも変革に着手すると最難関の一つにぶちあたる。それは私が「与件を取り払え」と呼ぶものである。それは次のような意味だ。われわれは通常、どんな組織においても既存の思考や慣習の範囲内で仕事をする。これが〝与件〟になる。したがってNHSでは、手術をするのは外科医であり、GPは手術用メスには手を触れない一般開業医である。看護師は複雑な処置は行わない（あるいは当時は行わなかった）。病院のベッド数が増えればサービスはよくなる。民間部門では支払いをするが、公的部門では支払わない。

あるいは学校では、標準的な全国カリキュラムがある。あるいは公務員制度には、決まった職務進路《キャリアパス》がある。裁判所では神聖化している公判手続きがある。

組織が従って動いているこのような〝与件〟に異議を唱えるのは厄介な事態になり得る。それらが存在するからには理由があって、少なくとも歴史的には、よい理由だったからである。それらを変えるのはさらに厄介事になり得る。慣習、しきたり、利益などのクモの巣がそれらの周辺に張りめぐらされているのだ。しかし組織が前進するためには、それらは変革していかなければならないのである。

そこでわれわれは、基本原則の再考に着手し、公的サービスがどのように運営されているかを見直した。基本原則を〝与件〟ではなく、以下のことに照らし合わせて測定しようとしたのだ。すなわち、今日の現実と変化がもたらす潜在力と可能性、政治的制約から解放され自由な思考を実践した際にわれわれが望む枠組みである。

私は専門家を招いて、言った。もし完全な自由があって、何をどんな方法ででも思いどおりにやれるとしたら、何をしますか？　私が構築し始めた全体像は私自身の直観に沿ったものだったが、公的サービスが抜本的な改革を必要としているのは明らかだった。

こうして十カ年のＮＨＳプランが生まれた。私は自分が十年間首相を務めるとは思っていなかったし、アラン・ミルバーンもそうだった。しかし、私たちはＮＨＳをこれまでと違った軌道に乗せるための基盤となる枠組みを設ける必要があると意識していた。改革のペースは速いかもしれないし遅いかもしれない。しかし少なくとも改革で何ができるかを示す機会を与えられるならば、方向はもとに戻せないだろう。

われわれは細心の注意を払いながら進まなければならなかった。党の反対があった――ジョンはしばしば敵対的だった。財務省はあの時点ではまだ、妨害も控えめだったが、懐疑的だった。労働組合は警戒していたし、（当然ながら）猜疑的だった。そしてＮＨＳ内の専門職たちは基本的に伝統墨守者に支配されていた。

もう一つ課題があった。国民は公的サービスに明々白々な失敗の分野があることを認めることだろう。公平のために言えば、ＮＨＳの冬の危機への対処方法を変える必要性について国民を説得するのは、そう難しくはなかった。効果をあげてない――中等教育修了資格試験（ＧＣＳＥ）における主要五科目で合格点をとる生徒の比率が一〇、一五、二〇パーセントといった、どの点から見ても絶望的な――学校について何かするよう国民を説得することも難しくなかった。ただ、これだけでは私の念願にはほど遠かった。

私は公的サービスについては基本的に中産階級的視点をもっている。これを理解してもらわないと、私が公的サービス改革のために実行したどんなことも理解してもらえない。私は自分の子供たちを公立学校（予算は全部国庫負担で、自治体が運営する）に通わせた。よい公立学校だったが、私としてはもっとよい学校であってほしかった。

少なくとも当時そうした学校は、もっともなことだが、まれだった。私の関心事は、生徒の一〇、一五、二〇パーセントしか合格点をとっていない学校だけではなく、五〇か六〇パーセントの学校についてもだった。

最終目標は、入院患者の待機時間を十八カ月から六カ月に短縮することではなかった。私は六カ月でもとうてい許しがたいと考えていた。自分の愛する者がそんなに待たされたら耐えられないはずだ。それなら、他の人にとってもそうあるべきではないか。そして、最善のことが起こるように制度を変えることが、なぜ不可能な夢でなければならないのか。

こうして、われわれは変革のためにより大きな願望を抱いていた。皮肉なのは、われわれが奉仕しようとしていた大衆も含む多くの人々にとっては、惰性で行われているか、平均的なサービスでそこそこ満足していることだった。

いずれにせよ、本来なら当たり前の水準以下でも我慢できる人たちがいるにはいたが、まさにこの中産階級的心理を共有したからこそ、われわれに投票してくれた多数のニューレーバー支持者がいたのである。だからといって、〝労働者階級〟の人たちの望みが小さいという意味ではない。反対に、〝労働者階級〟と引用符に入れられるという事実が、何か（そして私についてだけではない！）を示唆していると私は感じる。上昇志向の労働者階級は中産階級になりたいと強く望んでいるのである。

これはすべて同じところに帰着する。ほとんどの人は自分自身と家族のために成功したいと思う。そのことに後ろめたさを感じないし、感じるべきでもない。他人がそのような望みをもち成功することを妬ましく思ってはならないし、むしろ自分よりも運が悪く、うまくいっていない人たちが成功するように助けることを義務と心得るべきだ。

しかし問題はこうだった。労働党の多くの人々は慢性的にうまくいっていない場合なら急進的な改革を受け入れられても、大多数の人が受け身でも並みにやっていける場合は急進主義を受け入れようとしなかったのである。そこでわれわれは構造を変え、〝与件〟を変更するために戦わなくてはならなかった。さらに、態度を変えさせ、平等を犠牲にすることなく、優秀さ自体を正当な目標として促進するために戦わなければならなかった。

おそらく、われわれはまだ教育的段階で、実践的な経験が不足していた。NHSプランにしても、策定当初はまだ政治的にも知的にも未成熟さが見てとれた。それでも以前の状態からの抜本的な離脱を果たしたのだ。

NHSの前に、取り組むべき課題として法と秩序があった。われわれは一、二年前に初となる反社会的行動に関する立法措置を講じた。それが時代遅れで機能しなくなっている刑事司法制度をめぐる課題全体のなかに位置づけられることが、私にはいよいよわかった。目的は刑事司法を公的サービスのように扱い始めることだった。これが奇異に響くことはわかっている。だが、ここに問題があった。これは人間の自由の、重大かつ正当に尊重されている問題にかかわることだったがゆえに、刑事司法制度における焦点は当時も今も起訴と弁護の相互作用に置かれている。それに続く敵対的な尋問で、制度は、誰かを有罪か無罪と確定する経過で正当な判断をすることが優先されている。

もちろん、それは一番大事なことであり、つねにそうでなければならない。しかし、この側面にあまり厳密に固執しすぎてしまうと、現実の世界において公的かつ個人的な関心事の正当な分野全体が片すみに追いやられてしまう。制度がサービスとしてどう機能するかは一つの側面である。証人、被害者、基本的に法廷以外のすべての人々が起訴と弁護の相互作用をめぐってきちんと位置を与えられなければならない。裁判が中止される。被告が出廷しない。逮捕状が執行されない。警察には軽犯罪に対応する時間がない。これら一つひとつの事例の裏には、一人の人間が、気づかれないままの被害者が存在する。やっと気づかれるのは、彼らが法廷に現れるとき、すなわちすでに深刻な傷にさらに侮辱が加えられる、心に傷が残る長々とした過程をへるときなのである。

そしてこうしたことが、犯罪が二十世紀半ばよりもはるかに多発している状況のなかで行われていたのである。人々はこの原因を果てしなくあげることができる。しかし結局は、制度が現代生活の現実に合っていない、ということなのだ。自動車の時代における馬のようなものだ。素晴らしいものだが、十分な速度で、十分遠くまでは行けない。

私は反社会的行動に関心を奪われていた。個人的にもそれを絶対許せなかった。自宅がイズリントンの地下鉄アーセナル駅近くのスタバデイル通りにあったときのことだ。夕食に出なくてはならず、駅まで歩いて行った。通りの終わりを横切ったとき、男が壁に向かって立ち小便をしていた。私は立ち止まった。「何を見てるんだよ」と男は言った。「君、そんなことをしちゃだめだよ」と私が言うと、彼はコートから長いナイフを取り出した。私は歩き去った。

私はいやだった。男の行為自体がいやだった。しかしそれにもまして、自分が彼の行為をやめさせられなかった事実に嫌気がさした。自分が強いられた選択がいやだった。誰かが立ち小便をしているのをやめさせようとして命を危険にさらす——殉教とはとても言えないこと——か、立ち去るか。

日々、市内で、町で、郊外で、村で、集落でこのような光景が見られるのだ。これは大半のヨーロッパの都市でも同じだが、アメリカではもっとひどいかもしれない。人々がこれを強く嫌っているのは、しごく当然である。人々がなによりも大事にしている感覚を害するからだ。全国津々浦々で人々はこのことを話題にしていた。私は耳を傾けながらなんとかしたいと心から思った。

私は社会全体が間違った方向に動いており、それを正さなければならないと思った。それは回顧主義の一片ではなく、現代世界に対する典型的な挑戦であり、これに対応するためにわれわれの制度を近代化しなければならなかった。私は刑事司法制度の改革についていくつかの私的な、個人的なメモを書いた。ジャック・ストローがそれを目にした。デリー・アーバイン大法官は見なかったのではないかと思う。私の機嫌をとるために読んだようなふりをしていたが、実際は大衆迎合的なからくりにすぎないと見下していたのである。弁護士、判事、そしていろいろな大物たちの多くも同様だった。

加えてもう一つ、労働党政権であるという事実から起こった問題があった。《メール》紙は非常に毒づくようになった。最悪だったのは、基本的に根っからの保守党党員である編集長のポール・デーカーのような連中が、反対に引き寄せられる引力によって、発言内容に賛成していても、発言者によって反対するようになったことだ。

全右派陣営はまったく愚かな市民的自由モードに駆り立てられた。しかし同時に、犯罪に対してどう厳しくあるべきかについて不満を表明していた。市民的自由派の批判がすべてナンセンスだったというわけではない。私はそれに同調はしなかったものの敬意は払った。私が言いたいのは、右派の法と秩序路線のことで、彼らは容疑者の自由を守ることはかねてからの主張であったと突然言い出したのだった。

これはイラク後、非常に強大な勢力となった非神聖同盟の始まりだった。《デーリー・メール》紙（保守派大衆紙）と《ガーディアン》紙（進歩派高級紙）の同盟のようなもので、彼らの唯一の結束点は、私が嫌いだということだった。だが、改革案のなかにはその気になれば嫌悪すべき案はたくさんあった。そして彼らはその気になったのだ。そのようなわけで、ニューレーバーが築いた支持連合は、反対派の連合によって弱められた。反対連合は一面では信念から、一面では便宜上生まれた。それでも、こうした連合の存在によって、われわれは主張を聞いてもらうことが難しくなった。

このように刑事司法制度改革について自分の思うところを実施し始めたのだが、成果はまちまちというほかなかった。

私はまず、われわれの社会の性格について思想的な議論をすることに決めた。社会がどのように変化してきたか、再出発するために失われた価値観をどのように取り戻すことができるか。まずかったのは、この社会学的議論をウェンブリー・スタジアムで開催されたウィメンズ・インスティテュート（女性のための成人教育施設協会）の三年に一度の大会でご婦人方を相手に行ったことだった。

これほど無謀で星回りの悪い、つまり運の悪い企てを思いつくとは、いったい自分は何を考えていたのかさっぱりわからない。リオの誕生が何か関係したのではないかと思うしかない。

「保守主義の力」の演説のときになぜ少しばかり気が散ったのか、いつものように入念な準備をしなかったのか。シェリーに子供ができたと突然告げられた衝撃が大きかった点があげられる。

数週間後、この発表があると、例によっていろいろ口さがないことが話題になった。（1）驚き――総理大臣もセックスをするの？（2）皮肉――アリスター・キャンベルが陽動作戦の一つとしてとりしきったのだ。それも自分の女房と？（3）ちょっとした嫌悪感。

出産そのものは奇妙なことだった。私は病院の廊下で刑事たちと一緒にいて、シェリーが分娩に先立つ叫び声とうめき声をあげるのが聞こえるのを待っていた。そして子供が生まれるとなかに入り、彼女のそばにいてやった。助産師たちは見事だった――実に気遣いがあり、飾り気がなく、実務的な人たちだった。シェリーは素晴らしかった。私はこの女性を畏怖するときがある。彼女は子供が生まれる寸前まで仕事をし、予定どおり出産した。注文どおりだった。そしてその晩には退院した。しかも彼女は四十五歳だったのだから、たいしたことだった。

リオの誕生は一種、グローバルな出来事だった。翌日、私は官邸の外に出て、まずは誇らしい父親として一言述べた。そのときの失敗は、ほかの三人の子供の顔写真入りのマグカップを手にしていたことで、非常に安っぽく見えたことだ。そうだったと思う。しかし今度だけは本当に誇らしく思ったのは事実である。

それから官邸内に戻り、リオと一緒に公式写真の撮影に臨んだ。撮影者は決まっており、写真を売って、その収益金を寄付することにしていた。私たちはポール・マッカートニーの娘メアリーに撮影を頼んでいた。彼女は上手で写真の出来栄えは素晴らしかった。子供たちは皆もうティーンエイジャーで撮影中大騒ぎしていたから写真の出来映えはちょっとした奇跡だった。メアリーが彼らには反社会的行為に対する処罰が科されるべきだと思っていたのがわかった。

それからというもの、現代風の父親にふさわしい行いをしなければならなかった。夫として産休をとったのだ。至福だった。リオの面倒をみることが嬉しかったからではない（子育てにいつも参加したが、赤ん坊に食べさせたり、寝かしつけたり、おむつを替えたりするのが楽しいとは思わなかった）。二週間ゆっくりし、首相質問（ＰＭＱ）もなかったから、ウィメンズ・インスティテュートで行う演説について考えることができた。聴衆は総じて気持ちよく好意的だと聞かされていた。演説では知恵の精華を披露することにした。

六月七日の午前、ＰＭＱの少し前（私は何について考えていたのだろう？）、ウェンブリーへと慌ただしく向かった。小さな控え室で演説を読み返し、これは教授の一群向けの講演だったかもしれないという思いがよぎったことを憶えている。演説後、自分にも言い聞かせたが、なによりも癪だったのは、演説が実際非常によい出来映えだったことだ。思いやりがあり、主張もよく組み立てられていた。仮にどちらでもなかったとしても、論評か批評に値するものだった。

私は、これほど多くの人にマナーが欠けていることがなぜ些細なことではないのかという理由を論じた。それは適切な行動が衰退していることを隠している何かであり、それはもっと深刻な形になって現れるからである。子供にしつけをする教師よりも子供の側に立つ親たちのこと、いかに基本的な礼儀正しさが無視されているか、そしてそこから生じる風潮について語った。時計の針を逆回転させることができると装うのではなく、世界が変わったこと、伝統や家族の圧力がなくなったなかで善良な行動を強制させる新たな制度が必要とされていることを認めて、こうした風潮を逆転させるよう試みなければならないことを説いた。

ウィメンズ・インスティテュートは以上の意味を理解してくれるだろうと私は思った。そして不思議なことだが、出席者がもっと少なく、耳を傾ける用意ができていたら、たぶんそうしたに違いない。ところが反対に、演壇に進んで一万人の聴衆を見渡しながら話し始めると、落ち着かない気持ちになった。私は聴衆にとても敏感であり——職業柄そうならざるを得ない——この演説はうまくいかない感触を得たのだ。

十分ほど話し続けてますます不安が募ったころ、あちこちから叫び声があがり、突如ゆっくりした手拍子（不満、批判などを表す）が起こった。聴衆は反乱を起こしていたのだ。正直なところ、こうなってしまうとどうすることもできない。多かれ少なかれフリーズする。

私は壇上からウィメンズ・インスティテュートの幹部陣に目をやった。彼女らも頼りにならなかった。やっと少しばかり助け船を出してくれたと思ったら、「申し訳ありません。こんな話を聞かせ続けて。でも、お願いですから——申し訳ないことはわかっていますが——もう少し話させてやってください」といった具合だった。

これで聴衆は少し静まったが、それも多少の不満と大声のあとだった。私は明らかにいつひっこめさせられるかわからない苦境に立たされていた。幹部陣はデファルジュ夫人（ディケンズの小説『二都物語』に出てくる復讐心に燃えた女性）を前にした凡庸なフランス革命委員会のようなリーダーシップしか発揮しておらず、たいして役に立たなかった。私はこれ以上傷つきたくなくて、つまらない即席の発言をしてその場から退出することにし、しかるべく実行した。公平のために言えば、幹部陣も多少自分を取り戻し、私に来てくれたことを感謝し、型どおりのお愛想を言った。私は全員に対して強い嫌悪感を抱いていたものの弱々しく笑ってすべてを上機嫌で受け入れているふうを装った。

議会とＰＭＱ（こんな経験のあと、保守党党首のウィリアム・ヘイグに対峙することがどんな冷笑を引き起こすだろうか）に向かう車に乗り込むと、私は頭を振った。「なんという大失態だ」とアンジに言った。

アンジの偉いところは、崩れることのない、ときには呆れるほどの楽観主義である。物事が沈んでいるとき、彼女は元気を出す。暗雲が垂れ込めるずっと前に希望の光を見出すことができる。彼女は前向きの生きる力であり、すべての消極性をはねつけ、暗黒のなかにあっても光と歓喜と希望の明るい笑顔で周囲の雰囲気に温かく浸るのである。

だから、これしきのことではへこたれなかった。「中断を別にすれば、上出来だったと思うわ」と彼女は言った。

「そう願いたいね、アンジ」と私は答えた。

その晩、屈辱と私の敵である保守党とのあいだに漂う歓喜のニュース速報の一日のあと、酒を飲みながら、そしてシェリーのおかげもあって、私はすべてのことを笑いとばすことができた。シェリーの言うとおり、結局のところあれはマナーの衰退に関する演説だったのだ。

刑事司法制度改革に関する申し立ての決定をめぐって起こった二番目の出来事もうまくいったとは言いがたかった。もっとも、その帰結はずっと広範にわたり、最終的には満足のいくものだった。

犯罪と無秩序に関する警察上層部との討議の一環として、私は軽犯罪での有罪を立証するための通常の長々とした手順を、どうしたら短縮できるかについて話し合っていた。

問題はこうだった。私がたびたびしたことだが、町を巡回している巡査と席をともにして話してみると、同じことが繰り返し起こった。私はいつもこう尋ねた。誰かが酔っ払って騒動を起こしている、あるいは混乱を引き起こしたり人を襲っているのを見つけたとき、それが重大な刑になるほどのことではない場合、どうするのか？　返答はたいがい、何もしない、それだけの価値がない、だった。

　ケント州のある警察官がこう言ったことを憶えている。「現実の世界で何が起こっているかを言わせてください」。そして次のような話をした。非常に軽微な犯罪でも、どれほど大量の書類作業、検察官や証人との協議がいるか、そしてなによりも癪に障るのは、慣習的な犯罪者でこうした仕組みを知っている者は、それをどう悪用できるかを知っていることだ。だから多かれ少なかれ、咎められることなく行動する。

　ほかの似たような会話とともに、このことは私にこう確信させた。理論上はどうであろうと、軽犯罪に正式な訴追手続きを完全に適用することは、実際には訴追されないということを意味するのだ。私は完全なゼロ・トレランス（ほんの些細なことでも絶対容赦しないこと）の信奉者になっていた。軽微な犯罪を見逃すと、重大な犯罪が起こるようになる。「何でもあり」、無礼な行為、許容できないことを許容する文化を作り出してしまう。こうした犯罪はすべて軽微と言えるかもしれないが、この形容詞は相対的なものである。私は通りで立ち小便をしていた男と取っ組み合いをしたわけではなかったが、あの一件は決して忘れない。

　したがってテキストでは何を言っていようと、現実には軽犯罪が処罰されることなくまかり通っているのだとしたら、制度全体が相手にされなくなる。これはその後数年にもわたって私が行った主張だった。私はこの問題で勝つことができなかった。医療の選択、教育における学校、あるいは大学の授業料などの問題で勝ったようには勝てなかった。しかしいつか、政府は教訓を学び直さなくてはならないだろう。既存の司法制度における〝与件〟を受け入れながら、法と秩序についてくどくど話すのは、ドリトル先生のオシツオサレツ（架空の動物。双頭の鹿で、片方の頭が眠っているあいだも別の頭が働いている）に乗って、どこにも行けないのではないかと思案しているようなものだ。

少し討議したあと、われわれは警察官にその場で罰金を徴収する権限を与えることを突然思いついた。「定額罰金通知」として知られるようになったものだ。これについては、関連閣僚会議で激しい議論があった。内務省ですら、それをほどほどの規模にしたがった。警察側は賛成で、私はこの制度が警察に法執行の追加的手段を与えると確信していた。今日、何十万件もの通知が発行され、制度の一部として受け入れられている。しかし私の見るところでは、もっと広く活用されてもよく、罰金の額も大幅に引き上げられるべきである。しかし、現状にとどまっており、今後の問題として残っている。

私はこのテーマをウィメンズ・インスティテュートよりももっと奇妙でふさわしくない場所で発表することにした。

私のオックスフォード大学での友人ピート・トンプソンはドイツのチュービンゲン大学のハンス・キュング教授を当然のことながらつねに賞賛していた。ハンスはカトリック司祭から大学教授に転身した人だった。ローマ法王の無謬性に関する意見のためにバチカンと仲たがいした優れた学者、著述家で、過激思想の持ち主と考えられていた。『*On Being a Christian*（キリスト者であることについて）』など、非カトリック信者に心を寄せる立派な本を書いていた。彼は宗派を超えた分野でも時代の何年も先を行っていた。私はイラクをめぐって他の多くの人と同じように彼と衝突したが、彼はいつも丁重で寛大だった。

ピートの薦めで、ハンスはチュービンゲン大学で講演をするよう私を招いてくれた。チュービンゲンは古い美しい市で、連合軍の爆撃を免れた数少ない町の一つだった。ジョン・バートン（イギリスのテレビ俳優）は彼の所属するフォークグループとそこで演奏したことがあった。記念の銘板はないが、地元の居酒屋に壊されたレコードがいくつかあるはずだと想像する。

ここでの講演のテーマも移り変わる社会の性格とその規則と秩序だった。イギリスの国内向けに、講演のなかに不良と現場での罰金徴収に関するくだりを含めた。アリスターが当然のことながら指摘したとおり、もしこれらを含めなかったら、私たちのヨーロッパ行きはイギリスの有権者からはまったく評価されないことになってしまうからだ。

ちょっと愚かにも、私は罰金の項をアリスターに書かせた。それは彼一流のタブロイド紙的文章だった。こういう分野で起こりがちな書きすぎを別にすればである。彼は犯罪者を一番近いキャッシュポイント（現金自動支払機のこと）に連行し、彼らが金を取り出して罰金を払わされるのを厳粛に見守るというようなことを示唆したのだ。すなわち本物の現場での即金の罰金である。文字どおりだが、実際的ではない。

帰りのイギリス空軍機の座席に落ち着いたとき、アリスターは「これがどうニュースになるかわかるよ」と自信満々で言った。「大きくなるよ」。限られたものではあったが、この予想では彼は疑いもなく正しかった。

不幸なことに、これは大きな議論が小さな間違いでぼやけてしまう典型例となった。現場での罰金徴収はたしかに実施されたが、多かれ少なかれうまくいかなかった。〝キャッシュポイント正義〟と呼んだことが物議を醸し、この方式を弁護できなくしてしまったのである。

だが最終的には、たいした問題ではなかった。はるかに大きな展開――反社会的行為立法の新たな枠組み――の種がまかれたのである。

私が望んだ改革の大衆向けプレゼンテーションはうまくいってなかった。その理論的局面はウィメンズ・インスティテュートで頓挫していた。政策的局面はチュービンゲンの古めかしいアーチ型天井にひっかかって動かなかった。次は個人的な局面展開だった。

首相に十代の子供がいるということは、つねに潜在的な危険を抱えていることである。それはまるで天下周知の事件が起こるのを待っているようなものだ。私は素晴らしい、総じてものわかりのよい、そして穏やかに反抗的な子供がいるという点では恵まれていた。自分がその年代にどんなだったかを思い出すと、ダウニング街に連れてこられたティーンエイジャーの自分を考えてぞっとする。

遠い昔のおぼろな記憶だが、オックスフォードで最初の一年を終えてダラム駅で列車から降りた私を父が駅に出迎えてくれたことを思い出す。私の洗っていない髪はラプンツェル（グリム童話に出てくる長い髪の姫）のように長く、靴もはいてなければシャツも着ていなかった。ジーンズはぼろぼろだった――破れたジーンズがまだ流行でなかったころだ。最悪なのは、母が捨てたカーテンから作った長袖のコートを身につけていたことだ。父の友人たちも皆、駅に来ていた。私の横では彼らの子供たちは良識の模範のように見えた。

父は古いカーテンを見て明らかに顔をしかめた。ともかく目立ったのだ。父が可哀相になった。

「父さん」と私は言った。「いいニュースだよ。僕は麻薬をやってないよ」

父は私の目を見つめて言った。「息子よ。こんな格好をしながら麻薬に手を出していないのなら、それは悪いニュースだ。本当に問題があるということだよ」

普通の子供に比べれば、私の子供たちは立派だった。ところが問題が起こった。子供が行方不明になってしまったのである。

ユーアンは十六歳で、GCSEを終えたばかりだった。正直に言って、そして私がこの話をするのを彼が気に留めないのなら、彼の成績は大いに祝福すべきものではなかった。それでも友人のジェームズ――好青年で二〇一〇年の総選挙で労働党候補になった――と外に出て二人で祝おうと決めた。

七月六日の夜、十一時半ごろのこと、私は眠ろうと階上に移動していたが、ふと、ユーアンはどうしているかのぞいてみようと考えた。彼はその時間には自分の部屋《フラット》に戻っているはずだ。そう思ったのは間違いだった。自分の部屋にも住居部分のどこにも見当たらない。

シェリーは彼女の母とリオを連れて、短い息抜きにポルトガルに出かけて留守だった。

いったいユーアンはどこにいるのだ。わかっているのは、ジェームズと外に出たということだけだ。ジェームズの母親に電話して、彼の電話番号を教えてもらうと、ジェームズに電話した。彼の話は要領を得なかったが、大筋はユーアンがレスター・スクエアの方角に向かってふらふら歩いていったのを見たのが最後だということだった。

私はパニックになった。首相であることのいくつかの異常な難題の一つはこうしたところにある。ユーアンを自分で探しにいきたかった。親なら誰でもそうするだろう。飛び出していって急いで探し回る。だが首相である私がレスター・スクエアまでぶらぶら出かけて、真夜中の民情視察をすることなどできるわけがない。官邸の入り口にいる警察官に事の次第を説明し、あとは彼に任せた。いつも頼りになる男として登場する役者よろしく、彼はわかりました、探してきますと宣言した。

続く数時間は必死だった。心配のあまり私は、翌日非常に大事な行事が控えていることを一時忘れていた。イースト・サセックスの都市ブライトンに出かけて、まずイギリス黒人教会大会を訪問し、次にクエスチョンタイム（下院で平議員が閣僚に対する質問時間）の特別版をやる予定になっていたのだ。それは私が主役で、あろうことか法と秩序、反社会的行為が中心問題だった。

あの素晴らしい官邸の警察官はなんとかユーアンを探し出し、午前一時半ごろ、惨めな様子のユーアンを連れて現れた。明らかにまだ酔っ払っていた。レスター・スクエア地下鉄駅の近くで未成年飲酒、公衆の場での酒酔いのかどで逮捕されたのだった。状況とタイミングは抜群に悪かったと言っていいだろう。

その晩は一睡もできなかった。二時半ごろ、ユーアンは私と一緒に寝たいと言い張った。長々と悲しげな謝罪を言い続けるかと思えば吐くの繰り返しだった。私は彼が可愛かったし、不憫にも思った。けれども、もし警察の留置場が空いていたら、そこに移すのに賛成しただろう。

そうこうしているうちにとうとう朝になった。ニュースはユーアンが官邸の入り口に連れ戻されたころに広がった。警察署はいくつもの見事で必要な目的に奉仕するが、秘密を守ってくれる場所ではない。この問題をメディアがどう扱うかについてアリスターと話さなければならなかったが、彼はこの事件を愉快きわまりない珍事ととらえた。クエスチョンタイムの出来を左右する非常に面白い話題になると考えた。キャッシュポイントの罰金徴収が大失敗に終わったことなど忘れてしまったようだった。その一方で、私はすっかり上の空だったのではないかと恐れる。睡眠不足ならなんとかなるが、まったく寝ていない場合はどうにもならない。何かしらの手段――おそらく鉄道――でブライトンに行き、用意された演説を握りしめ会場に赴いた。

何を予想したらよいのか、てんでわからなかった。のちにもっと詳しくなったが、当時は黒人教会については あまり知識がなかった。アメリカの黒人教会といかに似ているかに気がつかなかった。活気にあふれ、刺激的で、全員参加で、すべて歌と踊りだった。

私が入っていくと、歓迎のどよめきが起こった。もちろん皆がユーアンの一件を知っていた。それは大ニュースだった。こんな表現を許してもらえば、それは彼らにとってはこのうえない楽しい出来事だったのである。総理大臣の息子が失態を演じて、悪魔のアルコールに負け、正しい道を踏みはずした。そしてその総理大臣が自分たちのところにやってきているのだ。そう、ご想像いただけると思う。

それはリバイバリスト（信仰復興運動の指導者）の集会みたいだった。一同は祝福し、祈り、主の名を唱えていた。全身霊感に満ちた親切なリーダーの指示で皆が手を握り、私と私の家族とユーアンのために祈った。たしかにユーアンは酒を飲んだし、飲むべきではなかったが、私は一瞬、これはちょっとやりすぎに見えると言いたくなった。彼は立派な犯罪者もしくはその類なのに、まるでそうでないかのような扱いだった。

しかしそれは口にしなかった。口にしたとしても少しも問題にされなかっただろうが。彼らにとっては、少年は一度失われ、そして見出されたのだ。それだけが大事なことだった。

それはすっかり私を目覚めさせた。私は用意したスピーチを傍らに捨て、その場の精神にすっかりのめり込み、私が与えられたのと同じくらいのものを皆に与えたと告白しなければならない。私は恥も忘れてテレビ伝道師のように壇上ではしゃぎ回り、多少大声をあげ、叫び、大いに楽しんだのである。

クエスチョンタイムのためのスタジオに着いたときには、私は主の精神に酔ったように戦闘的になっていた。最初の質問者が、息子の愚行は私が法と秩序に関心があると主張していることを嘲笑うものではないかといやなことを聞いたとき、私は事実上彼を殴りつけ――少なくとも言葉で――そしてその調子で続けた。「あの宗教集会で、彼らはあなたのお茶に何を入れたんだい?」とアリスターがあとから聞いてきた。「毎週あそこに行ってもらうべきだね。でも考え直したらそうでもないか」とつけ加えた。

帰る途中、あるパブに立ち寄ったところ、地元の人たちが歓待してくれた。皆が完全にユーアンの肩をもってくれ、パブのお客たちがかわるがわる無為に過ごした自分たちの若きころの話をするのを聞いたのだった。このようなとき、イギリス人は非常に礼儀正しいのである。

こうした騒動も終わると、アランと私はNHSプランの詳細にふたたび戻った。この問題については何度も――週に何回も――会議を開いて、調べ、調べ直し、またもう一度調べ直した。

これを、疑い深く神経質になっている党に売り込むには、ある点では改革の薬を甘くしなければならないようだった。進歩派政党は薬を飲むことができるし、一度飲めば、気分がよくなり、よりよく行動できる。しかし一匙の砂糖がその薬を飲みやすくするのである。われわれには、活用できるいくつもの積極的な要因があった。追加的資金、追加的スタッフ、初めの何年間かにコンサルタントから確保できるNHSの仕事、がんと心臓病患者のためのさらなる支援、ほとんどの男女共同病室の廃止、あるタイプの病院ベッドの増床。

その代わり、専門職との契約の再交渉を始め、民間部門とのあいだに新しい境地を開き、サービスがもっと利用者にとって使い勝手がよくなるように変え、基本的に、二十一世紀のビジネスの考え方をサービスの柱に投入し始めたNHSの原型を形作り出した。

今になってみると、すべてに限界を見ることができる。今日ではそれほど大胆だとは考えられないだろう。そしてたしかに実施面でミスがあった。われわれはコンサルタントやGPとの契約に厳密には必要以上にカネを支払っていた（これはのちに財務省と対立する原因になった）。しかし長期的に見れば、それだけの価値があったと思う。われわれはやがて制度を一変させることになる改革を軌道に乗せた。その結果、GPの報酬は寛大なものではあったが、新契約を立法化する際に、地域のGPの独占を競争にさらす権利を導入した。看護師たちにはるかに大きな権限が与えられ、若手と年輩の医師のあいだにあった古い垣根は取り壊された。

ドアは民間部門に向かって少しずつ開かれた。のちにファウンデーション病院となる考え方が導入された。診療予約制、最低サービス保証、革新の自由といった術語が来るべき文化の変革を物語っていた。それはNHSを患者へのサービスとともに顧客をもつビジネスのように扱うことをめざすものだった。

私にとっては、このプロセス自体が驚くほど啓発的で教育的だった。私は改革を考える際の適切な基準を発見し、概念をもっと明確に表現し、変化の方向性についてより大きな自信を身につけつつあった。改革を疑わしい経験的な証拠のあるギャンブルとして考えることをやめ、正しいかどうかよりも、どう実行できるかに挑むのが明らかな使命であると気づき始めていた。

当時までニューレーバー政策すら支配していた考え方との明確な決別は、このときから始まったと私は認識する。すなわち公的部門と民間部門は異なる原則に従って異なる範疇で運営されるという考え方である。たしかにニューレーバーは党を民間部門に対する敵対意識から徐々に脱却させた。しかしいまやわれわれはニューレーバーの一九九〇年代版から、二十一世紀のものの見方に見合ったものへと移行したのである。

真実は、公的部門と民間部門のすべての差異は、一点を除いてあらゆる点で嘘だったということだ。その一点とは、対価を支払うサービス、それに対してただで得られるサービスである。この相違は明らかに核心的であり、公的サービスを規定しているが、公的サービスをどう維持し、管理し、運用するかを規定するものではない。言い換えれば、この一点は重大だが、ほかのすべての点においても同じルールが公的部門と民間部門に等しくあてはまり、そしてこれらの点は非常に重要だということである。

NHSのような公的サービスでさえ、建物やIT機器、テクノロジーなどの契約交渉はビジネスのようなものである。コストを削減するとき――削減できるならすべき――も、人を雇ったり解雇したりするときも、ビジネスと同じだ。革新するときも同様である。

そこで私は、ビジネスの考え方を公的サービスの実践に導入する方法、とにかくあらゆる方法を模索し始めた。ちょうど民間部門が大量生産と標準製品からジャスト・イン・タイムと特注製品に移行したように、公的サービスもそうすべきなのである。人々がある会社のサービスのほうが他社のサービスよりもよければひいきを変えられるように、公的サービスの顧客もそうできるべきである。民間部門のサービスがリスクを冒すこととイノベーションで動かされているように、われわれは公的サービスの最前線で同じことが行われるように自由化すべきなのである。

私はまた、こうした議論はすべて、公的サービスの精神に対する裏切りだとする意見に、ときとして明白すぎる苛立ちの気持ちをもつようになった。もし現状が貧弱なサービスという結果を招いているのなら、それこそがその精神への真の裏切りではないか。私にしてみれば、それは明白だった。だから、貧弱なサービスが誤った構造から生じているのだとしたら、その構造を変えなければならない。いずれにせよ、〝みんなの公的サービス〟の保護という言い分の多くが、いかに公共の利益の名目で既得権益を扮装させることを意図した、いかがわしい宣伝であるかがわかった。

われわれはこの計画の呈示の仕方に意を用いた。夏の議会休会直前、七月末に行う予定にしていた。私はいつも大きな計画のいくつかは夏の長い休会前に発表することを好んだ。

休会は三カ月にもなる。下院院内総務だったときのロビン・クックは改革への熱意から、休会期間を短縮しようと試みた。その提案はメディアには歓迎されたものの、議員たちは不平を鳴らした。私は個人的には長い夏休みを愛した。というのも、思考をこらし、休暇を楽しみ、しっかり勉強して、党大会の時期までに考えをまとめる余裕を皆に与えたからだ。議会開期中は、あまりにも生活が慌ただしい。そしてもちろん、閣僚が仕事をするメディア環境も激変し、メディアに対する責務が山ほど増えるのである。現代政治は猛烈なスピードで進むから、長期休暇は本当に助かるのだ。

しかし議員たちには明確な戦略をもたせて夏休みへと送り出さなければならない。だから七月末はいつも、対処できる程度に多忙だった。

NHSプランに行きつく前にほかにやることが山ほどあった。われわれは政府としての年次報告書を議会に提出した。これはわれわれの新考案のなかでも馬鹿ばかしいものの一つだった。だが、その考えはまったく理にかなうものではあった。公約とその年の公約実現について振り返るものだった。アメリカ大統領の一般教書演説のようなものだ。

七月半ばに議会に提出した二〇〇〇年度報告のあと、私はこれをごみ箱行きにした。この報告書はややせわしなかった。達成した項目にチェックマークをつけた。ところが、実施していなかったのにマークをつけたものがあったのだ。リストに載せ、マークをつけた、いわゆる達成項目に思い出に残るものが一つあった。それはシェフィールドに新しいスポーツ競技場を建設することだった。問題は、新競技場が存在しなかったことである。保守党党首のウィリアム・ヘイグはここぞとばかりに噛みついた。保守党の見事な重鎮ピーター・ブルックが立ちあがり、何ページ目にある写真の目的は何かと質問した。そこには避妊用ピルの袋が写っていたのだった。これには参った。いずれにしても、うまくいくアイデアもあれば、そうでないものもある。これはうまくいかなかった。

こちらから進んで人に呼びかけて政府の弱点を批判させようとしても、人間的進歩の目標、イギリス政府の目標を前進させることにならないのは確かだった。したがって、そのアイデアを捨てることは、新たな困惑が増えることにはなったが、毎年絶えることのない攻撃を受けることを避けるため、私はその困惑にはあえて耐えることにした。

二〇〇〇年七月二十七日、私はNHSプランを発表した。うまくいった。それは労働党の文書であるという満足感を平議員に与えるに足るものだった。そしてニューレーバーの主張であると人目でわかるものだった。

同じころ、教育担当顧問のアンドルー・アドニスとともに、アカデミー校の構想を策定した。まだおおまかな構想だったが、そのアイデアはかなり前に芽生えたもので、自治体から独立した、中央政府直轄の工業学校という保守党の古い政策に一部基づいていた。十校が作られたあと、この保守党の政策は棚上げされていた。だが、その政策が別の分野でのわれわれの構想と合致した。すなわち、各校に独立性を与え、地方自治体当局による直接支配から解放し、スタッフの雇用方法を含め革新を図らせるものだった。

政権二期目の公的サービスと福祉改革の課題は次第に輪郭を現しつつあった。議会が休会に入ったとき、私はまずまずの上機嫌だった。もはや道を探っている状態ではなく、道を見出しつつあった。

しかし一つの雲が出現し、大きな暗い影を落とそうとしていた。ゴードンは力と技量のすべてを駆使して経済を巧みに動かしていた。そしてそれは小さいことではなく、政府に安定とバランスをもたらしていた。ところが、財務省お決まりのパターン、警戒心以上の懸念が現れていた。改革方針は共有されてもいなければ合意もされておらず、好まれてもいないことが明らかだった。私とゴードンとの議論で公的サービスの〝市場化〟という言葉がしきりに使われるようになったのに気がついた。彼の顧問であるエド・ボールズが関与しているときは、その傾向が顕著だった。〝市場化〟という言葉は褒め言葉として使われてはいなかったのである。

この時点で雲はまだ太陽をさえぎって空を曇らせはしなかったが、私を不安にさせた。私は急進的なマニフェストを望んだ。ゴードンも同じだった。しかし〝急進的〟という言葉が二人にとって同じ意味をもっていたのだろうか？　ゴードンは政権二期目と私の後継者についてどう感じていたのだろうか？　すでに四年政権を担当しているのだとしたら、総選挙まで一年を切っていた。さらなる勝利を確信じている政権にとっては、いいタイミングだった。

イタリアのトスカーナ、さらにフランスのアリエージュに出発するとき、私は二期目も勝てる、しかも快勝できる態勢が十分整っていると感じていた。小さなリオはこのうえない、純粋な至福になっていた。素晴らしく、幸福で、周りの者にとっても彼自身にとっても歓びだった。赤子をふたたび持つのは不思議なことだったが、それが官邸ともなればなおさらだった。彼は部屋から部屋へ、電話交換室から外交政策部署へと運び回され、世に倦《う》んだ政府の活動の渦のなかで、小さく善良な天真爛漫な存在だった。

トスカーナのストロッツィ宮殿の美しい由緒ある庭園のなかで、今後数カ月のあいだに何が待ちかまえているのかと思いをめぐらせた。私の推測は広範囲にわたった。だが、洪水、燃料価格高騰に対する抗議運動、口蹄疫といった事態にまで及ぶとは一瞬たりとも思わなかった。まだ本当に幸せだったのだ。

第10章　危機管理

公的サービス改革が関心の的だった七月の終わり、私は休暇に出かけた。戻ってきたのは八月末だったが、当然ながら焦点は移り、総選挙を二〇〇一年五月に実施できるかどうかになっていた。これは助走段階だった。選挙前のシーズンに入った瞬間、すべてが選挙をめぐって展開され始める。焦点も変わる。心は政治的に考えるようになる。公的部門の改革に関する絶え間ない分析と再分析は、世論調査、フォーカスグループ、世論を証明する逸話に取って代わる。政権の中心からはるかに遠く、党の雑務をしながら何年間もシベリアに追放されていた人たちが、自信を新たに突然クレムリンの大広間に姿を現す。そして選挙組織の車輪が回転し始める。

党の大部分にとって、やがてくる選挙運動はただ一つの単純な念願が中心になっていた。二期連続して政権につく初の労働党政府になることだ。私にとってそれは、もっと抜本的な改革を進めるための信任を勝ちとることだった。方向に関する議論はとっくに決着がついていた。一期目は、統治能力があることを証明した。二期目は、われわれが何をめざして統治しているのかにかかわるものでなければならない。私の目にはもはや可能でも望ましくもない国のビジョンに基づくイギリスの古いやり方を越え、われわれ自身を未来に対応できるようにすることだった。私の近代化意欲は際限がなく、ときどき異常なほどだった。方向を間違える場合もあったが、前進の動きは基本的には正しいと確信していた。一九四五年（一九四五－五一年の労

（労働党クレメント・アトリー政権下）の福祉国家と公的サービスに関する考え方すべて、法と秩序と移民に関する時代遅れの制度、世界におけるイギリスの役割についてのイギリス人自身の見解――を変える必要があった。二十一世紀を、われわれ自身を国として新しく作り変える好機と捉えなければならなかった。サッチャーは企業と産業を解放する点では正しいことをした。しかし欧州懐疑主義にあまりにも取りつかれていた点では、サッチャーは、今現在この新千年紀の年にわれわれがいるべきところともはや合致しない国家観をまだイギリスに抱かせた。そう私は感じていた。

私はすべての政策に対して正しい答えを打ち出したわけでは決してなかった。一期目の重大な失敗は理解していた。標準や実績の向上を構造改革と切り離して実現できるという誤った考え方をもっていた。これはほぼすべての面で一律にあてはまった。とりわけ公的サービスの分野でそうだった。なによりも、権力を支配的な利益集団、労働組合と団体から剥奪し、国民、消費者、親たち、患者たち、利用者に手渡さなければならなかった。

そんなわけで、長い楽しい夏休みから戻って休養十分だったのだが、落ち着かず不安だった。勝つためにに正しい政治的論拠を練りあげなければならなかった。適切な変革のための適切な権限をわれわれに与えてくれるだけのマニフェストを立案しなければならなかった。われわれは一期目に政治的財産を蓄えた。ふたたび勝利する、それも大勝するためには、その財産を高水準に維持しなければならなかった。だが、私にはその財産を費やさなければならないときが急速に近づいていることがわかっていた。今になってみると、初めに何か疑念があったとすれば、それは二期目は一期目よりずっと厳しく、ずっと難しく、人気も落ちるだろうということだった。

このことを痛感させるかのように、休暇から戻って九カ月後に選挙に勝つまで、天災と人災の最も異様な組み合わせに巻き込まれたのである。

戻って数時間も経たないうちに、いつでも起こり得る、そしてしばしば束になってやってくる、扱いに異常なほどの神経を要する難しい決断の一つに迫られた。シエラレオネに派遣したイギリス軍は見事な働きで、民主的な政府の支配を奪回することに成功していた。だが不幸にも、戦闘中の王立アイリッシュ連隊の兵士の一団が革命統一戦線（ＲＵＦ）によって拉致された。人質とＲＵＦの潜伏先の機密情報はあった。国防参謀総長のチャールズ・ガスリー将軍は官邸の私の執務室で緊急に会いたいと言ってきた。彼は陸軍特殊空挺部隊（ＳＡＳ）による救出作戦を開始できると言った。

いつものとおり、チャールズは決断を私任せにせず、とるべき行動の道筋を薦める勇気をもっていた。しかし、犠牲者が出そうだと警告した。彼の説明によると、ＲＵＦは常軌を逸した武装集団で、人質だけでなく救出隊にも危険があった。それに代わる手段は交渉を重ね、なんとか交渉ルートを通じて人質を救出することだった。金と引き換えに人質を解放させることもできなくもなかったが、その解決策は類似の拉致事件を多発させる破滅的なシグナルになりかねないとの意見でただちに一致した。

私たちは互いを見つめながらしばらく座っていた。もっと検討することもあっただろうし、もっとつめるべき細部もあっただろう。計画と図面、その他そもそもヘリフォードにあるＳＡＳ司令本部では何をやっているのかを聞き出すこともできただろう。そうやって何を知ることができるか、念を押すことができるかはわかっていたが、話をしたところで決断は変わらなかっただろう。

「君たちは全員覚悟ができているのか？」と私は少しばかり無用な質問をした。

「連中はいつでも備えているのですよ。ご存じでしょう」。彼は鼻息あらく言った。

「わかった。やろう」

われわれは人質全員を取り戻したが、ＳＡＳの兵士一人を失った。チャールズは官邸の私の居住部分《フラット》を訪れ、彼自らその報告をした。私は部屋のなかをしばらく歩き回り、それは誰だったのだろう、どんな風貌だったのだろう、作戦に突入するとき何を感じていたのだろう、神経は、アドレナリンは、死が間近に迫っているかもしれないという実感は――と想像した。そして失われた命、悲しみに暮れる遺族を思った。われわれはRUFと交渉することもできたし、彼がまだ生きていることも可能だった。

「本当に申し訳ない。チャールズ」と私は言いかけた。「われわれが行動しなければ、問題は――」

「そんなふうにおっしゃる必要はありません」とチャールズが口をはさんだ。「それだけの価値があったことなら、私は正しい決定だったことに疑いをもちません。一人を失ったのは非常に悲しいことです。しかし彼らはプロです。リスクを承知しています。彼らはそうしたいから、そうすることの価値を信じているから、行動するのです。ヘリフォードでは大きな悲しみがあるでしょうが、多くの誇りもあります」

選挙が視野に入ると、私が「国民とあらためて結びつく」ための地方視察旅行をすべきだと決まった。「国民と結びつく」ということにはつねに多少うさんくさいところがある。現代政治においては、指導者も一般人と同じ生活をしているのだというふりをしなければならない。たとえスーパーマーケットで買い物をしたり、自動車にガソリンを入れたり、パブに行ってビールを飲んだり、クイズや軽口を楽しんだりということが現実にできなくてもだ。しかし今日では、誰であれ首相もこうしたことをすることができるし、すべきだという念入りな演技をしなければならない。さもないと、〝現実と遊離している〟と判断され、最悪の場合、批判に転化する。

私が何軒のカフェ、フィッシュ・アンド・チップス店、ショッピングモールに入ることができるか、いくら現金を手にして（そう、首相もポケットに本物のコインをジャラジャラさせなければならないのだ）何を買うか。すべては私が〝普通の奴〟であることを示すためだ。まったく馬鹿げたことである大きな理由の一つは、私が入っていくのに先立って、その場所には刑事が張り込み、店主は安全と政治思想のために尋問を受け、二十人くらいのカメラマンと撮影隊が取り囲み、場当たり的な抗議者が何人か現れ、通りすがりの変人がおり、そして普通の、でも当惑した町の人々がいて、ときには警察のヘリが上空を舞っているという状況になるからである。こうした次第だから、一般人が普通にコーヒーやCDを買うのとはちょっと違う趣《おもむき》になる。それでもすべて、このとおりにしなくてはならない。私が馬鹿ばかしいと不平を言おうものなら、官邸事務当局――とくにアリスター――は非常にむくれて苛立った。

この見本のような例は二〇〇五年の総選挙の際、私とゴードン・ブラウンが公園と遊園地を訪れ、アイスクリームを買ったことだろう。ケイト・ガービーとの会話はこんなふうだった。「あそこのバンに行ってアイスクリームを買ってください。一つは首相が手にして、もう一つはゴードンが。一体感と、普通の人間であることを見せるためです」

「いやだよ。馬鹿げてる。僕はね、ミスター・ウィッピーアイスクリームは嫌いなんだ。チョコのフレークがなかに刺さっているやつ以外はね。それに、ゴードンはここでアイスクリームを買う普通の人のように見えるかい？　よしてくれよ。スーツに身を固めた二人のうち一人が首相で、もう一人が財務大臣なんて滑稽だ。これの何が普通なんだ」

「とにかくやってください」。彼女は脅すように言った。「それに、フレークはつけないでください。欲張りに見えますから」（このアドバイスは無視した）。

このような視察にはいつもそれなりの楽しみがあった。あの日、公園を歩き回っていると、労働者階級のお母さん、おばあちゃん、ベビーカーに乗った赤ちゃんに出会った。「あなたはテレビで見るよりずっといいわ」と年老いたほうの女性が、私をまるで肉屋で肉を見定めるかのように言った。

「そうかい。もう一度言ってよ」と私はおどけて言った。

「もういったわよ」と彼女は言った（「come again」をイングランド北部の人は「もう一度言う」の意味で使うが、「come」には性的な意味もある）。ケイトは面白がって、この話を困惑したゴードンにした。

選挙が近づくとたび重なるインタビューに先立って、私はミルク一パイント（約〇・四七リットル）、バター一ポンド（約四百五十グラム）、ラムの肩肉など日用品の値段表に目を通した。パンは長々とした議論を引き起こした。どんな形か、白か全粒粉か、全粒ばかりでもなければ、白ばかりでもない――などなど。こんな議論は、私がこうした事実を知っているのなら、首相官邸近くの店（そんな店は実際にはなかった）に行って、食料品を買うこともあるだろうと思わせることができると信じて行われたのだ。もちろん、そんなことをするわけがなかった。しかし皆は、そのような買い物が大衆と私を〝結びつける〟力をもっていると信じていた。彼らが間違っていると誰が言えるだろうか。

私はこれに全面的に付き合ったが、いつもその前提を疑問視していた。大衆は愚かではない。自分たちと同じように首相が本当にぶらぶらスーパーマーケットに行くはずはないと知っていた。彼らは首相が自分たちと同じように暮らしていることを知りたかったわけではない。ただ、そうしようと思えばできるということを知りたかったのだ。そしてもっと重要だったのは、首相が彼らと同じように感じることができること、そして彼らがなんとか暮らしていけることを知りたかったのだ。

これは育ちや、階級や生い立ちとは関係ない。イートン・カレッジ（一四四〇年に創設された名門パブリックスクール）のOBであっても一般の人とうまくやっていけることがあるし、トリムドン炭鉱の出身であってもその人たちと反《そ》りが合わないこともある。それは気質、性格、態度の問題なのである。さらに本物かどうかにもよる。たしかに、一緒にビールを飲みたい男だと人々に思われないのがわかっていながら公職に立候補しているのだとしたら、それは問題だ。これは説明のつかないことかもしれないが、本当なのだ。私はいつもアメリカのジョージ・W・ブッシュ大統領のことを話した。普通の男としての彼の魅力を過小評価してはいけないと。たとえ彼の意見に同意できなくても、有権者として彼に社交的な場で会ったとしたら、不愉快になったり、彼が不適格だと感じたりすることは決してないだろう。親切で、打ち解けていると思うだろう。それで間違いないのである。

自分を本来の自分以上に見せようとしない限り、そのような普通さがないことはなんとか克服できる。私もその一人だが、政治家のなかにはいろいろなことについておしゃべりをし、人々に会うことを楽しむ者がいる。私は人に対して無限の好奇心をもっている（ビル・クリントンの大きな政治的強みは、最も魅力のない人間にも夢中になる無限の能力だった。なぜなら彼はつねに人から学ぼうとしていたからだ）。しかしそうでない政治家もいる。自分がそのような政治家であっても、あまり気にすることはない。真剣な心、あるいは厳しくさえある精神の持ち主であっても、勝つことはできる。それが本物であればだが。

私は地方視察にいつも不満を漏らしていた。いかがわしいＰＲ的前提が理由の一つだったが、官邸を留守にし、政策推進の仕事から離れることも不満の理由だった。こうした不満や、その非現実性、ときには超現実性にもかかわらず、出歩くこと、とりわけ現場の職員や企業からはつねに何かを学んだ。彼らが有益だったのは世論のバロメーターとしてではなく、官邸で報告されていることと現場の事実との類似点を確認する手段としてである。違うことが非常に多かった。

九月初め、こうした視察の一環としてイングランド北部に出発する直前、フランスで燃料価格高騰への抗議行動が起きているという報告が入った。石油価格は一バレル三十ドル以上に着々と値上がりを続けていた。十年ぶりの高値だった。ガソリンスタンドでの値段も急上昇し始めた。

燃料税は長年にわたって論争の種だった。財政問題を解決するため、前政権は〝燃料税のエスカレーター〟制度を導入した。インフレ率を一定幅上回る率で税が上がる仕組みだった。それは環境の面――初のグリーン税制――からも正当化されたが、その理論について誰も真剣に受けとめていなかった。このおかげで政府の借入必要額は制御可能な水準まで減少したし、原油価格が低いあいだは、燃料の原料の低価格によって燃料税の上昇は隠されていたのである。政府にとって非常に好都合だった。もちろん石油価格が急上昇し始め、ガソリンスタンドでのガソリン価格が高くなると、話は別だった。

フランス人は何にでも抗議する傾向があり、街頭でデモをするのにもたいした口実を必要としなかった。一方、イギリスでは、デモ活動は伝統的に礼儀にかなうことではなかった。石油価格上昇に対する怒りは、イギリスの燃料税がヨーロッパで一番高いという事実に突然関心を向けさせた。九月八日、それまでたいした興味もなしにのんびり眺めていたフランスでの燃料価格高騰に対する抗議運動がイギリスに飛び火した。

燃料抗議者は雑多な人々だった。農民、輸送業者、自営業者、反政府主義者などがいた。彼らは左派にとっておなじみの普通の抗議集団ではなかった。マルクス主義者ならプチブルと呼ぶ人たちだったが、彼らにはせこいところも、プチなところもなかった。彼らは心から不満をもっていたのだ。しかし私が思うに、彼らはきわめて反労働党だった。

彼らにはまた、燃料業界、したがって経済全体、そして政府を標的にする賢さがあった。石油は輸入され、巨大な精製プラントで精製されて、タンクローリーによってガソリンスタンドに運ばれる。精製プラントの数は少なかった。精製プラントがなければ、血液は動脈に流れない。ガソリンスタンドの貯蔵能力は大きくないので、四十八時間かそこらに一回は補充が必要だ。毎日毎日、このシステムによって燃料が給油場に運ばれ、そこから農家であれ、企業であれ、一般消費者であれ、顧客に供給されるのだ。

問題は私がこの事実を知っているべきときに知らなかったことだ。当局の誰一人としてこの事実を知らなかった。だから二つの精油所——バンスフィールドとスタンロー——で抗議行動があったことを耳にしたとき、われわれはその重大さを理解できなかったのである。

われわれは視察旅行に出かけた。いつもどおりの学校、病院、そして〝一般市民とのつながりの場所〟をめぐるものだった。途中、昼食をとるために小さなカントリーホテルに立ち寄った。ヨークシャーのハルの郊外で、党の催しで話をしてから、同地を選挙区としている副首相ジョン・プレスコットの下院議員三十周年祝賀の晩餐会に出席することになっていた。多少時間をつぶす必要があったので、昼食はゆっくり食べた。同行記者団もおり、彼らと間近に迫ったアメリカの大統領選挙について話した。テロとそれが世界規模の脅威に発展する可能性について興味をそそる議論をしたことも憶えている。

燃料抗議集団は、サッチャーによって非合法化されたピケという昔懐かしい労働組合の戦法を使い、タンクローリーが精油所から出発するのを阻止していた。アンジ・ハンターは抗議行動が拡大していることを私に告げた。石油エネルギー企業のシェルは抗議行動には暴力的なものもあると報告、タンクローリーの運転手に警察の護衛を求めた。私は不安の、最初の本当の高まりを感じ始めていた。それは四十八時間ほど遅すぎた。

われわれがハルに到着したころには、事態はすっかり悪化しており、抗議者たちがその場を取り囲んでいた。どこからともなく発生した嵐のように、メディアと抗議者が突然一緒になって巨大な雷鳴のように襲いかかってきた。国の動きを止めるアーサー・スカーギル（サッチャー政権と暴力的に対決した炭鉱労組の戦闘的指導者）流のピケと脅しの戦法は、メディアに非難の嵐を呼び起こさせるかもしれなかった。これがスカーギルだったらたぶんそうなっただろう。しかしこれはガソリン価格にかかわる問題——新聞読者の心に訴える問題——だった。そして抗議は労働党政府に向けられた。逆のことが起こったのである。抗議者たちはたちまち、無神経な政府に対して一般市民の権利を守るために戦っている街の英雄になった。

このようなとき、最も難しいことの一つは、止まらずに進み、予定どおりにすべてを実行することである。騒ぎをなんとか鎮めようと必死なとき、静かな片隅に行って考えることである。壮麗なハル市庁舎の大広間につながる控えの間に座り、私は動揺しきっていた。自分が状況をどうにもならなくしてしまったことがわかった。私のアンテナはぴくぴくと動いているべきだった。日常的に自動車を運転する人たちにとって、ガソリンを満タンにする費用が高くなるのは大問題であり、決っして些細なことではないことに気づいてしかるべきだった（そもそも、子供たちの乳母のジャッキーが数週間にわたってこれについて不満を口にしていたではないか）。燃料業界の体制が抗議に対してまったく無力であること、そして抗議行動がメディアを引きつける力を理解しているべきだった。世論調査で二〇ポイントのリードにあぐらをかき、自分たちの防御に大きな穴を開けてしまったのである。

ジョンのために晩餐会が開かれることになっていた中国料理店はすでに抗議者でごった返していた。警察は晩餐会を取りやめるよう忠告した。私はそのアドバイスをありがたく受けた。考えなければならなかった。

われわれは市庁舎の脇の扉から外に出た。道路で群衆に追い回されたあと、ホテルに逃げ込んだ。私は官邸がこの事態をどれほど深刻な気持ちで受け止めているかを知ろうとしていた。アリスターは完全に危機モードだった。しかし残りの担当者は奇妙にも麻痺してしまったようだった。際限なく気持ちを変化させながら気をもむ――そんなことが入り交じった反応を状況の展開に応じて示していたのだ。恰好のよいものではなかった。

指導者たるもの、いつ仕事を委任するか、いつすべてを確固たる意図をもって思いきって打って出るかをつねに知っていなければならない。人に任せられないリーダーは通常、混乱を招く。人々は自分がリーダーの望むとおりに動けているかばかりに気をもんで、何事も実行されない。そしてリーダーはあまりに多くを手がけることになって適切な指令を出すことに長く集中する余裕がなくなる。しかし危機に際しては、委任は忘れなければならない。この瞬間こそ、リーダーが必要なのだ。危機を把握し、進路を定め、決断し、解決しなければならない。

落ち着かない一夜を過ごしたあと――私は前夜ロンドンに戻りたかった――朝、駅に着いた。列車に乗り込むと、乗客一同が大いに驚いたことに、一人の婦人が私に言った。「彼らに負けてはだめよ。彼らは保守党なのよ。わかっているでしょ。立ち向かってください」。これもたしかに一つの意見だった。しかし、これと違う意見も確実にあったのである。

車中、私は戦略を練った。抗議を打破し、精油所を再開させなければならない。たしかにそうだった。だが、プレバジェット・レポート（本格的予算案）では燃料問題への対応を明確にしなければならない。すなわち適切な政策を擁護するのである。しかし間抜けなことをしてはいけない。耳を傾けることを拒否してはいけない。理不尽な人間が理にかなった要求をすることもあるのだ。

最初にすべきことから始めよう。危機はいまや本格化していた。なかでもメディアは大騒ぎだった。燃料の買占めは日常的なことになり、自動車の行列、混み合うか閉鎖された給油所、そして一般的な混乱のイメージが、メディアにとってはこたえられないものになり、それに抵抗しようという雰囲気はなかった。メディアは怒りの戦意に拍車をかけ、抗議行動者は声援を受け、政府は危機を脱するために「何もしない」と言ってたたかれた。その危機はメディアが尻をたたいていたのだが。

私はこれに心底怒りを感じた。保守党政府だったらこんな扱いを受けないだろうと思った。しかし、ジョナサン、アンジ、アリスターらにちょっと不満をぶちまけたあと、怒り——いやもっと悪いことに自己憐憫——は情けないだけだと気がついた。要するに、自分たちは今こういう状況にいて、そこから脱出しなければならないだけだ。

私は関係閣僚を呼び寄せた。ジャック・ストローは、いつものとおり実務的で肝心なことがわかっていた。ゴードンはこれが税制問題と見られないことが重要だと言った（その後何日間か、私と彼はやや不毛なやりとりを繰り返した。彼はこれを税制問題と見ることはできないと言い続け、私は残念ながらこれは税制問題とみなされていると言い張り、見解の相違はどうしても変わらなかったのである）。貿易産業相のスティーブ・バイヤーズは黙っていた。

結局、誰にもたいした答えはないようだった。燃料の供給は文字どおりストップし、国中が麻痺状態になった。私は石油会社と警察を呼び寄せた。軍もすでに動員されつつあったが、持っていたのは数台のおんぼろタンクローリーだけで、必要とされていたものではなかった。絶望的だった！

「責任はオレがとる」という句（アメリカのトルーマン大統領の言葉）の意味するところがわかるのはこのようなときだ。石油会社の連中は非常に礼儀正しかったが、彼らはどうもこれを自分たちの問題だととらえていなかった。警察はまちまちのシグナルを受けとっているように見えた。警察関係者の一人は、抗議行動が平和的であるように、そして抗議者と適切な対話が成立するように最善を尽くすつもりだと言った。彼を見たとき、私は何が問題なのかに気づいた。警察関係者は全員ものわかりのよい人たちであり、きわめてものわかりがよくなりたがっていたのだ。

なんということだと私は思った。自分の心臓が跳ねあがり始め、怒りがこみあげ、顎が引き締まるのを感じることができた。怒りが爆発しそうになったとき、氷のように冷静になろうと決心した。もっと総理らしくなることだ。

私はその警察官を見て言った。「抗議をストップさせるために何をするつもりか言ってほしい」

「抗議をやめさせるのですか？」と言いながら彼は目を細めた。「われわれに抗議をやめさせたいとおっしゃるのですか？」

「そのとおり」と私は言った。非常に冷静に。「それから石油会社の方々、トラック運転手にピケラインを越えて運転するよう指示してください。身に暴力が降りかかる恐れがあるという以外の理由で指示を拒否する者がいたら、クビにしてください。軍隊にも来てもらって、もし必要なら軍用のタンクローリーを動かしてもらいたい。そして抗議者から暴力をふるわれた場合、警察には厳重に対処してもらいたい。もし警察にできないのなら、軍に対応してもらいたい。軍の非常に得意なことだから」

警察関係者は元気になった。彼らは理解したのだ。親切で優しい地域警察活動ではなく、抗議者を断固追及するのだということを。軍は例によって待ちきれなかった。石油関係者はやや唖然とした様子だったが、私は、石油価格高騰による石油会社の儲けすぎに対して大衆が感じている懸念に漠然と触れた。彼らは受け身ではなくもっと積極的にならなければならないことを、少なくとも理解したのだった。

私は行動のポイントを一覧表にまとめ、翌日私が議長を務める内閣府ブリーフィングルーム（COBR）の危機対応会議に提出できるようにして、閣僚会議を終えた。われわれが少なくとも危機を把握し、事態を好転させるプロセスに着手したことに満足だった。

それから記者会見に臨んだ。このようなときになすべき唯一のことは、たとえどんなパニックが底流にあろうと、状況を支配していること、そして責任を引き受けていることが全体に見えるようにすることである。私はうまくやった。しかし一つだけ馬鹿な発言をしてしまった。われわれは二十四時間以内に「正常に戻る動きが始まる」状況にするつもりだと言ったのだ。言葉を注意深く選んだ――それは弁護士としての非常に有益な訓練のおかげだった――のだが、こうした言葉づかいは愚かだった。なぜなら微妙なことはおうおうにして明確な意思疎通にならないからである。すべてが二十四時間以内に正常に戻るだろう、と受けとられてしまったのだ。もちろん不可能だった。それを除けば問題はなく、目的は果たした。

次にすることは、抗議者から自分たちは道義的に高い立ち位置にいるという思いのいくぶんかを削ぐことだった。アラン・ミルバーンはＮＨＳへの影響に焦点をあてるべきだと言い、アリスターもこれに同意した。医療機関では燃料の供給が不足していた。燃料抗議者は――そしてこれはすべてがいかに馬鹿げているかを示す事態だが――彼ら自身の〝緊急〟の判断に従って〝緊急事態〟のための燃料輸送車の通過を許していたのだ。彼らと病院との交渉次第で、燃料の持ち込みが許されたり許されなかったりした。これは容認できないことであり、われわれに彼らの弱みを突くチャンスを与えた。つまるところ、生か死かを決定している彼らは何者なのか？

そこでピケラインに看護師を送り、抗議者と議論させた。アランは非常に力強い声明を出し、われわれは抗議者への支持が退潮し始めたと感じることができたのである。これはPR作戦による打撃の第一弾だった。それはまた、政治におけるチームワークのよさが計り知れない助けになることを示すものだった。通常、政治は団体競技とは考えられていないが、そうなのである。とくに危機においては。私の周囲では皆がいわば火事場で放水ポンプに手を置くように臨戦体勢で解決策を引き出そうとしていた。気をもむ――いやもっと悪いことには座り込んで嘆く――代わりに、アランのような人たちは解決手段を実際に引き出そうとしていたのだ。

保守党も混乱した。党首のウィリアム・ヘイグについては別のところで書いたが、今日のヘイグが当時と同じ過ちを犯すとは思えない。彼は多かれ少なかれ抗議を支持した。完全に支持したわけではないが、多少なりとも支持した。チャンスはいつでも野党党首の扉をノックする。だが場合によってはそれに応えず、放っておくほうがよい。大衆はあるムードで始まっても、ムードは変わる。それなのにこちらが注意を怠り、当初のムードを利用しようとしていたら、陸にあがった船のように取り残されてしまう。

一般の人々は石油価格の高騰に怒っていた。そして多くが抗議者の主張を支持した。しかし、国全体が動きを止めてしまうなどというのはよい考えではない。そして大衆はそれを知っている。非常に無責任な行動がどんな結果をもたらすか、大衆は心の奥底ではわかっている。麻痺状態が四日間続いたあと、〝もうたくさんだ〟という気持ちが国全体に浸透し始めた。われわれはゆっくりだが着実に正常に戻ったのである。

私は長年、労働組合についてて多くのきついことを言ってきた。しかしこの危機に際して彼らの反応は素晴らしかったと言わねばならない。抗議者に対する彼らの非難は十分すぎるくらい十分だった。同じことをする組合があったら山猫スト参加者のように行動しているとみなされるという彼らの主張はそのとおりだった。自分の記憶によれば、私は初めて全国都市一般労働組合（ＧＭＢ）のジョン・エドモンズ、運輸一般労働組合（ＴＧＷＵ）のビル・モリスを賞賛し、労働組合会議（ＴＵＣ）に対しては非常にありがたく思った。

私はジム・キャラハン（一九七六－七九年労働党政権の首相）に出てきてわれわれを支持してもらいたいと頼んだ。すると彼は、テレビ番組〈トゥデイ〉に声明を送り、政府と私を個人的に支持すると発言してくれた（しかしこの番組のためにインタビューに応じることは拒否した。一九七〇年代に多発したストライキや操業停止との比較を求められるだろうからというのが理由だった）。イギリス産業連盟もついに日を覚まし、理性の側に味方した。

九月十三日から十六日まで悪い状況が続いたが、日に日に改善していった。われわれは石油会社と委員会を設置し、将来このようなことが起こらないよう計画を討議することにした。九月十七日までには、六割以上のガソリンスタンドが営業を再開した。パニック買いはやんだ。

事態は収束した。しかし政府がこうむった打撃は相当なものだった。メディアには本当に脱帽しなければならない。ひとたび事が崩壊したとき、われわれはすばやい行動をとらなかった、抗議の波及を防ごうと動かなかったといってメディアに徹底的に非難されたのだ。それは異常なほどで、マンガのようですらあった。彼らは赤面することもなく、自分たちが裏で積極的に煽っている火事をわれわれが踏み消さないと言って糾弾していたのである。このあと、私は二つのことに気がついた。第一は、彼らに腹を立てても意味がないということ。メディアとはそういうものであり、怒るだけ無駄だ（これはよい教訓だが、その後わかったように、守ることはかなり難しい）。二つ目は、労働党党首にとっての世間は保守党党首のそれに比べるとつねに違うものだろうということだ。そのことを知っているのなら結構である。違うということが事実あり、その事実を知らなくてはならないのだ。

燃料抗議の悪影響は、労働党がやや懲らしめられたという雰囲気のなかで九月末の党大会を迎えたということだった。ある世論調査によれば、われわれは保守党に八ポイント差をつけられていた。

各種世論調査はまったくもって悪夢である。どんな党首も世論調査には関心をもたないと言うが、どんな党首でも関心をもっているものだ。問題は、世論調査は世論のある瞬間のスナップ写真であり得ることだ（すなわち、現実のものだが表面的で、したがって潜在的に移り変わるものである）。あるいは傾向を示すこともできる（すなわち、潜在的に長続きする有意性がある）。どちらであるかは決してわからない。

しかし世論調査は重要である。なにはともあれ、支持者やメディアがそれを詳しく論じるからだ。世論調査は一つの風潮を生み出す手助けとなり、その風潮が今度は世論調査の結果を補強することが多い。アメリカの選挙に目を向けると、世論調査が雰囲気を作り出す度合いの大きさは驚くべきものだ。部分的にはメディアが、いやある程度われわれ全員が、自分自身の直観を信じていない。われわれは〝X〟と考えるかもしれないが、世論調査が〝Y〟を示すと、私たちは、そうか、たぶん〝Y〟が結局正しいのだろうと思ってしまうのだ。

この結果はたんに混乱を招くだけではない。それは一つの主張を論じる傾向を減じさせることができる。私が学んだ世論調査の弱点の一つは、人々がどれほど説得に耳を傾ける用意があるかを測定しないことである。だからスナップ写真が〝Y〟と言ったとしても、人々は実際には〝X〟を考えるように仕向けられてしまうかもしれないのだ。

時が経つにつれ、私は世論調査を前ほど気にしなくなった（世論調査結果がだんだん冷たくなったという事実と重なったからかもしれない！）。それでもまだ、神経質な一瞥をいつも投げる。さてここにフィリップ・グールドと彼のフォーカスグループがいた。フィリップは素晴らしい支援者で、ときとして政治戦略家であるのと同じくらい道義的支持者として重要な役割を果たした。彼自身の考えと彼のフォーカスグループが発表することの驚くべき一致にいつも笑ったものだった。さらに、世論調査は個々人に大きく左右された。世論調査機関はつねに、調査対象グループがいかに〝科学的〟見地に立って無作為に選ばれているかを誓う。だがどんなグループであれ、このように選ばれた人たちはさまざまな束縛を受けている。たとえば、調査当日の自分自身の気分、最近の経験、そもそもどう考えるべきかについての考え。そしてなによりも、そのグループのなかで一番決定的に話し、その結果、初対面の人たちの集団のなかで起こる力関係に影響を及ぼす発言者の存在である。私はいつも、こうしたグループに身を隠して参加し、最後に飛び出して、皆が口にしていた私への悪意ある中傷と対決したいと思ったものだ。

しかし、今吹いている風の臭いを正確にかごうとする政治的欲望は非常に強い。だから世論調査は大いに重視され、神聖視されるのである。キリスト以前の野蛮な時代に、物事の最奥の部分を読みとろうとしている古代の寺院の僧侶がどう感じたかを実感するようになるのだ。私が思うに、フィリップと彼のグループはこれら古代の僧侶のようなもので、彼らが達した結論は、物事が動き出したと思ったときとあまり違わなかったのである。だから彼らも世論調査も、細心の注意をもって扱われなければならない。ところが、決してそのようには扱われないのだ。

このとき、八ポイントの保守党リードは、完全に一過性のものととらえていた。しかしそれは労働党が槍玉にあげられたことを示していた。私は底流にある基本的問題と考えたことに答えなければならないと思った。国民は、われわれが全面的に強い政府で、保守党はだらしなく真の野党は存在しない、と思っていた。もちろん日常業務を片づけながら過ごしているわれわれにとっては、まったくそんなものではなく、信じられないほどの圧力をつねに感じていた。しかし大衆はメディアにそそのかされたとはいえ、傲慢さや横柄さの兆候を見ることができたのだ。これが、大衆が燃料問題で簡単に抗議者の側についた理由の一つだった。彼らはわれわれが本当に負けてしまうことを望んだのではなかった。だがちょっとばかり反抗することはわれわれのためになるかもしれないというわけだった。

不幸にも、年金受給者との衝突もあった。人間の存在に関する最大の間違った通念は、人は年をとると温和になり、忍耐強くなり、リラックスし、世間の自分に対する扱い方について冷静になるというものだ。私の経験によれば、それは違う。

不当に扱われた、もっと正確に言えば不当に扱われたと思い込んでいる年金受給者に比べれば、興奮したロットワイラー犬のほうがはるかに優しい。当時のことで鮮明に憶えていることがある。老人ホームの開所に合わせてある団地を訪問し、道すがら支持者たちと握手を交わしながら歩いていくと、ある年老いた年金受給者——たしかに女性だった——が「ブレア、あなたはc＊＊＊だ」（女性器を意味するタブー語。いやな奴のこと）と書いたプラカードを掲げているのが横目に入った。信じられなかった。本当にショックだった。どこにでもいそうな優しいおばあちゃんに見えた。立ち止まってひどいじゃないかと抗議しそうになったが、賢明にも思いとどまった。

私の義母——シェリーの素晴らしい母親で、われわれ家族にとって計り知れない助けだった——は、私に年金生活者の意見を教えてくれていた。ロビイストとしては最高の位置にいた。高額の報酬を受けとるウェストミンスター界隈のロビイスト会社に支払われるカネのことを私はよく考えたものだ。そうした会社は政務次官あたりの耳を貸してもらおうと大枚をはたいている。しかし首相官邸のど真ん中には、説得の技術に非常に秀でた女性が一人いるのだ。もっとも、そのテーマは年金受給者に対する政府のとんでもない扱いということだけだったが。

興味深く、少なからずうろたえさせられることは、年金受給者に与えられる気前のよさと彼らの不満の大きさのあいだには、ほとんど、あるいはまったく相関関係がないということだった。政権についてから数年後、われわれはカネを彼らにばらまいていたが、年金受給者のある世代グループあるいは層を見逃してしまっていた。すると残りの受給者たちは大きな誇りをもってこれら無情に忘れられた人たちとの連帯感をはぐくんだのだ。

私は主張をはっきりさせるためにあえて誇張して論じる。われわれが導入した制度を心からありがたく思っている人たちがいた。その制度は最高年層の、一番貧しくて最も弱い立場にある受給者の収入を、これまでで最も大きく引き上げた。こうした政策自体はいつも、〝伝統的な〟票を裏切ったという左派の一部にあった馬鹿げた意見に対する反撃だった。われわれはどんな保守党政権も考えようともせず、ましてや実行しようともしなかったことを実行したのである。そして、それはよい動機に基づくものだった。もっとも、感謝の念は気前のよさに比例するとは限らないと言わねばならないが。

しかし一九九九年の夏、われわれはしくじった。通常のルールを適用して、国家基礎年金を物価上昇率に応じて引き上げることにした。インフレは低率だった。結果は？　七十五ペンスの引き上げだった。われわれはまだ二年間の厳しい歳出抑制期間のまっただなかにいた。これがルールであり、それを適用したのである。

驚くことではなかったが、年金受給者はこの引き上げに感心しなかった。私の義母は問題をやや生々しく表しすぎたが、深刻な問題を抱えたことは明らかだった。支給額を増やし、予算を修正したものの、ふたたび打撃をこうむった。

私は二〇〇〇年の党大会で謝罪し、屈辱を忍ぶことに決めた。素直に過ちを認めるのは危険だと考えたゴードンと社会保障相アリスター・ダーリングからは反動がきたが、私は謝るだけのことはあると考えた。

いずれにしても、われわれは間違っていたのだ！

演説の残りは、われわれが実現したことに誇りをこめて党の精神を高揚させ、まだやり残していることを並べてやる気を出させ、保守党に負けたらどれほどのものを失いかねないかについて戦闘準備をさせることに専心した。

演説は上々だった。この演説を通じてもう一つの教訓を学んだ。私は大きな演説の途中で本当に力をこめる。それは心理や雄弁だけでなく身体的な演し物である。そして汗をかく。演説の前にはホテルにいて、着るものを決めようとしていた。私は非常にしゃれたシャツとネクタイの組み合わせを選んだ。不幸なことに、そのシャツはブルーで、演説が終わるころには目に見えて汗じみができてしまったのである。当然「ブレア、プレッシャーで汗だらけ」などという見出しになる。それ以降、大きな演説ではいつも白いシャツを着ることにした！

党大会の季節が終わっても困難な雰囲気が続いた。なにかとりたてて過ちを犯したわけではなかったが、特別によいことがあったわけでもなかった。メディアの環境は油断ならなかった。アリスター・キャンベルは前進を続けるよう語っていた。アンジもだった。非常に落ち着かない状況だった。

ニューレーバーの問題の一部は、最初は非常に結束の固いグループによる創造物だったことだった。才能豊かな若い新世代で指導的な位置につくことができ、党の基盤を広げることのできる人たちが入ってきたのは本当に終わりのほうになってからだった。私の周りにいた年輩の政治家たちは立派で強い大物だったが、ジョン・プレスコットことＪＰは明らかにニューレーバーに傾倒していなかった。ゴードンについては判断が難しかった。あるレベルでゴードンはニューレーバーだったが、改革に躍進したいという欲求に伴う不安が次第に表面化し始めていた。いずれにせよ、ゴードンにとっての主要関心事は、私の後継者になることで、何か難しいことがあると後継の可能性を弱めるのではないかといつも気にしていた。もちろんデービッド・ブランケットは完全に改革を後押ししていた。しかしジョン・リード、チャールズ・クラークなど他の者たちはまだいまひとつというところだった。ロビン・クックはこの路線に乗っていたが、それは当時、ロビンとゴードンとの驚くべき関係が根底にあった。ニューレーバーをめぐる状況が悪くなる場合、ロビンは頼りにならなかった。ジャック・ストローは支持派だったが、前線を率いるような力ではなかった。

そんなわけだったから、私はすべてが自分の双肩にかかっていること、それを動かし、動かし続けなくてはならないことを強く意識していた。自分がまだ成熟しきっていないこと、あるいは強固になっていないことも意識していた。このようなことを言うのはおかしいかもしれないが、自分には学ばなければならないことがたくさんあり、もっと成長の必要な内的な強さも多く残っていた。たびたび、勇気がないと感じた。何かに背中を押されれば勇気が出るだろうことはわかっていたものの、私の心理の表面近くには神経質な不安が表から見えるよりは多く居座っていたのである。たぶんこのような立場にある人間にとってはいつでもそうなのだろう。そしてあるレベルでは困窮しているように感じた。

シェリーはもちろん大きな支えだった。しかし彼女は仕事につねにつき添ってくれるわけではなかったから、当然ともに働く人たちが本当に大事だった。彼らは図抜けて才能豊かなチームだった。私は完全にバランスがとれて、天才の意外性と山ほどの献身に恵まれたドリームチームを率いるフットボール監督のような感じがちょっとばかりした。言うまでもないが、そのような監督はスターを失いたくないものである。

やがて私はそのような束縛から逃れることを学んだ。それは束縛だったのである。外には素晴らしいプレーヤーがたくさんいる。人材の刷新は気分を一新させるし、昔ながらのやり方に対する挑戦でもある。だが私はまだ発展途上にあり、古いチームなしではやっていけないだろうと思っていた。

アリスターがどんな重圧にさらされているかを知ったのはずっとあとになってからだった。私自身が、ある意味でアリスターに備わっているのとは違った多彩なスキルを求められる場に移ったのもやはりあとになってからだった。あの段階では、コミュニケーションがまだ最重要事だった。もちろん意思疎通はいつでも重要だ。しかし初期の日々において、コミュニケーションは核心だったのである。のちに、私はコミュニケーションに代えて政策を核に据えた。こうしてコミュニケーションは、いまだ重要ではあるものの、以前より役割は小さくなった。

アリスターは疲れて不機嫌になりつつあった。彼はメディアに激しく攻撃され、彼もメディアを毛嫌いするようになり、したがってうまく扱えなくなった。アリスターとアンジの二人には、利己的で、無茶なやり方で多くの苦痛と重圧を押しつけた。二人は荷を軽くしてくれたが、彼らに負担をかけたのだ。そしてその荷は耐えるには重すぎた。

二〇〇〇年も後半の数カ月間、私は二人にとどまるよう説得を試みた。その説得は度を越し、賢明さを欠いていた。残念ながらそういうことである。自分でも驚く。

われわれはまだ政策の基本を改革の行動指針に盛り込もうと必死だった。私は学校、NHS、刑事司法制度、福祉、公務員制度といった構造改革の方針を案出しようと、力の限り、フルスピードで働いていた。各分野に対する自身の詳細な知識の不足に極度に苛立っていた。そして知識を増やそうと絶えず努力していた。もちろんどんな首相にとっても、全分野の中心人物でいることや、それを完全に習得することは、通常危機を伴う火急の活動のときを除けば不可能である。とはいえ、変革の主張を理解しそれを率いたいと思っている現場の専門家グループと会合を重ねていた。おかげで私の理解は改善され、変革プロセスの運行につきものの混み込った状況を把握できた。真に急進的な二期目を確信して発進することができるに違いないと思った。すべての分野にかなりしっかりした羅針盤を持っていた。自分の主張に信念が深まり、われわれが正しい方向に向かっていることをますます確信するようになった。問題は一つ、私がどれほどの支持を得ているかがはっきりしないことだった。

一方、いろいろな出来事が私の計画と衝突し、あっちこっちに引っ張られていた。国の多くの地域で深刻な洪水が発生していた。自然災害とはいえ、莫大な時間と専念を必要とした。私は激励のために何カ所かを視察し、なされるべきことがすべて実行されているかを確かめた。洪水による損害は尋常ではなく、信じられないもので、被害総額は、驚くべき速さでいとも簡単に何十億ポンド相当に達する。北東部のヨーク市の災害現場を訪れたときには、誰もがきわめて冷静だったが、復旧には数カ月を要するのが明白だった。気候変動による洪水の危険性は高まっており、保険業界、政府、企業――そして町全体、村全体――が政策を考え直さなくてはならない状態だった。最終的に政府は、水害防止のために十億ポンドの資金投入を約束した。

それから十月十七日、ハートフィールド駅での列車事故があった。長距離の高速列車がロンドンから北東部へ向かう途中で脱線したのである。私が定期的に使っていた線だった。四人が死亡した。とりわけショックが大きかったのは、三十一人の死者を出したラドブローク・グローブでの列車衝突事故から丸一年後のことだったからだ。

この事故をきっかけに鉄道の現況に関する大がかりな調査が始まり、民営化についての議論が再開されたのだが、何をすべきかについての苦悩は深かった。事故原因は一つの線路の破損を見逃したことだった。深刻だったのは、ほかにも同じような破損があるかもしれないことだった。われわれは鉄道のトップと官邸で会い、運輸大臣だったJPは鉄道関係者に非常に厳しい態度をとった。彼の対応はおそらく正しかったのだろうが、私はすぐにまったく違う問題に懸念をもった。

鉄道会社は、もちろん運輸省に督励されて、リスク回避の手順をとった。すなわちすべての列車をゆっくり走らせたのである。事故の当座のショックが癒えるやいなや、これが人間の本性というものだが、一般大衆は常態に戻り、彼らの要望は要するに列車が定刻どおりに走ることだということが私にはわかっていた。そしてその望みはなかったのである。

それから約一年、私と運輸省のあいだでパントマイムが続いた。私は、運輸省は用心しすぎだと思い、列車を通常の運行時間に戻そうと懸命だった。運輸省は私が危険を冒していると考え、抵抗した。何回も会合を重ね、テーブルをたたき、激怒した。ＪＰとのやりとりは丁寧だったり、そうでなかったりまちまちだった。

二〇〇〇年の後半の数カ月はやつぎばやに起こった数多くの出来事に占められた。十月、セルビアのスロボダン・ミロシェビッチ大統領が失脚した——大きな出来事でベオグラードの街頭は高まる感情と希望であふれた。そしてスコットランド自治政府のドナルド・デュワー首相が死去した。彼は素晴らしい仲間だった。親友というわけではなかったが、私は彼と強い結びつきを感じていた。彼を信用していた。彼には真の高潔さがあった。デリー・アーバインとその妻アリソン（ドナルドは以前彼女と結婚していた）が理由で、私は彼の子供たちもよく知っていた。亡くなる数週間前に彼のもとを訪ねた。そのとき彼はエディンバラのニュータウンにあるアパートで、脳出血の前触れとなった病気から回復していたところだった。彼とは数年前に知り合ったが、自宅を訪ねたことはなく、スコットランド印象派と版画の非常に価値の高いコレクションを見てちょっとびっくりした。「コレクションのことはちっとも知らなかったよ」と私は言った。

「僕も一度も話したことがなかったからね」。いかにもドナルドらしい答えだった。

政治的に言えば、ドナルドは一皮むけばニューレーバーだったのではないかと私はいつも感じていた。彼には優れた意思があり精神があった。イデオロギーには苛立ちを感じ、人間性について情味のある常識の持ち主だった。彼の死は、スコットランドにとって取り返しのつかない損失だった。彼は父親のような存在であり、スコットランドへの権限委譲の創造者であり、明らかに名望家だった。彼の葬儀は心から悲しい出来事だった。そこでは私は不思議にも部外者のように感じた。それはまさにスコットランド的で、非常にＧＢ（ゴードン・ブラウン）色が強かった。ゴードンは素晴らしい弔辞を述べた。ゴードンが最高のときだった。

私はまたヨーロッパに関することにも多くの時間を割いていた。十二月初めのニースで予定されていた首脳会議が目前に迫っていた。サミットではＥＵの新しい投票方式を決めることになっていた。ヨーロッパの集団的な利益に沿うことを求める個人的かつ国家的な利害の、想像を絶した複雑な交錯の場だった。私はこの問題を話し合うため、ジャック・シラクを私の選挙区のパブでの夕食に招いた。そこで彼は食事は素晴らしいと言うには言ったが、おつきの者たちからの、私の趣味についての冷やかしがちょっとばかりすぎた。パブの外では、キツネ狩りをする人たちが抗議をしていた。

キツネ狩りと言えば、こんな話がある。政治のなにより奇妙な面の一つは、まったく意図もなく、意図したいわけでもないのに、信じられないような論争に巻き込まれてしまうことだ。キツネ狩りの問題は、情報自由法と並んで、私が最も悔やむ国内立法政策の一つになった。いずれも非常に進歩的な主張（少なくともある人々にとっては）だった。両者ともとてつもない政治的混乱の原因になった。神のみぞ知る目的のために。

しかし、最も嘆かわしかったのはキツネ狩りのほうだった。この問題自体は思想の境界線をはっきり超越し、ミドルイングランド（ロンドンを除くイングランドのどちらかと言えば保守的傾向の中産階級）、労働者階級の中心部、古風な貴族階級という枠組みを超えて入り乱れて広がっていた。だから問題は、その法案に対する人々の反応がまったくわからなかったことだ。キツネ狩りの禁止は究極の政治的空想とみなす生粋の保守党人がいた。そして強硬な労働党の連中がいた。キツネ狩り禁止を提案した私を殺したいと思っていた保守党に投票用紙の欄にしるしをつけるくらいなら彼らの右手は萎えてしまっただろう。

人々はこれを階級問題だと言っていた。たしかにそういう側面もあった。しかし別の人たちにとっては、動物愛護の問題だった。ダウニング街のガーデンルーム（官邸にある女性秘書たちの仕事場で、庭を見下ろせることからこう呼ばれる）から一人の秘書がチェッカーズの書斎で仕事をしている私のところにやってきて、最終的には可哀相なキツネたちに正義が確保されるようにと涙ながらに訴えたことを憶えている。私は顧問や院内幹事らとそこで会合し、その場で言ったものだ。国民はこれについてそれほど強い気持ちをもっているわけではない。そんなことはあり得ない。いや、もっていますと彼らは言うのだった。そして彼らは正しかった。ジェラルド・カウフマン——分別があり、真面目で、忠誠心のあるジェラルドがこう言ったのだ。もし私が禁止しないのなら、これ以上政府を支持できないと。もちろん本気ではなかったが、できればそうしたかったのだ。この問題が喚起した情熱は根源的なものだった。もし年金問題解決のために年金受給者の五人に一人を強制的に安楽死させることを提案したとしても、これほど面倒なことにはならなかっただろう。

そして真の政治的教訓があった。政治で成功するためには〝感じる〟ことができなくてはならないのだ。感情的な知性、それが直観の源である。総じて私はそれを感じるほうである。したがってほとんどの問題については、それがわかった。しかし、ことこの問題に関しては、完全に手落ちだった。賛否どちらに対しても感じなかったのである。これがキツネ狩りをする人たちにとっていかに生き方の一部であるかを感じとることができなかった。禁止を求める人たちにとっては、基本的にこれがいかに残酷さに関することであるのかを感じることができなかった。結果は？　大失敗だった。

私はスポーツに関して無知だった。キツネ狩りをして遊び回ることがやや奇妙なことに思えた。しかし私の書棚にあるトロロップの作品を読んでみて、それがわれわれの歴史の一部であることがわかった。腑に落ちなかったのは、――なんと、のちになって合点がいったのだが――それが現在の農村地帯のかなり大きな一部であるということだった。

問題を早いうちに封じ込めてしまわなかったのが、致命的なミスだった。そうせずに障害物の外に出してしまったのだ。期待が高まった。私は愚かにもテレビで、たしかに禁止されるだろうという印象を与えてしまった。もちろん私には投票用紙があった。禁止に賛成票を投じたか、賛成すると言ったか、請願書かなにかに署名したか。いずれにせよ、私は自分の〝意見〟を繰り返すだけで、再考しなかったのだ。そのとたんに私の立場は決まってしまった。こうして罠にかかってしまったのである。最後には、まるで自分が狩られたキツネになってしまったように感じた。

私が事態を把握できなかったことが、自分でも言うように問題だった。しかしフィリップ・グールドは、これはいまや信頼問題になったと言い始めた。サリー・モーガン、ヒラリー・アームストロング、アン・テイラーなど、「どこからでもかかってこい。受けて立ってやっつけてやる」と言わんばかりの重鎮たちが私にこう言っていた。「これは失敗したら、指導力が問われる問題ですよ」。「そんなことは信じられない」と私はやや情けない調子で言い続けたが、「今から信じなさい」と言われるばかりだった。

この難題を避けるのに私が経験した曲芸といろいろな案の組み合わせを説明しても、信用してもらえないだろう。地域ごとの住民投票、部分的な禁止、民事罰、刑事罰――あらゆることを考えたのである。

もちろん抗議は圧倒的に保守党勢力によるものだった。保守党もついに抗議をする種を得たのである。そして彼らはラッパを吹き鳴らし、シンバルを叩き、叫び、歌い、大声をあげ、連呼して私の後をつけながら抗議をしたのだ。これは完璧にイギリス的なことだった。アメリカのジョージ・ブッシュ大統領が訪れたとき、あたりに群がる抗議者を見て、いったい何事かと尋ねたのを記憶している。私は説明した。「いったい何のためにやったんだい、君?」とブッシュは言った。いつものとおり核心をついていた。

不幸にも、「いったい何のためにやったのか?」というのは、キツネ狩りについて独学し始めたあと私自身に向けて発し始めた問いだった。それはこの軽率な企てに乗り出す前にしておくべきことだった。勉強すればするほど不安になった。私はこれが残酷さに大喜びしている気味の悪い血縁小集団ではなく、歴史と奥深い共同体と社会的な先取特権が埋め込まれた伝統であり、生き方にとって欠くことのできないものであることに気がついた。これは私が思った以上に広い基盤をもち、思ったほどエリート的なものでもなかった。そこには公爵や公爵夫人とははるかに縁遠い人たちのグループのなかから枝分かれしてきたあらゆる種類の人たちがいたのである。

こう言ったからといって、私自身がキツネ狩りをしたいと思ったわけではないし、とりわけ好きになったわけでもない。「労働党に投票しないとキツネが票を得る」というのはいくつかの選挙で人気のスローガンだった。しかしこのような禁止はしたくなかった。私はまったくしたくなかった。キツネ狩りはあるグループの人々にとってはとても重要なことだった。少数派だったが、少なくとも自分たちの生き方を守る権利があった。

夏、ストロッツィ一家と滞在中、美しいエルバ島を訪れたことがあった。一家の友人の何人かとランチに行ったところ、オックスフォード近くだったと思うがそのあたりに猟場を所有する女性がたまたまいた。彼女は私を叱責する代わりに、冷静に諄々と話しかけ、ハンターたちが何をしているのか、仕事がいかに狩りに依存しているのか、ハンティングの社会的貢献、それを禁じることの社会的影響などを語った。それは私をすっかり説得する効果があった。

それ以来、私はこの問題からこっそり逃げ出す決心をした。でもどうやって? われわれは議会での審議が義務づけられており、結果は疑いなかった。禁止法が成立する。最後に、見事なイギリス的妥協があった。キツネ狩りは禁止されるが、キツネが殺されたとき残酷さを避ける適切な手段がとられるならば、禁止されないというものである。したがって、禁止されたが、同時に禁止もされないのだ。うーん。いずれにしてもこれが私にできる最善のことだった。しかし誇りをもって思い返すことのできる政策決定のエピソードではなかった。このことは考えないほうがよい、と言われているのがわかる。

その後、二〇〇四年になって法律が施行されたとき、ヘーゼル・ブリアーズ（労働党政治家、下院議員）が内務省にいた。彼女は電話をしてきて言った。「警察が確実に起訴できるように取り締まりを厳重にすべきかどうか聞いてきていますが――」。私の答えを聞いたあと、彼女は言った。「そう言うと思ってましたわ」

この件は、この問題でチャールズ皇太子と賭けて勝ったことを思い出させる。もちろん、皇太子は禁止は馬鹿げていると思っていた。そしていくぶん苦しそうに私に問題を提起したのだった。私は政治的な難しさを説明しようとした。チャールズ皇太子がそれを理解したかどうかはわからない。理解していなかったとしても驚くほどのことではなかった。私自身、手遅れになるまで理解しなかったのだから。賭けの対象は、私が首相を辞めたあと、人々はまだキツネ狩りをしているだろう、というものだった。「だけど、どうして？　あなたはそれを禁止しようとしているのだろう？」と皇太子は言った。

「わかりませんね。だが方法を見つけます」と私は答えた。

チャールズ皇太子は農村社会を熟知しており、われわれが農村を理解していないと感じていた。それにはいくぶんかの真実があった。イギリスの農民はイギリスならではの特別の一連の困難さに直面していた。狂牛病の猛威にさらされ、当時はまだ非常に限られた状況下でしか牛肉を輸出できなかった。農産物価格は下落し、燃料価格は高騰していた。そのうえ水害も大きな打撃をもたらしていた。しかし、最悪の事態はまだこれからだったのである。

二〇〇〇年の最後の数カ月、われわれは二〇〇一年夏の総選挙に備えるために定例会合を重ねていた。十一月にはチェッカーズに遠出して一日を過ごし、私は危険は自己満足であると強く語った。われわれには本当の戦いが待ちかまえており、戦意を高めなくてはならなかった。われわれは世論調査でふたたびリードしたが、私はフィリップにそれをあえて過小評価し、難局に集中するように言った。国がよい方向に向かっているか、悪い方向に向かっているかの調査では、後者が前者を二〇パーセント上回っていた。保守党が現状を打破するようには思えなかったが、もし彼らが愛国的な、反ヨーロッパ、反移民の票を活気づけ、それを労働党に対する懐疑的な見方と無関心とに組み合わせるならば、彼らに何ができるかについて私の考えを話した。

私は将来に関する大きな選択にとりかからなければいけないと話した。改革と投資の必要を強調し、強い経済と改善された公的サービスを通じて個人的な繁栄を増大させることを有権者へのアピールの中心に据えた。

ピーター・マンデルソンとゴードンはユーロをめぐって激しい口論をしていた。ピーターは単一通貨に関するわれわれの立場を不用意にメディアに語っていた。例によってゴードンは過剰反応した。しかし私はピーターを嫌っている同僚の数の多さと、ゴードン派のピーターに対する徹底した悪意に懸念を深めていた。私の緊密な盟友として、当時ピーターは当然のことながらゴードンの支持者の標的だったのである。

それから二〇〇一年初めにピーターは二度目の辞任を余儀なくされた。それはいわゆる典型的なスキャンダルの噴出だった。熱した泥が関係者全員に注がれ、泥が定着するかしないかがわかるまで待つチャンスや勇気を誰ももたない前に、犠牲者が除外されてしまうのである。のちになって私は、最初のとき以上に彼の辞任を残念に思った。

《オブザーバー》紙がピーターについて中くらいの長さの記事を掲載した。インド人ビジネスマンで慈善家のヒンドゥージャ兄弟からミレニアム・ドームのための資金提供をしてもらい、見返りに兄弟の一人にパスポートを確保してやったというものだ。ご多分に漏れず、問題の告発そのものよりも記事の扱われ方が問題になった。それはこうした事柄における真の教訓である。

ピーターが適切な手続きが踏まれるよう念を押したうえで、パスポートの依頼を取り次いだだけか、処理がはかどるよう頼んだだけだったら、問題はなかっただろう。判明したとおり、S・P・ヒンドゥージャにパスポートが発給されるべきでないという理由はまったくなかった。彼には資格があった。そして、裕福で成功したビジネスマンであるから、自活できるかどうかには少しも問題はなかったのである。

だが問題は、次のような状況下で何が起こるかなのである。私は忙しい、アリスターも忙しい、ピーターも忙しい（《サンデー・タイムズ》紙にピーターとゴードンに関する大々的な記事が出て、ピーターはそれに気を奪われていた）。この話は中程度の扱いだった。しかし注意しないと――われわれは注意しなかった――、事実がほんの少し曲げられ、おなじみの嵐に巻き込まれてしまうのだ。

ピーターはそう言ったし、そしてアリスターもメディアに繰り返し伝えたのだが、ピーター自身ではなく彼の政務秘書官が、この依頼を取り次いでいた。事実、ピーターは本件を内務省担当閣外相の一人、マイク・オブライエンに話をしていたことも判明した。

今振り返ってみると、これはまったく哀れに思える。間違った発言がメディアに伝えられた結果、新聞はそれを本格的なスキャンダルに仕立てあげることができたのである。ゴードン陣営の者たちの反感が強いなか、ピーターはひどく孤立していた。私以外からは支持がなかった。その後、ゴードンの首相時代にピーターが労働党で占めた位置（閣僚になった）を考えると、まったく異様なことに見える。しかし当時、彼は政治の世界でこれ以上ないほど孤立していた。

水曜日がやってきた。首相質問（ＰＭＱ）の日だ。悪夢だ。アリスターとデリーの見解は、これは取り返しのつかないことだというものだった。ジャック・ストローも同意見で、ピーター喚問の兆しが見え、その要求は現実になるに違いないと不安がっていた。私はＰＭＱが始まる前にピーターを呼び入れ、辞任しなくてはならないことを告げた。彼はアリスターが私をせっついていると感じていた。そうではなかった。これは私の決断だった。私はこの一件に関する調査に同意した。調査委員会は元トレジュアリー・ソリシター（政府全体の法的問題を扱う部門の長）であるサー・アンソニー・ハモンドが率いたが、五週間後提出された報告書はピーターの不正行為の疑惑を晴らすものだった。それは遺憾な出来事の悲しむべき、しかし名誉挽回のフィナーレだった。

ピーターは選挙では議席を守るべく健闘し、勝った。そしてつねに変わることのない才能で返り咲きを果たしたのだが、二〇〇一年から二〇〇五年の内閣に彼がいなかったのは私には大変寂しいことだった。彼は非常に大きな力となっただろうからである。

しかし当時、選挙熱はすでにウェストミンスターの温室で培養されつつあった。私は選挙運動の組み立て、野党との重要な境界線、運動をどう戦うかの基本についての将来ビジョンなどをメモにはっきり書いた。ぶつかり合うエゴと人格をうまくおさめ、実際は私自身が指揮をとっていながら、誰もが自分がとりしきっているのだと思わせるのはやさしいことではなかった。

われわれは二〇〇一年五月の総選挙にねらいを定めていた。しかし、前もって設定していた計画の大変動を意味する、ある事件が起こった。私はカナダを訪れて議会で演説し、友人であるカナダのジャン・クレティエン首相に会った。彼は非常に賢明で抜け目なく、経験豊富な老練の人物で、国際会議では立派だった。もっともなことを言う人物だと期待されており、おうおうにしてカナダ人一般がそうであるように、強引でなくても、しっかりして頼りがいがあった。要するに、好人物であると同時に非常にタフな政治的策略家であり、過小評価できなかった。

カナダ滞在中、農務省にエセックスの食肉処理場で口蹄疫が発生したとの報告を聞かされた。このような情報に接したときの最初の反応は、「大事件か？」というものだ。答えはイエス、大事件なのである。

口蹄疫の発生から二日後、欧州委員会はイギリスの牛肉、牛乳、家畜の輸出を全面禁止した。これは過剰反応ではないのか？　私は尋ねた。そうではなかった。となれば本当に深刻な事態だ。ジャン・クレティエンは即座に危機とみなした。「気をつけなさいよ、若いトニー。十分気をつけなくては。これは問題だよ」。政府はすべての家畜の移動を制限した。私はカナダから禁輸が一週間以内に解除できるかどうか、心配になって電話した。わかってさえいれば の話だった。

それから数日間、私は国外にとどまっていたが、イギリス時間に従って日を過ごしていた。事態に対して秩序ある反応にしようと思ったからだ。農務相のニック・ブラウンはよくやっているようだった。今度だけは農務省も事態の重さを十分知らされていた。

最初の発症例から四日後、別の場所での発生が確認された。今度は国の反対側、イングランド北東部のタイン・アンド・ウェア州だった。その後三カ月近くにわたり、ヨーロッパ史上最悪の、世界史上でも一、二を争う口蹄疫の爆発的発生地として絶え間ない関心の的となった。

口蹄疫は蹄のあるすべての動物がかかる病気で、必ずしも死ぬわけではなく、肉が食べられなくなるわけでもない。国によっては――アルゼンチンが一例だが――この病気が何十年にもわたって存在してきた地域もある。しかしもちろん、輸出市場にとっては好ましくなく、一般の消費者も罹患した動物の肉をあえて買おうとはしない。この病気は人間に感染した例は一度もないが、その可能性はいつも恐れられてきた。口蹄疫はあるレベルでは動物にとってさえ生死にかかわる深刻な問題ではないが、畜産業界に与える影響は壊滅的である。もし根絶されないと、影響は事実上絶望的である。

どうしてこうなったかと言うと、感染した肉がおそらく不法にイギリス国内に持ち込まれ、ある農場を汚染したらしかった。動物は全国から移送されるが、この病気の潜伏期間は最高十日なので、発見され動物の移動が止められたのは、病気の感染が拡大し始めてから数日後になってしまったのだ。結果はすぐに痛感したことだが、何頭の家畜が感染しているのか、感染した家畜がどこにいるのかは霧に包まれたようにてんでわからないということだった。

そのうえ、この病気は空気感染し、靴底でも運ばれる。小径、散歩道、その他田園地帯の観光資源がすべて潜在的な感染源になる。数日以内に、われわれはイギリスの田園地帯を封鎖しなくてはならなくなった。唯一の対処方法は感染した家畜の群れをすべて殺処分することだった。また、ワクチン使用をめぐって大論争になった。これは危機のさなか市民のあいだでも繰り返し討議された。身も蓋もない事実は、EUの規則によるとワクチン接種を受けた動物でも最終的には殺さなければならないということだった。それにいずれにせよ、ワクチンは羊には効く保証がなかった。そして羊から牛に感染する可能性があったのである。

動物は殺処分のために連れ出さなければならなかったが、もちろん食肉処理場へではない。火葬用の積み薪があちこちに築かれた。一つはヒースロー空港の飛行経路近くにあり、イギリスののどかな田園で数日間を過ごしたいと望んで飛んできた乗客を喜ばせたというわけだった。積み薪の写真は世界中に広まった。うわさも増えた。いわゆる人間への感染例が見つかったというものだ（のちにすべて嘘だとわかったので重要ではなかった）。観光地が封鎖されたとき、それは人への感染リスクを考えたためだろうと思われた。アメリカ人は大の旅行好きだが、この種のことになるとどうしようもなかった。アメリカからの観光客は事実上途絶えた。イギリスに来れば、頭を抱えて帰らざるを得なくなるというわけだった。

北米訪問を終えて帰国したときには、危機感があらわになっていた。私は農務省も大臣のニックもかなりよく状況をコントロールできていると思った。彼らはなんだか自分たちの応急措置を用心深く守ろうとしているようにも見えた。相談には喜んで乗ったが、ニックには、私からプレッシャーを受けていて自分の指揮権を明け渡したくないと思っているような節があった。官邸の電話交換盤のミスによる混線でゴードンとニックの通話を偶然聞いてしまったジョナサンが、私の〝大統領スタイル〟に負けないようにとゴードンがニックに言ってて驚いたとジョナサンが教えてくれた。ゴードンの役にも立たない干渉だった。

問題が大きくなり、さまざまな封鎖によって雇用、日常生活、輸出受注、事業、観光地、ホテル、B&B――イギリス農村地帯のインフラストラクチャー全体――などに厳しい現実を突きつけ始めると、私は目に見えて不快になり、恐怖さえ感じるようになった。さらに数日のあいだ、通常の会合、調査、討議、指示をしつづけたあと、だめだ、これでは効果が出ないと思い至った。

全国農民組合の会長はベン・ギルだった。彼と副会長リチャード・マクドナルドはどちらもきわめて思慮深く冷静な市民のように思えた。二人は自分たちの過去、現在、未来のすべてが文字どおり煙となって消えていくのを目にしている共同体の代表だった。苦痛、パニック、そして真の嘆きがそこにはあった。ベンとリチャードは率直だった。ただ一つの回答は家畜の殺処分であり、それを実行するただ一つの方法は急ぐことだった。

難題はどうやって実行するか、だった。そうするだけの力はあった。しかしその力をどこに向ければよいのか。週末、私は早めにチェッカーズに向かった。チェッカーズ行きは頭を整理するのにいつも役立った。書類にすべて目を通し、数人と話をした。主任獣医のジム・スカダモアは優秀な男だったが、事態に圧倒されていた。皆そうだったのだ。私はできる限り詳細な説明を受けた。それから座って沈思した。

危機に際して、ときには士気を高めるための行動を示さなければならない。しかし実際の仕組みは効果的に動いている。仕組みが存在しないか、あっても不適切であるときもある。そういうときにはまず考えなければならない。そうでなければ、行動は役に立たないか、もっと悪くすると非生産的である。

基本的な問題は実際の段取りだった。感染が疑われる家畜の群れを調査するにあたって獣医を十分に確保しなければならない。それから殺処分を実行できなければならない。さらに、死骸を処分する能力がなければならない。そしてさらに合理的で迅速な補償制度、また、ふくれあがる困窮に対応する福祉制度が必要だった。田園地帯をふたたび開放して、怖気づいている観光客を呼び込む戦略を立てなくてはならない。これらは、再開が早すぎた、あるいは勝利を宣言するのが早すぎたということに絶対ならないよう、感染を追跡しながら殺処分を行わなければならない。一方、打撃を受け傷跡の深い農村地帯に自信を回復させるのは早すぎることはない。

私は日曜日、官邸に戻ると、問題の全体像をしっかりつかむ決心をし、側近の顧問を集めた。素晴らしい手腕――私自身のではなく官房長官のリチャード・ウィルソン――によって主任科学顧問のサー・デービッド・キングが側近グループに加えられた。科学者というのは非実際的な物知りだと言う者がいたら、そういう人たちにはキングに会わせたらよい。彼からの助言はちょっととっぴに聞こえたが、その後の数週間で、それは口蹄疫を撲滅するのに計りしれないほどの価値をもつことがわかった。要するに、彼はグラフと表を使って口蹄疫がどのように広がるか、適切な間引き策をとることでどのように抑え込めるか、そして時が経てばどのように撲滅することができるかを示したのである。

関係当局者はきわめて懐疑的だった。私もだった。未知数がこれほどたくさんあるのに、彼にはどうしてこのように予測可能なのか。しかしほとんどやむなく私は彼のアドバイスに従った。すると驚いたことに、なにか不思議な、ほとんど不自然な正確さで病気はピークに達し、減少し、ほぼ彼の予想どおりの週に終息したのである。私自身すべての詳細に深く頭を突っこまなかったわけではなかったが、驚くべきことだった。夏に終息したとき、私はこのことに関してあらゆる知識を身につけていた。どのように発症し、感染が拡大したか、抑制の方法、殺処分かワクチン接種かをめぐる賛否、羊と牛の反応の違い、人間に対する影響、農場と食肉処理場の働き、通常一週間で食肉用となる家畜数とわれわれの年間食肉消費量（ちなみに、非常に多い）。

しかし私は危機管理、そして異常な難題に対応するにあたっては通常のシステムがまったく機能しないことを、かつて必要としなかった以上に学んだ。当然、一般大衆は、われわれが対応を誤ったとみなし、これについては誰も何の感謝もわれわれに示さなかったが、実際のところ、振り返って当時の文書を読み直し、あのとき自分が感じた危機の真の恐怖、深刻さと規模を思い出すと、切り抜けられたのはまったくの奇跡と思えるのだ。

第11章　ニューレーバーへの委任

二〇〇一年の総選挙は奇妙でまとまりを欠いていた。結果には少しの疑いもなかった。またもや大勝に終わった。しっかり構築され、順調に機能するわれわれの政治組織は難なく回転していた。いや、そのように見えた。対する保守党はヒース・ロビンソン（イギリスの漫画家、イラストレーター［一八七二－一九四四］で、その作品から不必要に複雑で、あり得ないようなものの代名詞）ばりの組織になっていた。選挙が奇妙でまとまりを欠いていたのはおそらく次の理由によるものだった。

私は選挙運動から二つのことを学んだ。第一に、目に見える大きな影響をもつ議論があるとき以外は、メディアが政策にまったく関心を示さなくなったことである。第二に、ＴＢ対ＧＢ（トニー・ブレア対ゴードン・ブラウン）の話は、少なくとも私が首相である限り、幸せな結末にはなりそうになかったことだ。

口蹄疫危機は最終段階を迎えていた。病気は完全に撲滅できていなかったし、間引かれもしていなかったが、下火になっていた。われわれは完全に制御していたし、口蹄疫問題が選挙の争点にはなりそうになかった。選挙をひと月遅らせる決定は正しかった。しかし政治家だけでなく有権者のあいだにも、私の政府への委任を吟味し直そうという気分がただよっていた。

私は二〇〇一年のマニフェストを注意深く、意図的にまとめた。われわれは用心深すぎるあまり誤りを犯しているとの結論に達した。もっともなことだった。そして今は、もっと大胆に打って出るときだった。私は統治について多くのことを学んでいた。なによりも学んだことは、リスクは制度のなかに密かに隠れている課題ではなく、惰性であるということだ。われわれはすべてのことをよりよく、より抜本的に実行するにはどうすべきかを知るだけのことを十分に見、十分に行い、十分に経験していた。

公的サービスの改革には構造的な変革が必要なのははっきりしており、そのなかには民間部門とのより緊密な関係が含まれていた。法と秩序の課題は、二十一世紀社会の本質と、犯罪および犯罪者のタイプに対応しない犯罪法、刑事司法制度の虜になってしまっていると確信するに至った。私は近代的企業政策と産業政策の一部を形成する科学、技術、中小企業に新たな重点を置きたかった。福祉の分野では、とくに社会的排除、社会の主流の外で孤立する家庭の危険性にもっと焦点をあてなければならないという結論に達していた。ユーロに関しては、経済の収斂の検証が必要だとまだ強く思っていたが、政治的な主張はもっと明確にしたかったし、経済状況が適切になれるのならば、単一通貨加盟に関する国民投票を実施して、すべてのリスクをとる覚悟でいた。

したがって、マニフェストはおおかた満足できるものだった。唯一の例外は、大学改革と授業料に関するもので、私は明確な公約から後退した。党内にまだ政治的な見解の相違が残っており、もちろん財務省とも不一致があったからである。しかし全体としては、はっきりと完全にニューレーバーの考え方を披瀝していた。

選挙運動は奇妙なスタートを切り、終わるまでその奇妙さから抜け出せなかった。われわれは、〝スーツに身を固めた人たちが壇上に居並ぶ大会議場〟という旧式で退屈なモードで運動を開始することはやめ、その代わりに学校を使うことにした。政権第二期にとっての教育の重要性を強調したかったからだ。私はロンドン南部のサザークにあるセント・セイビアーズ・アンド・セント・オレーブズイギリス国教会女子中等学校を訪れ、何人かの生徒に会い、一、二の教室を見学し、集会を始めた。教会学校だから讃美歌が歌われたあと、私が立ちあがって話をした。それはいつもやっていることの一つだった。ステンドグラスの窓の前で一同が祈りを捧げ、歌った。それからぎっしりと並んだティーンエイジャーの女の子たち――もちろん皆投票年齢以下だ――に向かって、われわれはどうして保守党時代の好況と不況の繰り返しの時代に戻ることができないかについて話した。始めたとたん、その馬鹿らしさに思わず失笑しそうになった。しかし彼女らが呆然とするなか、私は困惑しながらもがんばって話を続けた。そしてできる限り、さっさと切りあげたのだった。

これはもちろん、あの場にふさわしくなかった。それみたことかという怒りの叫びがあがった。アンジ・ハンターとケイト・ガービーはこの種の準備に長けていて、総じていつも見事だったが、われわれの驚くべき選挙組織も一度はガス漏れとそれに伴う失敗を犯してしまったのだ。学校も同じ目にあった。学校はたじろがなかった。とくに校長はこのようなことを許したことでこき下ろされたのだが。

一面では、われわれは自分たちについての間違った通念の犠牲者だった。誰もが練達の手腕を想定していた。そうに違いない。そうでないはずがない、と。つまるところ、われわれは情報操作《スピン》の権力者《スルタン》、というわけだった（一九九九年にブレア、アリスター・キャンベル、ピーター・マンデルソンに焦点をあてた*Sultans of Spin : Media and New Labour Government*という本が出版された）。

しかし興味深い問いは、われわれはそもそもなぜ〝ニュースタイル〟で選挙運動を旗揚げする必要があると考えたのか、である。政治家というものは中身よりもプレゼンテーションの勝利をよしとするから、絶えずよりよいプレゼン方法を探していると、人々は想定する。ところが実際は、政治家は状況に反応しているのであって、状況を作り出しているのではない。

信じてほしいのだが、平均的な政治家は政策を語っているときが一番幸せなのである。彼らはそれが大好きなのだ。私も同じである。教育や医療の改革の一部始終についてなら何時間でも語れる。私は刑事司法制度の分析と議論、市民的自由と効果的な法と秩序のバランスなどについて、心から関心を抱いていた。政治家に関する最大の神話の一つは、彼らが政策について勉強しなければならないトークショーのホストだというものだ。本当は逆で、彼らは対談番組のホストになる勉強をしなければならない政策通であることが多いのである。

メディアがセンセーション、スキャンダル、衝撃に傾くにつれて、政治家は関心を生み出す装置や戦略を探さなければならなくなった。私は二〇〇一年の選挙運動を通じて、悲しむべき結論に達した。メディアが市場を作り出すのにきわめて有効な記事や、話の展開の裏側になんとか政策を押し込めれば、それが望み得る最善という始末だったのだ。政策を中心舞台で作り出すチャンスは皆無だった。

政権発足後数カ月で、まだもの珍しく、政策のいくつかが前政権の思想と一線を画するようなときには、政策を前面に出して語り、聞いてもらうことができる。だが、時が進んで政策課題が目新しくなってくると――仮に政策自体は新しくても――人々の関心は薄れ、「前に聞いたことばかりだ」という空気にたちまち占められてしまうのだ。

メディアに公平を期すためにも言っておかなくてはならないが、ヨーロッパがらみのことを別にすれば保守党が何事にも本気で取り組もうとしなかったときには、メディアにとっても仕事はやりにくかったのだ。そうであっても、それはやはり意気があがらないことだった。そして、われわれが学校を利用して選挙運動早々にしくじったように、何か策を講じたところで、メディアに労働党政権は〝操作〟にしか興味がないと大衆に信じさせる材料を与えるにすぎなかった。しかし、従来どおりのありきたりの総選挙を開始しても、進歩はなかった。

選挙運動を通じて、世論調査は一〇から二〇ポイントのリードを示しており、あまり変動はなかった。そんな膠着《こうちゃく》状態で、われわれは花火を華々しく打ちあげようとしたが、花火はいつも湿っている兆候ばかりでぱっとしなかった。サウスロンドンの町クロイドンでの集会後、ホテルの部屋に座って、ビル・クリントンからの電話を受けた。何千マイルもかなたにいる彼が私の心を読めるのは気味が悪いくらいだった。

「どうしているか知りたくて電話をしただけなんだが」と彼は言った。

「大丈夫だよ」と答えた。

「いや、君がどう感じているかはわかっているよ」。彼は言った。それから彼は、ボブ・ドール（共和党候補）との一九九六年のアメリカ大統領選では、出だしからビルが確実な勝者だったことを説明した。結果はと言うと、メディアは怒り、大衆は出来レースだと思うようになったのである。この時点で大衆が同じように反応するのではないかと私が気をもみ、恐れていることを、ビルは見抜いていたのである。

「そのとおりだ。君は正しい」と私は言った。「で、答えはなんだい？」

彼の答えはこうだった。選挙戦をあたかも接戦のごとく戦うこと、有権者にどれほど当選したいと願っているかを示すこと、そのために自分は戦う用意がいかにあるかを示すこと、そして最後の一票に対してまでいかに感謝の気持ちをもつかを示すことだった。「有権者から負託を得ることに心血を注いでいる様を見せるんだ。そして世論調査の結果があがればあがるほど、懸命にならなければだめだよ」

よいアドバイスだった。それ以降、私は保守党がいかにだめかは気にしないことにした。喧嘩をし、戦い、道を切り分けて進んだ。あたかも自分の命が一票一票にかかっているかのようだった。それが選挙結果を変えたかどうかは知る由もなかったが、私にエネルギーを与え、党に緊迫感を与えた。

保守党の運動はまったく惨めだった。私は党首のウィリアム・ヘイグのことが不可思議だった。彼は巧みな論客で立派な精神と高度の知性の持ち主だった。彼の内部にも周りにも多くの本当の資質があった。確実にリーダーの資質があると思った。状況が違い、時が違えば、偉大なリーダー、おそらく首相にもなれただろう。

しかしヘイグの話を聞いていると、その言葉を大いに愛するようになれるだろうかと思った。彼の力量、言葉とユーモアの駆使、巧妙で奇抜な発想と面白い機知の表現を紡ぎ出す能力が大きかっただけに、頭がそれに走りすぎ、そもそもの発想と機知の目的には意を用いなさすぎた。その結果、彼はたびたび反対者の自尊心を傷つけはしたが、相手を議論で負かすことはあまりできなかったのである。

ヘイグは強靭で過小評価できなかったが、彼も保守党上層部もなぜだかわからないがヨーロッパを基盤にして自分たちの選挙運動を展開していた。そのような戦略は、世論調査から見てもメディア論調から見ても完全に妥当だった。世論調査は保守党の政策のほうが、わが党の政策よりも支持がずっと大きいことを示していた。マードックの新聞《メール》紙と《テレグラフ》紙は非常に欧州懐疑主義だったから、保守党の立場を強く支持していた。要は、ケン・クラークのような保守党の重鎮がこの戦略に反対だったことで、保守党分裂の危険性をはらんでいた。加えて、欧州懐疑主義はとりあえず許容できたとしても、このような問題にはいつもつきまとうことだが、常識の範囲ぎりぎりまでいって、それをさらに越えてしまおうとする勢力があることだ。指導部の姿勢は彼らにさらに突っ走ることを許すものだったから、ヨーロッパに関する一般大衆の意見は世論調査を見るだけでは完全に推し量ることができなかった。たしかに、質問されれば大衆はこれについては保守党を支持した。しかし、これで選挙結果が決まるわけではなかった。大衆にとってヨーロッパは優先課題ではなかった。したがって、保守党はこれに焦点をあてることで、妙に偏った姿を見せることになり、大衆は一瞥するやいなや、どうも保守党には政権をとる用意がないようだという気持ちになったのだ。いったんそのような考え方が支配的になると、選挙は終わったも同然だった。

当然ながら、われわれにとって一つだけ最も重要なことは、深刻な間違いを避けることだった。もちろんメディアもそれを知っており、なんとかして間違いを犯させようと懸命だった。われわれは基本的な実務的なメッセージを策定した。実行したことはたくさんある。これから実行することもたくさんある。失うこともたくさんある。それは単純だった。誰も経済が好調だったことを否定できなかったし、多くの資金が学校と病院に投入され始めていた（もっとも、最初の二年間は歳出抑制の公約のせいで物事が妨げられた。それは正しい決定だったが、われわれを制約した）。そしてまだ一期目だった。たしかに、われわれは着手したことを成し遂げるチャンスを与えられるべきだった。保守党政権の記憶はまだ自分たちにも「失うこともたくさんある」可能性があることをこだまさせるほど生々しかった。

当然、われわれは国を過去の選択、ある意味でサッチャー主義を超えて動かす、レベルの高い運動を望んだ。選挙戦が始まったばかりのときに書いたメモで、私はサッチャー主義の何が間違っていたかを詳しく説明した。それまでは時間の多くを何が維持されなければならないかについて国民を安心させるために費やしていた。

サッチャーが歴史から見て完全に正しいのは、何が維持されなければならないかについて、彼女が次のことを認めたからである。すなわち、人々は豊かになるにつれて、お金の自由な使い途を求めるようになった。そして大きな国家が、国家独占の画一性、単調さ、鈍感さで国民を窒息させ、そうした自由に介入することをいやがるようになった。競争が水準を高め、増税が意欲の阻害要因になるのは明らかである。そうでなければ人間性の無視である。

しかしサッチャーが間違え、歴史の潮流に逆らったのは、彼女のヨーロッパに対する態度であり、また、必要な機会を得るには大多数の人はつねに公的サービスと政府の力に頼るしかないという事実を認めることの拒絶だった。政府は変わらなくてはならない。公的サービスは改革されなければならない。しかし彼女は、すべては個人の選択に還元できると考えた点で行きすぎた。彼女はこの面で非常に伝統的な保守党員だった。だが私の父のように、自分が成功者だったがゆえに成功しなかった人に対する苛立ちが人一倍強かった。自分が成功できたのに、なぜほかの人たちは成功できないのか。こうして彼女は人間性の一面をとらえたが、ほかの面は無視したようであった。

結果はどうだったか。彼女はある一面ではイギリスについて正しく必要でもある見方をした——われわれの冒険心と野心を取り戻した——が、他の一面では人口、国の大きさ、地理のゆえに、われわれがどんなに進取の気性に富んでいても、世界におけるイギリスの位置が変わりつつあることを完全に見損なった。加えて、人々の自立に対する欲求がそれにとどまらず、取り残された人たちに対する同情をどこまでも欠く状態にまでいくことを許したのである。彼女は基本的にはソーシャル・キャピタル（社会関係資本。社会の信頼関係や人と人とのつながり）に関心をもたなかったのだ。

私は、イギリスの近代化を一歩前進させる役割を果たしたいと思っていた。つまり、投資と改革を組み合わせた公的サービスと福祉国家を築くことだ。個々を思いやり、共鳴し、進取の精神にあふれ、とくに福祉面では、これまでに獲得した権利や受給権とともに責任にも基づくものにしたかった。こうした考え方が、大多数の人々の支持を得ている点と、賢明で真面目な中道の基盤が固まる点、さらに基本的な第三の道の課題——個人の野心が社会的な同情と結びつく——を形成できる点で、私は疑いをもたなかった。

世界におけるイギリスの位置について私にとって自明だったのは、力を他国との同盟を通じて行使しなければならないことだった。われわれには二つの最良の同盟相手——ヨーロッパとアメリカ——があった。アメリカとヨーロッパに強さを維持させ、その力を活用しない手はなかった。この主張を人気のあるものにするのはそうたやすくはなかった。しかしその強みは明らかだった。この主張の支持者の数は支持しない人よりも数のうえでは負けていたが、質では勝っていた。とくに経済界はこの意義を十分に理解していた。

問題は、このような高次元の話をメディアに後押ししてもらうのがそもそも不可能だったことだ。私はイギリスの将来について一連の演説をし、課題のさまざまな部分を物干し紐に乾《ほ》すように掲げ、刺激を与えて活力あふれる政策論議をしようと試みた。演説はわれながら徹底したもので、主張がうまく組み立てられていた。それらは主任戦略顧問のマシュー・テーラー、そしてアンドルー・アドニス、デービッド・ミリバンドらとともに、主として私自身が書いた。しかし国の未来政策に関する詳細な説明がなんであれ、これ以外にありようがないのに、選挙運動が始まって数日も経たないうちに、そうでないことがはっきりしたのである。

マニフェストを発表した二〇〇一年五月十六日は、まさにこれを絵に描いたかのような日だった。選挙の成功が初日のすべり出しによって判断されるのだとしたら、地滑り的勝利は考えられなかっただろう。たった一日の運動で、これほどの災難とつまずきと不運に見舞われることがあり得るとは思えない。

われわれは大々的で真剣なマニフェストに関する記者会見を開くことにした。閣僚を担ぎ出し、次の会期での計画を説明した。公的サービスの運営に民間部門を導入する政策を明確に打ち出すことで全体を強化しようと決めた。年輩の政治家や顧問のあいだには、これを右派メディアをなだめる右傾化の計画の一部——彼らにとっては不必要なもの——だと見る傾向がまだ圧倒的だった。私はそれが自分の信念であると説明し続けたが、これがかえって事態を悪化させたのかもしれない。諸外国の公的サービス制度を考えてみたときに私にとって、ある教訓が中核にあるのが自明だった。官民混合のサービス供給、あるいは少なくともある程度の個人的責任を要求すると同時に個人的な選択肢も与えるような医療制度が一番うまくいっていた。一枚岩的な制度は変更されつつあるか、失敗しつつあるかのどちらかだった。アメリカの医療制度の失敗は、保険を受けられない多くの貧しい人々がいたこと——これはあまりにも多くの人が無視する不快な真実——だが保険に加入している人たちにしてみれば、看護の水準や対応のすばやさ（食事、環境、予約の変更の可能性など、二義的な事柄も含め）は、純粋に国営サービスよりもずっと質が高いことが多かったのである。公平性と効率性を両立させるのは決して不可能ではない。

これもアメリカの話だが、チャータースクール（親、教員、地域団体などが当局の認可を得て公費で運営する学校）の試みが始まろうとしていた。そしてスウェーデンの教育改革も成果が出始めていた。このように、どのような改革が、誰によって、どのような目的で、どれほどの成果を見込んで提案されているか、世界中から実際の経験で得た豊富な証拠を入手できたのである。

こうしたことはすべて、さまざまな利権団体が忌み嫌うものだった。利権団体は現状を維持し、予算をもっと使おうと決心していたのだ。だが良識的かつ客観的な観察者は、党の伝統がどう指図しようとも、われわれの政権が新しいアイデアを受け入れることを知りたがっていた。

こうして五月十六日の選挙運動開始は見た目より大きな出来事となった。誰がいつ何について話すかをめぐって舞台裏であらゆる種類の厳しいやりとりがあった。皆は私がとりしきったことを多少恨んだようだったが、政権第二期の急進的な権限が明白で曇りのないものであることを確実にしたいという欲求を示したかった。デービッド・ブランケットやパトリシア・ヒューイットのような、この精神に完全に賛同して入閣した閣僚らがいた。私と同じように、彼らは新境地を開かなければ政権二期目は不毛であることと、それははるかに大きなリスクとなることを察知していた。

しかし例によって、すべてをうまく整え円滑に運ぼうとしたばかりに、自分たちを多少茶化した演出になってしまった。各閣僚は二分間だけ与えられ、後方に引っ込むことにした。そうでもしないと全体が長すぎてしまうからだ。それでも比較的大過なく進行した。その日の最後に起こったことに比べれば上出来だった。

私はバーミンガムのクイーン・エリザベス病院を訪問することになっていた。そこでは、ヨーロッパ随一の最先端の（そして今では本当にそうだが）新しい心臓医学センターの開所式を行う予定だった。私は入り口で地元選出下院議員のギゼラ・スチュアートに会った。彼女が特異だったのは、ドイツ人だったことで、たまに明らかなドイツ訛りで話した。それでもミッドランズ（イングランド中央部）で議席を獲得していたのであり、それはつまり、人々が思ったほど偏見にとらわれていない証にほかならない。彼女は頭がよく、非常にニューレーバー的だった。われわれが病院に入ると、シャロン・ストアラーという女性が私に近づいてきて、がん患者である彼女の夫がこの病院で受けている扱いについて熱弁をふるい始めた。彼女はこの衝突のせいでかなり有名になったのである。もちろん、彼がひどい扱いを受けていたかどうかについては、病院のスタッフが大きな声で抗議するなど、多くの反論があることがわかった。しかしながら、NHSとそのひどさについて〝真実を口にする〟者に首相がくどくどと文句を言われたという事実によって、スタッフの抗議は飲み込まれてしまったのである。

結果が明白な選挙にすっかり退屈していたメディアにとって、当然これは天からの思いがけない恵みだった。彼女は一夜にしてスターになった。労働党の水も漏らさぬ組織がついに〝本当のことを言う人間〟に遭遇したことにメディアは大喜びしたのだ。労働党政権は〝本当の〟人たちに会っていないというのが、とくに《メール》紙によって喧伝されていた一貫したテーマだった。しかしすべては仕組まれていたのである。事実、私は選挙において仕組まれていないものに出会ったことなど一度もない（うまく仕組まれているかどうかは別物だが）。そしてもちろんわれわれは、こういうヤラセ以外の非常に多くの人に会っていたのである。

ここに問題がある。ある人が政治家に嚙みつかなければ、大騒ぎしなければ〝本当の〟人ではない。怒り、それもできれば無礼さがなければ〝本当の〟人ではない。大騒ぎだけがニュースにインパクトを与えるのだ。真実は、ほとんどの〝本当の〟人――すなわち本当の〝本当の〟人――はそのような振る舞いは決してしないのだ。大多数のイギリス人は礼儀正しい。彼らは耳を傾ける。同意しないかもしれないが、同意しなくても分別のある仕方でする。たくさんの人に会うが、喧嘩腰でないがゆえに、彼らは〝本当の〟人ではないのである。

奇妙だが非常に重要な現象が起こりつつあった。抗議に対する賞賛である。たとえば、一人の政治家が千人の聴衆が参加している会合に出席するとしよう。そのなかの一人が何かを叫ぶ。残りの九百九十九人はそれを支持するか、反対意見であっても穏健な態度であるかもしれない。ところが、そのたった一人の分裂的な発言は、全体を代表しない場合でも、あたかも総意であるかのように提示される。ほとんどの人は騒ぎを起こしたくない。だから、たった一人の抗議者というのは典型的ではなく、異例なのである。

首相辞任後、私はパレスチナのヘブロンを訪問し、ニューヨーク在住のユダヤ人のバルフ・ゴールドスタインが一九九四年に礼拝参加者たちを殺害したイブラヒム・モスクに行ったときのことを思い出す。私に対して一人だけ抗議の叫びをあげた者がいた。彼は、ヒズブット・タハリールという、いくつかの国では非合法化されており、パレスチナの多数の意見をまったく代表しないイスラム教団の一員であることがわかった。翌日の新聞では、それが私のモスク訪問に関する、文字どおり唯一のニュースだった。その抗議者はインタビューを受け、彼の意見が論じられ分析されていた。ほかのすべての声は否定されてしまっていた。ほかの誰にも勝ち目はなかったのである。

これは近代政治の報道における重要な動きであって、人々はそれを認識すればするほど、このような妨害行為に走る。いまやこれこそがニュースが作られる規範になってしまっている。何かを投げる、やじる、対決する、壇上を襲撃する――そうすればニュースの主役になれる。そして意見は正当化されるのである。政治家は仰天するか、あるいは侮辱されたように見えるばかりで、反撃すらできず（私があとで述べることは例外である）、勝者は一人しかいない。この手に訴える人間が増えるのはこのためだ。それが議論を進展させたり、ある意見を代表するようなことはまず一瞬たりともない。興奮の熱のなかで行われる議論は意見の衝突であって、意見の交換ではない。なんでもよい。それがニュースなのだ！

いずれにせよ、マニフェストより明らかにこうした状態が優勢になろうとしていた。私は心臓医学センターからよろめくように飛び出し、大々的な選挙運動の旗揚げ日はあきらめたのである。

しかし事態は徐々に活気づき始めていた。昼食を手短に片づけたとき、ジャック・ストローが警察官連盟の大会でブーイングの手拍子を浴びせられたというニュースを耳にした。彼があとで語ったところによると——ジャックのために言っておかなければならないが、彼はこのようなことについては大人だった——面白かったのは、聴衆は彼の演説の内容から完全に遊離していたということだった。ジャックは間抜けではなかったから、選挙運動の中盤で非常に型どおりの、かなり強硬派の法と秩序の演説をすることに決めた。しかし聴衆は聞いていなかった。ジャックなら警察官の給料を二倍にすることもできた。それでも彼らはブーイングを浴びせようとしていた（もしかしたら本当に給料を倍増したら彼らを止められたかもしれない）。

こうして午後遅くの段階で国民は、大勝をもって再選されようとしている政府に反抗していたのである。野党が役に立たないときの問題の一つは、国民が奇妙に権利を奪われたような気分になることだ。多くの労働党員はサッチャー時代にこう感じていた。労働党が一九九二年以降、選挙制度の改正を考え始めたのはこれが理由だった。われわれは四回連続して選挙に負けていた。選挙制度に欠陥があるのではないか？そうに違いない。だがもちろん、欠点はわれわれにあったのだ。したがって、この疎外感は妥当ではなかった。実際にはそれより悪く、きわめて非民主的だった。敗者は負けるはずではなかったと思い、選挙のやり直しかルールの変更をなんとか実現しようとするものなのだ。

この点において、革新政権は保守政権と違った扱われ方をするのである。保守党は自分たちこそ政権下にあるべきだと考える。自分たちが政権にないのは、誰かが不公正なことをしているのだ、と。労働党が十八年間も政権の外にいたとき、団体によっては（炭鉱労働者のストライキに見られた労働党の一部の組織分子のように）民主的な結果をひっくり返そうとしたが、それは多くの人が当然とみなしたように誤りだった。人々が個々の炭鉱労働者にどれほど同情を寄せていたとしてもである。しかし、われわれの政権時代のように立場が逆転しているときには、そうした反対は、合法的な主張を訳もなく否定されている人たちによる全面的に正当化できる抗議とみなされたのである。

こうして、世論調査（そしてまさに選挙結果）に表れた民意と、政府の抑圧のもとで苦闘していたかに見える民意のあいだには、奇妙な乖離があった。それによれば、そのような政府に対しては厳しい措置がとられなくてはならなかった。民主制度が何らかの理由で機能すべきように機能していなかったからほかに方法がないというのだ。任期終了間近になって、これが何を意味したかと言うと、たとえば政府の文書を漏洩した者が機密漏洩の罪で非難されるどころか、人民の英雄のように扱われたのである。

あの日、統治する側とされる側とのやりとりは、とてつもなく生々しい、衝撃に満ちた形となって現れた。メディアさえ夢にも思わなかったことだった。副首相のジョン・プレスコットは北ウェールズのリルで選挙集会を開いていた。集会の場所に至る道には彼をやじろうと待ちかまえるいつもの雑多な抗議者がいた。彼が挑戦に応じようと歩いていくと、一九七〇年代スタイルの目を見張るほど長髪の大男がジョンの顔めがけて卵を投げつけた。ジョンは振り返って、その男に激しい左フックをかました。男は地面にのびてしまった。その後どうなったかは、想像していただけるだろう。深く詳細な政策情報を盛り込んだマニフェストを発表する代わりに、お化粧をして人目を引く演技をしても何の意味もなかった。

私は、元BBC記者のジョナサン・ディンブルビーが司会を務める有権者との対談番組に出演していた。アリスターは番組収録が終わるまで、ジョンの一件を隠していた。あの事件が起きた直後に収録されたから、質問に組み込もうとすれば可能だった。収録後に、車に乗り込むと、アリスターが元気いっぱいに言った。「あのね、もっとニュースがあったんだよ。ジョン・プレスコットが有権者をぶん殴ったんだ」

私は聞き違えて「誰かがジョンを殴ったのか?」と言った。「それはひどいな!」

「違うよ」とアリスターは言った。「ジョンが殴ったんだよ。誰かをぶちのめしたんだ」

よく本には〝ポカンと口を開ける〟という表現が出てくるが、まさにそのとおりだった。私はポカンと口を開けた。

こうして心からの反省、分析、内省、回顧、そしてどうすればよいかについての総じてパニックの時間が始まった。翌朝の記者会見までに十二時間あった。それまでに対策を決めなければならない。たとえ顔に卵を投げつけられたのだとしても、副首相が一人の市民に暴力をふるうとは、あるレベルで想像を絶する行為で、深刻なことだった。しかしもう一つのレベルでは、度肝を抜くようなこっけいさだった。

振り返ってみると、こっけいさが勝ったと思うが、その時点ではっきりそう言えなかったのは確かだ。いかにこっけいさが勝ったかということは、政治においては直観が非常に重要であるという興味深い洞察を与えてくれる。もう一つは分別だ。周囲が判断力を失っているときでさえそうなのである。

個人的にこの一件は、とてつもなくおかしかった。卵もおかしかった。長髪もおかしかった。左フックもおかしかった。二人の表情もおかしかった。とはいえ、別の見方から逃げることはできなかった。一緒に選挙活動している女性たちのなかにはこう叫ぶ人たちがいた。副首相ともあろう者にああいうことをさせてはならない。みっともない。マッチョだ。人々は反発を感じ、あきれ、恥ずかしく思うだろう、等々。

こうした見解は南部出身の女性たちに根強かった。驚いたことに、アンジも同じ意見だった。しかし私はあとになって、それはテレビ局スカイニューズのアダム・ボールトン（アンジはのちにボールトンと結婚した）のせいではなかったかと思った。アンジはおそらくボールトンと話をしていたのだが、彼はこの一件に嫌悪感をもち、非常に居丈高《いたけだか》だったからだ。アンジの直観はいつも見事に働いた。普段は確信に満ちているサリー・モーガンも言葉を濁した。アリスターも同じだったが、もっともそれはパートナーのフィオナの影響かもしれなかった。しかし大半の男たちと労働党のスタッフは、男性も女性も圧倒的にジョンの味方だった。

非難の厳しさを和らげるには、少なくとも謝罪がいるだろうと考えた。穏健な南部人に向かって多少片膝を曲げて謝罪の姿勢を示すことだ。それでジョンに電話した。できる限り滑らかに切り出した。起きてしまったことは残念だ。相手の男の行為はひどい。ショックだったに違いない。実際、カッとなったときには驚くべき行動ではない。五分ほどこうしたこまごました話をしたあと、ジョンが割って入った。「君のことはわかっている」と彼は言った。「何を言いたいのかわかっている。僕に謝らせたいのだろう」

「そうだなあ」と私は言いかけた。

「わかったよ。僕は絶対に謝らないからね。だからこのことは忘れてもらっていいよ」

私はもう少し冷酷に、執拗になった。そしていつものジョンならば、私が本当に真剣だとわかったときは、彼は言うことを聞く用意があった。そこで謝りの言葉について合意し、電話は終わった。

私は官邸に戻ったが、気分が悪かった。このニュースはもちろんヒステリーに近い状態になっていた。保守党はこれに飛びつき、自由党は非常に〝リベラル的〟だった。すなわちウェット（ハト派的）だった。それでも、私にはいまだになぜこの一件を非難しなければならないのか得心がいかなかった。

官邸の居住部分《フラット》にあがると、シェリーが待っていた。「なんという日だ！」と私は言った。そして「まったく、ジョンは何を考えていたんだろう？　人々はひどいことだと言っているんだ」とシェリーを試すように言った。彼女は勅撰弁護士で、リベラルで、ロンドン在住である。

「馬鹿なこと言っちゃだめよ」と彼女は鼻息荒く言った。「ジョンはどうしてあの男を殴ったらいけないの？」。彼女はご存じリバプール女だ。「あなただったらどうした？」と彼女は言った。「にこにこして、こんなことはもうやっちゃだめだよ、とでも言うの？　相手は当然のことをされたまでよ。ジョン・プレスコットは本当に男だわ」

私は選挙区の代理人であるジョン・バートンに電話した。彼と彼の仲間はシェリーとまったく同じ意見だった。「僕はあれは立派だったと思うよ」とバートンは言った。私はバートンの判断を非常に高く評価した。私は彼より判断力のない、世界の政治家たちを知っている。それだけでなく、彼は北部の女性たちも同意見だと言ってくれた。このニュースがトリムドンの労働党クラブに届いたとき、全員がジョン・プレスコットが男を殴ったことに歓声をあげたのだった。

これで一件落着だった。しかし残る問題があった。記者会見での対応だ。メディアは不満を鳴らしていることは疑いなかった。私は基本路線を決めた。これ以上謝罪しない、辞任もない、一切何もしない。側近チームのなかには懸念の声もあったが、そのときまでには私が差配するようになっていた。基本路線をどのように表すかについてはもう少し面倒だった。実際問題として、一人の有権者を殴った副首相を擁護することはできない。一方で、彼の行為を非難しないことも決めていた。

私たちは記者会見に備え、控え室に座って問題を思案した。デービッド・ブランケットがそこにいたが、彼もジョン・バートン派の意見に強く賛成していた。時間が刻々と過ぎるなか——ちなみにこれは世界的ニュースだった——われわれはいろいろな方法を模索した。

「要は」時間が残り一分に迫り、私は最後に言った。「ジョンはジョンだ。それ以上言えることはない」。それはエリック・カントナ（フランスのサッカー選手。イギリスのマンチェスター・ユナイテッドに移籍。やじるサポーターを蹴りあげるなど逸話が多い）的なアプローチだった。非常に謎めいたことを言って、人々を煙に巻いてしまうのだ。それが私の言ったことだった。

「『ジョンはジョンだ』とはどういう意味なの？」皆は言った。

私は肩を大げさにすぼめて言った。「ジョンはジョンという意味だよ」

こうして大スキャンダルはおさまった。シェリーとバートン流の意見が明らかに優勢になり始めた。国民――少なくとも多くの国民――はそれを愛した。政治家も人間的になる――すごい！　四十八時間後、私がセッジフィールドの地元選挙区に帰ると、多くの有権者たちが近寄ってきた。そのなかにはシェリーの意見を繰り返した老婦人たちもいた。「そうでしょ。あなただったらどうしました？」彼女たちは言った。「あなただったら殴らなかったでしょう、そうした？　お若い人」。彼女たちは誉め言葉のつもりで言ったのではなかった。

こうして、国の将来に関する真剣な政策処方でいっぱいのマニフェストで始まった選挙戦の打ちあげは、真面目な政策を政治の底に沈めてしまった長髪、卵、パンチに終わったのである。

ジョン・プレスコットはいつも何かユニークなものを労働党と政府にもたらした。彼は激怒することも、危険なこともあった。馬鹿げていることもあった。そして見事なこともあったのである。しかし、退屈、穏やか、平凡、印象に残らないといった言葉は決して彼と結びつかなかった。

ニール・キノックはかつて彼を喧嘩腰であると表現したことがあった。それは本当だった。しかし、彼の喧嘩腰はバランスがとれていた。ニールのようにどちらかに傾いているほうが、むしろ危険だった。

ジョン・プレスコットは党に何をもたらしたのだろうか。本当にたくさんある。ジョン・スミスが死んだとき、私が党首選で勝つことはまず確実だったが、副党首を誰にすべきかの問題がもちあがった。安全な選択はたしかにマーガレット・ベケットだった。彼女は一九九二年以前の経済チームの一員だった。有能であり、疑いもなく的確な判断が下せる人物だった。ジョンはそのように言い表せなかった。しかし彼には誠意があり、党の伝統的一派、とくに労働組合運動の内部に対するアピール力があったが、私が大いに多とした別のものも備えていた。困難な状況にあるとき、彼を頼りにできると思ったのだ。個々の政策問題、あるいはニューレーバー一般について、必ずしも彼を頼りにできたわけではない。しかし虎狩りのたとえ（この人と一緒ならジャングルに入っていくか？）を使うならば、彼は合格だった。マーガレットはそれほど確実ではなかった。私は彼女が好きだったし尊敬もしていた。だが事態が悪化したとき、彼女が前面に進み出て、私の周りに保護の非常線を張ってくれるという確信がもてなかった。それに対して、ジョンならそうしてくれるだろうと思った。私は副首相の選出では意見を差しはさまなかったが、私の一番の側近の何人かはマーガレットに投票した。しかし、私が彼女を全面的に支持しようとしなかった事実が、私がジョンとやっていけるというしるしとなった。どちらにしても、党の選択は彼のほうだった。皆はちょっとした陰陽をほしがった。もし私が非常に陰なら、彼はたしかに徹底的な陽だった。

私たち二人は、これ以上ないほど対照的だった。私は私立校、オックスフォード卒の法廷弁護士だった。一方、ジョンは船の客室乗務員、労働組合運動の大御所であり、労働者階級の出自を誇りにしていた。彼は本当に高い地位を得た、最も魅力的な人物の一人だった。今となれば、ジョンはジョンですまされなかったに違いない。その意味で彼はデニス・スキナー（炭鉱労働者出身の労働党議員）と非常によく似ていた。デニスは素晴らしく優秀な男だった。一級の頭脳をもち、機知に富み、人々に対して深い洞察力を備えていた。だが、彼が育った時代は、並はずれて賢い人たちが、教育制度のためにいつも挫折したか、貧弱な学校教育の欠陥と親や社会の狭量な精神のはざまに落ちるかしていた。しかしありがたいことに、このような目にあう人たちは今では姿を消しつつある。ジョンはイレブンプラス（今後の進学進路を決めるため十一歳児が受ける試験）に失敗した。そのことが彼にひどい衝撃を与え、少なくとも両肩の重荷の一方の原因となった。だが彼は生来賢く、非常に勤勉だった。だから、それくらいの年齢のときに実施する能力選別テストを、教育制度の基盤に据えるのは意味がないのである。

しかしながら、このような時代は過ぎ去った。今だったらジョンは産業界か公的部門で管理職として働き、労働組合には決して近づかなかったに違いない。その代わりに、衰えつつはあっても依然として政治の世界に影響力をもっていた元祖労働党の一部との重要な結び目役になっていた。

イレブンプラスでの失敗にもめげず、ジョンはオックスフォードのラスキン・カレッジに進んだ（デニス・スキナーもそうだった）。彼は、見かけ以上に知的な関心も能力もあった。ここが、彼を好きな理由だった。彼はどんなニューレーバー政策に対しても当たり前のように抵抗をしたが、問題をきちんと討議すれば聞く耳をもっていたし、提案に利点をみとめれば説得を受け入れた。だからといって、彼がいつも私を支持するわけではなかったし、多くの場合、反対に回った。そして私の周りには、そんな彼を厄介者とみなす者がいたことを言っておかなければならない。なぜなら、彼は改革反対派の中心人物だったからだ。

その後、残念なことにジョンはゴードンと親しい関係になった。ゴードンはマーガレット・ベケットを強く支持し、彼の機関を彼女のために動くようにした。したがって、ゴードンとジョンの当初の関係はよくなかった。そのうち私はゴードンにジョンと仲直りするよう強く促した。「彼をみくびってはいけないよ」と言ったものだ。「もし党首になりたいのなら、彼を敵に回さないほうがいい。彼は誰かを党首にするだけの力は必ずしももっていないけれども、党首にさせないことはできる」

ゴードンは私の忠告を受け入れた。そして私の観点からすれば、受け入れすぎた。ジョンが個人的に不誠実だったということではない。そうではなく、むしろゴードンが改革に対する自分の立場を実際より明らかにジョン好みに見えるように売り込んだ。それは私の周囲の力の配置を変えた。

ジョンはまた、ゴードンと私は党首として交換可能だとみなすようになった。ゴードンは私より少し左寄りだが、そのせいで私より魅力が劣るわけではなかった（たぶん、より魅力的だった）。したがってジョンは、ばらまきは公正で正しいという考えを受け入れた。結局のところ、ゴードンの立場はニューレーバーとやや異なるものだったのだ。とりわけ、ゴードンは、公的サービスと福祉に関してわれわれは〝市場化〟改革で行きすぎだという意見を支持していた。それに対して私は十分ではないという強い見解をもっていた。

　ここから二つのことが生じた。一つめは、シティ・アカデミー（劣悪な教育環境にある都市部の中等教育レベルを向上させるために、重点的に設けられた学校）、新しい医療サービス提供者の導入、そして福祉の受給にこれまで以上に条件を課すことなどについてで、私にとってはたびたび副首相にも財務相にも支持を得られないようなことだった。けれども最終的には、ジョンもほぼ説得されたようだった——彼は選挙区であるハルの伝統的な国立総合学校制度の失敗について話しているうちにだんだん雄弁になった——が、それは一苦労で、長時間にわたる苦痛に満ちた会合と議論を要した。

　二つめは、最後に、すなわち二〇〇六－〇七年に、ジョンは私に辞任を強く迫ったことだ。一つは彼に対するメディアの攻撃が容赦なくなったという彼個人の理由、もう一つはゴードンと入れ替わっても選挙には影響ないだろうという彼の考えによるものだった。この時点までに私はいずれにしても辞めなければならないだろうと決意していた。私自身が真摯だったと確信できなかったのか、それとも自ら進んで首相官邸を明け渡す者はいないという普通の考え方に与《くみ》していたのか、ジョンは二〇〇七年の春、もし私が辞めないのなら、自分が副首相を辞任すると私に告げた。彼は裏切ったわけではなかった。彼は心から、ゴードンが党首になることが党の利益になると信じていたのである。

　とはいえ、私がジョンの支持を必要としたこと、そして彼が大いなる勇気でそれを与えてくれたことは数えきれないほどあった。彼は自分がニューレーバーのブレーキ役として存在していると認識していた。したがって、彼の信頼性は、彼が私にどれほど政策を変更させることができるかにかかっていたのである。彼は私と一緒に出かけるたびに、そうした信頼性をいくぶん犠牲にしていることに気づいていた。それでも一緒に来てくれたのである。

党規約第四条の問題に関して、彼は疑問視側から積極的な擁護側へと移行した。最終的に、その正しさを確信したからだった。いったん確信すると、彼は第四条改正を誰よりも強く擁護した。9・11以降――実際どんな外交危機の瞬間でも――、彼は一〇〇パーセント私を支えてくれた。私たちを分裂させるしるしが非常に有害な場合ほど、決定的な支持を与えてくれたのである。

そういうわけで、政治という樹木の頂《いただき》にあるどんな関係にものしかかる巨大なストレスと重圧という状況を考えるならば、ジョンを副党首として得たことは幸運だったと言わなくてはならない。

閣僚としてのジョンは、政府の権力についてあまりにも熱意があり、あまりにも簡単に介入し、政策の中身にあまりに多くのお役所仕事を混入させた。と同時に、革新的でもあり想像力にも富んでいた。彼は財務省に便宜置籍船に関する規則を変更させ、イギリスの海運業を復活させた。また、京都での交渉団の団長として活躍し、イギリスは京都議定書の目標を達成した世界で唯一の国となった。さらに、住宅政策でも不可欠の役割を果たした。住宅計画制度改善のための白書提案を推進する委員会の議長を務めた。十年間の在任中、政府はさらに二百万人の人々にまともな住居を確保した。彼はまた、イギリスを国際的な分野で代表し、チャイナ・タスク・フォース（科学技術、貿易投資、教育、開発・環境の四分野で中国との関係を深める目的で二〇〇三年設置）の長を務めて、貿易と投資、その他の分野における省庁をまたがる合意を導いた。彼の配下の官僚たちは、彼の雰囲気と荒っぽい外見に慣れてしまうと、彼を好きになり敬意を払うようになった。

彼の欠点は不快であるよりも愛嬌であることが多かった。もっとも、私の知り合いの女性のなかにはそうした評価に強く異論を唱える人もいた。彼は間違いなく古臭く、あるタイプの中産階級女性と働くのが不得手だった。そして私の言わんとするところを理解していただけるならば、彼は同性愛の権利については適切な考えをもっていたものの、それは感情よりも理屈が勝っていた。彼はまた、スマートで、若く、上品な言葉づかいの知識人タイプに対して被害妄想を抱いていた。この手の者たちといるときの彼は、トリュフを探す豚のようだった。たとえ千歩離れていても、こうした連中の偉そうな態度、侮辱、優越感、無視を嗅ぎつけた。いったん嗅ぎつけると、下品なほど奔放にその後をつけ回した。内輪での密かで穏やかな意見交換に慣れている若い顧問たち皆が、異様な熱心さで追い回され、ついに表に引き出され、こっぱみじんにされてしまうのだった。彼らにとっていっそう驚きだったのは、自分たちがどうして彼をそのように怒らせたのか、たいていまったく思い当たらなかったからだ。

正直言うと、私はこれが面白くてしかたなかった。そんなことはあってはならないのだが。一九八〇年代の終わり、初めて私の名が知れるようになって、影の内閣の一員に選ばれたとき、ジョンは私に対してまさにそうだった。ピーターと私は、ジョンが〝キザな連中の仲間〟と呼んだ一員であり、こうした態度は彼が与えることのできる最大の侮辱だったのである。

これを私が耐えられる、いや受け入れられるものにしたのは、少なくとも私にとってすべてが見えすいていたからだ。ジョンはきわめて狡猾になれたが、思うことをあけすけに表したというだけではあまりにも控えめな表現である。彼は身体地図のすべてをさらけ出したのだ。閣議ではいつでも、爆発しそうな火山のように不満いっぱいで座っていた。爆発の最大要因になりそうだったのは、多くの場合、口出しをする女性の一人だった。パトリシア・ヒューイットが必ず彼を動かした。実際、彼女は非常に優秀な大臣で、保健省ではとくに素晴らしく、重大な決意をもって真に難しい決断をした。しかし閣議ではいつも女性目線を提起した。ジョンは不機嫌だとやや卑猥な発言をした。そして私は再度彼女に発言させた。ジョンの怒りが爆発するのを見たかっただけなのだが。彼女は最も素晴らしい無神経な仕方で彼に向かって偉そうな口をきくのだった。「そうね、ジョン。あなたの言い分はとてもとてもいいわ。あなたの発言はいつも聞く価値があるの」

ジョンは心から私を笑わせた。ミュージカル〈サウンド・オブ・ミュージック〉に出てくる〈どうしたらマリアのように問題を解決できるの？〉みたいなものだった。しかしジョン・プレスコットとジュリー・アンドリュース（〈サウンド・オブ・ミュージック〉でマリア役を演じた女優）の類似点はここまでだった。彼を笑うことと、彼と笑うことは、同じように楽しかった。私はいつも彼に言っていたのだが、彼の自分自身の英語との対決は彼の魅力の一部だった（彼は自分の英語に文法や構文上の問題があることを認めていた）。しかし彼はそのことが不安で気に病んでおり、代理として首相質問（ＰＭＱ）に立つことを心から恐れていた。水曜日に海外で会議があるんだと言って脅すのが、私が知っている限り、彼を恐怖で縮みあがらせる唯一の方法だった。彼は近づく対決の怖さに胸がドキドキしていたが、ともかく立ちあがって挑んだ。それは大いばりでヘマを覚悟で突進していくがごとくで、下院はそれが気に入っていたのである。真に問題だったのは、彼が外国人に会うので通訳を必要としたときだった。彼のしゃべり方は、通訳の手に負えなかったのである。会談終了後、ほとんどの通訳が大量の癒しとカウンセリングを必要とした。

ジョンはまた私を知り抜いていた。とくに彼をだまして何かをさせよう、彼の裏をかこう、あるいはふたたび前進する計画を隠していったん退却しようとしたとき、その意図を見抜いた。自分の意見が真剣に受けとられていないということにとても敏感だった。会議が招集されると、彼は猛烈に不満を述べようとかんかんになって息を切らして入ってきた。私はこのような状態に対処する専門の能力を身につけた。彼に話をさせ、口をはさまないか、反論しない。もしくは、彼の言うことを受け入れ、怒りを自然におさまらせる、以上だ。

たぶん、彼がなによりもびっくりさせることは会話を途中から始める癖だった。前置きもなく、文脈もなく、何が問題なのかの説明もない。私が自由民主党を内閣に入れるかのような発言をしたときのことだ。新聞はその話題一色だった。そしてＪＰこと、ジョン・プレスコットは震えあがった。そのニュースが賑わってから数日が経つと、それは私の頭から去っていた。ところが、彼の頭からは去っていなかったのである。

私は閣議室のテーブルで仕事をしていた。政策上の難問で頭がいっぱいだった。ジョンが飛び込んできた。「メンジズのやつはどこにいるんだ?」。彼は始める。どうもいやな予感がする。それから彼は閣議のテーブルの下を探し始めた。「おい、彼はどこにいるんだ」。私はジョンがなんの話をしているのか、文字どおりわからなかった。彼は怒って部屋のなかを歩き回った。私はやっと思いあたった。メンジズとは、もちろんわれわれがミング・キャンベルとして知っている自民党幹部の一人の正式な名前だった。ジョンは自民党が入閣するという報道に思いをめぐらせ、なにかの拍子にそれがミングに違いないと決めたのだ。そしてなぜ彼がミングと呼ばれているかを知らなかったか、あるいは〝ミング〟は私立校かなにかのニックネームで、したがって怪しいと思ったのだ。そしてそれをやめさせようとしていたのである。

私はミングは入閣しないし、テーブル下に隠れてもいないと反論したが、無駄だった。数分間ほど罵りの言葉をつぶやいたあと、部屋を出て行こうとして、ドアの前で振り返って言った。「それじゃ、彼は入閣しないという君の言葉を信じていいんだな?」

「そうだよ」。私は言った。

「そうか。ただ知らせようと思ってね」と彼は答えた。「知らなかったんだ」

彼はもちろん貴族階級、したがって王室には疑い深かった。しかし、王室を敬意をもって礼儀正しく扱った。王室の側はというと、彼に対して半分は神経質で、半分は好奇心をもっていた。彼とチャールズ皇太子はいろいろな問題について定期的に意見交換をしていた。そしてジョンは農村問題について責任ある立場だったので、二人の関係はいつも多少面倒なところがあった。ジョンはキツネ狩りに大反対で、意見を変えさせることはまずできなかった。

彼らが初めて会った直後、私はチャールズ皇太子に偶然出会った。「プレスコットさんと最近会いましたよ」と皇太子は言った。

「そうですか。どうでした?」とチャールズ皇太子はどこか気が散った様子で言った。「一つだけ別にするとね……」

「けっこう、けっこう」と私は言った。

「そうですか?」。私は促すように言った。なにかジョンならではのことが出てきそうに思ったからだ。

「あのですね」と皇太子は邪魔されないようにあたりを見回しながら言った。「あの人はあんなことをあなたにもするのですか?」

「何のことです?」と私は言った。

「えーとね、彼が向かいに座っているとするでしょう。彼は脚を開いたまま椅子からずり下がって、股をちょっと脅迫的に突き出すんだ。そして、ティーカップとソーサーをおなかの上に置くんですよ。あれはちょっとおかしいね。あんなことをする人を見たことがありません。何の意味だと思いますか?」

「何の意味もないと思いますよ」。私は言った。

「そう。なにか敵意とか階級的恨みを示すジェスチャーかサインとは思わないのですか?」

「いや。彼はよくああするんですよ」と私は言った。

「そう?」。皇太子は明らかに納得できない様子で言った。「しかし……」

「彼が、あなたのような上流階級や私のような中流階級に対して労働階級の主張をしているということですか?」と私は口をさしはさんだ。

「まあ、そうかもしれない」と皇太子は言った。

「いや、彼はあのやり方でお茶を飲んでいるだけだと思いますよ」

「そうか。たぶんあなたの言うとおりなのでしょう」と皇太子は言ったが、明らかに当惑しており、納得していなかった。「ともかく、ああいうのは一度も見たことがない」

まさに彼はそのような人物だったのだ。彼ならではだった。ときには私にとって災いとなることもあったが、助けとなることのほうが多かった。しかし真摯で、ありのままで、そして最終分析すると誠実だった。そして私の職業では、これ以上の言葉はないのである。


ジョンがパンチを食らわせたあとの日々も、われわれはこの問題を依然忘れることはできなかった。私はマンチェスターに出かけた。いつものように、町のなかをあちこち訪れて、諸般の情勢を説明するためだった。いろいろなことに触れるためには、対話が少なすぎてはいけない。一方で、不必要なリスクを引き起こさないために、対話が多すぎてもいけない。

マニフェスト打ちあげのイベントが一巡したあとは、冷静に行動しなくてはならなかった。しかしそれはいらいらすることだった。問題は、われわれは一つの循環運動のなかにいたことだ。メディアは話題をほしがった。そして、彼らがほしがった唯一の話題はわれわれのヘマだった。われわれは実績と政策に集中したかった。この点においては、われわれが強く、保守党が弱いと考えたからだ。結果としては、われわれとメディアの動きには接点がなく平行線のままだった。

私はときどきピーター・マンデルソンに電話して、選挙運動の状況を把握しておいてもらうようにし、アドバイスをもらった。彼は鉄の意志と不屈の精神を発揮しながら、ハートリプール地区（イングランド北東部ダラム州）で全力を尽くしていた。私はピーターが候補から降りるのがよいのではないかと思ったが、彼はそうはしない決意だった。それは正しかった。もし周りが彼を引きずり降ろそうとすれば、彼は戦わずにはいなかっただろう。のちに私は、私たち二人の違いを思った。もちろん首相としてとどまるために戦うのと、一議員としてとどまるために戦うのとでは大きな開きがある。

二〇〇一年六月の時点で、私は自分自身の身の振り方についてかなり明確な考えをもっていた。三度目の総選挙前、出馬の準備はできていた。ただ動機はそれほどはっきりしていなかった。辞めようと思えばそうできるからだと思いたかったし、首相にとどまることに執着していなかった。自分には知られざる一面があって宗教への関心においてもう一つの使命があった。しかしそう思うことは、ある部分では臆病さ、ある部分では首相であることの重荷と苦痛、ときには耐えがたいほどの重責から解放されたいという欲求なのではないかという思いにつきまとわれていた。利己的ではない理由で辞めたいのか、それとも実際のところは完全に利己的な理由で辞めたいのか？　権力を維持したいという欲求について考えが甘いのではないか？　権力を放棄することについても考えが甘いのではないのか？　長く権力にとどまりすぎて役立たずになることを恐れているのではないか？　それとも実のところは、とどまるための戦いの苦々しさや怨恨が怖いからではないのか？

ピーター・マンデルソンは二度目の辞任のあと、引退という安易な道を選ぶこともできた。そのまま上院議員になり、欧州委員会の通商担当委員を務め続けることもできた。だが、彼は踏みとどまった。自分は何も恥ずべきことをしていないこと、そして彼がいかに嫌われているかを見せつけたがっていた誹謗者たちが間違っていることを、自分の地元で主張したかったからである。

彼にとって選挙は苦しいものだった。私は彼に、全国的な注目を浴びないようにすること、地元に集中し、ハートリプールが地元下院議員を選出する権利をめぐる戦いにすることを忠告した。彼の落選を願うメディアに有権者に代わって決定を下すような真似をさせないように助言した。彼は冷静に、実務的な政治手腕を発揮してアドバイスを守った。ロンドンから報道陣が押しかけ、彼を挑発しては、飽くことなく否定的で、冷笑的で、意地悪く扱かった。彼らは、「ハートリプールの北部労働者階級の大衆」とうまくやっていけるピーターというイメージを当然のごとく揶揄《やゆ》した。

もちろん、そのようなステレオタイプは愚かしいほど短絡的だった。良識あるハートリプールの人たちは、ピーターがこの町出身ではないにもかかわらず、その名を高め、守り、支持するために多くのことをしてくれたと判断したのだった。最終的には、前回よりも得票差が縮んだものの対立候補を破った。しかしある意味で、ピーター個人が抱えていた問題はより大きな選挙運動全般の問題にも反映されていた。

われわれはなんとか求心力をとり戻すことができた。催しを次々と行った。セレブが大勢登場してくれた。それも刺激になった。マンチェスター・ユナイテッドのアレックス・ファーガソン監督、連続テレビドラマ〈コロネーション・ストリート〉のキャストの何人か、リチャード・ウィルソン、元俳優で欧州議会委員のマイケル・キャッシュマンといった常連組はもちろん、ミシェル・コリンズのような〈イーストエンダーズ〉のスターも顔を出してくれた。さらに素晴らしかったのは、有名な映画俳優のサー・ジョン・ミルズが登場して私を集会で紹介してくれたことだった。彼は九十歳をゆうに超えていたが、元気できびきびしており、非常に明快だった。彼は生来の労働党支持者ではなかったが、私を支持してくれたのだ。ある集会では歌手のシャルロット・チャーチが、そしてソプラノ歌手のレズリー・ギャレットも歌ってくれた。ロックバンドのシンプリー・レッドのボーカル、ミック・ハックネルは断固たる支持をしてくれた。

今日に至るまで、私は有名人の影響力を確信しているわけでは断じてないが、ほかの政治家のように、この効果をはねつけもしない。民衆の意向をつかもうとしている場合には――そして進歩派政党にとってよくあることなのだが――セレブはメッセージを強化し、さらに押しあげてくれる。普通なら退屈かもしれないことに華やかさと興奮を添えてくれる。もちろん彼らは、政治を行うことはできない。実際、そんなことをされると、たちまち逆効果を招く。彼らが人々になぜ、どう投票すべきかなどと説教し始めると、ほぼ必ず大失敗になる。大衆は、彼らが一線を越えたと感じ、彼らとその政治的シンパに身のほどを思い知らせるのだ。セレブが選挙結果を左右するわけではないが、うまく使えば役に立つ。そして正直に言えば、あのどうしようもない状況下では、われわれは助けを必要としていた。

私は激戦区と労働党の地盤の固い選挙区のあいだを注意深く計算して動き回った。前者はダートフォード、グレイブセンド、バジルドン、ラフバラー、ウェイマス、フォレスト・オブ・ディーンなどで、労働党は何十年間も一度も勝てなかったが、いまや議席をねらっている選挙区の一覧表に入っていた。後者は大都市中心部、北部諸州、古い産業地帯だった。私がそのように行動したのには、労働党は新しい票を獲得したけれども、昔からの大票田に多少興味を失ったのではないか、という異議申し立てに対応するためだった。記者会見が終わって会合、催し、さらに集会へと移り、インタビューに次ぐインタビューになると、苛立ちが負担になり始めた。そして不安にもなった。

あるレベルでは、選挙活動は順調に進んでいた。われわれは世論調査でも大きくリードしていた。プレスコットのパンチは申し訳なかったが（いや、ひょっとしたらそのおかげで）、われわれが主導権を握っていた。水面下でどれほどじたばたしていようと、例によってときにどれほどあわてふためいていようと、勝利への気楽で穏やかそうに見えた道のりの前に立ちふさがるものはあまりなかった。保守党は魔法の妙薬もなく、大躍進を果たせそうもないことがますます明らかになるにつれて、内部から崩壊し始めた。保守党右派は愚かなことを口にし始めた。たとえば、当時の影の保健相ライアム・フォックス――実際は賢明だった――は、油断して次のような発言をした。「労働党から聞かれるのは貧困、貧困、貧困ばかりだ。保守党の党員にとっては退屈なだけだ」。部分的には真実だった。しかし賢明さを欠く発言だった。そしてオリバー・レットウィン――影の財務相でやはり賢明だった――は、二百億ポンドの歳出削減を保守党がいかに望んでいるか、うっかり口を滑らしてしまった。

現代政治が馬鹿ばかしくなるのはこの点にある。ある一定の金額を超えると、それは多くの国民にとって規模の点で意味が完全に失われる。「新しい学校のトイレに五十万ポンドを使う」というのはある線では非常に大きな金額に聞こえる。十億ポンドは巨額であり、二百億ポンドともなるととてつもない夢か悪夢以上になり、相対的感覚が失われてしまう。財務省のＧＤＰや歳入の予測はこのような単位の数字で発表され、あまりくわしく斟酌されない。ところが、この数字が新聞の見出しになったとたん、過激に見えるのである。保守党が計画中の政策を数量化することが賢明だと考えたのが、私には不思議でならなかった。これらの数字は新政権によって再検討されるのはわかりきったことだったからだ（ちなみに、これが常だからこそ、野党がこうしたゲームに巻き込まれるのは愚かなことなのである）。

しかし、このような表明は直観、進行方向、底流にある意図を示すものなのだ。公的サービスに十分な投資をしなかったことが原因で政権を失った保守党にとって、それは秀才にしか策定できない馬鹿げた動きだった。労働党はすぐに噛みついた。不運なレットウィン氏はそれから何日か雲隠れした。保守党は、彼の発言を是認すべきか、釈明すべきか、抹消すべきか、どうしたらよいかわからなかった。そして三つすべてを同時にやったのである。その行為は私にながながと話すきっかけを与えてくれ、メディアも数日間はその話題でもちきりになったから、われわれにとっていい息抜きになった。それはまた、保守党内の批判を表面化させた。反欧州主義者はますます反欧州になり、欧州志向主義者はますます欧州志向になった。保守党は準備不足なのではないかと大衆は考えるに至った。

しかし、私は保守党をもう一度やり込め、弱める絶好のチャンスに浮かれていても、自分自身の政治生命の死すべき定めを意識した。たしかに、選挙戦はうまく運んでいる。メディアもある意味ではわれわれの味方だ。《ロンドン・タイムズ》紙は初めてわれわれを支持した。それにもかかわらず、その支持の下をのぞき、根底にあるものを見て、私は深い孤立感を抱いた。《ガーディアン》紙のような左派の新聞がもちろんわれわれの再選を強く訴えていたのは、保守党を恐れていたからで、政府と私に対して、いかなる公的サービス改革も強い抵抗にあうだろうとはっきり警告していた。《ミラー》紙も同様の論調だった。右派では《サン》紙と《ニューズ・オブ・ザ・ワールド》紙は善意に解釈してとにかくやらせてみようという立場を主張していた。しかし両紙は強烈な反欧州主義で、われわれの改革が十分でないと考えていた。

要はこういうことだ。メディアのどれも、われわれの改革案を受け入れていなかったのだ。もちろん大衆は別だった。多くの人たちが受け入れてくれた。彼らはニューレーバーの信奉者だった。その数はわれわれが考えた以上に多かった。これらの人たちの存在が、二〇〇五年の総選挙でわれわれが負けないことを確実にしてくれたのである。彼らは釣り合いと政治手法の斬新さを「受け入れた」のだ。個人所得税率は据えおく（あるいは軽減する）が投資は増やす、企業を支持するが労働における公正さも支持する（労働組合支持ではない）、公的サービスに支出をしながら改革を行う、法と秩序そして福祉における責任について厳しい態度をとる、アメリカとの関係を強化するとともにヨーロッパで主要な存在になるなどの手法だ。人々は、サッチャーがイギリスを競争力のある国にしたことは正しかったと理解していても、同時に思いやりのある社会もほしがった。彼らは私生活に関してはリベラルだったが、犯罪については強硬路線だった。近代的なイギリスには難点を感じず、むしろそれを欲した。しかし小イギリス主義（かつて植民地を放棄し貿易によって生きることを主張した考え。今では過度にナショナリスティックで内向きな志向のイギリスも意味する）的態度を嫌い、それに不信感を抱いた。

問題なくニューレーバーには支持者がいた。しかしそれはメディアには反映されず、労働党内でもまだ青年期の段階だった。私の周辺、上層部にもあれやこれやの理由でなまぬるい者がいた。ジョン・リード、デービッド・ブランケット、テッサ・ジョウェル、チャールズ・クラーク、アラン・ミルバーン、ヒラリー・アームストロング、ジョン・ハットンらはニューレーバーを支持してはいたものの、まだ道半ばで、もう少し進まなければならなかった。あるいはピーターのように多くの攻撃を受けていた。二〇〇一年五月にさかのぼるならば、主要ポスト——副首相、財務相、外相、内相——のいずれも、完全な近代化主義者によって占められていなかったのである。

それでも私はいまや急進的な変革に戦闘的になっていた。私にとって非常に明確だったことは、前述の各分野においてわれわれの主張は強く正しく、国を勝ちとれたことだ。ところが問題があった。私の主張を聞いてもらえなかったことだ。主張しなかったという意味ではない。大きな声で、はっきりと訴えた。だが、まったく耳を傾けてもらえなかった。労働党の他の論者のあいだに十分な共鳴を引き起こさなかったし、メディアに至ってはほとんど無視だった。その結果、異なる人々に異なることを意味する運動とマンデート（選挙民からの権限の委任）になったのである。私にははっきりとわかっていた。マニフェストとマンデートはニューレーバーのものだったが、真剣な政策論議が行われなかったことは、それがニューレーバーだという意識がないことを意味したのである。もし一般の人に尋ねたらこう答えただろう。あなたは大丈夫、よくやっている、だがほかの人たちがいまひとつだ、がんばって続けてください、と。それは散文で戦われた選挙だった。私はそこから一編の詩を作り出そうとしていたのだが。

当時、あるレベルでは何が大事だったのだろう？　われわれは勝利した。しかも圧勝だった。だがそのことが党内に危険な混乱をもたらした。一部には、選挙に勝ったのは実はニューレーバーの力ではなく、経済の好調や、なにがしかの資金的余裕、保守党の窮状のおかげだったと信じる人たちがいた。私は、勝利へのただ一つの道筋はニューレーバーだと信じてやまなかった。政策に焦点があてられなかったとしても、あの基本的に急進的な中道的立場がなんとか確立され、生き抜いたのだ。しかし、そのことが、党にもメディアにもはっきりわかっていなかった。

投票率は低かった。真の勝者は無関心だったという神話が生まれた。その冷笑的な意味合いと底流にあるものがわれわれを悩ませた。もちろん投票率は、人々が結果がどれほど接戦と見ているかの関数であることが多い。一九九二年の投票率は一九九七年より高く、二〇〇五年は二〇〇一年より高かった。実際その数値は政府に対する感情の指針としては非常に信頼性の低いものである。

しかし、自分では一所懸命やったとはいえ、選挙が終わってみると、一方的な勝利をおさめたにもかかわらず、勝利は私を困惑させる気配があった。そのおかげで私は、第二期目の改革は非常に険しい道になるだろうということに気づいたのである。

それでも選挙の夜は、私を除く全員が高揚していた一九九七年とは正反対で、今回は私がかなり高揚していたが、ほかの誰もが少しばかり気の抜けた感じだった。最終的には、これはイギリス政治史上、二番目に大きな勝利だった。二回続けて地滑り的勝利というのはちょっとしたことだった（アメリカのジョージ・ブッシュ大統領があとから電話してきて、「君、どうやったんだい？」と尋ねた）。開票結果が続々と入ってきて、圧勝が明らかになると、今回は私も一杯飲んで祝うことにした。けれども、しなければならない決定があった。

一つは、官邸スタッフにかかわることだった。アンジはどうしても辞めたがっていた。石油メジャーのブリティッシュ・ペトロリアム（ＢＰ）のＣＥＯジョン・ブラウンが仕事を提供したのだ。私は政権中枢部にいることを放棄するなど、正気ではないと思った。たとえＢＰほどの大手企業で、ジョンのような評判と才能のある人物のためだとしても。正直なところ、私は信じることができず、選挙の前にも最中にも、彼女に考え直させようとかなりの時間を割いていた。

最終的には、アンジが折れ、官邸に残ることになった。しかしそれは彼女にとって間違いだった。彼女は折れたことを悔やみ続け、私が９・11の挑戦を切り抜けるのを見届けると、年末に去っていった。

つらい別れだった。アンジは私の最も古い友人の一人だった。私は彼女を全面的に信頼していた。首相職というのは孤独な地位であり、私の政治的孤立はすでに述べたような理由で深刻だったから、彼女のように全面的に信頼できる人は天の賜物だった。彼女は傑出した仕事師になった。魅力的で、陽気で、幸せと満足をふりまき、その一方で徹底的なまでの冷酷さと企みの能力を身につけていた。彼女はミドルイングランド（ロンドンを除くイングランドの中産階級）のしっかりした代弁者であり、イデオロギー的な考え方はなく、危機においては冷静さの化身だった。

私は一つの教訓を学んだ。辞めると決心した者を引きとめようとしてはならない。

六月八日の朝、私はアンジに新しい地位を与え、権限も大きくした。それに伴い、サリーを急いで上院に移し、閣外担当相に据えた。サリーはこの人事を驚くほど潔く受け入れたが、それは彼女にとって非常にためになる経験となった。数カ月後、彼女が党の政府関連の職務と政治的渉外を担当するようになると、彼女は並はずれた政治的手腕をもっていることを立証し、二期目の苦労のさなかでとても貴重な存在になった。私はすぐに、彼女の不在を寂しく思った。そして、彼女の技量とアンジにも勝る党への順応力を同じように必要とした。

改革の多くは官邸主導で進めたこともあり、政権の中枢部をかなり強化しなければならなかった。そこで大きな改編を実施した。近代政治の特徴は、何事もトップから動かさなければ達成できないことである。ひとたび枠組みが出来あがれば、各省は方針を知り、何をすべきかがわかる。しかし各大臣がビジョンを完全に受け入れていなければ、実行を各省任せにするのは非常に危険である。仮に完全に受け入れていたとしても、彼らは中央からの後ろ盾を必要とするのである。

改革の規模と意欲についての私の切望は、いまや石に刻み込まれたように動かしがたいものになった。どんな困難がやってきても、やり遂げる覚悟だった。変革の総体的な姿を形成する政策の詳細をめぐる面倒な問題の解決を求められたし、変革が進んでいるかどうか、また進んでいるならどのようにかを追跡する必要があった。加えて外交政策問題のすみずみで、これまでとまったく違った仕事が求められていることを知った。首脳会議が急に増え、外交政策決定の領域とその帰結は、外務大臣ではなく首相や大統領が必然的により大きな役割を担うことを意味した。

こうした状況は伝統主義者にとって決して面白いものではなかった。政府の中央集権化と大統領化への欲望、絶対的な権力に対する過度の（異様な）欲求などについての話が増えた。もちろん、これらはまったくのたわごとだった。事実、政策を実行するにあたって明確な手順と仕組みが整っていなければ、職務を果たせなかったのである。外交政策に関してはやるべきことが非常に多かった。相互依存を深める現代では、多角的な外交政策上の決定が大きな影響力をもつようになった。さらに国内政策においても、公的サービス制度の改革が、非常に事細かな方法で、実行や実績の管理の細部に切り込むことを必然的に意味したのだ。首相はますます大企業のCEOか会長のようになり、政策方針を固め、それに従っているかを見極め、その裏づけデータを入手し、結果を測定しなくてはならないのである。

ここでもまた、公的部門における目標その他について誇張されたナンセンスがはびこった。批判のなかには正当なものもあった。あまりにも多くの目標が設定され、ときには目標が矛盾し、無能を生む。また、目標が杓子定規になってしまうこともある。こうした批判はすべてもっともだった。

しかし私が大臣や官僚に対してよく言ったことは、もし批判されるとおりなら、不可欠な目標だけ残し、矛盾をなくし、どう達成するべきかについて賢明な裁量を与え、測定可能な結果を要求することなしに、巨費を投じてよい分野が世の中にあるとは、一瞬たりとも思ってはならない、ということだった。投入はいくらでもできる。しかし、費やされる金が増えるにつれて、関心は結果に集中するようになる。しごく当然のことである。

われわれは「実行室《デリバリー・ユニット》」を設置した。教育省でデービッド・ブランケットの顧問だったマイケル・バーバーがそれを率いた。デリバリー・ユニットのアイデア自体がマイケルのものだった。これは抵抗の多い改革だったが、本当に価値のあることが繰り返し証明された。比較的小規模な組織で、スタッフには官僚だけでなくマッキンゼー、ベインその他の民間企業からきた者もいた。その任務は政府の優先度の高い政策の進捗状況を追跡することだった。一つの課題にレーザーのように焦点をあて、関係省と共同作業をしながら問題解決のためのプランを練りあげ、解決に向けてプランの実績管理をするのだ。実績評価に使うために一級のデータを入手し、毎月、私自身が、関係閣僚や彼らと私の主要スタッフとともに目を通した。デリバリー・ユニットは経過報告を提出し、必要な行動には許可が与えられた。

われわれはこうした方法によって、根拠薄弱な亡命申請の数を激減させた。教育面では読み書き計算能力を向上させた。ＮＨＳの治療を待つ患者の待機リスト、路上犯罪、その他多くの問題にこの手法を適用した。あたかも政府の心臓部に、独立した民間企業あるいは社会的企業が存在しているかのようだった。この過程を通じて、改革を必要としている分野全体に新たに光があてられた。というのも多くの場合、問題は制度全体にかかわるものであり、中央集権的あるいは官僚的に発せられる命令よりも、公的サービスの運営のされ方における全面的な変革が必要であることがはっきりしたからである。

われわれは、政策の今後の進展、新たな困難やそれに対応する新たなアイデアを前もって見据えるために、「戦略室《ストラテジー・ユニット》」も創設し、大きな成果をおさめた。このユニットは、姿を現しつつあるが差し迫ってはいない、いくつかの課題について中・長期的な視野をもらたしてくれた。「政策室《ポリシー・ユニット》」は、日々の業務を取り扱い、各省がマニフェストや省独自の計画に基づく政策の策定・実行を管理することに焦点をあてる。これに対してストラテジー・ユニットは、次の政策基盤の構築に努めた。もちろん、両ユニットには重複する部分があったが、年金、福祉から勤労への政策、公衆衛生、継続教育といった分野では、ストラテジー・ユニットは喫緊でなくても将来の危機に備えておくべき問題を絶えず課題としてとりあげた。

それに加え、外交政策チームを強化した。首相一人の乏しい頭脳ではすべての外交政策を扱いきれないので、四、五人からなるチームを作った。首相は誰でも、一日十四時間働き、自国や他国の自分の担当範囲以外の分野と必要な交流をすることは決してできないからだ。外交チームのうち上級席の一人はヨーロッパ担当、もう一人は残りの外交政策分野を受けもった。そのほかに補佐役が何人かいた。この体制は、首相官邸が増大する外交政策の難問に対応するのに大きな役割を果たした。

私は統治機構のもっと奥に切り込みたかった。反社会的行為、軽犯罪、そしてこれらが人々にもたらす惨めさについて本当になんとかしたいという熱意に燃えていた。また、組織犯罪についても画期的な対応法が必要だと考えていた。この分野は非常に不満足な状態に終わった。私は刑事司法制度の運用を抜本的に再編成する計画をもっていた。すなわち、犯罪、犯罪の恐怖とその社会的・経済的コストを減らすこと、案件の刑事司法制度を通じた処理を迅速化すること、法の施行を公正かつ効率的にすること、そして法の支配に対する信頼を高めて司法制度に対する信頼を増進させることだった。

私が避けた決断はゴードンをはずすことだった。人々は振り返るたびに、あのときこそ彼をはずすことが政治的に達成可能な決定的瞬間だったと考える。ということは、チャンスを逸したということだ。すべてを考えると、私はいまだその見方には同意しない。彼は優秀な財務大臣として認められていた。大物であり、多くの面で傑出した人物だった。彼にはメディアの後ろ盾があり、追従者は党内にも多かった。彼をはずすことは、私のつまらぬ悪意、嫉妬の行動、利害を離れた行為よりも私欲に駆られた行為のようにみなされ、そのように書き立てられたに違いない。それだけではない。いったい誰を後釜に据えろというのだ。あの時点では、ロビン・クックかジャック・ストローだけが財務相の地位につくことができただろう。だが実は、どちらも適任者ではなかった。二人ともゴードンよりは物分かりはよかったが、彼ほど恐るべき存在ではなかった。ゴードン問題――優秀であると同時に手に負えない――は依然として残ったのである。

ゴードンは私が彼をはずすだろうと信じていたように思う。だから、私が彼に向かって二期目の政権は一期目とは違ったものでなければならない、だから君も協力してくれなければならない、と言おうとしたとき、君が自分を解任したがっていることは承知している、と彼はすぐに口を開いたのだ。穏便にすまそうと率直な手段を試みたことが、かえって不安定さを増す結果となった。

私はロビンを外相からはずし、ジャック・ストローにすげ替えた。ロビンはよくやってくれたが、四年間はこの職を務めるには長すぎると考えられた。しかし、これは政治的には必ずしも賢明な判断ではなかった。それ以来、彼は潜在的な危険分子になったのである。実際のところ、私は二〇〇五年にジャックについても同じ問題に直面した。厄介なのは、誰も外務大臣を辞めたがらないということである。すでに述べたように、いろいろな職があるなかで外務大臣こそは、自分自身のものであり、永遠に、少なくとも政権終了までは、間違いなく自分のものであり続けるべきだと考えるポストなのだ。そればかりか、自分は外相の役割を立派にこなしたのだから、外相ポストは政党政治の穢れから超越してしかるべきではないか、という思いを秘める者もいるほどである。

選挙後初のＰＬＰの会合では、議員たちは好戦的なムードだった。信じられない。二度続けての地滑り的勝利をおさめたのだ。文句などあるだろうか。私が選挙期間中に感じていた不安が噴出しようとしていた。皆が勝利の根拠として考えていたことと、私が自分が勝った根拠として考えていたことは違っていた。

しかしながら、互いの考え方を嘆き合う暇もなく、勝利から九週間も経たないうちに、世界は変わることになった。そしてそれに伴い、政治指導者としての私の運命も――ほかのもっと重要な多くのことともに――変わることになったのである。

口絵写真クレジット

セクション1

p.1: Author's private collection; Author's private collection; Author's private collection; Francis Mathes/Author's private collection

p.2: Courtesy of Alan Collenette; Courtesy of Alan Collenette; Courtesy of Alan Collenette; Mirrorpix; Photograph by Jacob Sutton, Camera Press London; Author's private collection

p.3: Author's private collection; Ian McIlgorm/Press Association Images; Neville Marriner/*Daily Mail*/Rex Features; Author's private collection

p.4: Gemma Levine/Hulton Archive/Getty Images; Westminster Press/Author's private collection; Tom Kidd/Rex Features; Author's private collection

p.5: Reuters/Kieran Doherty; Author's private collection; PA Photos/Topfoto; Kevin Holt/*Daily Mail*/Rex Features

p.6: Neil Munns/PA Archive/Press Association Images; Tom Stoddart/Getty Images; Tom Stoddart/Getty Images; Tom Stoddart/Getty Images

p.7: Author's private collection; Clive Limpkin/*Daily Mail*/Rex Features; Rebecca Naden/PA Archive/Press Association Images; Tim Rooke/Charles Ommanney/Rex Features

p.8: © Martin Argles/eyevine; PA Photos/Topfoto; Rooke/Jorgensen/Rex Features; Author's private collection

セクション2

p.1: © Annie Liebowitz/Contact Press Images/nbpictures; Owen Humphreys/PA Archive/Press Association Images; Tom Stoddart/Getty Images; David Giles/PA Archive/Press Association Images; © Chris Laurens; © Fred Jarvis

p.2: Tom Stoddart/Getty Images; Rex Features; Courtesy of the William J. Clinton Presidential Library; Courtesy of the William J. Clinton Presidential Library; Courtesy of the William J. Clinton Presidential Library

p.3: Courtesy of the William J. Clinton Presidential Library; Sipa Press/Rex Features; Reuters/Blake Sell

p.4: Author's private collection; Reuters/Paul Bates; Rex Features; Rex Features

p.5: PA/PA Archive/Press Association Images; PA Archive/Press Association Images; Rex Features; PA/PA Archive/Press Association Images; PA Archive/Press Association Images; PA Wire/PA Archive/Press Association Images

p.6: Martin McCullough/Rex Features; James Gray/NI Syndication; PA Photos/Topfoto; Sipa Press/Rex Features; Cathal McNaughton/PA Archive/Press Association Images; Martin McCullough/Rex Features

p.7: Reuters/Crispin Rodwell; Martin McCullough/Rex Features; Author's private collection; Author's private collection

p.8: Rex Features; John Stillwell/PA Archive/Press Association Images; Richard Young/Rex Features; Rex Features; Reuters/Pawel Kopczynski

〔ま〕

〔さ〕

索　引

著訳者紹介

トニー・ブレア (Tony Blair)

1953年エディンバラ生まれ。1983年、セッジフィールド選挙区から下院議員として立候補し、初当選。1994年に労働党党首に就任し、97年5月から2007年6月までイギリス首相を務めた。首相退任後は、アメリカ、国連、ロシア、ＥＵの四者代表の中東特使になり、平和を求める国際社会の努力の一環としてパレスチナ国家成立をめざす準備作業にパレスチナ人とともに携わっている。2008年5月には、トニー・ブレア・フェース財団を設立。異なる宗教間の対話促進と教育のために活動を続けている。また、ルワンダ、シエラレオネ、リベリアにおける政策実施と持続可能な外国からの投資を呼び込む、アフリカ統治イニシアチブも推進している。妻で勅撰弁護士のシェリー・ブースとのあいだには、4人の子供がいる。

石塚雅彦 (いしづか・まさひこ)

1940年東京生まれ。国際基督教大学教養学部卒業、コロンビア大学ジャーナリズムスクール修士課程修了。元日本経済新聞論説委員、元早稲田大学大学院ジャーナリズムスクール講師。訳書にマーガレット・サッチャー『サッチャー回顧録』、ジョン・グレイ『グローバリズムという妄想』、アマルティア・セン『自由と経済開発』(以上、日本経済新聞社)、マイケル・イグナティエフ『アイザイア・バーリン』(共訳、みすず書房)、ロナルド・ドーア『働くということ』(中公新書) などがある。

ブレア回顧録〔上〕

2011年11月9日　1版1刷

著　者　トニー・ブレア
訳　者　石　塚　雅　彦
発行者　斎　田　久　夫

発行所　日本経済新聞出版社
http://www.nikkeibook.com/
東京都千代田区大手町 1-3-7　〒100-8066
電話 03-3270-0251（代）

印刷・製本／凸版印刷株式会社

Printed in Japan　ISBN978-4-532-16809-4

本書の内容の一部あるいは全部を無断で複写（コピー）することは、法律で認められた場合を除き、著訳者および出版社の権利の侵害になりますので、その場合にはあらかじめ小社あて許諾を求めてください。